ルワンダのガチャチャ裁判

ジェノサイドの被害者と加害者の賠償をめぐる対話

片山夏紀

風響社

まえがき

数ある本の中から、「ガチャガチャ裁判」という耳慣れないタイトルの本書を手に取って頂きありがとうございます。本編に入る前に、この本を書くことになったいきさつを少しお話します。

自身の話になりますが、幼いときから人と人が争っているのをみると悲しくなり泣き出す子どもでした。物心がつくころには「人と人はなぜ争うのか」という疑問をもつようになりました。

高校生のとき、母が切り抜いてくれた新聞記事にアフリカ諸国で紛争が多発していること、一九九四年にルワンダでジェノサイド（集団殺害）が起こったことが書かれていました。その記事は「アフリカの紛争がもしすべて解決すれば、世界はもっと平和になるだろう」と締めくくられていました。アフリカの紛争地で取材を続けている記者の祈りが込められたような一文が、私にアフリカへの関心を向けさせました。それとともに、この関心を学ぶことで「人と人はなぜ争うのか」という疑問に答えを出すことができるのではないかと思い、アフリカについて学べる大学へ進学しました。

大学でアフリカの紛争について学ぶなかで、あの新聞記事に書かれていたルワンダのジェノサイドに関する論文に出会いました。武内進一教授の論文「ルワンダにおける二つの紛争――ジェノサイドはいかに可能となったのか」〔武内 二〇〇四〕は、なぜジェノサイドが起こったのかという問いにダイレクトに答えを出していました。ルワンダ独立期の革命と一九九〇年代の紛争が比較され、国家の仕組みや国際情勢の変化がジェノサイドを引き起こしたことが分かりやすく書かれていました。「そうだったのか」と合点がいったことを今でもよく覚えています。この論文に出会い、興味関心のあることを追求していく研究職を志すようになりました。

関心を抱いたルワンダを見てみたい思いに駆られ単身で現地を訪れると、凄惨なジェノサイドが起こったとは信じられないほど平穏な風景が広がっていました。紛争後の社会がどのようにつくられてきたのかを知りたいという動機から、ジェノサイドを経験した人々に直接話を聞き取る調査を続けてきました。

被害者から苦しみや痛み、加害者から背負う罪の重さを聞くと、ジェノサイド後も同じ村で暮らしていくことがどれほど難しいことであるかを痛感させられました。「和解できる／できない」には到底おさまらないほど、被害者も加害者も厳しい現実を生きていることをひしひしと感じました。

そのような人々の語りや裁判記録の情報を集め続け、博士論文を書き上げたときには一〇年が経過していました。ルワンダのことを一般の人にも知ってもらうために博士論文のガチガチした文章と構成をできる限り書き直し、今回の出版に至りました。

本書のタイトルである「ガチャチャ裁判」は、ルワンダのジェノサイドに加担した民間人をローカルレベルで裁いた裁判です。判事を務めた者たちは、検事や裁判官や弁護士といった法律資格をもたない「普通の人々」でした。さらに一八歳以上の住民全員がガチャチャ裁判のためにジェノサイドの被害を事細かく調べることを義務付けられました。通常の裁判では一〇〇年かかると言われたところを、ガチャチャ裁判はわずか一〇年で一〇〇万人を裁いたのです。同じ村で暮らしてきた者を容疑者として裁くことは想像を絶するほどに過酷な取り組みですが、住民はその試練に耐えました。ガチャチャ裁判の制度については研究者が問題を指摘していますが、本研究はガチャチャ裁判を運営した住民の知られざる奮闘に着目しています。

このような住民の奮闘を知ったのは、住民が作成したガチャチャ裁判の裁判記録を読み込んだからです。裁判記録は非公開ですが、ルワンダ政府から許可証を得て閲覧しました。その裁判記録には、ジェノサイドの加害者がどのような武器を使いどのように殺害したのか、どこに遺体を遺棄したのか、どのように財産を略奪し破壊したのか、一つ一つの事件を調べ尽くした情報が手書きされていました。

一言で「裁判記録」といっても十数種類の文書から成ります。特に起訴状は何度もアップデートされ、法律資格を持たない「普通の人々」でも迅速に裁くことができるようなフォーマットになっていました。ルワンダ政府の許可を得て、裁判のための文書フォーマットを本書の巻末に公開しています。さらに、ガチャチャ裁判独自の法律文を日本語訳したものを巻末に掲載しています。文書フォーマットも法律文の日本語訳も他の本には掲載されておらず、私の知る限りでは本書が初公開となります。

●目次

装丁＝オーバードライブ・前田幸江

凡例

1　ルワンダのジェノサイドの被害者、加害者、ガチャチャ裁判の判事など、調査に協力してもらった人々を「調査協力者」と記している。調査協力者の言動が政府関係者へ伝達されると取り締まられる恐れがあるため、名前は全て仮名にし、調査地は州と郡のみ記している。なお、聞き取り調査の内容は調査協力者の合意を得たものに限り記載している。

2　調査協力者の年齢は聞き取った当時のものである。

3　ルワンダ人の名前は日本人のように姓名はなく、ルワンダ名とクリスチャンネームの双方を持つ。どちらを呼んでもよく、表記の順序にも厳密なルールはない。本書がルワンダ人の名前を書くときはルワンダ名を記し、カッコ内にアルファベットでルワンダ名、クリスチャンネームの順で両方を記す。

4　ルワンダ語は単数形で表記し斜体にしている。ルワンダ人の名前とルワンダの地名は斜体にしていない。

5　調査時の平均為替レート一円＝五・七ルワンダフラン（ＲＷＦ）で換算している。

6　写真は４―１を除き、筆者が撮影したものである。聞き取り調査を行った人々が特定されないように本人の写真は掲載していない。

7　本文の後に略語表と略年表を付けている。

8　ガチャチャ裁判の法律の目次と法律文、ガチャチャ裁判の起訴状などのフォーマットを付録にしている。

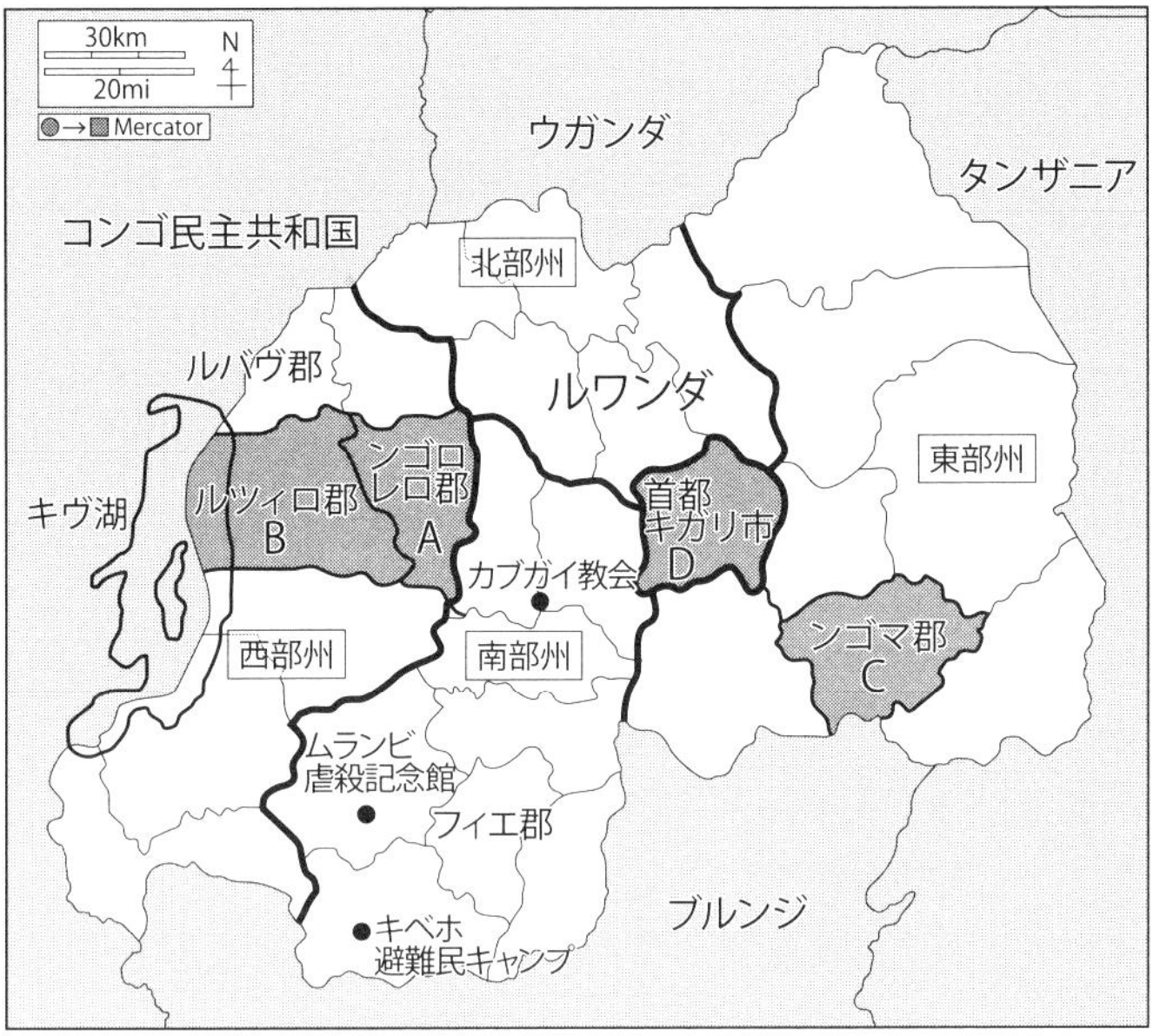

調査地と滞在期間

《聞き取り調査》
A 西部州ンゴロレロ郡
2013 年 8 ～ 9 月、
2014 年 8 ～ 9 月、
2014 年 11 月～ 2015 年 5 月
B 西部州ルツィロ郡
2016 年 1 ～ 5 月
C 東部州ンゴマ郡
2016 年 7 ～ 10 月

《ガチャチャ裁判記録閲覧》
D 首都キガリ市
2015 年 5 ～ 6 月、
2016 年 5 ～ 7 月、
2016 年 10 ～ 12 月

エジプト
スーダン
シエラオネ
ナイジェリア
南スーダン
ウガンダ
ソマリア
ケニア
コンゴ
民主共和国
ルワンダ
ブルンジ
タンザニア
マダガスカル
アフリカ大陸
0
1500km
南アフリカ
共和国

アフリカ地図

●ルワンダのガチャチャ裁判——ジェノサイドの被害者と加害者の賠償をめぐる対話

序章

はじめに

一九八〇年代、アフリカ中部東寄りの小さな国ルワンダ共和国（ルワンダ）の農村では、フトゥ（*Hutu*）もトゥチ（*Tutsi*）もトゥワ（*Twa*）も混ざり合い、関わり合って暮らしていた。[1]当時を知る者は、「私たちは牛乳と蜂蜜のように相性が良かった」と懐かしがる。[2]ところが一九九〇年に内戦が始まると、穏やかな暮らしに暗い影が差し込んだ。その緊張状態が一気に加速し爆発し、一九九四年にジェノサイド（集団殺害）が起こった。フトゥのハビャリマナ（Habyarimana Juvénal）大統領が暗殺されたことが引き金となり、フトゥの軍人や政治家がトゥチを抹殺するよう国民を煽動した。

僅か三か月で少なくとも五〇万人以上のトゥチが抹殺され、ジェノサイドに異を唱えたフトゥやトゥワも殺害された。この甚大な被害が生み出された要因の一つは、政府に煽動された大多数の民間人が虐殺に加担したことである。彼らは地域ごとに一〇〜三〇人の集団を複数つくりナタや鍬《くわ》でトゥチを殺害し、家を破壊し焼き尽くし財産や家畜を根こそぎ略奪した。この地で共に生活してきた住民たちは、ジェノサイドによって被害者と加害者

写真 0-1　丘に囲まれた村に暮らす人々（2016 年 3 月 12 日）

に分けられたのである。

ジェノサイド（genocide）は、種を表す genos と殺害を意味する cide の造語である［石田 二〇一一：三］。これはジェノサイド条約で次のように定義されている。

> 国民的、民族的、人種的又は宗教的な集団の全部又は一部を集団それ自体として破壊する意図をもって行われる行為［岩沢 二〇一九：四一九］。

この条約はジェノサイドを国際法上の犯罪と定め、その防止と処罰を約束する。この条約はジェノサイドを犯した個人を処罰すると定めた。ルワンダのジェノサイドの犯罪を裁いたルワンダ国際刑事裁判所（International Criminal Tribunal for Rwanda: ICTR）はジェノサイド条約を適用し、史上初めてルワンダ人個人にジェノサイド罪の有罪判決を下した。

現在のルワンダの景観は、過去にこの地でジェノサイドが引き起こされたとは想像できないほど穏やかである（写真０―１）。しかし全国各地に建てられた虐殺記念館に足を運ぶと、凄まじい暴力の跡が残されている。なかでも南部州のムランビ（Murambi）虐殺記念館(3)は規模が大きく、国内外から人々が訪れる（巻頭の地図参照）。入り口になっている堅牢なつくりの平屋の建物を抜けると、レンガ造りの平屋の建物が数棟並んでいる。各棟には複数の部屋が設けられ、全て施錠されているため、案内人が一部屋一部屋解錠してゆく。促されるまま部屋に入ると、その光景に思わず息を呑んだ。

四方の壁に設置された低い棚には、ジェノサイドの犠牲者の遺体が布を被せられることなく、露わな状態で隙間なく並べられていたのである。遺体は骨と皮が一体になり平たく小さくなっていたが、よく見ると手足を切断された遺体や頭蓋骨が陥没した遺体や幼児の遺体も混ざっており、酸鼻を極めた虐殺の光景が眼下に広がった。この記念館はもともと技術学校であり、ここに避難してきたトゥチ約四万五〇〇〇人が民兵に襲撃され、生き残った者はわずか三四人であったという。並べられた遺体がジェノサイドの史実を突きつける（写真0―2）。

このジェノサイドの惨事は繰り返してはならない史実として映画や書籍になり、広く知られている。アメリカで製作された映画『ホテル・ルワンダ』は、首都キガリ市（Kigali）にあるミル・コリンホテル（フランス語で「千の丘」の意味）の実話を基にしている。支配人ルセサバギナ[4]（Rusesabagina Paul）は、逃れてきたトゥチ一二〇〇人以上をホテルに匿い、命を救った。この映画は二〇〇四年にアメリカで公開されたが、日本ではジェノサイドのような重い内容は観客に受け入れられないという理由で当初公開されなかった。しかし日本で上映してほしいという署名運動が広がり、ようやく二〇〇六年に公開された。

写真 0-2　ムランビ虐殺記念館（2009 年 9 月 3 日）

他にも映画『ルワンダの涙』がある。主人公はルワンダの公立技術学校に派遣された外国人英語教師である。彼はジェノサイドに直面し、母国に帰る選択肢はあるが、残るべきか帰るべきか葛藤する。この映画にはスタッフやエキストラとして多くのルワンダ人が関わった。

ジェノサイドの被害者イリバギザ（Ilibagiza Immaculée）の自伝『生かされて。』は、日本でも広く読まれている。イリバギザは牧師宅の一人用トイレに女性八人と一緒に立ったまま三か月間匿われ、生き延びることができた。知り合いであった加害者に家族を殺害されたが、信仰の力を借りて加害者を赦していく。

『神（イマーナ）の影』は、ジェノサイドの実話とフィクションを織り交ぜた物語である。作者タジョ（Véronique Tadjo）は、ルワンダのジェノサイドの記憶を書き残すプロジェクトに参加し、ジェノサイド後すぐにルワンダを訪れ、現地で話を聞き取った。一語一語が選びぬかれた翻訳文も素晴らしい［タジョ二〇一九］。

ジェノサイドの悲劇が終わり、ルワンダには新たな政府がつくられた。その直後から、新政府はジェノサイドに加担したフトゥの民間人を次々に捕らえた。約一四万人が刑務所に収容された[5]。しかし、これだけ多くの者を裁くことは遅々として進まなかった。また加害者のなかには政府の目を逃れて農村に紛れ込む者もおり、被害者にとっては脅威であった。

一九九六年に政府は、ジェノサイド罪および人道に対する罪を犯した民間人を裁くため臨時の裁判所をつくることを決め、全国の地方レベルにガチャチャ裁判（*Inkiko Gacaca*）を設置した。「ガチャチャ」という名前は、ルワンダ語の「芝」からきている。ルワンダでは一三世紀から、土地問題や住民間の諍いが起こったとき住民が芝に座り話し合って問題を解決してきた。住民たちはこれを「ガチャチャ」と呼んだ。

新政府は「ガチャチャ」をジェノサイドの犯罪を裁く「ガチャチャ裁判」につくり変えた。法律資格をもたない一般の者が判事に選ばれ、ジェノサイドの犯罪を裁いた。判事は住民から選ばれ、ルワンダ語で「高潔な者」を意味する「イニャンガムガヨ」（*inyangamugayo*）と呼ばれた。さらに、一八歳以上の住民が総出でガチャチャ裁判を施行するために働いた。彼らの仕事はジェノサイドの被害と加害を調査することである。具体的には、目撃証言の収集、被害者と加害者の特定、遺棄され埋められた遺体の場所の特定、盗まれ壊された財産の特定などである。住民たちはあらゆる証拠を収集し、片端からノートに記録し、ガチャチャ裁判の審理に活用した。

二〇一二年六月に政府が全国のガチャチャ裁判閉廷を宣言したとき、裁かれた事件は約二〇〇万件、裁かれた者は約一〇〇万人にのぼった。

ガチャチャ裁判は殺人罪と傷害罪に服役と公益労働を科した[6]。窃盗罪と器物損壊罪に賠償を命じ[7]、加害者個人に賠償を負わせた。聞き取り調査を行った加害者の多くは、殺人罪、傷害罪、窃盗罪、器物損壊罪すべての罪で裁かれた。彼らは服役と公益労働を終え村に戻り、賠償している。加害者はあらゆる所で略奪や破壊を犯したことで賠償は膨大になり、土地や家畜を売って賠償した。現金に換えるものがないときは、牛、キャッサバ、バナナなどで賠償する。家畜や農作物で賠償できないときは、被害者に減額や免除を申し出る。この被害者と加害者のやりとりを、本書は「賠償をめぐる対話」とする。

二〇一四～二〇一六年に筆者は賠償の聞き取り調査を行った。ジェノサイド終結から約二〇年が経過しても、賠償は依然として未払いのままである。加害者に賠償する意志があっても、賠償に充てる現金がないことが長引く要因である。加害者は一〇～一五年間の服役を終えて村に戻り賠償を始めるため、服役中は未払い状態である。その間に家族が代わりに賠償しようとしても、農業で一定の現金を得ることは難しく賠償できない。被害者は長期にわたり賠償を受け取れず、経済的に困窮している。ジェノサイドの賠償による貧窮の問題は、個人の自助努力だけで解決するには限界がある。

一　ルワンダという国

1　ルワンダ基礎情報

ルワンダはアフリカ中央の東寄りにある。人口は約一三二四万人（二〇二二年）、総面積は二万六三三八平方キロメートルで四国の約一・五倍である。ルワンダの人々は自国を「千の丘の国」と誇るように、緩やかな丘や切り立つ丘が連なっている。季節は雨期と乾期に分かれる。二〜六月は大雨期で、激しいにわか雨を降らす黒い大きな雲が出てくると、農村の人々は雨宿りする場所を探して走り出す。この時期に豆が芽を出しツルはどんどん伸びていく。六〜九月の大乾季は日中ジリジリと太陽が照りつけ、手洗いの大きなプリント生地のカンガやキテンゲがよく乾く。気温は一年を通して一六〜二八度と過ごしやすい気候である。主要産業は農業であり、コーヒーや紅茶を主に輸出している。ほとんどは小農で、キャッサバ、イモ類、豆類、トウモロコシ、バナナなどをつくり、丘の斜面の段々畑を耕す人々の姿がのどかな農村風景に溶け込んでいる。

筆者が初めてルワンダを訪れたのは二〇〇九年八月のことである。東隣のタンザニア連合共和国（タンザニア）からバスに乗り車中で一夜を越し、国境を越えてルワンダに入った。窓外にはバナナの木々が並び立ち、大きな

写真 0-3　翼のようなバナナの葉（2014 年 8 月 12 日）

写真 0-4　バナナや揚げドーナツを売り歩く女性たち（2012 年 6 月 7 日）

写真 0-5　ウムガンダ（掃除の日）に励む学生（2016 年 2 月 27 日）

葉は青空に飛び立つ翼のような形をしていた（写真0―3）。終点の首都キガリ市に降り立つと高層ビルが立ち並んでいた。ゴミ一つ落ちていない清潔な道路に、バナナや揚げドーナツを売り歩く女性たちの姿があった（写真0―4）。清掃員が多く雇われ、ジェノサイドで夫を亡くした女性も働いている。

毎月末土曜日は掃除の日「ウムガンダ」（*umuganda*）である。筆者は調査地の村のウムガンダに参加した。この村は人口約一〇〇〇人、二三〇世帯から成る。一世帯あたり一人（一八～六〇歳）のウムガンダへの参加が義務付けられ、不参加者は罰金二〇〇〇ＲＷＦ（三五〇円）を払う。この日は約一〇〇人が除草作業に励んでいた[8]（写真0―5）。作業後は草むらに座って参加者で集会を開くのが恒例であり、役所からの伝達事項や住民の相談事が話される。その日に出た議題をいくつかまとめると、国民医療保険料の滞納者が名指しされ集会後ただちに地方行政官に三〇〇〇ＲＷＦ（五二六円）を納めるよう伝達された。次に役所の農業担当者は、牛を売らずに繁殖させて増やすよう促した。さらに、政府から配布される蚊帳の使い方について注意があった。住民はハエ除けのため落下式トイレに蚊帳を取り付けているのだが、所定通りベッドに取り付けるようにという注意であった。こうしてウムガンダは清掃作業だけでなく、地方行政官から住民への情報伝達の場として機能している。

ルワンダの行政機構は四州、三〇郡、四一六セクター、二一四八セルから成る。セルの下部には一万四八三七村がある[9]。首都キガリ市は三郡から成る。調査地のおおよその人口規模は、郡は約三〇万人、セクターは二～三万人、セルは五〇〇〇～八〇〇〇人である。セルは六～九村から成り、一村の人口規模は六〇〇～一二〇〇人である。

2　経済発展と貧困

近年のルワンダはジェノサイドで破壊された惨状を立て直し、その目覚ましい復興は『アフリカの奇跡』とい

写真 0-6　農村の家屋（2013 年 8 月 27 日）

写真 0-7　薪をくべて料理する（2012 年 7 月 15 日）

われる。再興をあらわす指標の一つは経済成長率であり、二〇一〇～二〇一九年までの平均成長率は七・二％に達する[10]。最も力を注ぐ産業は情報通信技術（Information and Communication Technology: ICT）であり、海外企業を積極的に誘致している。独立期の暴力とジェノサイドで国外に逃れた人々は、ジェノサイド後にルワンダに帰還した。彼らはディアスポラと呼ばれ、海外で身につけた技術を活かし経済成長に貢献している。

しかし驚異的な経済成長や首都の発展ぶりとは対照的に、農村のインフラは整備されていない。各家庭には電気も水も引かれず共同の水汲み場の水は不足しがちで、必要最低限しか使うことができない。雨が降ると住民は家中の容器を外に並べて雨水を溜め、食器洗いや洗濯に利用する。水不足で洗髪できない子どもたちの頭皮と頭髪には、白いカビが生えている。

子どもたちはわずか一〇代で労働力と見なされ働かされる。調査地で住まわせてもらった一般家庭には一〇代の女性が住み込みで働いていた。彼女は日々の重労働で得た僅かな賃金を実家に仕送りしているため学校に通うことができず、読み書きを習得する機会を奪われていた。彼女は友人から携帯メールを受信しても読めずに、筆者に音読するよう頼んできたことをよく覚えている。

暮らしの中心である家屋の造り方を見せてもらった。まず地面に直接丸太の細い柱を建て、梁を組み、屋根にトタン板を張り壁に土を塗る。家屋に住み始めてから資金が貯まり次第、土壁にセメンーを塗り、ドア板と窓ガラスを取り付け、徐々に完成させていく（写真0―6）。台所が別棟であるのは薪を燃やして出るススで部屋を汚さないためである（写真0―7）。またトイレは落下式で住居の裏手に深い穴を掘る。排泄物がいっぱいになると汲み取らず土で穴を埋め、近くに別の穴を掘る。家造りの資金には他者の畑を耕した賃金を充てている。午前七時から午後一二時まで五時間耕して得る賃金は三〇〇ＲＷＦ（五二円）であり、カバレ（*kabare*、農村の小さな飲み屋）で飲むバナナビール一本またはファンタ一本と同額である。自分の畑の収穫が多いときは、作物を売って資金をつくる。

3　コンゴ紛争に関与するルワンダ

ルワンダは西隣のコンゴ民主共和国（コンゴ）と深いつながりがある。コンゴでは一九九六年から二度の紛争が起こったが、中心的な紛争主体となったのはコンゴ東部に暮らす「ルワンダ系住民」である［華井 二〇一六：一一二］。ルワンダ系住民はルワンダからコンゴ東部に移住してきた住民を指すが、移住の時期や特性は大きく次の四つに分けられる［華井 二〇一六：一一三］。留意すべきは、「ルワンダ系住民」という一つの集団が存在するわけではなく民族も居住地も多様である点である。

①一九世紀頃のルワンダ王国期に移住したトゥチの牧畜民

②第二次世界大戦後のベルギー王国（ベルギー）統治期[11]に移住した労働者や農民

補足すると、一九〇八年にコンゴ地方がベルギー領コンゴになり、一九二二年からルワンダとブルンジ共和国（ブルンジ）もベルギーの委任統治領になった。鉱山やコーヒーのプランテーションなどのベルギーの植民地政策によって、ルワンダの労働者がコンゴに移住した。移住労働者の多くはフトゥであり主に都市部に住んだため、高地で牧畜を営むトゥチとは生業が異なっていた［華井二〇一六：一一六］。

③一九六〇年前後のルワンダのフトゥによる暴動「社会革命」で難民となったトゥチのエリート層

補足すると、ルワンダ系住民は土地の所有権や市民権の獲得をめぐり、地元のコンゴ住民と対立している［華井二〇一六：一二四］。

④一九九四年のルワンダのジェノサイド後に難民となったフトゥの民間人と民兵

補足すると、ルワンダ系住民はフトゥもトゥチも混在して共存してきたが、この時期以降にトゥチとフトゥの対立が生じた［華井二〇一六：一一三］。

ルワンダ系住民はこうした多様性があるにもかかわらず一括りにされ、コンゴの他の民族集団から敵視されるようになった経緯に、コンゴ紛争の本質的な問題が存在している［華井二〇一六：一一三］。

◎第一次コンゴ紛争（一九九六～一九九七年）

一九九四年のルワンダのジェノサイド終結後、フトゥ難民一二四万四〇〇〇人がコンゴ東部の難民キャンプに流れ込んだ。[12]難民の中には、ルワンダのジェノサイドを主導したフトゥ民兵や旧ルワンダ政府軍兵士が数多く混在しており、難民キャンプはこうしたフトゥ武装勢力の拠点となった［華井二〇一六：一七〇］。

この問題にコンゴ政府が有効な対策をとれなかったことから、地元の民族集団やルワンダ系住民がそれぞれ民兵組織を結成し、暴力行為が頻発するようになった。コンゴ東部の混乱はルワンダ政府とコンゴ政府の軋轢にもつながり、一九九六年一〇月、ルワンダ軍の後方支援を受けたトゥチ武装勢力がコンゴ東部の難民キャンプへ攻撃を開始した。この動きを受けて、コンゴで活動してきた反政府武装勢力が合流して「コンゴ・ザイール解放民主連合＝ＡＦＤＬ」を結成し、ルワンダ、ウガンダ、ブルンジ、アンゴラなどの周辺諸国から支援を受けて、一九九七年五月にモブツ（Mobutu Sese Seko）政権を打倒した[13]［華井二〇一六：一七〇］。

◎第二次コンゴ紛争（一九九八年）

一九九七年にＡＦＤＬの議長であったカビラ（Laurent-Désiré Kabila）が大統領に就任し、国名を「コンゴ民主共和国」に改めて新政府を発足させた。しかし、わずか一年でコンゴは再び紛争に突入する［華井二〇一六：一七一］。コンゴの武装勢力への支援を理由にコンゴ東部に展開したルワンダ軍とウガンダ軍は、大規模な資源収奪を行った［華井二〇一六：一七三］。コンゴの南部や東部の山岳地方には、金、銀、スズ、ダイヤモンド、コバルト、タンタル、タングステンなどの鉱物資源の鉱脈があり、コンゴは世界有数の資源産出国である［華井二〇一六：六八］。コンゴ紛争では鉱物が違法に採掘され密輸され、紛争資金になっている[14]。国際連合（国連）の報告書は、ルワンダ政府が鉱物を違法収奪（illegal exploitation）していることを明らかにしている[15]［UN 2001: 8］。

◎五万人以上の性暴力被害女性を治療するムクウェゲ医師

二〇〇二年にコンゴ紛争の和平合意が結ばれたものの、東部では今なお紛争が継続している。その犠牲者数はもはや数えきれないほどに増え続けており、二〇〇八年時点で五四〇万人に及ぶといわれる[16]。現地住民は紛争に巻き込まれ殺害され略奪され、とりわけ女性たちは深刻な性暴力の被害を被っている。被害者はレイプだけでなく女性器を徹底的に傷つけられ、筆舌に尽くしがたい暴力を受けている。性器内に銃身を差し入れて撃たれる、棒にビニールを被せ熱で溶かしてから挿入される、下腹部に腐食性の酸を注がれるなど、耳を疑うようなむごたらしい犯罪である［ムクウェゲ・オーケルンド二〇一九：四〇］。

コンゴ人のムクウェゲ（Denis Mukwege）医師は性暴力被害に遭った五万人以上の女性を治療し続け、二〇〇六年に国連で行われた演説でこの惨状を訴えた。しかしこの紛争に関与するコンゴ政府から「おとなしくしていろ」「祖国の名誉に泥を塗るのはやめろ」などと脅迫され、コンゴ紛争に関与する他国からも命を狙われるリスクを負っている。それでもムクウェゲ医師はコンゴの現状を世界に向けて発信し続け、その功績が認められたことで二〇一八年にノーベル平和賞を受賞した。

二　ジェノサイド後の和解と協応行為

1　和解についての考察

ルワンダ語で「和解」はウブギーユンゲ（*ubwiyunge*）という。ウブギーユンゲはどのようなときに使われるのか、筆者は農村の人々に尋ねた。日頃から使うと答えた者は、例えば相手を叩いた後に使うと言う。[17] ジェノサイド後に使うようになった新しい言葉だと答えた者もいる。ここでは、ジェノサイド後に農村の人々がどのように和解を捉えているのかについて考える。

◎農村の人々が捉える和解

筆者が被害者と加害者それぞれに「あなたにとって和解とはどのようなことか」と尋ねると、彼らは「物を共有すること」、「バナナビールを飲み合うこと」、「家を訪ね合うこと」と答える〔片山二〇一三、二〇一四、二〇一九、二〇二〇b〕。農村社会でバナナビールを飲み合うことは、容易に手に入る市販のビールを飲み合うこととは重みが違う。なぜなら、手間暇をかけて栽培したバナナを何日もかけてバナナビールに醸造し、それを酌み交わすからである。農村社会では毒を盛る習慣が残っており、安全であるという互いの信頼がなければ飲み合うことはしない。バナナを育てる時からバナナビールを飲み合う時までに費やす圧倒的な時間と労力を分かち合うことを、人々はウブギーユンゲ（和解）と捉えている。

◎「国民統合と和解」政策

ジェノサイド後にルワンダ政府は「国民統合と和解」（*igihugu y'ubumwe n'ubwiyunge*）政策を進めてきた。後述する国民統合和解委員会は、その政策の一環で和解のトレーニングを行っている。西部州ルバヴ郡（*Rubavu*）で行われたトレーニングの参加者は、ジェノサイドの被害者、加害者、その家族、セクターの職員など約一〇〇名であった[18]。調査地の住民は、貸し切りバス二台で二時間かけて会場に向かった。住民から声をかけてもらい、筆者も同行した。

国民統合和解委員会の職員は、「ジェノサイド後の和解は八五パーセントは達成されたが、一五パーセントはまだ達成されていない」と具体的な数値を出して講演した。住民の生活状況をよく知る協同組合（cooperative）のリーダーは次のように話した。「私たちの協同組合は、被害者と加害者が共同作業をすることで「国民統合と和解」を目的にしている。もう一つの目的は、被害者と加害者の生活水準を上げることである」。組合員は共同作業でコーヒーを栽培し、池で魚を育て販売する。その収入を分配し、医療費や子どもの学費に充てている。

ルワンダ政府は「国民統合と和解」政策を進めるために、一九九九年三月に国民統合和解委員会（National Unity and Reconciliation Commission: NURC）を創設した。[19] この委員会によると、ルワンダがこれまで統合できなかった主因は、ドイツとベルギーによる統治時代にルワンダ人が民族、宗教、地域で分けられ、トゥチ、フトゥ、トゥワが明確に区別されたからである［NURC 2000: 9］。独立後も民族を差別する統治が続いたことが、ジェノサイドを引き起こした一要因になった。よってこの委員会の活動指針は、ジェノサイド後はトゥチ、フトゥ、トゥワを分けずに「ルワンダ人」として統合し和解へ向かいジェノサイドの再発を予防することである。なお、「国民統合と和解」は民主主義国家を築く礎であるとしてルワンダ憲法の前文で定められている［Republic of Rwanda 2015］。

◎政策は個人に届いているのか

ガチャチャ裁判は「国民統合と和解」政策の一つであるとトムソン（Susan Thomson）は主張する［Thomson 2013: 160］。ガチャチャ裁判が掲げる五つの目的のうちの一つが「国民統合と和解」である。トムソンは、国家は個人間の和解を推し量ることなく、ジェノサイドの被害者と加害者に和解を押し付けていると主張する［Thomson 2013］。

この主張の根拠になっているのは、彼女の聞き取り調査に応じたジェノサイドの被害者の次の証言である。「統合とは誰のためのものなのか？　和解とは誰のためのものなのか？　それは地方行政による政治のゲームである［Thomson 2013: 115］」。トムソンの聞き取り調査に応じたもう一人の被害者の証言は、「政府は私たちが本当に和解できるかどうかは気にしていない。彼らが気にしているのは自分たちの地位だけだ。和解は『重要な』人々のためのものであり、私のような一被害者のためのものではない［Thomson 2013: 52-53］」。このような被害者の証言から、トムソンは「国民統合と和解」政策が個人に行き届いていないと主張する。

2　共に何かをする協応行為

本書はガーゲン[20]（Kenneth J. Gergen）［二〇二〇］の理論を援用する。ガーゲンが自らの理論に到達するまでに着目したのが、四世紀前にうまれた啓蒙主義である［ガーゲン 二〇二〇：二］。啓蒙主義は自己の進歩と改善を啓発する主義である。

啓蒙主義はロック（John Locke）、デカルト（René Descartes）、カント（Immanuel Kant）らによって提唱され広げられたが、ガーゲンは啓蒙主義が行き過ぎることに警鐘を鳴らしている。「こうあるべきだ」という思想があらゆる所に浸透すると、その規範に沿って人々は行動するようになる。規範に沿う者は評価され、沿わない者は排除され、規範に沿う者と沿わない者に境界が引かれる。ガーゲンはこのように自己と他者が境界で区切られることを「境界画定的存在」（bounded being）とした［ガーゲン 二〇二〇：三］。

◎関係規定的存在

ガーゲンは「境界画定的存在」に代わるものとして、よりよく生きるための新しい考え方を追求し「関係規定的存在」（relational being）を提唱した［ガーゲン 二〇二〇：三］。「関係規定的存在」は、宇宙に存在する全てのものが関係し構成されているなかに自分も存在するという考え方である。自分は他の全てから独立した存在ではなく、全てとつながった存在である［ガーゲン 二〇二〇：四六五］。このような考え方であれば自分自身のことを孤立しているとか、根本的に利己主義であるとか、人に区別されているとか、競争している他者から脅かされているなどと考えることはなくなる［ガーゲン・ガーゲン 二〇一八：七二］。

◎協応行為

「関係規定的存在」の最も重要な概念は「協応行為」(co-action)であり、これは行為と行為が結びつくことによって意味が生まれるプロセスのことである〔ガーゲン 二〇二〇:一五―一六〕。身近な例では「おはよう」という言葉を一人で発しても意味をなさないが、相手から「おはよう」と返してもらえば挨拶としての意味をなす。このように協応行為はそれ自体で意味をもつのではなく、関わり合うなかで意味をもつ協同的な行為である。

ルワンダのジェノサイド後の農村社会では、被害者と加害者は、わずか徒歩二分のところに暮らしている者もいる。彼らは挨拶を交わし、礼拝で共に祈り、冠婚葬祭に呼び合い、日常的に協応行為をおこなっている。これらの協応行為に彼らはどのような意味を見出しているだろうか？　彼らは「バナナビールを飲み合うことが和解していること」と言い、この協応行為に和解の意味を見出している。

三　本書の構成

虐殺をくぐり抜けて生き延びた者たちの語りは、これまで見聞きしてきたどのような情報よりもリアルであった。ジェノサイドが起こったという事実と、その後にのしかかってくるものを彼らが背負って生きていかなければならない現実をまざまざと突きつけられた。本書は生き延びた者たちのそれぞれの語りを一つの章にまとめず、章と章のあいだに散りばめている。

第一章では、語りの背景になるルワンダの歴史を振り返る。第二章では現地に住み込みどのように聞き取り調査を行い、ガチャチャ裁判記録を閲覧したのかを書いている。また、農村の人々の食生活や日常会話に頻繁に登場するバナナを取り上げている。農村の人々の生活のあらゆるところにバナナが登場することを描いている。第三章では、一三世紀から始まったガチャチャが歴史の変動にさらされながらも細々と生き延び、ジェノサイドの犯罪を裁くガチャチャ裁判につくり変えられるまでの道のりをたどる。第四章では、ジェノサイドに加担した一般の人々を裁く法律がつくられ、一般の人々がガチャチャ裁判を運営していった実態を示す。命じられた賠償に被害者と加害者が合意する過程で賠償をめぐる対話がなされ、その対話にキリスト教にまつわるルワンダ語が使われていることに着目する。第五章では、統治やジェノサイドの歴史によってルワンダの人々に境界線が引かれたと設定している。それにより対立や不満が引き起こされているが、人々は協応行為を重ねて関係をつくっていることを考察し、彼らの心情の変化を境界線の薄い濃いであらわしている。終章では、本書が修復的司法と「人間の安全保障」の研究分野にどのように貢献できるのかを示す。

終章の後の別章ではジェノサイドやガチャチャ裁判の研究蓄積を参照し、この力を借りて本書の研究が成り立っていることを示す。これまでの研究を踏まえて、これから必要とされる研究について述べて締めくくる。

本書はガチャチャ裁判の法律文と裁判に使う定型書式を翻訳し、付録にしている。ガチャチャ裁判は一八歳以上の国民全員で運営されたことで、その法律文は人々にとって身近なものである。法律文には住民から選ばれる判事が高い倫理観を持って行動することや、加害者が被害者だけでなくルワンダ社会に謝罪することまで細かく書かれ、一つ一つ条文になっている。裁判の定型書式は、法律資格をもたない人々が迅速に裁くことができるように考案されたものである。

注

（1）ルワンダの民族は三つの集団で構成され、人口の八割強をフトゥ、一割強をトゥチ、一％程度をトゥワが占める。トゥワは農業と兼ねて赤土で土器を作り生計を立てている。三つの集団は混ざり合って暮らし共にルワンダ語（*Kinyarwanda*）を話し、異なる集団間の結婚も多く信仰する宗教にも違いはない。

信仰宗教の九割以上はキリスト教である。ルワンダ国家統計局（National Institute of Statistics of Rwanda: NISR）によれば、キリスト教徒（カトリック、プロテスタント、アドヴァンティスト）は人口の約九五%、イスラム教徒は約二%、無宗教者は約二・五%、その他は約〇・五%である［NISR 2014: 22］。

（2）二〇一三年九月一〇日、西部州ンゴロレロ郡の調査地にて行った筆者による住民への聞き取りより。

（3）二〇〇九年九月三日、筆者は南部州ニャマガベ郡（Nyamagabe）のムランビ虐殺記念館を訪れた。

（4）ルセサバギナは避難者を救ったことで二〇〇五年に米大統領自由勲章を受章するなど何度も表彰されたが、ルワンダ政府は二〇二〇年八月三一日に彼をテロ行為の容疑で逮捕し、二〇二一年九月二〇日に禁錮刑二五年を言い渡した。彼が反政府政党を設立したことを政府が警戒し逮捕したのではないかと報道された。世界の刑事裁判を監視する団体「クルーニーの正義のための財団」（Clooney Foundation for Justice）は、これは見せしめの裁判であり公正性が保証されていないと批判した［CNN］。アメリカ政府がルワンダ政府に働きかけ、カタール国が仲介し、二〇二三年三月二四日にルセサバギナは大統領令により減刑され釈放された［BBC］。

CNN「『ホテル・ルワンダ』のモデルに禁錮二五年、テロ関連の罪」

〈URL: https://www.cnn.co.jp/world/35176955.html〉（アクセス二〇二一年五月二三日）

BBC, “Paul Rusesabagina: Hotel Rwanda hero set free,”

〈URL: https://www.bbc.com/news/world-africa-65062977〉（アクセス二〇二三年三月二七日）

BBC News JAPAN,「映画「ホテル・ルワンダ」で注目の男性、刑務所から釈放　テロ罪で有罪に」

〈URL: https://www.bbc.com/japanese/65072387#:~:text=1994 年にルワンダで判決を受けていた %E3%80%82〉（アクセス二〇二四年八月一〇日）

（5）二〇一二年七月四日、首都キガリ市にて行った筆者による「国民統合和解委員会」職員への聞き取りより。

（6）本書が定義する傷害罪は、ガチャチャ裁判二〇〇四年法第五一条の犯罪分類第二の二、三項「殺人を意図したが死に至らなかった攻撃をした者」および「殺人を意図せず犯罪を犯した者」に該当する犯罪である。

（7）二〇〇四年法第七五条。

（8）二〇一四年一一月二九日、西部州ンゴロレロ郡の調査地にて参加したウムガンダより。

（9）行政機構のルワンダ語は、州（*intara*、インハラ）、郡（*akarere*、アカレレ）、セクター（*umurenge*、ウムレンゲ）、セル（*akagari*、アカガリ）、村（*umudugudu*、ウムドゥグドゥ）である。行政機構の数は以下を参照。

Republic of Rwanda, "Administrative Structure,"
〈URL: https://www.gov.rw/government/administrative-structure〉（アクセス二〇二二年五月二三日）

（10） The World Bank in Rwanda, "Overview,"
〈URL: https://www.worldbank.org/en/country/rwanda/overview〉（アクセス二〇二二年五月二三日）

（11） 昨今ベルギーのフィリップ（Philippe Léopold Louis Maria）国王はコンゴの植民地支配を謝罪した。二〇二〇年に国王はコンゴのチセケディ（Félix Antoine Tshisekedi Tshilombo）大統領に宛てた書簡でコンゴ支配に遺憾の意を表明し、二〇二二年六月八日に初めてコンゴを訪れ、首都キンシャサで行われた演説で改めて遺憾の意を示した。その演説では、当時のコンゴ支配の状況を「正当化できない不平等な関係で、人種差別が顕著だった」と認め「それが暴力行為や屈辱をもたらした」と述べた。元ベルギー国王のレオポルド二世（Léopold II）の私領地であったコンゴ自由国の時代（一八八五～一九〇八年）は、天然ゴム採取のノルマが果たせない現地住民の手首を切断するなど、数々の残虐行為が行われた。ベルギー国王の支配後も、ベルギー政府が一九六〇年までコンゴを植民地支配した［大阪日日新聞二〇二二年六月一〇日］。

（12） フトゥ難民の人口は Prunier［1997: 312］参照。

（13） トゥチ主体のルワンダ政府軍はＡＦＤＬと結託してコンゴに攻め入り、ジェノサイドの首謀者や民兵を掃討するという名目を掲げてコンゴに逃れたフトゥ難民（民間人も多数含む）を殺戮した［米川二〇一七：一三〇―一三二］。

（14） コンゴで違法採掘されたタンタル、スズ、金は私たちの携帯電話やパソコンに使われている。それらを消費する私たちは、コンゴの紛争に間接的に関与していることになる。詳細は華井［二〇一六］第四章と第五章を参照。

（15） 国連はコンゴの専門家パネル（国連ＤＲＣ資源収奪専門家パネル）を設置し調査を進めた。ルリンダ政府による資源略奪や違法採掘や違法取引の実態を明らかにし、報告書を刊行した。

（16） 東洋経済オンライン「『メディアの偏った報道』解消に挑む阪大教授の志――データで浮かび上がる日本の国際報道の問題点」〈URL: https://toyokeizai.net/articles/-/428939?page=2〉（アクセス二〇二二年五月二三日）

（17） 二〇一四年九月二五日、西部州ンゴロレロ郡の調査地にて行った筆者による住民への聞き取りより。

（18） 二〇一四年一二月五日、西部州ルバヴ郡で行われた和解のトレーニングに筆者は参加した。

（19） NURC, " NURC Background,"〈URL: https://www.nurc.gov.rw/index.php?id=83〉（アクセス二〇二一年五月一八日）

（20） ガーゲンはアメリカの社会心理学者であり、社会構成主義に関する数多くの著作を発表している。近年は社会構成主義に基づく実践を重視し、メアリー・ガーゲン（Mary Gergen）と共に幅広い活動に取り組んでいる［東村二〇〇四：二五五］。ガーゲンは国際ＮＰＯ法人タオス・インスティテュート（The Taos Institute）を立ち上げ、日本支部もある。

第一章　ルワンダのジェノサイド

三〇年前、アフリカの小さな国で起こった史上稀にみる大虐殺は、わずか一〇〇日で五〇万人以上の犠牲を出した。この大事件は国際社会に衝撃を与え、人々は「民族」が対立して起こったのだと認知した。実は、一九世紀以前にルワンダ人のエリートは自分たちをトゥチと呼び、そうではない者をフトゥと呼び、これらは「民族」ではなかった。王国時代を経て統治時代になり、トゥチとフトゥは「民族」とされた。「民族」とされただけでは対立や紛争は起こらないが、一方が優遇され一方が冷遇され、その構図が逆転し政治的な対立が煽られジェノサイドが引き起こされた。本章は王国時代からジェノサイドが起こるまでの経緯をたどり、ジェノサイド後も続く暴力を追う。

一　ルワンダの「民族」問題

1　トゥチとフトゥの誕生

トゥチは、もともと牧畜民の一部が自分たちを区別するための自称である。ニギニャ（*Nyiginya*）王国が建国される頃には政治エリートの呼称となった［Vansina 2004: 134］。政治エリートは自分たち以外をフトゥと呼んだ。フトゥという言葉には「粗野」「無作法」といった品位を傷つけるニュアンスが含まれていた。王宮では、トゥチであってても使用人はフトゥと呼ばれた［Vansina 2004: 134］。

一九世紀後半～二〇世紀前半にかけてニギニャ王国は強固な軍隊を設立し、領土を拡大していった。その頃には戦闘員をトゥチ、非戦闘員をフトゥと呼ぶようになった。ついで、王宮から各地域へチーフやサブ・チーフが派遣されるようになった。派遣された地域ではチーフやサブ・チーフはトゥチ、地元の者はフトゥと呼ばれた［鶴田 二〇一八：四二］。このようにニギニャ王国の権力と領土の拡大によって、誰をトゥチ、誰をフトゥと呼ぶのかが変化していった。ただし、狩猟採集民のピグミーをトゥワと呼ぶことは変化しなかった。

2　ドイツとベルギーによる統治

一八九九年にルワンダはドイツ領になり、同じくドイツ領の隣国ウルンディ（現在のブルンジ共和国）と合わさってルアンダ・ウルンディとなった［鶴田 二〇一八：四九］。一八八五年にタンガニーカ（現在のタンザニア連合共和国の大陸部）はドイツ領になっていたため、この三国をドイツ領東アフリカという。

第一次世界大戦後に統治国はドイツからベルギーに変わる。国際連盟の委任統治制度によってベルギーに統治されることになり、第二次世界大戦後に国連が設立されると委任統治制度は国連信託統治制度に引き継がれ、引き続きベルギーによる統治は一九六二年の独立まで続いた。

3　トゥチとフトゥの「民族」化

ドイツとベルギーによる統治下で、トゥチとフトゥを分けることに決定的に影響を及ぼしたのが「ハム仮説」

（Hamitic Hypothesis）である。イギリス人の探検家スピーク（John Hanning Speke）が提唱した「ハム仮説」は、聖書に由来する仮説である。旧約聖書「創世記」の登場人物であるハムはノアの息子であり、父の裸体を盗み見たとして呪われるが、その子孫となるハム系諸民族がアフリカに文明を伝えたとした［武内 二〇〇九a：八五］。ハム系諸民族はノアの血を引くコーカソイド人種（すなわち白色人種）であり、アフリカ土着の人種とは見なされない。ハムとされたのは今日でいうアフロ・アジア語族クシ諸語を話すアフリカ北東部の住民だが、トゥチもまた「言葉を失ったハム」あるいは「半ハム」だとされた［武内 二〇〇九a：八五］。

その主たる理由は体型であった。ヨーロッパ人がルワンダ王宮などで接触したトゥチの体型が、北東アフリカ住民の体型と似ていたからである。フトゥはネグロイド人種の「バントゥー」だと考えられた。すなわちトゥチとフトゥは人種が異なると見なされてきたのである［武内 二〇〇九a：八五］。この「ハム仮説」の影響で、支配階層はトゥチでなければならないという認識がヨーロッパ人側に強くなった［武内 二〇〇九a：一一九］。それ以前のルワンダ王国の行政機構においてはフトゥが就任した役職もあったが、ベルギーは行政改革を行いフトゥのチーフを排除しトゥチに独占させた(1)。これにより支配集団としてのトゥチ、被支配集団としてのフトゥ（およびトゥワ）という観念がルワンダ人に浸透した(2)［武内 二〇〇九a：一一八］。

「ハム仮説」にもとづきベルギーは一九三四～一九三五年代にトゥチ、フトゥ、トゥワを体型で分け、長身で瘦型をトゥチ、やや低身長でずんぐりとした体型をフトゥ、短身の者をトゥワとした。これらを「民族」として固定し、身分証明書に記載する措置を導入した。ただし、一九四一年生まれの男性（七〇代）は財産が増えればトゥチ、減少すればフトゥになる慣習が残っていたと証言しており、地域によって差があったようである(3)。ちなみに「ハム仮説」は一九七〇年頃からヨーロッパ中心的な人種イデオロギーであると批判され、アカデミズムでの影響力を既に失っている［武内 二〇〇九a：八七］。

さらに賦役制度ウブレトゥワ（*uburetwa*）が、トゥチとフトゥの格差を広げることになる。ウブレトゥワは王国時代から続き、一九世紀後半になると農民はチーフ（自分の土地に対する権利保持者）の畑で働くことを義務づけられた［武内二〇〇九a：九九］。ウブレトゥワは貢納ができないほど貧しいフトゥに課せられた制度であったが、ベルギー統治下の一九二四年に法制化された。これまで貢納できたフトゥは賦役する必要はなかったが、法制化により全国すべてのフトゥ成年男子が賦役の対象になった。

制度内容の変更をみると、賦役労働義務はこれまで一人あたり五日間のうち二日だったが、七日間のうち二日になった。さらに一九二七年には家族あたり七日のうち一日、成年男子一人あたり年間一三日を超えないことが定められた［武内二〇〇九a：一三七］。ウブレトゥワのためにフトゥは学校を休まなければならなくなり［Newbury 1988: 115］、トゥチはウブレトゥワを免除され教育面においても格差は広がった。

この状況に反発したフトゥのリーダーが、一九五七年に「バフトゥ宣言」を発表した。この宣言は強制労働の廃止、表現の自由の奨励、フトゥの政治参加などを要求し、フトゥに対する差別の根絶を訴えている［鶴田二〇一八：七五―七六］。フトゥのリーダーのこのような動きは、既存の政治体制下で権力を握るトゥチ・エリートに脅威を与えた［武内二〇〇九a：一六七］。

4　紛争から「民族」対立へ

フトゥのリーダーの抵抗は革命に発展していく。引き金になったのは、脅威を抱いたトゥチが起こした事件である。一九五九年にトゥチ主体の政党ルワンダ国民連合（Union nationale Rwandaise: UNAR）の支持者が、フトゥ解放運動党（Parti du mouvement de l'émancipation Hutu: PARMEHUTU）のサブ・チーフを攻撃した。この事件にフトゥの大衆は激高し、報復としてトゥチのリーダーたちを襲撃、殺害するに至った。この騒乱が[4]「社会革命」（Révolution sociale）へとエスカレートし、多くのトゥチが国外に追放される事態となった。この一連の暴動で二〇〇人以上が死亡し、トゥチ九〇〇人以上とフトゥ三〇〇人以上が逮捕され、五〇〇〇人前後が国内東部に移動し、七〇〇〇人以上が周辺国に逃れた［鶴田二〇一八］。

フトゥのリーダーが権力を持ち始める情勢で、一九六〇年に地方選挙が行われた。フトゥ主体の政党PARMEHUTUが勝利し、国政選挙の勝利を目指すことになる。選挙実施時期については、ベルギーの中でも意見が分かれた。信託統治領の現地行政府は早期実施を主張したが、本国政府は延期を主張した。本国政府が延期を主張した理由は、コンゴの早期独立が招いた動乱の二の舞を踏むことを危ぶんだためである［鶴田二〇一八：一〇三―一〇八］。それに加えて、アメリカ、国連、北大西洋条約機構（North Atlantic Treaty Organization: NATO）は、ルワンダの行政基盤を整えるまでは独立すべきではないと主張したからである[5]［鶴田二〇一八：一二四―一三三］。

国政選挙の時期が定まらないなかで、フトゥの政治家は一九六一年一月にクーデターを起こし、新政府を発足させる強硬手段に出た。一九六一年九月に国政選挙が実施され、PARMEHUTUが勝利し、フトゥの大統領が就任した。トゥチとフトゥの間に生じた亀裂は埋まらないまま、ルワンダは独立した［鶴田二〇一八：一四三―一六四］。

◎未開拓地へ強制移住させられたトゥチ

これまで述べてきた革命でトゥチは排斥され、独立後も排斥され、国内東部へ強制的に移動させられた。その歴史を裏付ける話を現地調査で聞き取った[6]。

一九五〇年代～六〇年代にトゥチの人々は政府から土地を追われ、東部の未開拓地に強制的に移住させられた。その地に移住させられた人々は、来る日も来る日も森を切り開かなければならなかった。彼らはアビンキラ（*Abimkira*）と呼ばれた。その森林には眠り病を媒介するツェツェバエが生息していて苦しめられた。

ツェツェバエに吸血されると髄膜脳炎を起こし、無治療の場合は昏睡状態に陥り命を落とす。東部在住の男性（三〇代）は次のように語った[7]。「フトゥ主体の旧政府はジェノサイド前からトゥチの虐殺を計画しており、この強制移住はお金をかけず証拠を残さずツェツェバエでトゥチを虐殺する手段であった」。

二　独立後の状況

1　独立後の経済状況

経済の動向をみておくと、ルワンダは国際収支の恒常的な赤字に窮していたことで国際通貨基金（International Monetary Fund: IMF）の技術援助を受けることになった。一九六五〜一九七一年に日本人の服部正也がルワンダ中央銀行の総裁を勤め、経済を立て直すために尽力した［服部二〇〇九］。

当時ルワンダで働く外国人は「ルワンダ人は怠け者だから経済が発展しない」と口を揃えたが、服部総裁はそのような説には耳を貸さず農村地帯や露天市場に頻繁に足を運び、ルワンダ人の農家や商人から直接情報を収集した。経済が発展しない問題の本質を見極め、カイバンダ（Kayibanda Grégoire）大統領や閣僚と緻密な交渉を重ねて改革に取り組んだ。

この改革の目標は外国人優遇税制にメスを入れ、ルワンダ人農家や商人の勤労努力が報われるようにすることである。服部総裁の主な業績の一つは二重為替制度を廃止し、現地通貨ルワンダフランの対外価値を自由相場並みに切下げ一本化したことである。他にも農業分野の改革や人材育成に力を入れ、ルワンダの経済発展の土台を築いた［服部二〇〇九］。

一九七〇年代には、ルワンダは鉱産物のスズなどを輸出し経済の安定を保っていた。しかし一九八〇年代に鉱産物の開発と販売を独占していた企業ソミルワ（SOMIRWA）が倒産したことで、鉱産物開発事業は大きな打撃を受け輸出停止状態に陥った［武内二〇〇九a：二五〇］。それによりコーヒーや紅茶の輸出に依存するようになる。

ところが、一九八〇年代後半にコーヒーの価格が下落する。輸出額および税収は大幅に減少し、経常収支の深刻な赤字を引き起こした［武内二〇〇九a：二五一］。よってルワンダ政府は世界銀行やＩＭＦに金融支援を要請し、世界銀行からは支援の条件として構造調整政策（経済的自由化）を要求された。一九九〇年に導入された構造調整政策では、ルワンダフランが四〇％切り下げられた。同時に国営企業の民営化、公務員数の縮小、コーヒー買付価格の切り下げなど、一連の緊縮財政政策が実行された［武内二〇〇九a：二五二―二五三］。

2　多党制多党化、内戦

ルワンダの政治体制は次のように変遷していく。一九五〇年代は多党制であったが、一九六五年の国会議員選挙で一党制になった［武内二〇〇九a：二一七］。一九七三年にハビャリマナがクーデターを決行し、権力を掌握して軍政になった。一九七八年憲法で文民化され一党制が続いたが、一九九一年の憲法改正で多党制になった［武内二〇〇九a：二三二］。

一九九〇年代初頭に、多くのアフリカ諸国で多党制が導入された［武内二〇〇九a：六〇］。この情勢は各国内の社会運動の成果でもあるが、援助国側の援助政策の変化とより強く連動している。冷戦終結に伴い東側ブロックが崩壊した結果、アフリカの戦略的地位が低下し、援助国はかつてのように人権抑圧や汚職に目をつぶって援助を供与することはできなくなった〔武内 二〇〇九a：六二〕。一九九〇年六月、フランス語圏諸国会議で援助と民主化との関係を明確にしたフランスを筆頭に、援助国は次々にアフリカ諸国に対する援助の条件として多党制の導入を求めるようになった〔武内 二〇〇九a：六二〕。

ルワンダも多党化し、野党が急速に成長した。有力な野党は共和民主運動（Mouvement démocratique républicain: MDR）、自由党（Parti libéral: PL）、社会民主党（Parti social-démocrate: PSD）、キリスト教民主党（Parti démocrate-chrétien: PDC）である。与党は開発国民革命運動（Mouvement révolutionnaire national pour le développement: MRND）である〔武内 二〇〇九a：二六七―二六八〕。当時の内閣は一九閣僚のうち、与党のMRNDが九つ、野党はMDRが三つ、PLが三つ、PSDが三つ、PDCが一つの計一〇で野党が過半数を占めていた〔武内 二〇〇九a：二六八〕。

ここから内戦に突入していく流れをみていく。内戦の核の部分は、先述した一九六〇年前後の「社会革命」でウガンダ共和国（ウガンダ）に逃れたトゥチ難民である。彼らは、現ウガンダ大統領のムセヴェニ（Museveni Yoweri）率いる武装勢力・国民抵抗軍（National Resistance Army: NRA）の要員として首都カンパラの制圧に加勢した。NRAの全兵力一万六〇〇〇人のうち、約四分の一をルワンダ難民が占めていた〔Mamdani 2002: 170〕。

ムセヴェニが新政権を発足させると、NRAの勝利に加勢したルワンダ難民を要職に就かせるようになった。とりわけ特権的に庇護されたのが、「ルワンダ愛国戦線」（Rwandan Patriotic Front: RPF）の主要メンバーである。RPFはトゥチ難民第二世代が中心となって結成した武装勢力であり、リーダー格のカガメ（Kagame Paul）は現ルワンダ大統領である。

ムセヴェニはルワンダ難民と次のような約束をした。一〇年以上ウガンダに在住したルワンダ難民には、自動的にウガンダ国籍を認めるという内容である。しかしウガンダ国民は「外国人」であるルワンダ難民が国家の要職に就いたことに不満を抱き、反発した。結局、ルワンダ難民に国籍を与える約束は反故にされた〔武内 二〇〇九a：

二六〇]。

このような経緯から、ルワンダ難民はルワンダへの帰還を希求するようになる。ＲＰＦは組織化され、ルワンダ侵攻に向けて着実に計画を進めていった。一九九〇年一〇月一日にＲＰＦはルワンダへ侵攻し、ハビャリマナ政権との内戦が始まった。フランスはルワンダ政府と軍事協定を結んでいたため、ハビャリマナ政権の援軍として自国軍を派遣した。

国際社会は、この内戦を収束させるため調停に動き出した。一九九三年八月にハビャリマナ政権とＲＰＦの和平合意（アルーシャ協定）が締結された。この合意は内閣や議会の構成、難民帰還、軍の統合など五つの合意文書を柱とし、最も議論が難航したのは軍の統合である。ＲＰＦとルワンダ国軍の構成比は司令官レベルで五〇％対五〇％、兵士レベルで四〇％対六〇％となった。この合意でハビャリマナ政権中枢の権力が喪失することは明白であった［武内二〇〇九ａ：二六四―二六五］。

政権側はＲＰＦとの合意に反対したが締結され、フランス軍はルワンダから撤退した。停戦監視とアルーシャ協定の履行を支援するために、国連平和維持部隊の国連ルワンダ支援団（United Nations Assistance Mission for Rwanda: UNAMIR）約二五〇〇人が派遣されることになった。これまでフランス軍から手厚い支援を受けてきたハビャリマナ政権は痛手を受け、ＵＮＡＭＩＲを敵視するようになる。政権はＵＮＡＭＩＲがＲＰＦ寄りだとのプロパガンダ(8)を繰り返し流したことで、不穏な状況が続いた［武内二〇一一：二五八―二五九］。

和平合意で約束された移行政府の設立は難航した。ハビャリマナ政権の権力保持者が反発したのは、次のようなことからである。和平合意の内容は、フトゥ穏健派の自由党には強力な司法大臣の地位が与えられ、ＲＰＦには内務大臣の地位が与えられていた。これによって自由党とＲＰＦは汚職や殺人ほかの犯罪について個人を捜査し、起訴し、裁くことができるようになる。この権限は多くの権力保持者を脅えさせていた。権力保持者が最も恐れたことは、移行政府がいったん成立してしまうと、ハビャリマナ大統領と多くの側近たちが裁かれるのではないかということである。このような理由でハビャリマナ大統領は移行政府の設立をなんとか回避しようとした［ダレール 二〇一二：一二四］。移行政府の設立の期日は何度も引き伸ばされ、遂に設立には至らなかった。

3　フトゥ急進派とジェノサイドの始まり

一九九四年に引き起こされるジェノサイドに大きく関わってくるのが、フトゥ急進派勢力である。これは与党ＭＲＮＤと、一九九二年に新たに設立された政党の共和国防衛同盟（Coalition pour la défense de la république: CDR）が連携した勢力である［Des Forges 1999: 52-53］。ＲＰＦの排斥を掲げて活動し、勢力を拡大していった。

拡大するきっかけになったのは、ブルンジで起こった大統領暗殺事件である。一九九三年一〇月に、ブルンジのンダダエ（Ndadaye Melchior）大統領が暗殺された。ブルンジはトゥチ、フトゥ、トゥワで構成され、トゥチ主体の軍がフトゥ大統領を暗殺した。ルワンダのフトゥ急進派勢力はこの事件を恰好の宣伝材料とし、ブルンジの暗殺事件はトゥチとＲＰＦの「陰謀」というプロパガンダを流した。ルワンダのフトゥ急進派勢力は「フトゥ・パワー」（*Hutu Pawa*）というスローガンを掲げて結集した［武内 二〇〇九ａ：二七〇］。

フトゥ急進派勢力とＲＰＦの緊張は高まり、それぞれ秘密裏に武器を調達し、戦争の準備を始めていた［Straus 2006: 42］。急進派勢力の政党ＭＲＮＤとＣＤＲは実行部隊として民兵組織インテラハムウェ（*interahamwe*）やインフザムガンビ（*impuzamugambi*）を結成した。インテラハムウェは「共に同じ方向に行くこと」、インフザムガンビは「統合された人々」を意味し(9)、これらの民兵組織がジェノサイドの殺戮に大きく関与していくことになる。ジェノサイドが始まる前の一九九四年一月、ＵＮＡＭＩＲの総司令官ダレール（Roméo Dallaire）は武器庫に大量の武器が貯蔵されているという情報を掴み、武器庫を封じ込める許可を国連のニューヨーク本部に要請した。しかし許可は降りず、封じ込めることはできなかった［ダレール二〇一二：一三六］。

この間にルワンダ国内ではあちこちで暴力が起こり、ますます緊張が高まっていった。一九九四年四月六日、ジェノサイドの引き金となる事件が勃発する。ハビャリマナ大統領が搭乗していた専用機が何者かによってミサイルで撃墜され、大統領は殺害された。搭乗者五名全員が死亡し、同乗していたブルンジのンタリャミラ（Ntaryamira Cyprien）大統領も犠牲になった。この事件は誰が首謀者か不明である。[10] フトゥ急進派の政治家や軍人はRPFが首謀者であると決めつけた。「RPFがトゥチであるからトゥチを殺戮しなければならない」という理屈で国民にジェノサイドを命令した。

この命令が公文書、タブロイド紙、[11] ラジオ[12]を通じて州から郡へ、郡から村へ通達された。政治家や軍人はもちろんのこと、民間人までもが動員された。彼らは「上層部の命令に従わなければ自分や家族が殺される」という恐怖に駆り立てられ、虐殺に関与していった［Straus 2006］。家でも畑でも川でもありとあらゆる所でトゥチは虐殺されたが、なかでも全国各地の道に設置されたバリエーリ（*bariyeri*）ではトゥチは塊になって虐殺された。バリエーリでは丸太やレンガで道を塞がれ、逃さないよう堰き止められる。身分証明書を掲示させられ、トゥチと記載された者はその場で容赦なく殺害された。トゥチにとってバリエーリは「死の検問所」であり、逃げ切ることは不可能であった。

4　ジェノサイドの被害

聞き取り調査を行うと多くの被害者は「一〇～一二〇人の家族を殺害された」と返答し、ジェノサイドの甚大な被害を物語っている。犠牲者数を正確に示すデータは存在しないが、デス・フォージス（Alison Des Forges）によれば当時ルワンダの人口約七五〇万人のうち、少なくとも五〇万人以上のトゥチが虐殺されたことが分かっている[13]。また逃げ惑った人々は餓死したり病死したり衰弱死したりした。避難先では水や調理道具もなく、家畜用の固いトウモロコシをそのまま食べた子どもは、消化器官が傷つき内出血したことが原因で死んでいった［ダレール二〇一二：三七二］。

ある被害者の女性（四〇代）は、ジェノサイドに巻き込まれた悲惨な経験を次のように率直に語ってくれた[14]。

> フトゥの加害者の中にはトゥチの女性を自宅に匿った者もいましたが、彼女たちに性的な拷問をする者もいました。このセクターではトゥチと婚姻関係にあるフトゥも頻繁に殺害されました。フトゥの男性と結婚したトゥチの女性は夫婦ともに殺害されました。トゥチの男性と結婚したフトゥの女性も夫婦ともに殺害されました。フトゥであっても身長が高ければトゥチとみなされ殺害されました。スパイと容疑をかけられたフトゥも親戚から殺害されました。トゥチ同士で助け合ったり匿い合ったりする余裕はありませんでした。
>
> 私と弟は凶悪な殺人者と言われている男の家に匿われました。殺されずに匿われたのは、ジェノサイド以前からその男は私の父親と友人だったからです。しかしその男は「自分の家に加害者集団[15]が来た時は、お前たちを引き渡す」と言いました。その男はジェノサイドで亡くなりました。
>
> 私はその男の家から逃げましたが加害者集団に捕まり釘バットで殴られ、片方の耳が聞こえなくなりました。加害者集団は気を失った私を死んだと思って立ち去りました。命は助かりましたが、今でも殴られた時のことがフラッシュバックすることがあります。頭部を殴られた後遺症で難しいことを考えられなくなり、これまで私が築いてきたことはジェノサイドで全て壊されました。
>
> 加害者集団に苦しめられた後、私は難民キャンプに逃げました。ＲＰＦの兵士がジェノサイドを終わら

せたので自宅に戻ることができました。殴られた耳を診てもらうために病院へ連れて行ってもらいましたが、薬では治らず、耳は聞こえないままです。

しかし私の家族を殺した者は今も近くに住んでいるので、彼らに出会うと不安と怒りが湧き出て強いストレスを感じます。ガチャチャ裁判で私の家族を殺害した者と財産を強奪した者が赦しを求めてきましたが、彼らと同じ村で共に暮らすことは非常に難しく、赦すまでには長い時間がかかります。

親や親戚は殺害され、生き残ったのは弟と妹と私です。その後私は結婚しましたが、夫は私にジェノサイドを思い出させるような酷い言葉を吐いて罵倒しました。私は自分の子どもと自分の弟妹を一人で育てる決心をし、夫と別れました。夫は別の女性と結婚しました。

5　ブルンジ人もジェノサイドに加担した

東部州ンゴマ郡（Ngoma）の被害者は、母と兄弟姉妹が殺害されたとき、ブルンジ人が殺害を幇助していたと語った[16]。なぜブルンジ人がルワンダのジェノサイドに加担したのか。まず、ブルンジはルワンダの南に位置し、この調査地はブルンジ国境に近いためブルンジ人が日頃から行き来している。歴史をみると、ブルンジはドイツの植民地になり、その後国連の制度によりベルギーの統治領になるというルワンダと同じ歴史をもつ。さらに、ブルンジとルワンダはトゥチ、フトゥ、トゥワの同じ民族構成で、国土面積もほぼ同じである。このことから、ブルンジとルワンダは「双子の国」といわれる。

「双子の国」の情勢をみてみると、一九九三年一〇月にブルンジでクーデターが起こり、トゥチ主体の軍がフトゥ大統領ンダダエを暗殺した。この事件を利用して、ルワンダのフトゥ政治家は、ブルンジの暗殺事件がルワンダのトゥチとRPFの「陰謀」であるというプロパガンダを流し、ルワンダのフトゥ急進派勢力を拡大した。

その後、ブルンジではフトゥ大統領ンタリヤミラが選出された。しかし、ルワンダのフトゥ大統領ハビャリマナの搭乗機が撃墜されたとき、同乗していたブルンジのンタリャミラ大統領も同時に亡くなった。このようにいずれかの国で起こった暴力が、もう一つの国に作用している。そのような情勢のなかで、ブルンジ人がルワンダのジェノサイドに加担したのではないかと考えられる。

6　国連ルワンダ支援団の縮小とジェノサイド終結

一九九四年四月七日、フトゥ急進派はジェノサイドが始まりすぐにフトゥ穏健派のウィリンジマナ（Uwilingiyimana Agathe）首相を暗殺した。彼女を護衛していたUNAMIRの兵士一〇名も拷問され虐殺された。国連の安全保障理事会（Security Council、安保理）非常任理事国のチェコ、ニュージーランド、ナイジェリアなどは、これが「内戦」ではなく集団殺害だとした。非常任理事国はUNAMIRを強化するよう主張したが、常任理事国のアメリカやイギリスは断固として反対した。UNAMIRは増強されず、四月一二日にベルギー政府はベルギー部隊の撤退を決定した。中核であるベルギー部隊が撤退したことでUNAMIRの存続が危ぶまれ、四月二一日に安保理決議九一二が採択され、UNAMIRの規模を縮小し数百名の部隊だけを残す決定が下された［鶴田二〇一八：二三三―二三四］。UNAMIRの司令官ダレールを中心に隊員たちはルワンダ政府軍や民兵やRPFと交渉を重ね、キガリが戦場になる前に住民を地方に避難させ、犠牲者を最小限に抑えるために奔走した［ダレール二〇一二］。

安保理決議九二九が採択され、ジェノサイドの鎮圧と戦闘の停止を目的にコンゴに駐留するフランス軍がルワンダに介入することが承認された。同年六月にフランスを中心とした多国籍軍がトゥチを保護するために人道確保地帯（the Safe Humanitarian Zone）を設置した。フトゥ急進派はRPFの攻撃から逃れるために、設置された人道確保地帯を利用しコンゴへ逃亡した［ダレール 二〇一二］。

一九九四年七月一八日、RPFが完全勝利を宣言し、三か月続いたジェノサイドは終結した。翌日の一九日に新政府が組織された。新大統領に就任したのはビジムング（Bizimungu Pasteur）である。彼はRPFに所属するフトゥである。副大統領に就任したのはカガメである。彼は国防大臣と兼任である。首相に就任したのはトゥワギラムング（Twagiramungu Faustin）である。彼は野党MDRに所属する穏健派フトゥである［鶴田 二〇一八：二三七］。二〇〇〇年三月二三日にビジムング大統領が辞任し、副大統領のカガメが暫定政権大統領に就任し、同年四月二二日に正式に大統領に就任した［Kinzer 2008: 224］。

ジェノサイドは甚大な犠牲を出したにもかかわらず、国際社会の関心は低いものであった。ジェノサイドの実話を基にした映画「ホテル・ルワンダ」には、ルワンダ人の主人公と外国人記者の次のようなやりとりがある。「実際の虐殺の映像を世界に配信し、国際社会に助けを求めよう」と主人公は言うが、「世界の人々は、映像を見て『怖いね』と言うだけで、ディナーを続ける」と外国人記者は答えた。この皮肉な言葉通り、国際社会はジェノサイドに無関心であった。その後、国際社会はジェノサイドに介入できなかった負い目から、ルワンダを支援している。

三　ジェノサイド後の復興と続く暴力

さてここからは、ジェノサイドで壊滅した社会がどのように変化してきたかに目を向ける。ルワンダの復興は「アフリカの奇跡」と称《たた》えられており、リーダーシップを取っていると評価されるのがカガメ大統領である。カガメは二〇〇〇年に大統領に就任し、憲法改正により最長二〇三四年まで任期を継続できる体制を築いた。彼は二〇一八～二〇一九年にアフリカ連合（African Union: AU）の議長を務め組織改革を主導し、政治的手腕を振るう。一方で自国の野党メンバーへの弾圧を繰り返し、政権を批判する政治家や著名人を拘束している。国民は政権を批判すれば処罰されるという恐怖を肌で感じている。

現地で大統領に対する見解を聞き取ってみると国民から率直な答えが返ってくることはほとんどないが、「この人だからここまで復興できた」あるいは「他に候補がいない」などの回答を得た。

写真1-1　ジェノサイドの被害者の家造りを推進する女性指導者（2013年8月22日）

1　ジェンダー・クォータ制度の導入

ジェノサイド後の政治体制で特に注目されるのは、ジェンダー・クォータ制度の導入である。二〇〇三年憲法第九条で「意思決定機関に占める女性の割合を少なくとも三〇％にする」と定めた。上院二六人のうち三〇％を女性とし、下院八〇人中二四人を女性に割り当てた。このため制度導入後初めての選挙では、国会議員に占める女性の割合がそれまでの一五・七％から四八・八％にまで上昇し、長年女性議員の割合が最も高かったスウェーデンを抜いた[17]。現在も女性の国会議員の割合は六割で世界一を誇り、ジェンダー平等が進んでいると評価される（写真1―1）。

しかしルワンダのジェンダーについて研究するバーネット（Jennie E. Burnet）は、次のように主張する。女性国会議員のほとんどはRPFから指名されたか少なくとも審査を受けているため、彼女たちはRPFに忠誠を誓い［Burnet 2011: 310］、政府の民主的な正統性の向上にはつながっていない［Burnet 2011: 303］。

家父長制社会が解消され男女平等の意識が社会で高まったからクォータ制度が導入されたわけではなく、新政府の方針によるものである［戸田・バイセンゲ 二〇二〇：二九］。ただし導入されたことで女性議員比率が急激に伸び、女性議員が党派を超えて連帯し女性の権利を守る法律が次々と制定された［戸田・バイセンゲ 二〇二〇：二九］。それにより社会は男性中心の家父長制の価値観から脱却する方向に着実に変化しているという［戸田・バイセンゲ 二〇二〇：三九］。

筆者の聞き取り調査では、現在もルワンダでは「自分の子どもに名前を付けるのは妻ではなく夫の役割」とされている。(18) 女性が進出できる社会であっても、男性が男女平等の意識を高めない限り変化は起きないのではないか。

2　ＲＰＦとＲＰＡの犯罪

調査協力者のなかには、ジェノサイドのときにＲＰＦに家族を殺害された者がいた。ジェノサイドのときＲＰＦはフトゥやトゥチを殺害する戦争犯罪を犯したが、その罪は裁かれていない。ＲＰＦがジェノサイドで勝利し政党になり、新政府軍をつくってからも国内外で殺戮を犯している。このことはルワンダでは隠されているが、多くの民間人が犠牲になっており、人権団体や研究者が報告している事実をここに挙げておく。ジェノサイドの首謀者であったフトゥ急進派がジェノサイド後も新政府軍と衝突していることも留意すべきである。組織名に略語が使われるため、あらかじめ示しておく。

・ＲＰＦ　トゥチ主体の現政権、ルワンダ愛国戦線（Rwandan Patriotic Front）
・ＲＰＡ　ジェノサイド後につくられた、トゥチ主体の新政府軍（Rwandan Patriotic Army）
・ＦＡＲ　フトゥ主体の旧ルワンダ政府軍（Forces armées rwandaises）
・ＡＦＤＬ　コンゴの武装勢力「コンゴ・ザイール解放民主連合」（Alliances des Forces Démocratiques pour la Libération

du Congo-Zaïre）

◎一九九四年五月

ルスモ（Rusumo）コミューンでＲＰＦが男性、女性、子どもの三人を一組に縛って刺し、その遺体をカゲラ川（Kagera）に流したと報告されている。ルワンダ東部、中央部、南部では、ＲＰＦは「平和会議」と称してこのように市民を殺害した。市民はこれを「クウィタバ イマーナのクウィタバ イナーマ」（神に呼ばれるための会議に呼ばれる）と言った。これは「クウィタバ イマーナ」（*kwitaba Imana*、神に呼ばれる、死ぬ）と「クウィタバ イナーマ」（*kwitaba inama*、会議に呼ばれる）を掛けている［Des Forges 1999: 705; Reyntjens 2015: 100］。ルワンダではこのような隠喩表現がよく使われる。

◎一九九四年九月

国連難民高等弁務官事務所（The Office of the United Nations High Commissioner for Refugees: UNHCR）のガルソニー（Gersony Robert）率いる調査団は、ＲＰＡによる一万五〇〇〇～三万人の殺戮（民間人を含む）および継続する人権侵害を報告書にまとめた。しかしルワンダ政府が抗議し、国連上層部、アメリカ政府、アメリカ合衆国国際開発庁（United States Agency for International Development: USAID）との交渉の末、ルワンダ政府が人権侵害を止める条件をのむ代わりに報告書の発刊は取り下げられた［Des Forges 1999: 726-732; Reyntjens 2015: 102-104］。

◎一九九五年四月

先述したようにジェノサイド下でＵＮＡＭＩＲが縮小された後、一九九四年六月にフランスを中心とした多国籍軍がルワンダに派遣され、キベホ（Kibeho）の人道確保地帯をつくり、そこに国内最大の国内避難民キャンプをつくった（巻頭の地図を参照）。一九九四年七月にジェノサイドが終結してから一年弱の間、多国籍軍は避難民の帰還を進めていた。ＲＰＡは一九九五年四月にこの国内避難民キャンプを攻撃し、避難民を殺戮した。犠牲者は二〇〇〇人と数えられているが、推定総数は四〇五〇人であるといわれる［Reyntjens 2015: 106］。

この事件についてルワンダ政府は調査を行ったが、わずか一四ページの調査報告書をまとめ「キベホは犯罪の温床であり対処しなければならず、国内避難民の攻撃に応じた」と殺戮を正当化した［Reyntjens 2015: 107］。この報告書に対して国際人権団体アムネスティ・インターナショナル（Amnesty International）は、ルワンダ政府が調査を行ったことは認めるものの、政府の意向に沿って調査が行われ調査結果が偏り国際基準を満たしていないと判断した［Reyntjens 2015: 107］。

アムネスティ・インターナショナルの報告を受け、ヨーロッパ連合（European Union: EU）はルワンダへの援助を一時凍結したが、アメリカとイギリスはルワンダ政府を非難せずルワンダ政府の調査結果を受け入れた［Reyntjens 2015: 107-108］。

ジェノサイドが始まる前からルワンダに派遣されていたＵＮＡＭＩＲの司令官ダレールはルワンダの内情に詳しく、多国籍軍が人道確保地帯をつくった背景を次のように語っている。フランスを中心とした多国籍軍には多くのフランス人士官が所属し、彼らはルワンダ旧政府軍の軍事顧問を務めていた。多国籍軍は旧政府軍（ジェノサイドの首謀者）をコンゴへ逃すために国境沿いに人道確保地帯をつくったとダレールは言う［ダレール 二〇一二：三九六］。首謀者たちはコンゴへ逃れるために人道確保地帯の国内避難民キャンプに紛れ込み、ＲＰＡは彼らを掃討するためにキャンプを攻撃し多数の民間人を巻き込んだ。

◎一九九五年五月
ルワンダを亡命したンサンズウェラ（Nsanzuwera François-Xavier）検事がベルギーの首都ブリュッセルで記者会見し、RPFによる国内の人権侵害を次のように公表した。多数の逮捕者や行方不明者が出ていること、RPFによる司法の妨害、正当な裁判なしの即決死刑、司法専門家の解雇、暗殺部隊の策動など「恐怖政治」の実態を公表した［Reyntjens 2015: 108］。

◎一九九四〜一九九八年
ルワンダ政府は一九九四年の戦争犯罪でRPAの兵士三二名を告訴したが、兵士の罪状は軽く幹部は不処罰のままである(19)［Human Rights Watch 2008: 89-95］。戦争犯罪であるにもかかわらず、なぜ彼らの罪状は軽いのか。RPFの兵士はジェノサイドのときにフトゥやトゥチを殺害する戦争犯罪を犯した。彼らは、ジェノサイド後にRPFが新設した軍RPAに所属しており、政府側の人間であるため罪状は軽減された。RPFは戦争犯罪を裁いたように見せかけているが、実質責任は取っていない。

◎一九九五〜一九九九年
ジェノサイド終結後もフトゥとトゥチの衝突は続いている。ジェノサイドでRPFが勝利すると、旧ルワンダ政府軍と民兵組織インテラハムウェはコンゴへ逃れた。コンゴで難民キャンプを創設し、そのキャンプを拠点として一九九五〜一九九六年にルワンダ北西部を攻撃した。RPFがつくった新政府軍RPAが、その攻撃に応戦した。さらにRPAはコンゴの武装勢力AFDLと組み、コンゴの拠点を攻撃した。そこに避難していた民間人を含むフトゥ難民約二〇万人が殺戮された［Reyntjens 2015: 111］。
当時の国連事務総長アナン（Kofi Atta Annan）は、フトゥ難民に対する大規模な戦争犯罪や人道に対する罪を指摘している(20)［UN 1998］。一九九七年以降、フトゥ主体の旧ルワンダ政府軍ＦＡＲが再びルワンダ北西部に侵攻し民間人を攻撃した。トゥチ主体のＲＰＡがその攻撃に応戦し、一九九九年までＦＡＲを掃討する作戦を実行した。その作戦ではＦＡＲに協力した容疑をかけられた民間人も多数殺害された［Reyntjens 2015: 15-122］。

注

（1）武内［二〇〇九a：一一八］の出典は、"Hutu et Tutsi au Rwanda et au Burundi,» Amselle, Jean-Loup & Elikia M'bokolo dir. p.143. Chrétien, Jean-Pierre［1985］。筆者は原典を探したが、見つけることができずあたっていない。

（2）ベルギーによる行政改革は食糧作物生産拡大政策、移民政策、道路建設、牛肉供給増加政策などである。詳細は武内［二〇〇九a］第四章を参照。

（3）二〇一六年七月二二日、東部州ンゴマ郡の調査地にて行った筆者によるガチャチャ裁判の元判事への聞き取りより。

（4）万聖節の祝日である一一月一日に起こったことから、万聖節の騒乱といわれる［武内二〇〇九a：一七〇］。

（5）この混乱はコンゴ動乱と呼ばれ、一九六〇年六月三〇日のベルギー領コンゴの独立直後に引き起こされた。南部カタンガ州の分離独立をきっかけに政治家の権力闘争が拡大し、その闘争にアメリカ、ソビエト連邦、国連が介入し国際紛争に発展した。一九六五年にモブツがクーデターを起こし、動乱は終結した。

（6）二〇一六年一月三〇日に首都キガリ市にて行った筆者によるルワンダ大学教員への聞き取り、二〇一六年七月一八日東部州ンゴマ郡の調査地にて行った筆者による住民への聞き取り、二〇一六年八月八日東部州ンゴマ郡の調査地にて行った筆者による住民への聞き取りより。

（7）二〇一六年七月一八日、東部州ンゴマ郡の調査地にて行った筆者による住民への聞き取りより。

（8）プロパガンダは、政治的意図からなる主義や思想を強調する宣伝のこと。

（9）二〇一四年九月二五日、西部州ンゴロレロ郡の調査地にて行った筆者による住民への聞き取りより。

（10）撃墜した犯人は、フトゥ急進派ともＲＰＦともいわれている。同乗していたパイロットとクルーがフランス人であったことから、フランスは六年に及ぶ調査を行った。ＲＰＦが撃墜したという結論を下し、二〇〇四年に報告書をまとめている［鶴田二〇一八：二二八］。

(11) タブロイド紙は、日刊新聞紙の二分の一サイズの新聞である。最も過激な論調だったのは『カングラ』(*Kangura*)である［Kigali Memorial Centre in partnership with Aegis Trust 2004: 13］。キガリ虐殺記念館（Kigali Memorial Centre）の展示によれば、当時は二〇種類以上のタブロイド紙がトゥチの排斥を煽って発行された。

(12) 民間のラジオ放送局「千の丘自由ラジオ」(*Radio Télévision Libre des Mille Collines*)は、トゥチに対する敵意を駆り立て、虐殺を指示した［Kigali Memorial Centre in partnership with Aegis Trust 2004: 13］。

(13) 犠牲者数については、ルワンダ政府は一〇〇万人、国連は八〇万人と主張している。デス・フォージスは、ジェノサイド以前のトゥチ人口六五万七〇〇〇人から生存者トゥチの人口一五万人を引くと、トゥチの犠牲者数は五〇万七〇〇〇人になるとする［Des Forges 1999: 15］。具体的な数字を根拠に挙げていることから、本書は彼女の主張に従う。

(14) 二〇一六年八月一日、東部州ンゴマ郡の調査地にて行った筆者による被害者への聞き取りより。

(15) 加害者集団はルワンダ語でイビテロ(*ibitero*)と呼ばれ、一〇～三〇人で構成された。

(16) 二〇一六年七月二七日、東部州ンゴマ郡の調査地にて行った筆者による被害者への聞き取りより。

(17) 男女共同参画局「アフリカで進む女性の政治参画」〈URL: https://www.gender.go.jp/about_danjo/whitepaper/h19/zentai/danjyo/html/column/col01_00_03_02.html〉（アクセス二〇二一年五月二三日）

(18) 二〇二二年六月一四日、ソーシャル・ネットワーキング・サービスで行った筆者による西部州ルツィロ郡在住のルワンダ人への聞き取りより。

(19) 被告人の罪状はHuman Rights Watch［2008: 103-109］参照。ＲＰＦ幹部の戦争犯罪の詳細はリヴァーを参照［Rever 2018: 235-249］。

(20) United Nations Security Council, *Report of the Investigative Team Charged with Investigating Serious Violations of Human Rights and International Humanitarian Law in the Democratic Republic of Congo*, S/1998/581, 29 June 1998, para. 96.〈URL: https://undocs.org/en/S/1998/581〉（アクセス二〇二一年五月二三日）

《被害者と加害者の賠償の語り Ⅰ》

ジェノサイドでは殺戮と破壊が繰り返され、トゥチという財産は殺害され、財産という財産は盗み尽くされ破壊し尽くされた。ガチャチャ裁判はこれらの被害を調べ加害者を特定し、殺戮と傷害には懲役と公益労働を科し、窃盗罪と器物損壊罪には賠償を命じた。被害者は家族が殺されたことに対して賠償はなく、失った財産に対してのみ賠償されるということが裁判で決められた。この理不尽な決まりに輪をかけるように、被害者は加害者から賠償の減額や免除を申し出られるのである。現地調査では被害者と加害者それぞれの賠償をめぐる対話を聞き取っていった。

被害者と加害者双方の視点から対話をみる手法が重要であると考えるのは、以下の先行研究を参照しているからである。ナラティヴ(1)（物語）を研究する宮坂は歴史的事件を客観的に記述することは不可能（あるいは不誠実）だと考える立場を取る［宮坂 二〇二〇：五一］。その歴史的事件に直接的間接的に関わった異なる立場の人々は各々に異なる認識をもっているため、それらの認識の総体としてその事件を捉える方が誠実な態度であるからというのが理由である［宮坂 二〇二〇：五一］。本書は宮坂の主張を受けて被害者と加害者がそれぞれに異なる視点で賠償を捉え対話していると考えるため、双方の視点で語られるナラティヴを記述しジェノサイドという歴史的事件を捉えることを目指す。

被害者の語り①——賠償をすべてあきらめる

被害者（五〇代男性）は西部州ルツィロ郡（Rutsiro）に在住し、農業を生業とする。[2] ジェノサイドで家族を亡くし、筆舌に尽くし難い哀しみを味わった。母親、妻、四人の子どもと共にルツィロ郡南部に隣接するカロンギ郡（Karongi）に逃げた。家族はそれぞれに身を隠していたが、彼以外の家族は全員殺害された。誰に殺されたのかも分からず、謝罪や賠償を受けることもない。カロンギ郡から隣国コンゴの難民キャンプに一旦逃れ、自宅に戻ると家は崩れ落ち家財も一切合切盗まれていた。それからは空腹に苛まれ貧困に喘ぐ日々であった。

彼の財産を窃盗した加害者がガチャチャ裁判で裁かれ、判事は財産の総額を換算した。盗まれた家財は、セメントのレンガと屋根、マット一枚、テーブル二台、椅子九脚、ベッド二台、衣服、毛布二枚である。以上の被害は裁判記録で確認できたが、家を建て直しこれらの家財を一から揃えることがどれほど大変なことかは想像に難くない。[3]

このような多大な被害にもかかわらず、彼は賠償金を全額免除することで加害者と合意した。住民も彼が賠償を免除したことを知っており、この行為に対して彼を「立派な人」と称賛した。被害者自身の意思で加害者全員から賠償を一銭も受け取らない事例はこれが初めてであった。その場合は、合意文書が作成されるのかどうかが筆者の気になる点であった。通常合意文書は被害者、加害者、判事が各自管理するため三部作成され、首都キガリ市の警察署には判事が管理する一部が保管されている。彼の合意文書を調べたところ、ガチャチャ裁判が指定したノートに盗まれた財産の詳細が記録されていたが、[4] 合意文書は残されていなかった。[5]

彼は、ジェノサイド後の心境について次のように語ってくれた。「ジェノサイドで家族を失い劣悪な環境で生き抜かねばならず、以前の自分の優しい心は硬直してしまった。しかし物を盗んだ者が謝罪に来たので、心が柔らかくなり怒りが鎮まり始め、少しずつ精神状態や生活状況が好転してきた」。その落ち着いた静かな口調には精神を律して受難を乗り越えようと努力していることがあらわれていた。

ジェノサイド後は新しい家族をもうけ、二人の子どもを授かり妻と四人で暮らしている。殺害された姉と妹の一ヘクタールのコーヒー畑を譲り受けて生豆を卸し、限られた現金収入で生活を立て直してきた。コーヒーの小さな生豆を手摘みし一キログラム用のバケツ一杯の卸価格は一〇〇〇RWF（一七五円）と安価で、労力に対して割の合わない重労働である。

トゥチの彼は、過去二回にわたり迫害を経験したことを話してくれた。彼が生まれ育ったこの農村では一九七三年に暴動が起こり、農村に住む五人のトゥチが殺害され住居は焼かれてしまった。一九七二年にブルンジでトゥチがフトゥを迫害し、この出来事に反発して一九七三年にルワンダでフトゥがトゥチを迫害した(6)。不幸なことに、暴動の犠牲者には彼の父親も含まれていた。一九七三年の暴動と一九九四年のジェノサイドは、いずれもトゥチへの迫害であり、この経験から彼は少なからずフトゥを恐れているのではないか。

この村の調査で筆者が驚いたことがある。トゥチの被害者が賠償請求することを、フトゥの住民は良からぬことのように言う。住民は様々な賠償問題に介入し、賠償問題をコミュニティ全体の問題と捉えており、賠償を請求すること自体が揉め事になると考えているからである。また、この村では被害者に賠償請求され続けた加害者の生活が困窮し、住民は気の毒に思っているからである。

さらにこの村はトゥチが少数派、フトゥが多数派であるため、多数派フトゥが賠償請求をよしとしない声が大きくなり、少数派トゥチが賠償請求したい声は小さくなり、トゥチの被害者が当然受け取るべき賠償も減額や免除せざるを得なくなるのである。この被害者はコミュニティで暮らしていくために「大きな声」に従い、コミュニティの実情を総合的に判断して賠償に対応したのではないか。

彼のあたたかい人柄をあらわすエピソードがある。筆者がある調査協力者と約束をしていたが、その時間に協力者の自宅を訪ねると留守であり、途方に暮れていたところに彼が通りがかり、彼の自宅で待ってみるよう声を掛けてくれた。忙しいなか仕事を置き、他者を気にかけてくれる面倒見の良い人柄だった。

彼は住民間の揉め事を仲裁するアブンジ（第三章を参照）の調停者を無償で務め、住民から積立金を預かり管理するイシラハムウェ（*ishyirahamwe*）にも所属し、住民も彼を好意的にみていた。筆者は、イシラハムウェのメンバーが丘の斜面に転がる石を椅子代わりにして話し合っている中に彼を見かけたことがあった。

そして非常に残念なことには、彼は二〇二一年四月七日に帰らぬ人となった（享年六四歳）。調査地の友人から受け取った訃報によると、彼の死因は外傷による失血死であったという。彼は大切に養っている牛に運悪く蹴飛ばされ、骨が見えるほど足に大怪我を負った。農村の保健センターからルツィロ郡の遠く離れた病院に搬送されたが、搬送先ですぐに息を引き取ったという。住民が総出で葬儀を執り行い自宅の敷地内に埋葬した。彼と住民は深い信頼関係で結ばれていたことから、住民は悲嘆にくれた。

加害者の語り1――財産を現金に換えて賠償する

加害者（五〇代男性）は、ジェノサイドで四件の窃盗罪に関与し、ガチャチャ裁判で四人の被害者に計七万二九一五RWF（一万二七九二円）の賠償を命じられた。(7) 彼は殺人罪でも裁かれ、公益労働に従事して自宅から離れた宿営地で生活していたため、妻が代理で賠償を支払った。

このように加害者が両方の罪で裁かれた場合は、服役中に妻が賠償する事例がほとんどであり、負担を強いられる。筆者はこの加害者が刑期を終えて帰ってきたことを知り訪ねたところ、夫婦はトウモロコシの収穫に勤しんでいた。筆者の挨拶に快く応じ、聞き取り調査の申し出を承諾してくれた。

妻はありとあらゆる物を現金に換えて賠償金を捻出した。その方法は以下のように様々である。まずは丘の上にある広さ二〇〇平方メートルの畑を売って一万五〇〇〇ＲＷＦ（二六二一円）を元手にしたがそれでは賄えず、他の人の畑を耕す仕事や家を建てる仕事を手伝って得た現金を充てた。ちなみに畑を耕した賃金は七時から一五時までの八時間で四五〇ＲＷＦ（七八円）、家づくりの賃金は同じ時間帯で七〇〇ＲＷＦ（一二二円）であり、家づくりの方が割は良かったという。他にも貴重な財産である牛を売った。

写真I-1　丘の斜面を耕して段々畑をつくる（2015年3月20日）

このようにして被害者二人分の賠償は完済することができたが、残りの二人には減額を申し出ざるを得なかった。一人の被害者には、命じられた三万八三九五ＲＷＦ（六七三五円）を一万ＲＷＦ（一七五四円）に減額してもらい、一年かけて分割で払った。もう一人の被害者には、命じられた二万五〇〇〇ＲＷＦ（四三八五円）の代わりにマッチ棒に加工されるイミハティ（*imihati*）の木を植える作業を二年手伝うことで賠償した（写真I―1）。

最初の二人に全額払い、あとの二人に減額を申し出たのは、ジェノサイド以前の関係に理由があると考えられる。最初の二人はそれほど付き合いがなかったが、後の二人は加害者と家族ぐるみの付き合いがあり、被害者の夫は加害者に牛をあげるという約束をするほど親しか

写真 I-2　農村の一家族（写真は本文の登場人物とは異なる、2015 年 12 月 28 日）

ったという。被害者の夫はジェノサイドで殺害されたが、この加害者はその事件に関与していない。このような親しい関係であったことから減額を申し出やすかったのではないか。

加害者の語り2――イシラハムウェに賠償金を補填してもらう

また別の加害者（四〇代男性）は一三年の懲役刑を言い渡されたが、一〇年の服役と一年八か月の公益労働に短縮され刑期を終えて村に戻った（写真Ⅰ―2）。窃盗罪に六万八八五〇ＲＷＦ（一万二〇七八円）の賠償を命じられ、五万三八五〇ＲＷＦ（九四四七円）は支払ったが、残り一万五〇〇〇ＲＷＦ（二六三一円）はイシラハムウェに補填してもらい亡くなった被害者の子どもに支払った(8)。

調査地のどの農村にもイシラハムウェがつくられ、被害者も加害者もメンバーになり毎月積立金を預けている。積立金は教育費や医療費や家や家畜の購入資金などに充てられるが、ジェノサイドの賠償に充てられた事例は筆者の聞き取り調査ではこれが初めてであった。この調査地は被害が甚大であったことで地方行政官は加害者に賠償を早く支払うように促している。加害者が賠償できないとき通常は身内に借金するが、この加害者は積立金を頼り、イシラハムウェのメンバーも被害者がジェノサイドの孤児であり至急支援が必要であったため了承したのではないかと考える。

なお筆者は、この加害者に罪状や賠償を聞いた後に次のような質問をした。「一九九四年のジェノサイドで、

トゥチを殺害するよう命じられましたか？　ガチャチャ裁判では赦しを求めましたか？　服役している時に何か変化がありましたか？」それに対して彼は次のように答えた。「服役中は被害者からの復讐を恐れていましたが、牧師が私たちに和解について教えてくれたので、心が癒やされ少しずつ恐れがなくなっていきました。私が関わった事件の被害者が刑務所を訪ねて自分を赦してくれた時に、被害者への恐れが完全になくなり赦しを求めようと決めました」。

最後に筆者は「日常的にあなたに対して区別や差別はありますか？」と聞くと、「差別する隣人も、しない隣人もいます。ただし追悼集会（第二章を参照）には加害者に対する差別がはっきりとあります。私たちが集会に参加すると、被害者の家族は私たちが犯した犯罪について尋ねるからです。ジェノサイド当時の状況に戻されたような感覚になり、『もう一度刑務所に戻りなさい』と言われたような気持ちでした」と答えた。

注

（1）ナラティヴ narrative はラテン語 narrare に由来し、これは「述べる、説明する、物語る」といった行為を表す動詞である。文法的に narrative は名詞と形容詞を兼ねており、動詞形は narrate である［宮坂二〇一〇：三一］。

（2）二〇一六年二月九日、二〇一六年二月一一日、西部州ルツィロ郡の調査地にて行った筆者による被害者への聞き取りより。

（3）二〇一六年五月一七日、首都キガリ市警察署本部にて行った筆者によるガチャチャ裁判の裁判記録の閲覧より。

（4）二〇一六年五月一七日、首都キガリ市警察署本部にて行った筆者によるガチャチャ裁判の裁判記録の閲覧より。

（5）二〇一六年五月二六日、二〇一六年五月二七日、二〇一六年五月三一日、首都キガリ市警察署本部にて行った筆者によるガチャチャ裁判の裁判記録の閲覧より。

（6）一九七三年の暴動の詳細は武内［二〇〇九a：二三四］参照。

（7）二〇一五年一月二日、三月七日、西部州ンゴロレロ郡の調査地にて行った筆者による加害者と妻への聞き取りより。

（8）二〇一六年九月五日、東部州ンゴマ郡の調査地にて行った筆者による加害者への聞き取りより。

第二章　聞き取り調査と裁判記録の照合

二〇数年前にジェノサイドが起こったとは信じられないほど、ルワンダの村々は空が澄み渡り鳥がさえずるのどかな風景である。ここは「千の丘の国」と称されるとおり、なだらかな丘が連なっている。ジェノサイドで廃墟と化した丘は加害者たちの公益労働によって畑に整地され、人々はそこにバナナを植え、牛を大切に育てている。このようなうららかな村に筆者は住み込み、ジェノサイドの聞き取り調査を行った。そして村を離れ首都キガリ市に向かうバスの車窓から見る風景は、一面の畑からビルが立ち並ぶ都会的な街へと移り変わっていく。中心地にはホテルやレストランやスーパーマットが並び、舗装された道路にはバイクタクシーが列をなして走っている（写真2―1）。そこに警察署本部が構えられ、ガチャチャ裁判の記録が保管されている。ここで筆者は裁判記録を閲覧する作業を行った。

一　聞き取り調査

1　農村に住み込み調査する

◎調査期間

筆者は長期調査の前に短期調査を実施した。短期調査は二〇一二～二〇一四年に首都キガリ市および南部州、東部州、西部州の農村で三回実施した。長期調査は二〇一四年一一月～二〇一六年一二月に東部州ンゴマ郡、西部州ルツィロ郡、西部州ンゴロレロ郡（Ngororero）の五つの農村を中心にそれぞれ三～八か月ずつ住み込み、一般家庭や教会を間借りして実施した。調査期間は計二八か月間である（巻頭の地図参照）。

◎短期調査の限界

はじめは農村にあてもなく飛び込み聞き取り調査に切り込んだが、ジェノサイドの深刻な内容に応じてもらうことは当然ながら容易ではなかった。住民に話を聞こうとすると周囲の住民や村長がすぐに駆けつけてきて、何をしているのか、スパイではないかと大騒ぎになる始末であった。この経験から、調査協力者との信頼関係を築かなければ聞き取り調査は難しいことを身に染みて痛感した。農村の人々に馴染むまで時間をかけなければならないと考えたことから、農村に住み込む長期調査を実施することを決めた。

◎長期調査の開始

まずは住み込む農村を探すことから始めた。安全面から農村で一人暮らしをすることは避け、受け入れてくれる家族と住む家を見つけなければならなかった。折しも筆者が学部時代に関わった、ルワンダと日本の大学生が交流する「日本ルワンダ学生会議」[1]のメンバーのルワンダ人から、受け入れてくれる家族を紹介してもらうことができ、そこに住み込み聞き取り調査を行うことが叶った（写真2―2）。家族と行動を共にして生活を見せてもらい、家族と仲良くなると周囲の住民も筆者と関わってくれるようになった。ここで築いた人脈を手がかりにして、次の農村、その次の農村へと調査地を繋いでいくことができた。

住民は誰が被害者で誰が加害者かを口外することはなく、被害者と加害者は農村に溶け込んで暮らしている。住民のことを把握している村長に被害者と加害者の名前を教えてもらうことから始め、一人一人の家を訪ねて聞き取り調査を行った。当事者の名前と顔が分かるようになると、日常的に彼らがどのように関わり合っているのかに目がいくようになった。このような手探りの状態から聞き取り調査を始め、失敗しては学び、実践することを繰り返した。他の調査地の農村に暮らし始めると、また環境や住民が変わり、それに合わせるために失敗と学びを繰り返しながら調査を行っていった。

写真 2-1　首都キガリ市の景観（2012 年 6 月 30 日）

写真 2-2　日本ルワンダ学生会議の京都視察（2009 年 12 月 19 日）

写真2-3　教会敷地内にある司祭の墓（2016年5月14日）

◎調査地の特徴

最初と、その次に調査した農村では、ジェノサイドのとき地元住民が加害者集団をつくり近隣のトゥチを襲撃した。トゥチの被害者数は少ないが、多くの地元住民がジェノサイドに加担していた。最後の調査地は他地域から見知らぬ軍人や民兵がやってきて、トゥチを襲撃した。地元住民はあまりジェノサイドに加担していないが、軍人が武器を使ったことで被害者数は甚大であった。

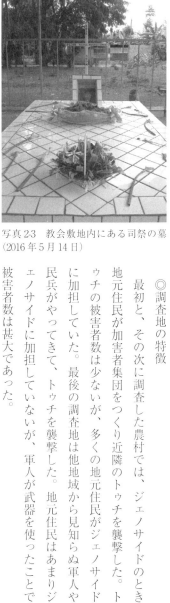

最後の調査地の選定は、最初とその次の調査地とジェノサイドが起こった状況が極力異なる地域にした。最後の調査地では、ジェノサイドが始まると他地域から押し入ってきた民兵と地元住民が加害者集団をつくり、まずは住民が心の支えにしてきたトゥチの司祭を殺害した[2]（写真2―3）。この事件が引き金となり、ジェノサイドが拡大していった。司祭が殺害されたことでトゥチの住民は「次は自分たちが殺害される」という恐怖におののき逃げ惑ったが、無残に殺害された。加害者を特定できず謝罪も賠償も受けることができない被害者がほとんどであった。被害者が経験した惨状やその後の生活の苦しさは聞くに耐え難いほど厳しいものであり、聞き取り調査を重ねるごとに彼らの語りの重みを感じていった。

◎調査協力者の生活サイクルと聞き取り調査の作業

聞き取り調査は調査協力者の生活サイクルを知ることから始めていった。彼らが畑に行く時間、水を汲む場所、食事を取る時間、牛の餌になる草を刈りに行く時間、礼拝に行く曜日、子どもがキリスト教の洗礼を受けた祝いに誰を招待するのか、誰の畑と近いのか、誰とよく話すのか、いつ飲み屋に行くのかなどである。それが分かってくると住民同士の関係がみえてきて、調査協力者が会話で誰のことを言っているのか、いつどこでの話をしているのかを推測できるようになった。

このような生活サイクルをみていくと午後二〜四時が最も話を聞かせてもらい易いことが分かり、なるべくその時間帯に聞き取り調査を行った。調査協力者との話は三〇分で終わることもあれば、二時間かかることもあった。同じ人物にできる限り何度も聞き取り調査を行うようにしたのは、なるべく正確な証言を得ることを心掛けたためである。記録したことを読み直して疑問が湧くと、再び聞き取り調査を行う作業を繰り返した。土壁の匂いが漂う土間で木製の長椅子に腰掛けて、調査協力者、通訳、筆者で聞き取り調査を進め、その場に調査協力者の家族が同席することもあった。

聞き取りの場で筆者が書きなぐったメモは再度ルワンダ語で整理し、通訳に確認して補足してもらい、日本語に訳し直した。このような作業を積み上げていくと、人々の口から日常的に聞くことはない被害と加害の相関関係がリアルに浮かびあがり、平和にみえるこの地に確かに残るジェノサイドの痕跡がみえてきた。

聞き取り調査ではメモを取ることは許可されたが、録音することは許可されなかった。録音データが村長や地方行政官に漏れれば、調査協力者が政府を批判していると見なされ弾圧されることを懸念しているためである。

◎調査協力者と質問事項

聞き取り調査を行った対象は、ジェノサイドの被害者、加害者、両者の家族、ガチャチャ裁判の判事を中心に、合わせて九七人である。ほとんどの犯罪は単独ではなく集団で行われたことから、一人の被害者に複数の加害者がいるという構図になるため、できる限り関係者全員に聞き取り調査を行うよう努めた。また首都キガリ市や地方都市で聞き取り調査を行った対象は、政府機関および役所の公務員、裁判官、大学教員、非政府組織（Non-Governmental Organizations: NGO）職員などである。

聞き取り調査を行う前に、調査協力者にまずは自分のことを紹介した。なぜ話を聞かせてほしいのかを伝えるときに、ジェノサイドで被害者と加害者に分かれた人々がどのように関わり合って暮らしているのか、ジェノサイド後に国内で目立った暴力は起こっていないが特に農村に暮らす人々がどのように暴力が起こらない社会をつくっているのか、ガチャチャ裁判を施行したことによって裁判に関わった住民の関係がどのように変化したのかを自分は研究していることを伝えた。

写真 2-4　子どもたちも農作業を手伝う（2014 年 11 月 24 日）

調査協力者に話してもらったことを論文に書くときは、必ず名前を伏せてプライバシーを守るようにすることを約束した。住民同士の関係を話してもらうときに近隣住民や政府への不満が出てくることがあるので、話してもらう内容は他者に決して他言しないことを伝えた。

ジェノサイドの深刻な話になったときは、調査協力者が当時の記憶を引き戻すことになるので、フラッシュバックやトラウマを引き起こす可能性も考えられる。もし気分が悪くなればすぐに調査を中断し、診療所に同行することを伝えた。調査協力者から承諾を得ることができれば、説明事項をまとめた文書を渡して署名してもらい、調査協力者と筆者で一部ずつ保管した。

どこで生まれ育ち今は誰と暮らし何を生業としているのかを聞くと、地元で生まれ育ち、結婚して親の土地を受け継ぎ、豆やキャッサバやサツマイモをつくりニワトリを育てて自給自足しているという答えが返ってきた（写真2―4）。近所の人との関わり合いについては、一緒にご飯を食べたり、水汲みを手伝い合ったり、具合が悪いときに付き添ってもらい診療所に行ったりして、助け合って暮らしていると話した。ルワンダでは訪ね合って友情を育むことが大切と考えられており、一緒に食事をすることは親交が深いことをあらわすが、挨拶するだけで秘密を打ち明けるような関係ではないという話もあった。

日常生活を話してもらってから、ジェノサイドの経験を語ってもらう。被害者はどのように家族を殺されどのような財産を盗まれ壊されたのか、どこに身を隠して生き延びたのか、加害者の謝罪を受けたのか賠償してもらったのかを、情景が鮮明に浮かぶほど詳しく話してくれた。

加害者に話してもらうときは、加害の実態がつまびらかになるため緊張を伴った。当時は虐殺を拒めば「怠け者」（*umunebwe*、ウムネブゲ）と責められ、殺しに行くことは「仕事に行く」（*Tugiye gukora*、トゥジエ グコラ）と言われ、加害者集団に引き連れられていったと話した[3]。ガチャチャ裁判で自分は加害者集団に加わったが殺してはいないことを他の加害者から証言してもらい、減刑されたという話もよくでた。ガチャチャ裁判で一〇～一五年の服役と公益労働を下され、公益労働では全国各地のキャンプを転々とし、道づくりや家づくりの労働が過酷で身体を壊したという話も出てきた。加害者は村に戻り被害者に謝罪し賠償し、結婚式に呼んでもらうこともあり、被害者との関係は「問題なし」（*nta kibazo*、ナチバーゾ）と答える。しかし加害者に代わり賠償の工面に追われる妻や子どもは、苦しい生活を「問題」（*ikibazo*、イチバーゾ）と話す。

2　調査許可証

調査を実施するうえでは調査許可証を取得しなければならない。教育省の省令では、調査を行う場合にルワンダ人も外国人も調査許可証を取得することが定められている[4]。法律で定められている以外に、住民から許可証の

写真2-5　コーヒー栽培を指導する青年海外協力隊員（2015年10月12日）

提示を求められることもある。聞き取り調査を始めた頃、調査協力者から「情報を偽って発信するのではないか、日本のスパイではないか」と疑われ、許可証の提示を求められた。疑われた理由が腑に落ちたのは、ラジオで次のような勧告を聞いたからである。外国人が住民からジェノサイドの情報を聞き出し歪曲して母国に流しているというもので、情報を話さないよう住民に注意を呼びかけていた。この一件からも許可証の提示は怠らないようにした。

調査地に入ったときは、地域を取り仕切る郡長（the Mayor）、セクターとセルの事務局長、村長にまず挨拶に出向き、調査許可証を提示し自分の身分を信用してもらうことから始めた。なかには聞き取り調査をスムーズに進めることができるように、次のような提案をしてくれた郡長がいる[5]。英語で書かれた調査許可証を住民に示しても分かりにくいため、郡長が調査を認めているという公式な文書をルワンダ語で作成して示せば、より協力を得やすいのではないかという提案であった。その提案を受けてすぐに郡長秘書の協力を得て草稿を作成し、その日のうちに郡長の署名入りの文書を作成してもらった。

郡長に礼を述べると「我々は日本の国際協力機構（Japan International Cooperation Agency: JICA）に支援してもらい、また青年海外協力隊が草の根レベルで地域のために活動してくれていることに感謝しているので、日本人のためにできることはする」という日本に対する感謝の言葉が返ってきた（写真2−5）。思わぬところでルワンダの開発に尽力する日本人の恩恵に与《あずか》ることができた。郡長が作成してくれた文書は、住民から聞き取り調査の協力を得るために大きな効力を発揮することになった。

話を調査許可証に戻すと取得する経緯は非常に煩雑で、機関ごとに指示が異なりマニュアル化されていないのが現状である。現地調査を希望する者の参考までに当時の取得方法をここに記しておく。取得には以下四つの機関の承認を得なければならず、順を追って説明する。なお、二〇二〇年六月二五日以降、新規の許可申請はオンライン申請に変更している。

①ルワンダ大学 調査大学院研究科（University of Rwanda, Research and Postgraduate Studies: UR-RPGS）

取得希望者はルワンダのいずれかの研究機関と提携し、提携許可証を発行してもらわなければならない。まずは教育省が定めている研究機関のなかから自身の研究に関連する機関を選び、研究機関に属する教授を見つけて研究を指導してもらう契約をする。教授と作成した調査計画書が研究機関の審査を通れば提携許可証が発行される。筆者が指導の契約を結んだのはルワンダ大学文化社会科学部紛争マネージメントセンター（National University of Rwanda Centre for Conflict Management: CCM）センター長（当時）のルタイシレ（Rutayisire Paul）教授であり、教授と何度も面会を重ねて必要な書類を作成した。

ＵＲ-ＲＰＧＳへの提出物は、申請書類計二五枚と申請料六万ＲＷＦ（一万五二六円）の振込領収書である。ところが筆者の調査内容が「調査協力者に精神的なダメージを与える恐れがある」と判断され提携許可証は発行されず、別の機関で発行される倫理許可証を取得するよう指示を受けた。

②ルワンダ大学 薬学健康科学部 倫理委員会（University of Rwanda, College of Medicine and Health Sciences Institutional Review Board: UR-CMHS IRB）

倫理許可証を取得するためルワンダ大学内の倫理委員会に申請した。提出物は申請書類二一枚と申請料三四万二八六四RWF（六万一五一円）の振込領収書である。倫理許可証を取得するためには、まずは審査会で発表しなければならない。審査員一〇人から聞き取り調査の具体的な方法、調査地を増やす理由、すべての調査地で収集した語りを普遍化できるのか、収集した語りをどのような方法で分析するのかなどの質疑を受けた。これらへの回答が認められ倫理許可証を取得できた。[6]合わせて①の提携許可証を取得した。

③ルワンダ教育省 科学技術研究局（Directorate of Science, Technology and Research: DSTR）

教育省に①と②の許可証および申請書類を提出し[7]、目的の調査許可証を取得することができた。なお調査期間は同じ調査内容であれば最大三年まで認められる。ただし一年ごとに同じ手続きを踏み、更新料を払わなければならない。筆者は調査期間限度の三年に達した。

④入国管理局（Rwanda Directorate General of Immigration and Emigration: RDGIE）

③の調査許可証を取得してはじめて、観光ビザを調査ビザに変更できる。管理局に提出するのは、調査許可証と申請料五万五〇〇〇RWF（九六四九円）の振込領収書である。なお調査ビザの有効期間は調査期間と同じにされる。筆者は一回目に調査許可証を取得したとき、調査ビザに変更するよう教育省から指示されなかったため、観光ビザのまま調査を行った。ビザを変更しなかった罰金として一〇万RWF（一万七五四三円）を支払わされた。以上の手続きを経て、ようやく現地調査を実施することができた。これから調査する人の最も重要な点は、観光ビザで入国している場合は調査をするときに調査ビザに変更する点である。

3 住民と関係をつくる

◎協同組合の活動に参加する

農村に住み込んでみると、地域で様々な活動が行われているという情報を知ることができ、積極的に活動に出向いてメンバーに話を聞かせてもらった。それらの活動のなかでもこの協同組合は、被害者と加害者が共同作業し、和解することを目的としている。溜め池で魚を育て、販売した収益を分配している。調査地の村から池まで急な山道を片道徒歩二時間かけ、その活動を見学させてもらった(8)（写真2―6）。

その日の参加者は約三〇人で、次のように魚を獲った。八人の男性が間隔をあけて並び、一枚の大きい網を持ち池の端から端まで魚を追ってゆっくり歩き、端まで行くと網を引き上げ往復する。他の者が、かかった魚をバケツに入れ量を測る。いつもは三つの池で一〇〇～二〇〇キログラムの魚が獲れるが、その日は約五〇キログラムだった。獲った魚は市場で一キログラム二〇〇〇ＲＷＦ（三五〇円）の値段がつく。

写真2-6　被害者と加害者が共に活動する協同組合（2015年1月14日）

作業後は、なぜ今日は魚の収穫が少なかったのか、その原因が話し合われた。一つは魚がたくさん死んでいたからであり、それはヤムイモや、ヤギや牛の糞を餌にしているからではないか。もう一つは魚が盗まれたからであり、そうであれば池の門番を交代させた方が良いなどと話し合われた。

◎毎朝礼拝に出る

他にも農作業の手伝いや冠婚葬祭に参加させてもらい、調査協力者との何気ない会話からみえてくるものを拾い集めていった。特に礼拝には毎朝

写真2-7　村の教会の日曜礼拝（2016年1月3日）

参加させてもらった（写真2―7）。農村の人々の多くはキリスト教を信仰している。日常会話の端々に「神のご加護がありますように」、「全ては神の御心のままに」というように、イマーナ（*Imana*、神）にまつわる言葉が出てくることから、信仰を心の拠り所にしていることが伝わってくる。それを体験するために毎朝教会の礼拝に通った。

　司祭が難解な聖書を分かりやすくするために日常のエピソードを交えて説教してくれることを、信者は心待ちにしている。礼拝に参列した外国人の筆者も理解できるよう、ある司祭はルワンダ語に英語を混ぜて次のように説教してくれた。「神はgive give give forgive、人はget get get forget。男性はカバレでバナナビールを飲み、妻や子どもを家にほったらかしている。女性は市場で買ったサトウキビを林に隠れて一人で食べている」。心当たりのある信者たちは思わず笑った。

　司祭の説教は機知に富んで面白おかしいだけではない。キリスト教の教理で使われる「赦す」や「与える」という言葉を巧みに使った含蓄のある話に仕立てられている。**forgive**（赦す）に対する**forget**（忘れる）の中の**give**（与える）と**get**（奪う、得る）は対立措定（対立した概念や言明）である［デリダ 二〇一五：一一］。語源をみてみると、**forgive**は**for**（完全に）と**give**（与える）から成り[9]、**forget**は**un-get**（失う）であり[10]、対照的な言葉である。司祭は神と人という対照的な存在に対照的な言葉を充てて「神は全てを与えるが、人は与えない」という教理を説いた[11]。

◎農村の葬儀に参列する

農村の葬儀は、住民が多数参加する大掛かりな行事である。ここでは筆者が参列したキリスト教徒の葬儀について記す[12]。副郡長（the Vice Mayor）の義父の葬儀は教会の礼拝に始まり、教会から少し離れた共同墓地で埋葬を執り行い、それから参列者は教会に戻り故人を追悼するという流れであった。礼拝は一三時開始予定であったが、墓地の準備が整わず教会で待たされ一四時半に開始した。故人が政府関係者であったため、家族親戚、同僚、友人、隣人含め参列者は約一〇〇〇人に及び礼拝堂は満員になった。

一六時に、教会から徒歩一五分の場所にあるキリスト教徒の共同墓地で埋葬が執り行われた。土葬のため棺桶を納める穴が掘られ、内側は煉瓦、底はセメントで固められている。棺桶が納められる時は故人の息子が号泣し、親類の女性が失神し、その場は悲しみに包まれた。参列者の後ろ側には白い衣装をまとったコラーリ（*korali*、聖歌隊）約二〇人が歌い悲しみは一層増した。作業者が棺桶の四方を板で囲み、棺桶の上に板を被せた。さらに金網を被せ、棺桶を囲んだ板の外側に煉瓦を敷き詰め、セメントで全てを覆った。この作業には大量のセメントが使われるため埋葬する横でシャベルを使ってセメントを練る作業が続き、間を持たせるために聖歌隊は何曲も歌い続けた。最後に十字架が立てられ、葬儀に駆けつけた郡長が花を供えて、司祭が祈って無事に埋葬は終わった。

一八時に参列者は教会に戻り、広間で飲食しながら故人を追悼する。葬儀が終わると身体を清めるために水浴びをするのがしきたりである。このように半日掛かりで葬儀が執り行われた。

4　ルワンダ語と通訳

◎ルワンダ語を学ぶ

ここで、ルワンダで使われる言語について触れておく。公用語はルワンダ語、英語、フランス語、スワヒリ語である。全国どこでもルワンダ語が通じるため、日常会話も聞き取り調査もルワンダ語で行った。ルワンダ語を習得するために、食事の時も、家事手伝いも、市場への買い物も、子どもと遊ぶ時もメモを持ち歩き、知らない言葉を耳にする度に教えてもらい書き留めていった。

書き留めた言葉の一つにルワンダ語の隠喩表現がある。「鍬《くわ》で雑草を取り友情は足」（*ifuni ibagara ubucuti ni akarenge*）。「鍬」は草取り専用の小さく使い古された道具を指し、「足」は友人を訪ねることを指す。つまり何度も草取りをすることと友人を何度も訪ねることを掛けて、友情が深まるという意味になる。このように日常会話の端々からルワンダ人の人生哲学を学ぶことができた。

◎調査地の農村に生まれ育ち、農村の事情をよく知る通訳

聞き取り調査を行うときは通訳に助けてもらった。農村の住民のなかに英語を話す者はほとんどいなかったが、ルワンダ語を英語に訳すことができる者を探して通訳を頼んだ。併せて農村で生まれ育ち農村の事情をよく知る者に頼んだ。聞き取りでは感情や心理など繊細なニュアンスをいかに拾うかが大事になってくるため、直接ルワンダ語で聞き取ることが重要であると痛感し、ルワンダ語で聞き取り調査を行うようにした。通訳は、筆者が理解できないルワンダ語を易しいルワンダ語に言い換えてくれた。

通訳を引き受けてくれた女性のエピソードがある。いつも時間に正確な彼女が待ち合わせ時刻に現れなかったことがあった[13]。近隣住民から彼女が産気づき入院したことを聞かされたが、その日のうちに出産し翌日には自宅に戻ってきた。代わりの通訳がいない事情を考慮して、出産後わずか三週間で仕事を再開し乳児を背負って聞き取り調査に同伴してくれた。乳児の背負い方は日本とは異なり、イスメ（*isume*）と呼ばれる幅広い布の一枚目を半折りにして乳児が滑り落ちないようにしっかりと背中に結びつけ、二枚目のイスメを幅広いまま乳児の頭に被

せ日除けのためにマントのように羽織る。負担のかかる体勢にもかかわらず、片道徒歩一時間かかる遠方の聞き取り先にも同行してくれた。ジェノサイドの当事者と深刻な話をしているときに乳児が泣くと授乳が行われ乳児の話題になり、その場が一転して和らいだこともある。このように聞き取り調査は村々のたくましい通訳たちに支えられて実現できた。

ちなみに彼女の入院を教えてくれた住民は、当日聞き取り調査を予定していた加害者であった。この加害者はジェノサイドで残忍な犯罪を犯し、一五年の懲役刑と公益労働を科せられ、服役したあと村に戻り暮らしている。[14] 通訳の出産情報がすぐに耳に入っていることは、いかに彼が住民として農村に溶け込んでいるかであり、周りの住民が彼を受け入れているかをあらわしている。

二　追悼と想起

1　追悼集会

毎年四月七日〜一三日はジェノサイドの追悼週間であり、全国でイチューナモ（*icyunamo*）と呼ばれる追悼集会が実施される。期間中は、住民は毎日集会に参加することが義務づけられており、参加しない者には罰金五〇〇ＲＷＦ（八七円）が科される。[15] 筆者もこの集会に毎日参加し、一週間見聞きした様子を書き記しておく。日差しが照りつける午後二時から追悼集会は行われ、人々は雑草の生える原っぱに直に腰を下ろし厳粛に話を聞いていた（写真2―8）。

まずは村長や教師たちの演説が始まるが、読み上げられる原稿は政府組織の反ジェノサイド国家委員会（National Commission for the Fight against Genocide: CNLG）[16] が予め作成したものである。内容はルワンダの歴史についてであり、

写真2-8　毎年行われるジェノサイドの追悼集会（2016年4月13日）

写真2-9　伝統工芸品アガセチェは天然繊維イシンギ草とサイザルで編まれる（2013年8月9日）

ベルギーの統治期、「社会革命」、ジェノサイドまでの経緯が説明された。次の演説はジェノサイド予防についてであった。演説者はジェノサイドを企てる思想（*ingengabitekerezo ya jenoside*）を撲滅しなければならないと声高に強調し、プロパガンダを広めないよう呼びかけた。

　次に新しい取り組みとしてCNLGの演劇が披露された。CNLGの青年部には被害者の子どもたちが所属しており、彼らがつくった演劇はジェノサイドの被害者と加害者の子どもたちも仲良くすることを訴えるストーリーであった[17]。

　演劇を見ている時に、募金を入れるバスケットが回ってくる。この募金活動はアガセチェ[18]（*agaseke*）と呼ばれ、賠償を受け取ることができない貧しい被害者や、病気の被害者の救済に充てられる（写真2－9）。集会の最後は当事者がジェノサイドの経験を語る時間に充てられている。まずは被害者が立ち上がって当時の悲惨な経験を語った。次いでCNLGの職員が加害者を名指し、犯した罪を語らせた。

　このような追悼集会が毎年国を挙げて続けられるなかで、被害者のなかには当時の記憶が蘇り失神してしまう者もいる。また追悼期間中に被害者宅を狙って石が投げつけられるという不穏な事件が起こり、住民はジェノサイドを企てる思想をもった者の仕業だと噂していた。この時期は村の空気が一変し重く沈み込んでしまうため、ジェノサイドについて聞き取り調査を行うことは控えた。

◎ジェノサイド・イデオロギーと記憶

ジェノサイドを直接経験した者が高齢化しこの世を去っていくなかで、記憶を次世代へ引き継がなければならないという声が高まり、追悼集会は記憶を引き継ぐ場としても使われている。筆者は二〇一五年と二〇一六年に異なる地域で行われた追悼集会に参加したが、その記憶の引き継ぎ方には偏りがある印象を受けた。ある演説者は、ジェノサイドのイデオロギーと戦わなければならないと公言した。ルワンダでは二〇〇八年にジェノサイド・イデオロギー法が定められ、公の場でトゥチ、フトゥ、トゥワという民族名を口にすること、ジェノサイドを否定するような発言をすることが禁止されている〔鶴田 二〇一八：二五六〕。「ジェノサイド・イデオロギー法に反した者は、懲役刑五～九年と罰金一〇万～一〇〇万RFW（一万七五四三～一七万五四三円）が科される」と演説者は強調した。(19)

さらに演説はヒートアップし、ルワンダ人に限らず外国人のイデオロギーとも戦わなければならないと強調された。ジェノサイドを企てる思想をもっているとして罪に問われたルワンダ人のムニャカジ（Munyakazi Leopold）と、ルワンダ研究者でベルギー人のレインチェンスが名指しされた。演説者は彼らが「ルワンダのジェノサイドは無かった」というイデオロギーを広めていると痛烈に批判し、若者に向かって「ジェノサイドはあった」とインターネットに書き込むよう呼びかけた。

補足するとレインチェンスは「ジェノサイドが無かった」とは主張しておらず、一九九〇年の内戦から一九九四年のジェノサイドまでの間に現政権RPFが戦争犯罪を犯したということを主張している〔Reyntjens

2015]。しかしRPFはそれを認めず、彼のルワンダ入国を拒否し続けている。RPFの戦争犯罪についてはレインチェンスだけでなくリヴァー（Judi Rever）［二〇一八］などの先行研究も蓄積されているが、RPFは同様に否定している。このように追悼集会では政権側の記憶のみが引き継がれていくことになり偏りが生じている。政権側と、政権に反対する側の両方の記憶を引き継ぐことが望ましいのではないか。

2　想起の文化

ルワンダのジェノサイドをどのように記憶するかということを、ドイツのホロコーストの「想起の文化」という視点から比較することができる。「想起の文化」とは、筆舌に尽くしがたいナチ犯罪の記憶をいかにして次世代へ引き継ぐかという差し迫った問題について、「負の記憶」を伝承するための精神的、学術的、芸術的な営為の総体である［石田・福永 二〇一六：v］。

被害者とそれ以外の者ではまったく異なる体験を意味したナチ時代の国家的犯罪について、現在のドイツが誰の、そしてどの記憶を引き継ぐかは決して自明のことではない［石田・福永 二〇一六：v］。当初はユダヤ人の苦難の歴史に光があてられたが、いまではエホバの証人や強制労働の犠牲者など、戦後長らく忘れられていた犠牲者集団の記憶も公然と語られるようになった［石田・福永 二〇一六：vi］。

このような記憶は「公的記憶」と呼ばれ、立場や世代を超えて引き継がれようとしている［石田・福永 二〇一六：vi］。ここで重要なのは、加害者としての重い過去も「公的記憶」に引き継がれるということである。民主的な市民社会の未来を実現するためには、「想起の文化」が「上辺だけの儀礼と皮相な当事者意識」に還元されるものではないこと、あるいは「感情で飾り立てられた（歴史）政治の術策」に堕してはならないとアスマンは主張する［アスマン 二〇一九：二七、二六三］。

ここでルワンダのジェノサイドを「想起の文化」の視点で考えてみると、RPFは自らの不都合な加害者としての過去を想起していないということになり、それを象徴するのはジェノサイドを経験した男性（五〇代）の話である。[20] 彼はジェノサイド終結後すぐにフトゥであるという理由で逮捕され、ジェノサイドに加担していないという申し入れは聞き入れられず一二年もの間収容され、控訴審ガチャチャ裁判で審理され釈放された。彼は加害者扱いされたと同時にRPFに実弟と義理の兄弟三人を殺害された被害者でもあるが、彼が被害者遺族と公認されることはなく亡くした兄弟が公の場で想起されることもない。

この話からルワンダの「想起の文化」を考えると、遺族の痛みはトゥチもフトゥも同じであるがゆえ、いずれも平等に想起されるべきである。RPFは戦争犯罪を認め、ルワンダの若者に「公的記憶」を引き継がなければならないだろう。RPFが加害者としての不都合な過去を若者に伝えず「政治の術策」として追悼集会を利用すれば「上辺だけの儀礼」となり、トゥチとフトゥ双方の犠牲が想起されることのない文化が形成されていくのではないかと筆者は懸念する。

2　聞き取り調査と裁判記録の照合

◎ジェノサイドの記憶

また日常会話では時折ジェノサイドの話を耳にすることがあり、強く印象に残ったエピソードを記述しておく。筆者が間借りしていた教会の司祭との会話から出てきたのは次のような悲惨な内容であった。司祭の身内の男児一四歳の遺骨がトイレ用に掘られた深い穴から見つかったというものであり、ジェノサイドで男児は穴に投げ込まれたのだろうという話であった。その遺骨を彼と確認することができたのは、衣服と身につけていたブレスレットからである。またその穴から他にも重なり合った四人の遺骨が発見された。遺骨が発見されたのは二〇一六年で、ジェノサイドから実に二二年の月日が経っていた。司祭によればこのようなことはよくあることで、家を建てる時に遺骨が発見されることもあるという。ジェノサイド後に発見された遺骨は、虐殺記念館に納められ埋葬される。

ジェノサイドについて他の印象的な話を挙げると、ある男性が「ジェノサイドで夜通し林に隠れて両膝を抱えて座り、着ている上着を膝にかぶせて息を潜めじっとしていた」と語ったことである。この話はジェノサイドとは全く関係のない話をしていた夜に、ぽつりと彼の口をついて出た。彼が小さい頃に暗闇の中で経験した恐ろしい出来事は、大人になった今でもふとした瞬間に蘇ってくる。ジェノサイドで植え付けられた恐怖心が生涯取り除かれることはないのである。

このように日常会話でジェノサイドの話がぽつぽつと出てくることはあるが、人々がその話題を敢えて口にすることはない。なぜなら政府に都合が悪い話をすれば近隣住民に密告され、地方行政官から警告される恐れを抱いているからである。例えば加害者と和解したくないという発言は政府が推し進める和解政策に反するとされ、「反体制派」と取られてしまうこともある。筆者自身の話になるが、筆者の動向すべてが政府に監視されていると住民から忠告されたことがある。ある研究者は和解政策に反するという理由で政府に調査を止められた［Thomson 2013: 3］。このように政府は常に住民を監視している。

三　ガチャチャ裁判の裁判記録の閲覧

◎語りと裁判記録を照らし合わせる

ジェノサイドの加害者は集団で次々とトゥチを襲い、ナタや釘バットでなぶり殺しにした。「すぐにトゥチの牛を殺して食べてはいけない。トゥチを殺してから牛を食べなければならない」という命令に加害者たちは従い、トゥチを殺し奪った牛を分け合って食べ、切り倒した家屋の柱や梁を持ち帰り薪として燃やした。(21) よって一つの事件に関わる加害者、被害者、双方の家族は広範囲に及び、次々と起こした事件の関係者は膨大な数に広がっている。事件に関わった者一人一人に聞き取り調査を行うよう努めたが、それぞれの語りで辻褄が合わない内容についてはガチャチャ裁判の裁判記録を閲覧して照合していった。

裁判記録には、加害者が自白した犯行場所や共犯者の名前、遺体を川に流したのかバナナ畑に埋めたのか、犯行に使ったナタや手榴弾の数などが事細かく記録されている。一つの事件が誰の関与でどのように起こったのか、他地域の民兵が率いたのか地元のリーダーが率いたのか、事件のあらましが立体的にみえてきた。

聞き取り調査で被害者が「加害者は違う地域からやって来た」と話したとき、その加害者が他地域から来たのかどうかを確認できない場合がある。そのときは裁判記録をたどり、他地域在住の加害者がこの被害者への賠償を命じられている記録を確認し、被害者の話の裏を取った。

加害者が罪状に不服で控訴したという話についても、どのような事件に関わりどのような罪状であったのかを聞き取ることができていれば、裁判記録をたどってその事件が実際に審理されたのかどうかを確認できる。加害者が服役中で家族が冤罪を訴えている場合は、ガチャチャ裁判でその事件がどのように審理されたのかどうかを閲覧してみることもした。

1　閲覧出来るまで

このように語りと裁判記録を照合する作業を繰り返したわけだが、誰もがすぐに裁判記録を閲覧できると筆者は思い込んでいたことが無知蒙昧であった。聞き取り調査でガチャチャ裁判の判事が裁判記録を書いたことを知り、保管場所を尋ねると「政府が持って行った」という返答で場所は分からなかった。関連する政府機関を訪ね回り保管場所を聞き回った結果、首都キガリ市の警察署本部にあることが分かり、それを突き止めるや否や調査地から警察署本部に二時間半かけて出向いた。

警察署のゲートをくぐると警察官が仁王立ちしており、小銃をベルトで前掛けして警備していた。窓口がどこにあるかも分からず闇雲にその警察官に調査許可証を提示し、裁判記録を見せてほしいと申し出た。警察官は他の警察官と相談し、裁判記録を管轄する政府組織ＣＮＬＧ[22]の紹介状を持ってくるよう筆者に指示した。

その足でキガリ市にあるＣＮＬＧ本部に直行し、調査許可証を提示して紹介状を書いてほしいと申し出た。そのような依頼は初めてのことであったようで、まずは申請書類を提出するよう求められ、研究内容や調査計画や閲覧希望地域をまとめた文書を提出するよう指示された。ガチャチャ裁判の記録は全国の分が保管されているが、筆者が閲覧できるのは調査地の記録に限られている。

二か月の審査を経て正式に閲覧が認められ、閲覧許可証を幸運にも取得することができた。閲覧許可証は調査許可証の一年ごとの更新と合わせ、更新理由書と進捗状況の報告書を提出することを求められた。

◎裁判記録の閲覧方法

一つの農村で聞き取り調査を終えて拠点を首都キガリ市に移し、その調査地の裁判記録を閲覧するという循環を調査地ごとに繰り返した。裁判記録の閲覧は以下のように進めた。平日毎朝七時に警察署のゲートをくぐり、裁判記録を保管している建物に向かう。検査所で女性警察官から身体検査を受け、荷物を掻き回されてカメラ・パソコン・ＵＳＢメモリーを持ち込んでいないかどうかを調べられる。入室すると、記録を管理するＣＮＬＧの職員全員に挨拶をして回る。裁判記録が保管されている部屋は職員の仕事場の横の部屋で、棚には一万八〇〇〇の段ボール箱が隙間なく陳列され、その箱は地域ごとのセクター、セル、控訴審ガチャチャ裁判に分類されている[23]。

この膨大な箱の中から目指す箱まで辿り着くのは至難の技である。箱には加害者の名前が記載されていないため、どの地域のどの裁判で裁かれたのかをまずは特定しなければならない[24]。探し出した箱には加害者ごとの記録が綴じられたファイルがぎっしり詰め込まれ、まずはファイルを全て箱から出す。ファイルの表紙に加害者の名前が記載されていることは稀であり、一つ一つのファイルを開けて該当する裁判記録を探し当てる[25]。

これでようやく準備が整い、裁判記録をフィールドノートに書き写す作業に入る。複写やパソコン入力は禁止され、手書きで写さなければならなかった。判事が書いた記録は全てルワンダ語で、しかも手書きである。急ぎ足で書かれた青インクのボールペン[26]の判事の筆使いからは、気が遠くなるほど膨大な記録を脇目も振らずに書き綴った跡が見てとれる。古びたファイルを開けてみると罪状と量刑はもちろんのこと、謝罪文、判事に宛てた自筆の手紙、自白内容が記され、裁かれた過程が詳細に記録されていた。裁判記録と語りを照合すると罪状と量刑については概ね一致しており、加害者が率直に話してくれたことが確認できた。

記録されたノート[27]には、窃盗罪の被害記録が事細かく手書きされている。例えばスプーン八本、コップ四個、鍋三個、ポリタンク二個、毛布三枚、炭火アイロン一台、電池式ラジオ一台、木製の長椅子二脚、箪笥《たんす》一棹《ひとさお》、マットレス一枚、家の柱、トタン板、屋根瓦、敷地内に植えている木（薪用）、バナナの房、ヤギ、牛。被害者が命からがら住居に戻ってきた時には、家屋は破壊され屋根や柱や梁は跡形もなかった。木々は奪われ切り株だけが残され、大事に育てた牛やヤギはどこにもいなかった。廃墟と化した家の有りさまと被害者が立ち尽くす姿をこの記録は物語っている。

2　裁判記録からみる人間の残虐性

調査地で直接加害者と話し、後から裁判記録を閲覧するのだが、日常的に関わって話をするだけでは決して窺い知れない残忍な面が記録から見えてくることがある。加害者トム（男性五〇代）は筆者がどのような調査を行っているのかを理解して自主的に調査協力者を紹介してくれたり、ジェノサイドに関連する行事を教えてくれたり、あれこれと気にかけて世話を焼いてくれた。彼は村では「バナナビールを振る舞ってくれる気前の良い人」という評判で、筆者から見ても住民とうまく関わっている[28]。だがしかし裁判記録には、好印象に映っていた彼とは思えないほど残忍な面が記録されていた。トムのファイルに綴じられていた次の文書には、調査地でジェノサイドがどのように始まったのかが記され、併せてトムの犯罪が告発されていた[29]。

事の始まりは一九九一年にRPFの「スパイ」と疑われたトゥチが、この村で捕まったことである。この事件を機に、ここに住むトゥチの人々は自分の身の危険を感じ始め、教会に避難する者も出てきた。その地域を管轄する郡長は、フトゥの民兵組織インテラハムウェをつくり、メンバーに銃器の扱い方を訓練させていた。このようにジェノサイドが始まる前から、トゥチを殺戮する計画が着々と進められていた。

一九九四年に、進められていた計画が遂に実行されることになった。郡長に組織されていたインテラハムウェのリーダー格が、トゥチを殺戮するよう触れ回ったのである。救急車を乗っ取り、「ハビャリマナ大統領がトゥチに殺された。トゥチに抵抗しなければならない」というプロパガンダで、フトゥの民間人に殺戮を煽っていった。フトゥの民間人はインテラハムウェに従い加害者集団を複数結成した。インテラハムウェから渡された手榴弾やナタを武器にして、加害者集団は多くのトゥチを殺害していった。この村のジェノサイドはこのようにして引き起こされた。

トムは六人のリーダー格が率いる加害者集団[30]のメンバーであり、彼自身もリーダー格であった。集団はこの村の保健センターに突入し窓を割って手榴弾を投げ込み、避難していた人々を殺害した。集団の暴走は止まらずトゥチを次々に殺害し、家に火をつけ、死者の衣服や現金を略奪していった。
トムは加害者でありながらトゥチの女性一人と子供二人を自宅に匿っていた。しかし集団に知られ、女性たちをトゥチが集められている場所へ連れて行くよう命令された。トムは命令に従い、女性たちは連れて行かれ他のトゥチと共に殺害された。

ジェノサイド前は、トムは人の役に立つ仕事に従事し、献身的な人物であった。しかしジェノサイドでは上からの命令に逆らえず、残虐な犯罪を犯すようになっていった。彼と同じように個々が集団になり、その集団の規模が膨れ上がり暴走していく実態が、ルワンダのジェノサイドであった。

◎裁判記録を管理する職員に助けてもらう

裁判記録の閲覧には計九〇日間で約八〇〇時間を費やし、加害者三五名分の記録を書き写したフィールドノートは五一七ページになった。記録を管理する職員と同じ部屋で机を用立ててもらい記録を写す作業をするのだが、一人一人の事件内容の読解は一筋縄ではいかないこともしばしばであった。

裁判記録は、審理を効率化するために記入項目が定められた約一〇種類の定型文書から成る。代表的な「起訴状」、「賠償の合意文書」、「召喚状」は本書の付録に収録している。まずはそれぞれの文書が国内裁判所あるいはセクター・セル・控訴審ガチャチャのどの機関からどの時点で発行されたのかを解明しなければならなかったが、ルワンダ語の法律用語の解読に時間を要した。

さらに証言記録は一つの事件で数十ページにわたっており、複数の証言が整理されず羅列されているため、関係者の相関図を作成したり、地図を作成したり、事件を時系列に整理したりする作業に労力を要した。手書きの

写真2-10　裁判記録の閲覧最終日に記録を管理する職員たちと共に（2016年12月2日）

文書については、自白文なのか控訴申請なのか告発文なのかを見極めなければならなかった。職員の仕事を妨げるのは申し訳ないと思いながらも、このような理由から不明な点を聞いて説明してもらうしか方法がなかった。ガチャチャ裁判を監督していた職員から裁判の大まかな流れを解説してもらい、疑問点に一つ一つ丁寧に答えてもらったことには感謝しかない。

筆者がルワンダ語を学んでいることを好意的に捉えてくれ、率先して謎々や諺を教えてくれる職員もおり、この建物を清掃する派遣社員にもルワンダ語の手ほどきをしてもらった。また休日は職員たちの結婚式に招待され何度も参列させてもらった。裁判記録の閲覧の最終日には、職員が「私たちのことを忘れないで」という言葉を添えて民族衣装のムシャナナ（*umushanana*）を贈ってくれた（写真2―10）。

四　バナナと人の共生関係

聞き取り調査のために住み込んだ農村の生活で特に目を引いたのは、バナナと人が密接に関わっていることである。ガーゲンは、人と人の関係に限らず、植物や動物も含む様々な種は互いに共生関係にあるという。例えば、ハチドリは生命を維持するための蜜を花に依存しているが、花はハチドリによって花粉を広げてもらうことで繁殖するという意味でハチドリに依存している［ガーゲン 二〇二〇：四五九―四六一］。これを踏まえると、ルワンダの農村におけるバナナと人は共生関係にあるといえる。

生態人類学の研究を参照すると、バナナには二つの世界がある［小松 二〇二二：二］。一つはバナナを果物として消費する世界であり、バナナは南の国で作られて北の国で売られる商品であり、生産者と消費者は隔てられている。もう一つの世界はバナナを栽培する地域に根ざした世界であり、バナナは生で食べるだけでなく料理され主食になり、花も食べられ葉も使われる［小松 二〇二二：二］。日本に広がるのは前者のバナナの世界だが、(31) ルワンダの農村に広がるのは後者のバナナの世界であり、ルワンダのバナナはまさに「地域の農と食と生活の結節点」になっている［小松 二〇二二：二］。

1　ルワンダとバナナ

◎口頭伝承イビサクゾに登場するバナナ

ルワンダの農村には、バナナが根差した世界が広がっている。口頭伝承の一つであるイビサクゾ（*ibisakuzo*）は、これを端的にあらわしている。これは日本の謎々「上は洪水、下は大火事、何だ?」「風呂」のように紋切り型で受け答える。イビサクゾは「サァクウェ　サァクウェ！」の合言葉で始まり、聞き集めた約三〇種類のうち最も耳にしたのは、

――サァクウェ　サァクウェ！（*sakwe sakwe*）

――ソマ！（*soma*）

――美味しいお爺さんは腐っている！（*sogokuru aryoha aboze*）

――バナナ！（*umuneke*）

「腐っている」は悪口ではなく、お爺さんを完熟バナナのように美味しく物知りであると称《たた》えている。昔は石を三つ並べた竈《かまど》（*amashyiga*）に大鍋を置き、豆やバナナが煮えるまで薪をくべながらイビサクゾを掛け合って興じた。

写真2-11　ルワンダでバナナは1年中収穫できる（2016年9月3日）

◎料理用バナナ「イギトーチ」

家々の周りの狭いスペースにも、丘を耕してつくられた広い畑にも、至るところにバナナが植えられ農村の景色に溶け込んでいる（写真2―11）。錆びた自転車の荷台にバナナの房を山のように積み上げて、市場に売りに行く姿がある。バナナの葉が優しくこすれ合う音が風に乗って聞こえてくると、子守唄のように癒やされる。バナナは草に分類され幹に見える部分は偽茎《ぎけい》といい、分厚い葉が幾重にも巻きついている。バナナの実一本は果指《かし》、果指が段々に重なったものは果房《かぼう》といい、果房の重量は一～二キログラム程度のものから五〇キログラム以上に達するものまで様々である［佐藤二〇一一：三二］。果指が大きくなると果房の中心にある太い花茎《かけい》をナタで切り落として収穫する。

ルワンダのバナナは生食用のウムネチェ（*umuneke*）と料理用のイギトーチ（*igitoki*）に分かれ、イギトーチはルワンダの主食である。イギトーチは黄色になる前に収穫されるため鮮やかな緑色で、皮は分厚く固い。料理を作る女性や教会の住み込み手伝いの青年が皮を剝《む》くナイフさばきの技術は非常に高く、素早く剝《む》いた皮には果肉がまったく残っていない。これは果肉を無駄にしないための智慧である[32]。

イギトーチはジャガイモのような味で食感は粘り気がある。茹でたり蒸したり揚げたり、玉ねぎやトマトや豆と煮込まれ毎日食卓に並ぶ。人々はバナナ料理を囲み、バナナビールを片手に話に花を咲かせている。バナナ栽培が盛んな東部州の調査地ではバナナの食べ方が多種あり、なかでも煮込んだバナナを潰して粘らせて食べるウムニジ（*umunyigi*）はシンプルだが非常に美味しい。

◎ルワンダで発達するバナナ「東アフリカ高地ＡＡＡ」

開墾から収穫までのあいだ、農家の人々は鍬で雑草を掘り起こし除草作業に勤しみ牛糞を肥料とし、生育状態を細かく見回り支柱を立てて果房を支え、手塩に掛けてバナナを育てる。中部アフリカ地域は数年間利用したバナナ畑を放棄する一方で、ルワンダを含む東アフリカ高地地域は同じバナナ畑を数十年～一〇〇年にわたり使うため非常に細やかに手入れをする[33]［小松二〇二二：一五二］。他地域と比べて東アフリカ高地地域はバナナ栽培にかける労力が突出していることから、「世界で最もバナナに依存している人たち」と考えられている［小松二〇二二：一五一―一五二］。

ルワンダのバナナは「東アフリカ高地ＡＡＡ」という品種群が中心で、世界のなかでもこの地域にしか発達しない特殊な品種である［小松二〇二二：一五一］。他のアフリカ地域ではプランテンという品種が主流だが、ルワンダを含む東アフリカではプランテンはバナナ細菌病（立ち枯れ病）の被害に遭うなどして普及しなかった［小松二〇二二：一五〇―一五一］。農村部の人口密度が高い東アフリカの人々がバナナで養われてきたことは紛れのない事実である［小松二〇二二：一一六］。

「バナナに依存している人たち」という言葉が示すようにルワンダの農村ではバナナの葉も利用され、丸く編まれた「インガタ」（*ingata*）は重い物を頭に載せるクッションの役割を果たす。農村では水汲みが日課であり、二〇リットルのポリタンクを共同水汲み場から自宅まで長時間かけて運ぶため、インガタが欠かせない。子ども

写真2-12　共同水汲み場に水汲みにくる（2015年10月10日）

写真2-13　バナナの木に白い布を巻いて自宅で行う結婚式の目印にする（2016年8月4日）

たちも水汲みを手伝って毎日何度も往復する（写真2―12）。またバナナは自宅で催される結婚式の目印として使われ、自宅前にバナナを植えて偽茎に白い布を包帯のように巻き付ける（写真2―13）。

2　バナナビールの作り方

バナナは料理されるだけでなくビールに醸造されて嗜まれる。バナナビールはウルワグワ（*urwagwa*）といい、農村に欠かすことのできない存在である。午前中に農作業を終えた男性陣は昼下がりにカバレと呼ばれる小さな飲み屋に集い、バナナビールを奢り合い談笑する。バナナビールのアルコール濃度は約二〇%と比較的高く、一瓶二五〇〜三〇〇ＲＷＦ（四三〜五二円）で売られている。バナナビールは料理用バナナで作られるため生食用バナナのような甘みはなく、酸っぱさと苦さが強烈に入り混じり、正直に言ってゴクゴクと飲める酒ではない。しかし口に含むと人々は饒舌になり、冗談や噂を飛ばして疲れや鬱憤を吹き飛ばしている。

なおカバレで女性が飲酒することは慎みがないとされるため、女性は自宅や結婚式の場で嗜む。バナナビールが筆者の聞き取り調査に恩恵をもたらしてくれたこともある。カバレで加害者にバナナビールを奢ると、徒歩一時間半かけて訪ねた筆者のことを「偉いさんはバイクを使うが、君は歩いて訪ねてきてくれた」と労ってくれた。[34] ジェノサイドの聞き取り調査は、空気が張り詰め緊張が走ることがある。しかしその後にバナナビールを交えて話をすると、空気がいくばくか和らぐことがある。

さて、バナナビールは昔から家庭で作られてきたものである。不衛生であるという理由から政府は家で作らないよう注意を促しているが、昔からの作り方を続ける者もいる。昨今は工場で製造された缶入りのバナナビールが市場に出回っているが、それでも農村の人々は手間暇をかけて醸造した手作りのバナナビールに愛着をもっている。その作り方を見せてもらったところ、あり合わせの道具を使い、仕込みから完成まで約一〇日間を費やした。[35]

写真2-14　バナナを完熟させる穴（2015年1月17日）

まず大きな穴を掘り、バナナの葉を入れて燃やし穴の中の温度を上げる。その中にバナナ約五〇本を入れて二～三日置くと、甘さが増して柔らかく熟したバナナになる（写真2―14）。その皮を剥《む》いて果肉を取り出し、干した藁を加える。ウムヴレ（*umuvure*）と呼ばれる舟の形をした木製の容れ物に入れるが、無ければ大きな鍋を代用する（写真2―15）。それらを押したり踏んだり休みなく二時間ほど続けると、果肉が藁に絡まって果汁が滲み出てくる（写真2―16）。その果汁は深さ六〇センチのバケツ一杯分とポリタンク一つ分になった。これがウムトベ（*umutobe*）と呼ばれるバナナジュースであり、子どもや女性に人気がある。

ウムトベを発酵させるために使うのがソルガム（*ishaza*）である（写真2―17）。ソルガムはモロコシとも呼ばれるイネ科の穀物で、国内で栽培される。まず

写真 2-15　ウムヴレに果肉を入れて踏んで果汁を出す（縦 200cm 横 45cm 深さ 40cm、2016 年 3 月 1 日）

写真 2-16　果肉と藁を混ぜてバナナ果汁を絞り出す（2016 年 9 月 3 日）

ソルガムを煎るために、大きな石で即席の竈《かまど》を作って火を起こし、鉄板代わりのトタン板を乗せる。そのトタン板に約五キログラムのソルガムを乗せ、ナタでかき回しながら黒くなるまで数分間煎る。

　ソルガムをすり潰して粉にしたインベテズィ（*imbetezi*）は、昔は石臼で挽いていたが最近は機械で挽く。インベテズィとウムトベをしっかり手で混ぜ、蓋付きの容器に移す。その容器を掘った穴に入れ、その上に藁やバナナの皮を被せて保温する。二～三日寝かせると、ようやくバナナビールが完成する。また作り方は異なるが、ソルガムビール（*ikigage*）も家庭で作られよく飲まれる。クリスマスの祝いに筆者は住民からバナナビールをご馳走になったが、普段から酒を嗜まないためか極少量で強烈な眠気に襲われ、目をこする筆者を住民は笑い飛ばした。

3　調停とジェノサイドに使われたバナナビール

日常的に嗜まれるバナナビールは、一三世紀から始まったガチャチャの調停にも関わってきた。住民で話し合った後に調停を仕切る長老は、原告と被告に一本の瓢箪に入ったバナナビールを飲み交わすよう促したという「ル

セサバギナ 二〇〇九：三二］（写真2―18）。まずは原告と被告が一杯のバナナビールを分かち合う慣習は、相手に怒りや恨みがあっても根底にある人間性を認めることが必要とされ、互いへの敬意を表明することになった［ルセサバギナ 二〇〇九：三二］。次に調停に集まった住民にもバナナビールが勧められ、村人同士の結びつきが強まったという［ルセサバギナ 二〇〇九：三二］。

人々の調停に関わってきたバナナビールは、ジェノサイドの残酷な犯罪にも関わっていた。バナナビールを呷《あお》った加害者集団は無差別に子ども二人を殺害し、さらにハンマーで子ども一人を殴り殺したと裁判記録に記されていた[36]。また加害者は自分の罪を他者に着せてガチャチャ裁判を有利に運ぶために証言者にバナナビールを振る舞った[37]。加害者集団は殺戮を犯した後に集まり、大量にバナナビールを呷《あお》って殺戮に向かう行為を繰り返していた[38]。酒に酔っていない普段の状態でこのような残忍な行為を犯すとは考えられないが、加害者はバナナビールの力を借りて正常な意識を失わせたのであろう。さらに加害者たちは集団でバナナビールを呷《あお》ることで共謀する気持ちが芽生え、勢いづいて犯行に至ったのではないか。バナナビールは道理に反するジェノサイドの犯罪にも大

写真2-17　ソルガムの実を粉にしてバナナビールを発酵させる（2014年12月26日）

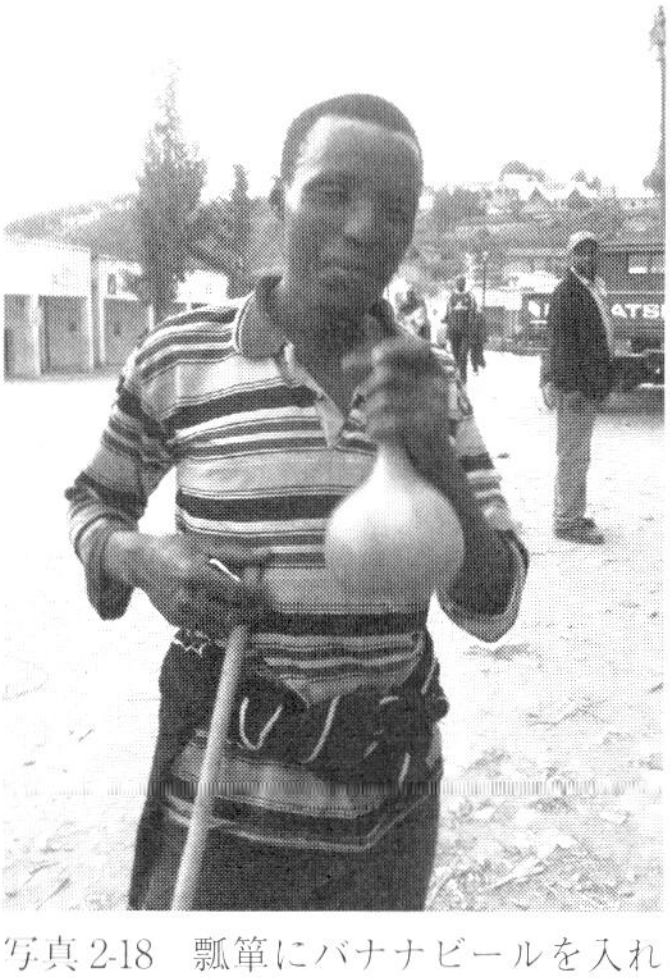

写真2-18　瓢箪にバナナビールを入れて飲む（2016年1月3日）

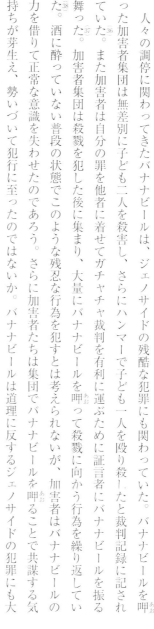

きく関わっていたのである。

小括

農村に住み込み聞き取り調査を行ったときの筆者と住民の関係をみてみる。ジェノサイドという非常にセンシティブで思い出したくないことを聞き取るため、特に加害者には恐れられた。加害者は突然の筆者の訪問に「なぜ自分が加害者と分かったのか」、「村でジェノサイドについて聞き回っているウムズング[39]（*umuzungu*、外国人）がいると聞いてびくびくしていたが、君のことか」と警戒された。

筆者が加害者の罪を住民に漏らすのではないか、筆者が政府に報告し自分が咎められるのではないかなどと加害者は恐れていた。加害者は村に溶け込もうと日々努力しているため、その努力を台無しにしないよう注意を払わなければならないと調査を進めるうちに分かってくるようになった。

加害者に聞き取り調査を行うときは、加害者は犯罪を問い詰められていると身構えてしまうことがあり、場の空気が緊迫してきて調査者と調査協力者という関係にはっきりと分かれてしまう。しかし日常生活に戻ると、加害者は道に迷っている筆者を案内してくれたり、安否を気遣ってくれたり、筆者と加害者の緊張はゆるんで住民同士の関係に戻る。

注

（1）日本ルワンダ学生会議の活動の詳細はウェブサイトを参照。〈URL: https://jp-rw.jimdofree.com〉（アクセス二〇二一年五月二二日）

（2）司祭はカトリック教会の聖職でありミサを司る。神父ともいわれる。

（3）二〇一四年九月二五日、西部州ルツィロ郡の調査地にて行った筆者による住民への聞き取りより。

（4）二〇一〇年一二月九日付の省令第〇〇三／二〇一〇号、二〇一〇年一二月二四日刊行ルワンダ共和国官報特別号（ルワンダにおける研究活動の規定［The ministerial instructions N°003/2010 of 09/12/2010 published in the official gazette of the Republic of Rwanda regulating research activities in Rwanda］）第六条、七条。

（5）二〇一六年七月一二日、自己紹介と調査説明のため郡庁を訪問した筆者による郡長とのやりとりより。

（6）オンラインで倫理テストを受けるよう要請され、イギリスのＮＧＯが実施するテストで一〇〇問中八〇問以上正解した証明書も提出する。

（7）提出書類は以下の通りである。ＤＳＴＲへの申請書、調査期間の更新の申請書、調査更新理由と調査の進捗状況報告書、ルワンダ大学の推薦状、東京大学大学院の指導教員の推薦状、ＵＲ‐ＲＰＧＳへの振込領収書コピー、ＵＲ‐ＣＭＨＳ ＩＲＢへの振込領収書コピー、観光ビザのコピー、パスポートサイズの写真二枚。

（8）二〇一五年一月一四日、西部州ンゴロレロ郡で活動する協同組合の作業を筆者は見学した。

（9）Online Etymology Dictionary, "forgive,"〈URL: https://www.etymonline.com/search?q=forgive〉（アクセス二〇二三年三月二日）

（10）Online Etymology Dictionary, " forget, "〈URL: https://www.etymonline.com/word/forget6〉（アクセス二〇二三年三月三日）

（11）二〇一五年三月一日、西部州ンゴロレロ郡の調査地にて参加した礼拝での司祭の説教より。

（12）二〇一五年三月九日、西部州ンゴロレロ郡の調査地にて参列した葬儀より。

（13）二〇一六年三月七日、西部州ルツィロ郡の調査地にて。

（14）二〇一六年三月八日、西部州ルツィロ郡の調査地にて行った筆者による加害者への聞き取りより。

（15）ただし、首都キガリ市の住民や大学生は集会への参加が義務ではないことを聞き取りした。

（16）反ジェノサイド国家委員会のフランス語の名称はCommission nationale de lutte contre le génocideのため、略語はＣＮＬＧとなる。

（17）二〇一六年四月一三日、西部州ルツィロ郡にて見学した追悼集会より。

（18）アガセチェは伝統工芸品の蓋付きバスケットで、天然繊維イシンギ草と染色したサイザルが様々な大きさに編まれる。キリスト教の礼拝でも募金活動に使われ、他にも結納品や進物として贈る、食料を入れて保存するなどの用途がある。

（19）二〇一六年四月一一日、西部州ルツィロ郡にて見学した追悼集会より。

（20）二〇一六年九月二九日、東部州ンゴマ郡の調査地にて行った筆者による住民への聞き取りより。

(21) 二〇一六年八月三日、東部州ンゴマ郡の調査地にて行った筆者による被害者への聞き取りより。
(22) CNLGはジェノサイドのイデオロギーをなくすことを目的にした機関であり、全国の追悼集会を取りまとめることにも従事している。
(23) 裁判記録は紙媒体で、黄ばんだり虫がついたり劣化が進んで読みにくくなっている。裁判記録を後世に残すため電子化が進められているが、公開はされていない。
(24) 二〇〇六年の地方行政機構の改革により地名が変更され、箱に書かれている地名と現在の地名が異なるため、変更前の地名を調べる必要があった。加害者は犯行を犯したその地域で裁かれると定められているため、複数の地域で犯行を犯した場合は、それぞれの地域に該当する箱を探す必要があった。
(25) 紙ファイルの様式はA四サイズ二穴型である。加害者が同じ名前の場合は父親の名前を調べた。ルワンダ人はルワンダ名と宗教名の二つを持ち、日本のような姓は持たない。
(26) 筆者が持参した安価な日本製ボールペンは、現地の人々に「書き味が抜群だ」と喜ばれた。ルワンダでは子どもも学校でボールペンを使う。ただし現地で販売されるボールペンは書き味がスムーズではなく、インクの減りも早いため、日本製ボールペンを土産にすると喜ばれた。
(27) ガチャチャ裁判の総会の議事録は、政府が指定したノートに記録された。
(28) 二〇一六年八月三〇日、東部州ンゴマ郡の調査地にて行った筆者による加害者への聞き取りより。
(29) 二〇一六年一〇月二一日、首都キガリ市の警察署本部にて行った筆者によるガチャチャ裁判の裁判記録の閲覧より。
(30) 聞き取り調査によれば加害者集団は一〇～三〇人で組織された。二〇一三年九月一一日、西部州ンゴロレロ郡の調査地にて行った筆者による加害者への聞き取りより。
(31) ただし、日本でも沖縄県や鹿児島県ではバナナが栽培され地元で消費される。沖縄県でしか消費されない「島バナナ」の詳細は、小松［二〇〇七］第六章と小松［二〇二二］第七章を参照。
(32) バナナ栽培文化を研究する佐藤靖明によれば、料理用バナナの剝き方は地域ごとに異なる。ルワンダでは畑の面積が狭くバナナが稀少であるため、皮に果肉がまったく残らない剝き方をする。ウガンダでは畑の面積が広くバナナが豊富であるため、皮に少し果肉が残る剝き方をする。二〇一九年一二月一日、京都精華大学講演会「アフリカ食文化の深淵に迫る」にて行われた佐藤の講演より。
(33) アフリカでバナナを主食とする地域は品種群の分布によって三つに別れる。一つ目の東アフリカ高地系バナナ圏は、東アフリカ高地地域のルワンダ、ウガンダ、ブルンジ、コンゴ、タンザニア北西部、ケニア共和国（ケニア）西部である。標高九〇〇～一二〇〇メートルの地域である［小松 二〇二二：一五〇］。二つ目のプランテンバナナ圏は、コンゴ共和国やカメルーン共和国を含む中部アフリカから西アフリカの大西洋岸の森林地帯である［小松 二〇二二：一二四］。三つ目のインド洋バナナ圏は、インド洋に面したケニア、タンザニアからマダガスカル共和国に至る地域である［小松 二〇二二：一一六］。

(34) 二〇一五年一月二六日、西部州ンゴロレロ郡の調査地にて行った筆者による加害者への聞き取りより。

(35) 二〇一六年九月三日、東部州ンゴマ郡の調査地にて行ったバナナビールの作り方の見学より。

(36) 二〇一五年六月二四日、首都キガリ市の警察署本部にて行った筆者によるガチャチャ裁判の裁判記録の閲覧より。

(37) 二〇一五年六月二七日、首都キガリ市の警察署本部にて行った筆者によるガチャチャ裁判の裁判記録の閲覧より。

(38) 二〇一六年八月一七日、東部州ンゴマ郡の調査地にて行った筆者による被害者への聞き取りより。

(39) ウムズングはもともと白人の意味で、辞書にも white man と書かれている［Ntukanyagwe 2013: 305］。しかし今では広く外国人を意味する。

《被害者と加害者の賠償の語りⅡ》

被害者の語り②――牛が結ぶ被害者と加害者の友情

加害者が被害者に牛を贈る

被害者（五〇代男性）は西部州ルツィロ郡に在住し、農業を生業にする。ジェノサイドで彼はコンゴに逃げ延びたが、両親、姉妹四人、弟一人を殺害された[1]。残酷なことに、妊娠中の妻は石で殴り殺され湖に捨てられた。彼はそれを人づてに聞いたと語り、悲しみがぶり返し涙を流した。家族が誰に殺されたのかも分からず謝罪や賠償を受けることもない。

自宅に戻るとレンガ造りの大きな家は粉々に破壊され、牛、ヤギ、ニワトリ、家財すべてが盗まれ、何も残っていなかった。彼の被害状況を記した裁判記録には、ベッド、机、椅子、ラジオ、皿、保温ポットなど盗まれた物が事細かく記録されていた[2]。

ガチャチャ裁判でこの事件を犯した加害者集団が裁かれ、判事は被害額を加害者数で割り各々に賠償を命じた。加害者のうち一人が彼に赦しを求め、賠償をめぐる対話が行われた。彼は四七万RWF（八万二四五六円）の賠償を受け取らなかったというが、その理由は加害者が殺人罪で懲役刑一五年と公益労働に服さなければならないと申し出たためである。

この量刑に該当する罪状をガチャチャ裁判の二〇〇四年法でみると犯罪分類第二の一、二項に該当し、「死に至らせる深刻な攻撃をした者」、「殺人を意図したが死に至らなかった攻撃をした者」に当てはまる重い罪である。彼は、加害者の服役中に加害者家族が賠償に奔走しなければならない事情を察して、賠償を強く要求することをやめて赦した。彼の被害は深刻であったが、加害者家族のことを考えてそのような判断を下した。

しかしこの話には後日談がある。赦してもらった加害者は住民から協力を得て、感謝の印として彼に牛二頭を贈った。加害者が牛を贈ることは感謝の証であり、彼はこの好意を受けて加害者と訪問し合う関係になった。

牛を贈る被害者

牛にまつわる話として、被害者と加害者が新たな関係をつくる事例が他にもあった。加害者は被害者の義姉を殺害した罪で裁かれ、およそ一〇年服役した[3]。加害者と被害者はジェノサイド以前から親しく、加害者が服役中に被害者は加害者家族に牛を贈った。加害者が服役していた間、その牛が加害者家族の生活を支え続けた。加害者は刑期を終えて村に戻り、その被害者に感謝し、贈ってもらった牛を四頭に増やし現在も大切に養っている。また加害者は話し好きが高じて、被害者家族の結婚式で司会を務めたという。彼らはジェノサイドで被害者と加害者に分かれてしまったが、ジェノサイド後も協応行為を積み重ね、ジェノサイド前のような関係を取り戻そうと努めている。

牛は格別である

本来賠償は現金でやりとりされるものであるが、なぜ牛で賠償が成立するのか。ルワンダの人々は牛を尊び特別な思いを込めており、牛は現金に代わる価値の高いものだからである。牛を贈ることは「友情の証」

写真 II-1　王宮で飼われていたイニャンボ牛（2012 年 7 月 25 日）

写真 II-2　女性の伝統舞踊（2012 年 6 月 10 日）

と捉えられ、[4]ルワンダ語の「贈る」（*-gabira*）という動詞は牛のことを指して使われるほどであり、牛以外の物を贈る時は別の動詞が使われる。

なお「仔牛の目」（*amaso y'inyana*）は女性が美しいことをあらわす褒め言葉である。またルワンダの女性の伝統舞踊は、王宮で飼われていた「イニャンボ牛」（*inyambo*）の角のように腕を大きく広げる舞踊である。舞踊に長ける女性は「牛のようだ」と称《たた》えられる（写真Ⅱ―1、写真Ⅱ―2）。

さらに結婚式では男性が伝統的な牛の歌を披露し、新郎新婦を祝福する慣習がある。その男性は伝統的な牛飼いの姿を装い、ツバの広い帽子を被りムシャナナをまとい、牛の毛並みを整える草のブラシと杖を持っている。彼は牛の歌を朗々と一〇分ほど歌いあげ、草のブラシを新郎の父親に捧げて祝福する。その歌は、新郎が新婦に贈る牛を選ぶという内容である。歌詞に古語が使われ口頭で伝承されているため、昨今は歌える者が限られているという。このようにルワンダでは王国時代から牛と人は共存し、協応行為を重ねながら関係をつくってきた。

加害者の語り③——加害者の死後に訴えられる

加害者本人が死亡した後にガチャチャ裁判で訴えられた場合は、その家族が賠償している。加害者の娘(四〇代)は西部州ルツィロ郡に住み、農業を生業にする。(5)彼女の父親は殺人罪と窃盗罪で裁かれ、懲役刑と賠償を命じられた。しかし三人の被害者に対して賠償を払わないまま二〇〇四年に病死したため、彼女が父親に代わって賠償金を払わなければならなくなった。

彼女が賠償を払った経緯は以下のようなことである。一人目の被害者には減額を申し出て、半額で合意してもらい支払うことができた。ところが二人目の被害者には、賠償の減額に合意してもらえず難航した。その被害者とは次のような関係である。ジェノサイド以前から交流があり、父親の兄弟はジェノサイドでその被害者を匿って命を助けた恩義があるため、彼女は減額に合意してもらえると算段していた。しかし合意が得られなかったので、彼女は不満を残しつつも父親の土地を売って賠償を払った。この賠償をめぐる対話によって以前のように訪ね合う関係から、道で会えば挨拶を交わす程度の関係になってしまったという。

また一人目と二人目の事件は父親が生きている時に裁かれたが、三人目の事件は父親が死亡してから裁かれた。父親本人の証言が取れず被害者の証言が優位になり、彼女に賠償が命じられた。その被害者には減額を申し出る余地はなく、額面通り払った。

彼女は三人目の被害者に対しては「父親の生存中に訴えてほしかった」と言う。裁判では嘘の証言もたくさんあったと振り返り、しこりを残している。彼女はセルの事務局長から父親が殺人者であり泥棒であると繰り返し非難され、自分も加害者であることを自覚させられたという。彼女は「ガチャチャは終わったが、ジェノサイドは終わっていない。罪は償わなければいけないから。父親が死んで自分が償って、自分が死んだら子どもが償わなければならない」と胸の内を明かした。

注

(1) 二〇一六年二月二三日、西部州ルツィロ郡の調査地にて行った筆者による被害者への聞き取りより。

(2) 二〇一六年五月一七日、首都キガリ市警察署本部にて行った筆者によるガチャチャ裁判の裁判記録の閲覧より。

(3) 二〇一五年一月一九日、西部州ンゴロレロ郡の調査地にて行った筆者による被害者への聞き取りより。二〇一五年一月二六日、西部州ンゴロレロ郡の調査地にて行った筆者による加害者への聞き取りより。

(4) 二〇一五年二月四日、西部州ンゴロレロ郡の調査地にて行った筆者による被害者への聞き取りより。

(5) 二〇一六年三月三〇日、西部州ルツィロ郡の調査地にて行った筆者による加害者家族への聞き取りより。

第三章　伝統的なガチャチャからガチャチャ裁判へ

一三世紀以降、人々は「ウムチャチャ」と呼ばれる芝に腰を下ろし話し合い、揉め事を解決してきた。この民事的な紛争を調停するガチャチャは、統治や独立を経てジェノサイドが引き起こされた後、ジェノサイドの犯罪を裁く裁判につくり変えられた。歴史の流動にさらされてきたガチャチャをすくい上げながら紐解いていく。なお、本文に出てくる事項は年表にまとめ、巻末に掲載している。

一　伝統的なガチャチャ

1　インフォーマルなガチャチャの始まりから統治時代まで

ルワンダの政治家たちは、ガチャチャ裁判のルーツが「伝統的なガチャチャ」（traditional gacaca）にあるとし、ガチャチャ裁判の実施を正当化してきた［Bornkamm 2012: 31］。「伝統的なガチャチャ」とは、どのようなものであったか。これは一三世紀以降から始まったといわれる［Bornkamm 2012: 32］。住民が話し合って土地問題や相続問題を仲裁する、公的な手続きを踏まないインフォーマル（非公式）な調停制度である。

写真3-1　住民たちは今でも芝に腰を下ろし会合する（2016年4月12日）

「ガチャチャ」の由来をルワンダの人々に聞くと、芝の一種である「ウムチャチャ」（*umucaca*）に由来するという。ウムチャチャに「小さい、少し」を意味する指小辞が付いて「アガチャチャ」（*agacaca*）になり、そこからガチャチャと呼ばれるようになったという説がある［Bornkamm 2012: 32］。

　コミュニティで問題が起こると、その都度自発的にガチャチャが行われた（写真3―1）。土地問題、相続問題、財産損壊、夫婦間の問題、契約上の義務に関わる争いなどが仲裁された［Bornkamm 2012: 32］。当事者と目撃者と見物人がガチャチャに集まり、クラン[1]（*ubwoko*）の長老が司会進行した。コミュニティの男性全員が積極的に参加したが、女性は当事者ではない限り参加できなかった［Bornkamm 2012: 32］。話し合いで決着するときは損害賠償が一般的であったが、コミュニティの結束に深刻な打撃を与えた罪には死刑が科されることもあった［Bornkamm 2012: 32］。当時は、個人が犯した罪の責任は家族またはクラン全体が負わなければならないと考えられていた[2]［Bornkamm 2012: 32］。

　重い罪の加害者には、コミュニティを超えて王（*umwami*）とチーフ（首長）が対処していた［Bornkamm 2012: 33］。殺人の場合は被害者遺族が報復を求めると、加害者家族の男性全員に報復が行われた［Bornkamm 2012: 32］。しかし平和的な解決方法もとられた。被害者遺族の男性と加害者家族の女性を結婚させ、子どもを出産させ、殺害された者への「賠償」とした［Bornkamm 2012: 32-3］。調停の最も重要な目的は、正義を果たすことよりもコミュニティの平和的な関係を修復することである［Bornkamm 2012: 33］。被害者は補償されなければならないが、たとえ不平等な結果を招いたとしても加害者がコミュニティで生活していくことも重要だと考えられていた

[Bornkamm 2012: 33]。

海外からの統治は、インフォーマルなガチャチャが変化する分岐点になった。ルワンダは一八九九年にドイツ領になった。ドイツは公的な司法システムの制定法（成文法）、つまり裁判所で法律に則って裁くことを導入した。しかしドイツは少数の行政官しか派遣できず整備は遅れた。よってインフォーマルなガチャチャは、一九二〇年代まで依然として広く行われていた[Bornkamm 2012: 33]。

第一次世界大戦後、ルワンダはベルギーに統治され、ここでインフォーマルなガチャチャは大きく変わった。ベルギーはガチャチャに直接干渉することはなかったが、伝統的な機関の権威を弱め地方に限定した。公的な司法システムが重視され、裁判所が設置され犯罪はベルギーの刑法で審理されるようになった[Bornkamm 2012: 33-34]。ベルギーの行政改革により王やチーフの権限や正統性は衰退していった[Ingelaere 2008: 34]。それに伴い、インフォーマルなガチャチャの正統性も衰退し縮小されていった。

2　伝承から王国の時代へ

ルワンダの歴史を表象する口頭伝承の物語（*imigani miremire*）には、王に裁かれる庶民の話がある(3)[Bigirumwami 1971: 2]。主人公の男性バガボバラボナは牛を殺した容疑にかけられ、王宮で調停され有罪になった。彼は通りがかりに牛が死んでいたのを見ただけで殺していないと無実を主張したが、彼の言い分は聞き入れられなかった。彼はそのことに腹を立て、王の目を叩いて歯向かった。それにより死刑を宣告される。彼はその場から逃走し、結局、命は助かるという話である。この時代は王の権限が強く庶民が王に歯向かうことは許されなかったが、この話の主人公は王に抵抗する人物に仕立てられている。このような口頭伝承から、王の権限でもって直接庶民を裁いていた歴史がみえてくる。

写真 3-2　土地を耕して畑をつくる（2014 年 11 月 29 日）

ルワンダには約二〇前後のクラン[4]があり、そのうちのニギニャが王国を建国、徐々に領土を拡大していった［鶴田 二〇一八：三八―四〇］。建国時期は諸説あり、カガメ[5]（Kagame Alexis）は一三一二〜一三四五年、ヴァンシナ（Jan Vansina）は一四五八〜一四八二年頃とする［鶴田 二〇一八：三八―三九］。

ニギニャ王国の社会はどのように成り立っていたのか。王がヒエラルキーの頂点に君臨し、神（*Imana*）から派遣された神聖なる存在とされた[6]［鶴田 二〇一八：四〇］。皇太后は皇太子（王の後継者）を支える役割であり、王の複数の夫人の中から選ばれた。王が亡くなると、アビイル（*abiiru*）と呼ばれる三人の廷臣からなる王室顧問会議が行われ、次期国王が選ばれた。アビイルは隠された歴史を秘密の詩や歌や物語にして記憶し、継承する役割も担っていた［ルセサバギナ 二〇〇九：三九］。国土は州（*ubutaka*）に分割され、それぞれを統治するためのチーフが任命され、配置された［武内 二〇〇九a：九七］。土地の帰属と農業生産および課税の管理（*abatware b'ubutaka*）、軍隊の戦闘員募集（*abatware b'ingabo*）、放牧の管理（*abatware b'igikingi*）を担当した［Prunier 1997: 三］。

ウブハケ（*ubuhake*）は、社会的地位が高いパトロンと、低いクライアントがパトロン・クライアント関係（親分・子分関係）を結ぶ契約であった。例えばパトロンはクライアントに牛を与え、クライアントは牛を世話した。牛は富と権力と優良な繁殖の証である。牛を与えることは経済的な支援であるだけでなく、牛を繁殖させて生まれた子牛はパトロンとクライアントで共有された。クライアントが牛に恵まれれば、社会的地位が高くなることがあった［Prunier 1997: 13］。

土地については、個人が開墾した、または先祖から受けついだ土地はウブコンデ（ubukonde）と呼ばれ、王や王宮がチーフに与えた土地はイギキンギ（igikingi）と呼ばれた［鶴田二〇一八：四一］。ある領域がイギキンギとされれば、それは当該チーフに帰属し、彼がそこでの土地配分権を持った［武内二〇〇九a：九七］。すなわち、土地に対する権利はもともとその地域を開墾し居住していた血縁集団の手から剝奪され、王が任命したチーフへと移動したのである［武内二〇〇九a：九七］（写真3―2）。

二　独立からジェノサイドまで

1　独立後のガチャチャ

一九六二年七月にルワンダは独立を果たし、フトゥ主体のカイバンダ政権が誕生した。新政権は一九六二年に憲法で制定法を定めた。これまでガチャチャを調停していた地元の長老は、地方自治体の代表者に取って代わられた［Bornkamm 2012: 34］。アフリカの独立諸国の多くでは、二重の法体系（legal dualism）がみられる。二重の法体系とは、植民地化された国と植民地国の両方の法制度が機能している状態のことである［Mamdani 1996］。ボルンカム（Paul Christoph Bornkamm）の先行研究によれば、ルワンダの新政権は慣習法のインフォーマルなガチャチャを原始的な遺物と考え、公的な裁判所を設置し二重の法体系をとらなかった［Bornkamm 2012: 34］。

ところがレインチェンス（Filip Reyntjens）の先行研究によれば、インフォーマルなガチャチャが残っていることが報告されている。レインチェンスは、一九八六年五～一二月と一九八七年にルワンダで調査を行った。訴訟の種類や原告と被告の関係によって、人々は公的な裁判所を使うかインフォーマルなガチャチャを使うかを分けていた。レインチェンスは裁判所とガチャチャは補完的な関係であると結論づけた［Reyntjens 1990］。よって実際は二重の法体系が存在していたことになる。

インフォーマルなガチャチャを使うときの手続きは簡易かつ迅速であった。被害もしくは損害を受けた者は同じセクターの地方行政官（住民が選ぶガチャチャの代表）に直接要請するか、近くに住むセルの責任者を介して申し出る［Reyntjens 1990: 32］。平日の決められた日にガチャチャが行われ、損害を被った者（原告）と損害を与えた者（被告）が議論し、地方行政官、証人、住民も議論に入る。原告と被告が結果に合意すれば終了する。原告または被告、もしくは両者に不服があれば裁判所へ持ち越される。

ただしレインチェンスの調査によれば、裁判所へ持ち越された案件は全体一一二件のうち僅か六・二％の七件である［Reyntjens 1990: 35］。調停一一二件の内容は *ibitutsi*（イビトゥチ）と呼ばれる揉め事（傷害、侮辱、中傷など）四四件、土地の境界一四件、財産相続一三件、民事責任一二件、借金返済一一件、契約問題六件、窃盗六件、夫婦間の揉め事五件、持参金に関する問題一件である［Reyntjens 1990: 34］。

レインチェンスが調査した事例を挙げる。現金の貸し借りで口論が発生し、原告は貸した現金二〇ＲＷＦが返ってこないことを訴え、ガチャチャが行われた。原告、被告、地方行政官、参加した住民を合わせて六〇人が芝に対座し原告が経緯を説明した。しかし被告は借りた金額は一〇ＲＷＦであったと主張した。話し合いの結果、原告の主張が通り被告が二〇ＲＷＦを支払うことで合意した。ここで非常に興味深いのは、被告が三五瓶のバナナビール（一瓶約三〇ＲＷＦ）を参加者に振る舞うよう住民が提案したことである。提案されたバナナビールの本数をめぐり住民同士で市場での値切り交渉のようなやりとりが行われ、最終的に被告が参加者全員に一〇瓶を振る舞うことで合意した。インフォーマルなガチャチャはコミュニティで問題を解決するため、被告はコミュニティに損害賠償する。原告、被告、地方行政官、参加した住民が寄り合い、被告が購入したバナナビールを飲み合い和解の宴が行われた［Reyntjens 1990: 31-32］。

2　被害者と加害者の交錯

二〇一八年に国連総会で「トゥチに対するジェノサイド」（the 1994 Genocide against the Tutsi in Rwanda）と決定されたが、フトゥ穏健派は約五万人［Walker-Keleher 2006: 46］、トゥワは約一万人が抹殺されたといわれる［Thomson 2013: 81］。

ジェノサイドでフトゥがトゥチを虐殺するなかで、フトゥ（女性七〇代）がトゥチの乳児を救った事例がある(7)。筆者はこのフトゥ女性を片道徒歩二時間かけて訪ねた。彼女の家はキヴ湖（Kivu）の近くにそびえる森の奥地にあった。彼女を訪ねると、軒下に木製の椅子を出してきてくれた。サツマイモと豆をつくる彼女の手は大きくしっかりしていた。少し世間話をしたあと、彼女はジェノサイドの経験を克明に語ってくれた（写真3―3）。

写真3-3　農村の家屋と牛（2016年4月1日）

彼女の近隣には、トゥチの夫婦と乳児二人が住んでいた。インテラハムウェが集団で襲って来て、トゥチの夫を殺害し、妻と乳児一人を殺害した。妻は乳児をおぶった状態でキヴ湖に遺棄されたという。遺されたもう一人の乳児を、そのフトゥ女性が匿ったのである。

日中は畑のかたわらのイギフル（*igihuru*）と呼ばれる低い草の茂みに乳児を隠し、夜は家の中に匿った。しかし加害者集団は彼女が乳児を匿っていることを聞きつけ、乳児を殺害するために彼女の家に押し入った。一回目は加害者集団に現金と食糧を渡して難を逃れ、二回目は小さなバスケットに乳児を入れて彼女の息子に遠方まで運ばせ命を救った。

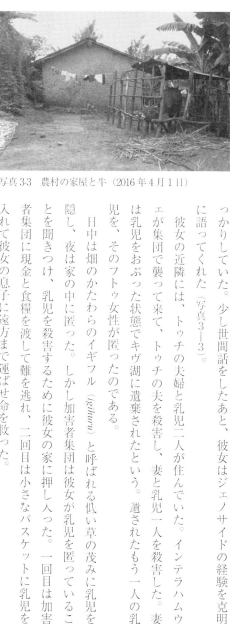

乳児の叔母は奇跡的に生き残っていたため、ジェノサイド後にその乳児を引き取り育てた。その乳児は成長し現在は大学を卒業できたという。このフトゥ女性が叔母から感謝されたことは言うまでもない。フトゥがトゥチを匿った行為が評価され、彼女は政府から表彰された。

別の事例では、フトゥ（男性六〇代）はジェノサイドのときリーダー格で、トゥチに対する殺害や略奪を犯し、ガチャチャ裁判で裁かれた[8]。牛やヤギや屋根の窃盗罪、コーヒーの木を切り倒した器物損壊罪などで、これまで見てきた裁判記録のなかでも最大の賠償額を命じられていた[9]。

しかし彼は、ジェノサイド以前から友人であったトゥチの子どもの命を救った。逃げるトゥチを堰き止めて殺害するバリエーリでは、トゥチと記載された身分証明書を持つ者は殺害されてしまう。そこで彼は機転をきかせ、自分の身分証明書に書かれている一七人の実子の名前の最後にトゥチの子どもの名前を書き入れ、自分の子どもに見せかけてバリエーリを通過させた。もしこのことが知られると殺害されるが、彼はリーダー格だったため、このような行為ができたのだろう。ジェノサイド後は、身分証明書に民族を記載することは廃止されている。

三　ジェノサイド終結後

1　被害者認定と支援

ジェノサイドが終わり、ルワンダ政府はどのような者を「被害者」と認定したのか。被害を受けた者は被害者証明書（*icyemezo cy'uwarokotse jenoside*）を発行してもらう。その手続きは、申請書類を提出し審査を経て、認定されれば被害者証明書が発行される[10]。審査員はセルの事務局長（the Executive Secretary）である。事務局長は行政機構の長として行政機構を管轄する役職であり、各セクターと各セルに据えられている。ジェノサイドの加害者が賠償未払いのときや被害者が賠償を要請したとき、事務局長は督促状を発行し加害者に賠償を支払わせる権限をもっている。

被害者証明書を取得した者は、医療保険（*ubwisungane mu kwivuza*）、プライマリースクール・セカンダリースクール・大学の学費（*kurihirwa amashuri*）、犠牲者の補償（*inkunga y'ingoboka*）、牛（*gahunda ya girinka*）を受け取ることができる[11]（写真3―4）。また、政府は被害者に家を建てる補償も行っている。補償は被害者の子ども、孫、ひ孫と次世代に引き継がれる。

東部州ンゴマ郡の調査地はジェノサイドの被害が非常に深刻であった。この地域はもともと森林であった。一九五九年の革命以降トゥチが強制移住させられ、森林を切り開き定住した。よってこの地域はトゥチの住民が多く、ジェノサイドでは犠牲者数が甚大であった。調査地の中でもここには被害者証明書の取得者が多い。受給者は補償内容を口外しないものだが、ある被害者（女性四〇代）は率直に話してくれた。彼女は家を建ててもらい、子どもの学費と遺族補償を受給している[12]。遺族補償は三か月ごとに二万二〇〇〇ＲＷＦ（三八五九円）である。ジェノサイド後に政府はこの地を復興させるために灌漑施設を建設し、住民から感謝されている。

写真3-4　農村家庭でつくられる牛小屋（2015年10月12日）

被害者証明書の取得者は、イブカ（*IBUKA*）という被害者団体に所属している。イブカは、ルワンダ語の「記憶する、追悼する」（*-ibuka*）に由来する。メンバーは地域ごとにグループをつくり、被害者の声を取りまとめている。また、第二章で説明した追悼集会でメンバーが登壇し、ジェノサイドの経験を語っている。

ただし、被害を受けていても被害者証明書を取得できない者もいる。女性（三〇代）はジェノサイドで父親を殺害され、ブルンジの難民キャンプに逃れた[13]。ジェノサイド後にルワンダに帰国し、ジェノサイド前まで暮らしていた村には戻らず別の村で暮らしている。彼女は被害者証明書の申請を行ったが、事務局長は彼女の被害状況を把握しておらず被害者と認定しなかった。また、被害者証明書を取得していても、フトゥと結婚した者や悪い行いをした者は被害者証明を取り消されることがある。

また他の支援に「ビジョン 二〇二〇 ウムレンゲ プログラム」（Vision 2020 Umurenge Programme: VUP）がある[14]。ウムレンゲはルワンダ語でセクターを意味する。VUPは、ジェノサイドの被害者と加害者を問わず、極貧世帯や、労働に制約のある障がい者世帯や、高齢者世帯が支援対象である。生活状況に応じて現金の受給や家を建ててもらうことができる。

VUPを受けた者（女性四〇代）に聞き取り調査を行うと、彼女はジェノサイドの経験から話してくれた[15]。彼女の父親はフトゥで、ハビャリマナ政権の軍隊に所属していたが除隊させられ、キガリの軍人キャンプから東部州の家族のもとに戻った。家族を養うために一九九二年にRPFの諜報員になり、ウガンダとルワンダを行き来していた。

しかし、一九九四年に諜報員であることがフトゥの民兵に知れた。民兵が家にやって来て、父親を山に連れて行き、ナタで殺害した。彼女も家族も民兵に命を狙われ銃弾の中を逃げ回り、西南部の難民キャンプに逃れた。国際団体の支援を受けてなんとか生き延び、七か月後に村に戻った。父親の遺体が山のどこに埋められたのかは未だに分からない。

現在彼女は、実子一人と、癌で亡くなった姉の遺児二人（どちらも一〇代）を引き取り暮らしている。農業を生業にし、狭い畑に豆、トウモロコシ、グランドナッツを作っているが、畑仕事は子どもが担っている。彼女は片足に障がいがあり、歩行が困難で畑仕事ができないからである。

彼女は「私の経済状況が低いことでＶＵＰの対象者になった」と話した。ＶＵＰの支援額は一か月七〇〇〇ＲＷＦ（一一二八円）で、三か月に一度セクター職員から現金を渡された。セクターとセルは各世帯の経済状況をチェックし、リストを作成し、そのリストで支援対象者を特定する。[16] しかし、わずか一年で彼女は支援を打ち切られた。彼女はもう一つの支援を受けており、キリスト教系のＮＧＯ「カリタス」（Caritas）からヤギを一頭支給され、飼育している。ただし現金支援が打ち切られたことで、彼女の生活は困窮している。

2　ガチャチャ裁判の設置

一九九四年のジェノサイド終結から、二〇〇六年にガチャチャ裁判が全国で施行されるまで一二年を要した。インフォーマルなガチャチャがジェノサイドの犯罪を裁くガチャチャ裁判につくり変えられていく経緯を辿る。

◎インフォーマルなガチャチャがジェノサイドの窃盗罪を調停した

ジェノサイド終結直後から、インフォーマルなガチャチャでジェノサイドの犯罪が調停されていた。このことは国連人権高等弁務官事務所（Office of the United Nations High Commissioner for Human Rights: CHCHR）の現地調査で確認されている［OHCHR-b 1996: 13］。インフォーマルなガチャチャでジェノサイドの窃盗罪が告発され、加害者は被害者に賠償し、支払い証明書類が作成された。この書類はガチャチャ裁判で重要な役割を果たした[17]［Ingelaere 2008: 36］。インフォーマルなガチャチャで調停された事件が再度ガチャチャ裁判で審理された場合は、賠償の二重払いになる。加害者にとっては、この書類が二重払いを防ぐ証明になった。

◎プリズン・ガチャチャとクリスチャン・ガチャチャ

また刑務所ではプリズン・ガチャチャが行われており、これは一九九八年五月からキガリ・ンガリ州ニャマタ郡（Kigali Ngali, Nyamata）の刑務所で始まったことが報告されている。ウルムリ（*urumuri*、光）という団体がジェノサイドの被疑者の罪の証言を聞き取り、証言を裏付ける証拠を集めた。その記録は後に全国で施行されるガチャチャ裁判の審理に活用された［Clark 2011: 66］。このプリズン・ガチャチャとは別に教会ではクリスチャン・ガチャチャ（*gacaca nkirisitu*）が行われ、司祭または教会の職員が判事の役割を担い、信者がジェノサイドの罪を告白し赦しを求めた［Clark 2011: 66-67］。

ジェノサイドが始まると住民から親しまれていたトゥチの司祭が真っ先に殺害された例や、フトゥの司祭がジェノサイドに加担した例もある。フトゥの司祭は、教会に押し寄せてきた住民を匿うと言いながら民兵に密告し、虐殺に加担した。これにより信者は司祭に裏切られたという不信感を抱き、改宗した者も少なくない。調査地の司祭の話によれば、現在も信者の司祭への不信感は払拭できていない。これ以上不信感が増幅しないよう司祭は言葉を選びながら説教しているという(18)。

◎インフォーマルなガチャチャでジェノサイドの傷害罪や殺人罪を扱えるのか

インフォーマルなガチャチャや、プリズン・ガチャチャや、クリスチャン・ガチャチャは、被害者と加害者と住民の関係を回復するための修復的司法の役割を担ってきた。ジェノサイドの傷害罪や殺人罪のように重い犯罪をインフォーマルなガチャチャで扱えるのかどうかが、議論の核になった。

調査を実施したＯＨＣＨＲは次のように提案した。インフォーマルなガチャチャはジェノサイドの殺人罪を扱わず、有罪か無罪かを区別するだけの真実委員会とすることである［OHCHR-a 1996: 20］。真実委員会について補足すると、被害者と加害者が事件の詳細を証言し合い真実を究明することを第一の目的とする機関である。ルワンダ政府は、インフォーマルなガチャチャを使うことを否定した。その理由は、インフォーマルなガチャチャは国内法に反するからであり、国内法では殺人などの重大な犯罪は公的な裁判所で処罰することが定められているからである［クロス二〇一六：一四二］。よって一九九六年からジェノサイドの犯罪は国内裁判で裁かれるようになった。

ところが留置されるジェノサイド被疑者が年々増加し続け、一九九八年には約一三万人が裁判を受けないまま拘留されることになり、劣悪な拘置状態と膨大な拘置施設の維持費負担が問題になった。また一方で、捕らわれることなく自由の身でいる加害者に対し処罰を求める声が高まっていた［クロス二〇一六：一四一—一四二］。

◎インフォーマルなガチャチャはつくり変えられた

この状況を受けて一九九八年にビジムング大統領は、インフォーマルなガチャチャでジェノサイドの犯罪を裁くかどうかを検討し始めた。このことは「ウルグイロ会議」（Urugwiro meetings）で議論された。会議名は公邸の所在地にちなんでいる。会議は一九九八年五月〜一九九九年三月まで毎週土曜にキガリの大統領公邸で行われた。政治家、学者、法律家、宗教家が招集され、民主主義、正義、経済、安全保障など、「国民統合と和解」に関する喫緊の問題が話し合われた。この会議で当時の州知事たちは、ジェノサイド罪および人道に対する罪を裁くためにインフォーマルなガチャチャを使うよう大統領を説得したといわれる［クロス二〇一六：一四二］。

ウルグイロ会議での話し合いを経て、ビジムング大統領は一九九八年一〇月に委員会を設置し、ジェノサイド罪および人道に対する罪を裁くためにインフォーマルなガチャチャの制度をつくり変えることができるかどうかを決めるための調査を命じた。この委員会の調査を支援したOHCHRは「インフォーマルなガチャチャには、ジェノサイド罪および人道に対する罪を審問する能力が欠けており、和解と関連する証言のみにおいて活用できる」と報告した〔クロス二〇一六：一四二〕。

OHCHRは南アの真実和解委員会のように、事件を証言し合うことで当事者の和解を促そうとする制度を想定していた。しかしルワンダ政府はOHCHRの意見を聞き入れることはなかった〔クロス二〇一六：一四一―一四二〕。OHCHRは赦して和解することを提案したのに対し、政府は加害者を裁いて和解するとしたのである。よってインフォーマルなガチャチャは、ジェノサイドの犯罪だけを裁くガチャチャ裁判につくり変えられた。制度は変わったが、従来の「ガチャチャ」という呼び名を残し「ガチャチャ裁判」とした[19]。

3　アブンジ制度

インフォーマルなガチャチャがなくなり、代わりにコミュニティレベルで民事問題を調停するアブンジ（*Komite y'Abunzi*）がつくられた[20]。アブンジは二〇〇三年憲法の一五九条に則り裁判所の傘下に置かれ、二〇〇四年から始まった〔Bornkamm 2012: 34〕。アブンジの名称はルワンダ語の「調停する者」に由来する。公的な司法制度だが一二人の調停者は法律資格をもたない住民であり、信頼の厚い者が住民から選ばれ無償で担う。アブンジはインフォーマルなガチャチャの慣習を引き継いで、生活をしていくうえで起こる諸々の問題を調停する。判決に不服があれば裁判所へ持ち越すことができる〔Bornkamm 2012: 34〕。

調査地で行われるアブンジを見る機会を得ることができた[21]。この日のアブンジは、牛の餌にする草（*ubwatsi*）を盗ったか盗らないかの揉め事を調停した。この揉め事は二〇一四年七月に起こり当事者間で話し合ったが解決できず、同年一一月にようやくアブンジで調停されることになった。セクター事務所の一室に調停の場がもたれ、原告と被告が揃い、この日の調停者は四人、原告側と被告側それぞれの主張を弁護する証言者が五人、関係者や近隣住民七人で行われた。調停の最中に傍聴人がひっきりなしに入室し、事の成り行きを聞いていた。

揉め事のあらましを説明すると、原告（男性四〇代）と被告（男性四〇代）は同じ村に住む従兄弟同士である。原告は畑に植えていた一万RWF（一七五四円）分もの草を被告に刈り取られ、そのうえ棒で殴られたというものである。原告は翌日に被告の家に置いてあった生乾きの草を見て、これは自分が盗られた草だ、被告が犯人であるに違いないと確信した。それを被告に確認すると「違う、これは隣人からもらった草だ」と否定された。両者は押し問答になり決裂し、原告はアブンジに訴えるしかないと判断した。

アブンジで原告と被告はそれぞれに言い分を訴えた。調停者は当事者の言い分をよく聞いたうえで、証言者の発言を求めた。原告側の証言者は「被告が原告を殴るのを目撃した」と証言し、それに対して被告側の証言者は「私はそのとき被告と一緒にいた。別の場所にいたので殴ることは不可能だ」と証言した。結局どちらの言い分が正しいのか判断できず、殴ったか殴らないかについては決着がつかなかった。

次に草を盗ったか盗らないかについては、被告に草をあげた隣人が次のように証言した。「私は事件の三日前に被告に草をあげたので、その草は既に乾いているはずだ。原告が見た草が生乾きであったというのなら、それは自分があげた草ではない」。その証言に対して原告は、始めに訴えた通りに草は生乾きであったと主張した。このようなやりとりが続き、調停は五時間に及んだ。最後に調停者はすべての証言を聞いたうえで審理し原告の訴えを認めた。被告は賠償一万五〇〇〇RWF（二六三一円）を一か月以内に支払うよう命じられ異を唱えることなく合意し、この件は決着した［片山 二〇一五：五四］。

今回の件は「草が生乾きであったかどうか」が判決の決め手になり、住民たちは日常的に身近にあることを説得材料にする術に長けている。ガチャチャからアブンジへこのような調停術が引き継がれている。

小括

一二世紀以降公的な裁判所がなかった時代に、インフォーマルなガチャチャがうまれた。ドイツとベルギーによる統治時代に裁判所が設置され、ガチャチャの衰退が危ぶまれても細々ながら残り続けた。独立を迎えた後も裁判所とガチャチャの「二重の法体系」は続き、ジェノサイドが引き起こされたことでその罪を裁く裁判につくり変えられた。インフォーマルなガチャチャが調停してきた民事的な問題は、公的なアブンジで調停されるようになった。本章は、衰退したり復活したり制度を変えたりして、ガチャチャが時代と共に歩んできた道を辿った。インフォーマルなガチャチャをつくり変えた裁判に、なぜ「ガチャチャ」という名前が付けられたのか。ジェノサイド終結後すぐに住民はインフォーマルなガチャチャを使ってジェノサイドの窃盗罪や器物損壊罪を解決していたことから、政府はこの動きをみてインフォーマルなガチャチャが人々に支持されていることを把握したのではないか。ジェノサイドの犯罪を裁くためには、住民の積極的な裁判への参加が必要不可欠であると政府は考えた。よって人々に受け入れられやすい「ガチャチャ」という名称を付けたのではないかと考える。

ガチャチャ裁判が命じた賠償でも日常的に起こる問題でも、当事者以外の住民が立ち会って話し合っている。筆者の調査地で起こった事例をみてみる[22]。農村の家族（A家）と、同じ農村に暮らす家族（B家）の間に、ある問題が起こった。A家はすぐに村長に相談し、その日のうちに、村長、村長の友人、A家と付き合いのある友人を連れて、B家を訪ねた。B家にも、親戚縁者や知人友人が集まっていた。そこに筆者も同席させてもらった。

まずA家とB家が挨拶を交わした後、話し合いが始まった。B家の親戚が割って入り怒り出す場面もあったが、周囲になだめられ、おさまった。最終的にB家が解決策を提案しA家はそれに合意した。B家の子どもが使っているノートが持ち出され、ノートの一ページに両家が合意した旨が書かれた。両家がそこに署名し合意文書が完成した。B家がそれを保管することになった。村長や知人友人たちは最後まで話し合いを見届けた。夜が更け肌寒くなると人々は焚き火を囲み両家はバナナビールとファンタを振る舞った。それまで緊張していた雰囲気が和らぎ冗談や笑いが飛びかった。ひとしきり雑談が続き、お開きになった。

これで問題は解決されたというが、A家はやや不満そうだった。後日、筆者はA家に合意内容に本当に納得できたかどうかを尋ねると、「皆で話し合って合意したのだから、それに従うしかない」と答えた。双方が納得できるかどうかよりも、問題を素早く決着させることが優先されている。

周囲の者たちが話し合いに入る紛争調停法が今もなお残り続けているのは、当事者だけだと解決できずに決裂する場合があるが、住民が立ち会うことで丸くおさめることができ、「皆で話し合って決めた」という連帯感がうまれるからであろう。また、立ち会った住民は皆合意内容を知っているため、当事者は住民の目を気にして合意内容を守ろうとすることで秩序が維持されている。農村社会に根を張ったこの紛争調停法は、これからも生き続けるだろう。

注

（1）ルワンダのクランの起源は、ショーンブラン（David Schoenbrun）によれば、大湖地域西部に現れた最初の集団概念である。しかし武内は、集団的アイデンティティ確立の手段の一つとしてクランの概念が現れたと解釈する［武内 二〇〇〇：二六〇］。紀元後第一千年紀末に農地をめぐる競争が激しくなり住民の間に集団という概念が現れた［武内 二〇〇〇：二五九］。始めは集団概念は共通性をもつ人々のまとまりといった程度のものだったが、土地の権利を主張するようになると父系出自原理が原則になり、父系出自集団が土地を独占的に利用するようになった［武内 二〇〇〇：二五九］。この父系出自集団をリネージという。

（2）社会の集団単位は家族（*umuryango*）またはリネージであり、それらが複数の世帯（*inzu*）を包含していた［Ingelaere 2008:

33]。

(3) *imigani miremire* は直訳すると「長い諺」だが、日本の諺と異なり実質は物語である。ここで引用した物語集は、聞き取った口頭伝承が記録されたものである。作者はビジルムワミ（Bigirumwani Aloys、1904～1986年）であり、ルワンダのザザ（Zaza）出身の司教である。彼の経歴に触れておくと当時のベルギー統治領（ルワンダ、ブルンジ、コンゴ）の教区の司教は全て外国人だったが、一九四七年に初のアフリカ出身の司教としてビジルムワミが任命された。統治期に西洋文化が入りルワンダの文化が失われていくことを彼は懸念し、ルワンダの文化を復興させるために古くから伝わる詩や諺や謎々や物語を住民から仔細に聞き取り記録した。これらは九冊におよぶ本にまとめられ出版された。彼の功績により、ルワンダの口頭伝承は今日まで引き継がれている。

(4) クランの中でも全人口の半数を占めていたのが以下五つのクランである。アバシンガ（*Abasinga*）、アバシンディ（*Abasindi*）、アバジガーバ（*Abazigaba*）、アバゲセラ（*Abagesera*）、アバニギニャ（*Abanyiginya*）［鶴田二〇一八：三八］。なお各クランにはトゥチ、フトゥ、トゥワが混ざっているが割合は異なり、アバジガーバ（フトゥ九三・六四%、トゥチ六・一二%）、アバシンガ（フトゥ八六・二三%、トゥチ一三・六二%）、アバニギニャ（トゥチ四〇%）である［鶴田二〇一八：三八］。
また筆者の聞き取り調査によると、現在は自分のクランを明確に答える者は少ないが、クランにまつわる慣用句は残っている。例えば「アバゲセラのように帰る」（*-genda nk'Abagesera*）は、挨拶なしに早急に帰る人を揶揄する慣用句である。

(5) カガメは、ルワンダの哲学者、言語学者、歴史家、詩人、司祭である。ルワンダでは食されない豚のおいしさを広めるために、カガメは長い詩『ジャガイモをおいしくするもの』を書き残した。片山［二〇二〇a］は、その詩が人々の笑いを誘うことからルワンダの文化を考察している。

(6) 王が神聖な存在と考えられていたことを示すエピソードがある。一八九四年にドイツのフォン・ゲッツェン（Gustav Adolf von Götzen）侯爵がルワブギリ（Kigeli Rwabugiri）王と握手を交わして体を揺すったことで、それを見ていたルワンダ人は非常に怖がった。なぜならルワンダそのものを体現すると考えられていた王が神聖な体を異邦人に揺すられたため、ルワンダに地震が起きるのではないかと恐れられたのである［鶴田二〇一八：四〇］。

(7) 二〇一六年四月一日、西部州ルツィロ郡の調査地にて行った筆者による調査協力者への聞き取りより。

(8) 二〇一六年七月一四日、東部州ンゴマ郡の調査地にて行った筆者による加害者への聞き取りより。

(9) 二〇一六年一〇月一〇～一一日、首都キガリ市警察署本部で行った筆者によるガチャチャ裁判の裁判記録の閲覧より。

(10) 二〇一六年七月二九日、東部州ンゴマ郡の調査地にて行った筆者によるイブカ東部州セクター代表への聞き取りより。

(11) 二〇一六年七月二九日、東部州ンゴマ郡の調査地にて行った筆者によるイブカ東部州セクター代表への聞き取りより。

(12)　二〇一六年八月一日、東部州ンゴマ郡の調査地にて行った筆者による被害者への聞き取りより。

(13)　二〇一六年八月五日、東部州ンゴマ郡の調査地にて行った筆者による被害者への聞き取りより。

(14)　VUPは、ルワンダ政府の政策「ビジョン二〇二〇」の一つである。「ビジョン二〇二〇」は、二〇二〇年までにルワンダを中所得国に変革し、一人当たり国内総生産を二〇一一年の五九五ドルから一二四〇ドルにすることを目指した［Republic of Rwanda 2012: 6］。さらに打ち出された「ビジョン二〇五〇」は、二〇三五年までに中高所得国、一人当たりの国内総生産を四〇三六ドル、二〇五〇年までに高所得国、一人当たり国内総生産を一万二四七六ドルにすることを目指している［Republic of Rwanda 2020: 7］。

(15)　二〇一六年九月一三日、東部州ンゴマ郡の調査地にて行った筆者による住民への聞き取りより。

(16)　二〇一六年一月九日、首都キガリ市にて行った筆者による調査協力者への聞き取りより。これはウブデヘ（*Ubudehe*）という政策である。ルワンダの貧困を削減し、コミュニティの結束と和解促進を目的としている。各世帯を経済状況に応じて分類し、公共保険や公的補助制度に適用する。なお、ウブデヘはルワンダ語で「大勢の人」を意味する。

(17)　以下のような問題もインフォーマルなガチャチャで調停されていた。一九五九年以降に「社会革命」で国外逃亡した者と、一九九四年のジェノサイドで国外逃亡した者は、ジェノサイド終結後の一九九四～一九九六年にルワンダに帰還する者が多かった。帰還者が所有していた家に他者が住みついている場合は、両者の間で起こった問題をインフォーマルなガチャチャで調停していた。このような問題が多発したことから、一九九六年に東部州キブンゴ郡（Kibungo）の権力者がインフォーマルなガチャチャを活用するよう勧めた［Bornkamm 2012: 34］。

(18)　二〇一五年九月二八日、西部州ルツィロ郡の調査地にて行った筆者による司祭への聞き取りより。

(19)　ガチャチャ裁判にインフォーマルなガチャチャ（*gacaca*）という慣習の名称を用いたのと同様に、イミヒゴ（*imihigo*）という現在の政策にも慣習の名称が用いられている。イミヒゴは「狩る」（*-higa*）に由来する言葉で、約束を交わして守らなければ罰を受ける慣習である。現在のイミヒゴは各郡に年間目標を立てさせ、達成度が高い上位三郡が大統領から表彰される政策である。筆者がイミヒゴの政策会議を見学したところ、目標の一つにトウモロコシの収穫量を増加することが掲げられていた。筆者の調査地のンゴロレロ郡は二〇一三～二〇一四年にイミヒゴで表彰されたことで注目を浴び、この功績にあやかってか郡庁付近に大学とイベント会場が建設されることになった。

(20)　詳細は武内［二〇〇九b］を参照。

(21)　二〇一四年一二月四日、西部州ンゴロレロ郡の調査地にて行った筆者によるアブンジの見学より。

(22)　二〇一四年九月三日、西部州ンゴロレロ郡の調査地で起こったことより。

《被害者と加害者の賠償の語り Ⅲ》

被害者の語り③——謝罪も対話もない

これまで賠償をめぐる対話の事例を挙げてきたが、加害者と接点がないことで対話ができない被害者もいる。都市部に在住し公務員を務める被害者（二〇代女性）は、筆者の調査内容を知ったうえで研究に役立つようにと経験を自主的に話してくれた(1)。

彼女はジェノサイドで家を壊され食べ物もなく、家族と林に身を隠して寝泊まりしていた。数週間が過ぎたころ林で銃声が鳴り、一〇歳に満たない彼女は四歳の妹を連れて逃げ惑うなかで、両親と二歳の弟と生後二か月の弟と離ればなれになってしまった。彼女と妹は生き残り、父方の叔母に面倒をみてもらうことができた。

両親と弟たちの行方は今も分からない。家族が亡くなったのか、亡くなったとすれば誰にどこで殺害されたのか、ガチャチャ裁判で突き止めることはできなかった。他の遺族は、ガチャチャ裁判で遺体の場所が明らかになり埋葬できたことを救いとする者もいる。しかし彼女は家族の遺体すら見つけることができないと深く傷つき嘆いていた。

彼女の家や財産を略奪した加害者たちはガチャチャ裁判で特定され賠償したというが、加害者から直接謝罪を受けることはなかった。ジェノサイド終結から八年が経過しガチャチャ裁判が始まったころ、彼女は一五～一六歳だった。叔母の家を離れセカンダリースクールで寮生活をしていたことから加害者との接点がなかった背景がある。

彼女によれば加害者のなかには罪を反省している者もいれば、隣国コンゴの紛争に加担して殺害を続けている者もいる。殺害は絶対に犯してはならない罪だが、彼らが本気で赦しを乞うなら被害者は加害者を赦すことができるし和解は可能だと述べた。自分のように家族の行方が分からず殺害されたのかどうかが確定しないまま、けじめがつかない状態に陥っている被害者は他にも大勢いると述べた。彼女が指摘するジェノサイドの要因は、旧政府が長い時間をかけてジェノサイドのイデオロギーを国民に植え付け、国民がそれに従ったことであるという。

彼女は勉学に励み大学を卒業し、公務員の職を得ることができている。妹は政府の奨学金を得て、大学院に進学している。ジェノサイドを繰り返さないためにはリーダーに従うだけでなく自主的に考えて行動できなければならないと語り、将来のビジョンはそのような人材を育成する仕事に就くことである。

加害者の語り 4 ―― 督促状を発行され対話の余地がない

加害者家族（二〇代男性）は西部州ルツィロ郡に住み、農業を生業にする[2]。父親はジェノサイドに加担した容疑で新政府ＲＰＦに追われ、コンゴへ逃亡を図ったが道半ばで射殺されたのだという。父親は死亡してから裁かれ、屋根の器物損壊罪と牛の窃盗罪で被害者七人へ賠償を命じられた。死亡した父親に代わって兄弟が賠償を命じられたが、その兄弟は支払いに困窮し、誰が賠償するかをめぐって家族間で諍いが生じてしまった。結果的に息子が賠償を引き継ぐことになったのは二〇〇八年のことである。

ここでセルの事務局長が介入し、被害者から申し出を受けて七人全員分の賠償の督促状を息子に発行した。督促状には賠償額が記入されており、額面通りに支払わなければならず、被害者に減額を申し出ることはできない。息子はコーヒー畑と家畜を売却せざるを得なくなり、四人の被害者に完済したが、残りの三人には現在も支払い続けている。最初の四人を先に済ませたのは、彼らが近隣に住んでおり日常的に付き合っていかなければならない事情からである。残りの三人は他村に住んでおり、日常的に関わることはあまりないという。

この件が珍しいのは、被害者七人全員分の督促状が発行されたことである。事務局長は督促状を発行する権限をもつが、それを執行するかどうかは本人の判断に任されている。他の調査地では発行が棚上げになっていたが、この調査地では次々と発行されていた。事務局長は異動が多く任期内に賠償問題を解決するという方針を貫き、職務を全うしたのであろう。

また督促状は被害者の申し出によって発行されるものであり、被害者が申し出るかどうかは加害者との関係に依る。被害者が加害者と関わっていれば相手も貧しいことが分かっており、督促することはあまりない。督促すれば恨みを買い、その後関わりづらくなるのは目に見えるからである。この息子が七通もの督促状を発行されたのは、彼がジェノサイド当時三歳と幼く母親も早くに亡くし、親の代から被害者との関わりがないことに起因する。

息子は自分で建てた簡素な住居と、その横にある五〇平方メートルほどの畑一枚とニワトリ数羽を所有している。妻と共に農作物をつくり二歳の娘を養っていくことに精一杯で、賠償まで手が回らず今も払い続けている。「被害者との関係は問題ないけど、ジェノサイドで変化したことは生活だよ。土地と家畜を売って貧しくなった」と彼は語った。

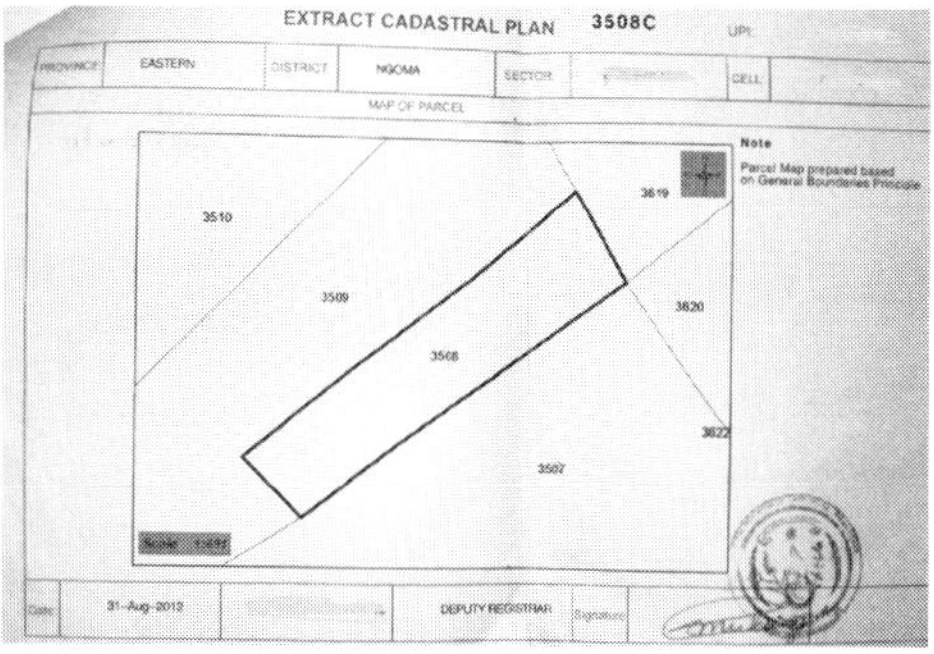

写真 III-1　政府が配布する土地証書（2016年8月5日）

ルワンダの土地事情

土地を売却して賠償することが多いのは、現金を工面する最も手っ取り早い方法だからである。土地の売買はジェノサイド前もなされていたが、(3)ジェノサイド後に賠償する目的で一層加速することとなった。(4)人々が必要に迫られて売却する事情は理解できる一方で、土地に対する思い入れのようなものはどうなのだろうかと筆者はふと思い辿ってみた。

もともと土地はウブコンデと呼ばれ、先祖から受け継ぎ大切に守られてきた。ウブコンデは「枝葉を切る」という語源で開墾した土地を指す。昔は土地などを贈り合うことはイギハンゴ（*igi nango*、血の契約）と呼ばれ深い友情の証であった。(5)独立直前から法的には国土のほとんどが国有地となったが、政府が土地を利用したい時に恣意的に利用する場合を除き、それ以外は人々に土地の利用を任せていた［武内二〇一五：一八二―一八三］。

二〇〇五年に土地法が導入され、二〇一四年段階では土地証書の配布がかなり進んだ［武内二〇一五：一八六］。土地証書を配布された者に見せてもらったところ「長期賃貸借契約」と示されており、「賃貸人は賃借人に九九年の賃貸借契約の権利を与える」と書かれている(6)（写真III―1）。賃貸人は国家、賃借人は国民を指し、国家は国民に土地を貸している。

この証書では賃貸料は〇ＲＷＦ（〇円）と記されている一方で、賃貸料は毎年変動する可能性があるとも書かれている。また土地の管理条件について次のように事細かく明記されている。土地の境界線を明確にする、害虫を駆除する、農作物の病気を防ぐ、土地に害を与える種子を除去する、侵食や環境汚染を防ぐなど、規則を遵守して土地の状態を良好に保つため可能なことは全て実行しなければならないとある。

さらに土地の売買が許可されていると記され、土地は実用的で現実的な財産になる。統治以前から現在まで土地を守ろうとする思い入れがあったとしても、ジェノサイドの賠償に迫られると土地を手離さざるを得ない事情である。

注

(1) 二〇一六年七月八日、首都キガリ市にて行った筆者による被害者への聞き取りより。
(2) 二〇一六年三月二八日、西部州ルツィロ郡の調査地にて行った筆者による加害者家族への聞き取りより。
(3) 二〇一六年九月一日、東部州ンゴマ郡の調査地にて行った筆者による住民への聞き取りより。
(4) 二〇一六年八月二二日、東部州ンゴマ郡の調査地にて行った筆者による判事への聞き取りより。
(5) 二〇一六年八月二二日、東部州ンゴマ郡の調査地にて行った筆者による判事への聞き取りより。
(6) 二〇一六年一〇月二日、東部州ンゴマ郡の調査地にて行った筆者による住民への聞き取りより。

第四章　ガチャチャ裁判の法律と賠償をめぐる対話

ジェノサイドの略奪と財産破壊は首都から農村の端々まで至る所で横行し、加害者は集団をつくり家財や家畜や農作物に及ぶまでありとあらゆるものを奪い尽くした。まずは主犯格が価値の高い物を取り、残りの物を他の者たちが取り合った［PRI 2007: 23］。加害者同士が盗んだ牛を取り合い殺し合いにまでエスカレートする事態もあった。空になった家は焼き払われ跡地に作物が植えられ、所有者が戻ってきても住めない状態にされた［PRI 2007: 20］。このような非道な略奪を犯した者に賠償が命じられた。本章では、ガチャチャ裁判の法律や仕組み、行政の対応、賠償で使われる言葉から賠償の在り方を考察する。

一　法律を論点にする賠償をめぐる対話

1　賠償を引き継ぐ家族

ガチャチャ裁判の法律を論点にして、賠償をめぐる対話が行われている事例を順にみていく。この賠償問題は加害者が死亡したことにより、被害者が誰に賠償を請求できるのかということから始まっている。法律では加害者本人または加害者の財産によって賠償が支払われると定められ[1]、加害者が死亡した場合はその家族に支払う義務が生じるとは示されていない。しかし実情は、家族が一切合切を引き受けて賠償している。

ここで取り上げる加害者はジェノサイド終結後に逮捕され服役中に死亡したため、加害者の姉が賠償支払いを背負っている。筆者がガチャチャ裁判の判事にこの加害者の犯罪状況を聞き取ると、数え切れないほど多くの犯罪を犯したという返答であった[2]。よって姉は多数の被害者に充てる賠償金を工面するために、加害者が唯一所有していた財産の土地を売ることになった。姉が同じ地域の住民に土地を売却し、土地の所有者が次々と変わっていく様子を（表4—1）に整理している。

姉の賠償状況（表4—2）に示すように、姉は土地を売って得た現金を被害者三人のうち一人にしか賠償していない。賠償してもらえなかった被害者Aが賠償請求を起こしたことが、この問題の発端であった。賠償問題の背景に触れておくと、加害者が死亡したり家族や親族が引っ越して身寄りがいなくなったりすると、被害者は実質賠償を受け取れずあきらめるしかない。被害者Aもあきらめる状況に置かれていたが、ジェノサイドで息子二人を殺害されバナナ畑や家など財産すべてを奪い取られ被害は甚大であったため、せめても賠償だけは受け取りたいという意志を貫き、姉から土地を買った住民に賠償請求することに行き着いた。

姉は被害者三人のうち被害者Bだけに賠償したのは、督促状が発行され強制的に賠償させられたからである。セルの事務局長は加害者やその家族に期日を切って財産を売却させ、強制的に賠償させることができる権限をもっている[3]。姉は事務局長の命令に従い被害者Bに一万七五〇〇RWF（三〇七〇円）を賠償した。被害者Cとは賠償を用意できた時に払うという約束で賠償しておらず、被害者Cがこの農村を離れて出身地に帰ったことで結局賠償しなかった。

その後姉は被害者Aに賠償しないまま他地域へ転居し、当時のセルの事務局長も他地域へ異動し、関係者はこ

表 4-1　加害者が所有していた土地の所有者の変遷

土地の所有者		土地の所有者が変わった理由	備考
1 人目	加害者（1999 年頃死亡）	父より譲り受ける	なし
2 人目	加害者の姉	加害者が死亡したため譲り受ける	2002 年 6 月 28 日に売却する 35,000RWF（6,140 円）
3 人目	住民（ガチャチャ裁判の判事）	加害者の姉から買い取る	※被害者 A から賠償金 7,500RWF（1,315 円）を請求される

（出所）2014 年 12 月 3 日、西部州ンゴロレロ郡の調査地のセクター事務所にて行った聞き取り調査に基づき筆者作成。

表 4-2　加害者の姉の賠償状況

被害者	賠償	賠償支払い日	備考
A	未払い		支払いを請求し続ける
B	17,500RWF（3,070 円）	2008 年 4 月 21 日	セルの事務局長による強制措置
C	未払い		後日支払うことで合意

（出所）2014 年 12 月 3 日、西部州ンゴロレロ郡の調査地のセクター事務所にて行った聞き取り調査に基づき筆者作成。

表 4-3　賠償をめぐる問題に関わる人々の詳細

名前	備考	話し合いの参加
被害者 A	訴えている者	○
加害者	死亡	×
加害者の姉	ガチャチャ裁判の判事に土地を売却、転居	×
住民（ガチャチャ裁判の判事）	土地の現在の所有者	○
被害者 B	加害者の姉から賠償を受け取った	×
被害者 C	後日賠償を受け取ることで合意、転居	×
セルの事務局長	加害者の姉に強制的に土地を売却させた、その後他地域に異動	×
セクターの事務局長	話し合いの場を開き文書を作成した	○
被害者 A の友人	被害者 A に同伴した	○
筆者		○

（出所）2014 年 12 月 3 日、西部州ンゴロレロ郡の調査地のセクター事務所にて行った聞き取り調査に基づき筆者作成。

の農村に一人もいなくなった。被害者Aはガチャチャ裁判が命じた賠償を執行できる権限をもつセルやセクターの事務局長に掛け合い続け、賠償を執行するかどうかを調停する場を設けてもらうことが実現した。加害者の身寄りから土地を買ったというだけの理由で住民に賠償させることができるかどうかを決める場がもたれたことが非常に珍しく、聞き取り調査を行ってきたなかでも初めての例であった。この場に筆者も参加し、賠償に関わる人々の詳細を（表4―3）にまとめた。(4)

2　賠償請求できるかどうか

朝からセクター事務所の事務局長室でこの場が執り行われ、参加者は事務局長を囲むようにして立ったまま話し合った。まず被害者Aは賠償目的以外で土地を売ってはならないという法律を持ち出し、姉は土地を売って得た現金全額を被害者の賠償に充てなかったことが法律に違反していると主張した。さらに、被害者Aの主張は姉から土地を買った住民に及んだ。その住民はこの法律があることを知っていたのに土地を買ったことが法律に違反していると指摘した。しかもその住民はガチャチャ裁判の判事を務めこの法律を当然知っていたはずであるから、この住民が賠償する責任を負うべきだと被害者Aは訴えた。

それに対して住民は、土地を買った後に法律を知ったため法律に違反していないと反論した。つまり、この話し合いでは「いつ法律を知ったのか」が議論の争点になった。住民は土地を買った日付が記されている文書を提示して説得し、その場に参加した者も住民を弁護し、この話し合いには一時間半を要した。結果的に事務局長は住民の主張を認め賠償する必要はないと結論を下した。同席した者は「被害者Aが負けた」と一言漏らした。セクターの事務局長がそれぞれの言い分を記録した文書をその場で作成し、関係者に配布して幕を閉じた。事務局長の許可を得て筆者はそのコピーを入手することができた。

3　財産凍結の現状

被害者Aが「いつ法律を知ったのか」を話し合いの論点にした趣向は筆者にとって斬新であったが、判然としない部分が残った。もう少しはっきりさせるため、関係者に引き続き聞き取り調査を行った。まず議論の争点になった法律が何年法の第何条を指しているのか聞き回ったが、「分からないがそうなっている」という返答ばかりで確認できなかった。

NGOの「国際刑事改革機構」（Penal Reform International: PRI）の報告書によれば、ガチャチャ裁判は加害者が裁判前に財産を売却することを防ぐために財産を凍結する権限を持っているという［PRI 2007: 59］。調べたところ住民たちが持ち出した法律は、二〇〇一年法と二〇〇四年法ではないかと考える。

「ガチャチャ裁判がジェノサイドの犯罪の容疑者の財産を一時的に取り押さえる」[5]

賠償請求された住民が「裁判後に法律を知った」というのは二〇〇一年法なのか二〇〇四年法なのかを検証した。被害者Aの主張に関連する事項を（表4―4）にまとめている。

検証①　二〇〇一年法の場合

公布日は二〇〇一年一月二六日であり、住民が土地を買った日は二〇〇二年六月二八日であり、公布日の後に土地を買ったことになる。被害者Aの「住民が法律を知った後に土地を買った」という言い分は通ることになる。また二〇〇一年一〇月から全国で判事が選出され、この住民も判事に選出され法律に関するトレーニングを受け

表4-4　被害者Aの主張に関連する出来事と住民が土地を買った年月日

年月日	摘要
2001年1月26日	2001年法公布
2001年10月4～7日	全国で判事が選出される
2002年6月18日	指定地域でガチャチャ裁判が試験的に始まる
2002年6月28日	住民（判事）が土地を買う
2004年6月19日	2004年法公布
2005年2月	この地域でガチャチャ裁判が始まる
2006年7月15日	全国でガチャチャ裁判が始まる

（出所）2014年12月3日、西部州ンゴロレロ郡の調査地のセクター事務所にて行った聞き取り調査および2014年12月8日、西部州ンゴロレロ郡の調査地にて行った判事への聞き取り調査に基づき筆者作成。

ている。これは「判事を務めた住民は法律を当然知っていたはずである」という被害者Aの言い分を裏付けている。

検証②　二〇〇四年法の場合

公布日は二〇〇四年六月一九日であり、住民が土地を買った日は二〇〇二年六月二八日であり、公布日の前に土地を買ったことになる。よって被害者Aの言い分は通らない。

検証③　聞き取り調査によると、この地域でガチャチャ裁判が始まった時期は二〇〇五年二月であり[6]、住民が土地を買った日は二〇〇二年六月二八日である。よってガチャチャ裁判が始まる前に土地を買ったという住民の言い分は通ることになる。これらの検証の結果、両者とも言い分が通っていることになる。

筆者は該当する法律や公布日などの「もっともな理由」や「確かな証拠」を出して話し合うべきだと考えていたが、「いつ法律を知ったのか」という論点で即日決着がつけられた。

事務局長が作成した文書の結論は、この問題を明らかにできる他の機関を被害者A自身が探して訴えるようにという無慈悲な内容であった。他の機関といっても考えられるのは裁判所だが、七〇歳に近い者が農村から遠く離れた機関に訴えに行くことは現実的に難しい。

被害者Aは二〇〇五年から実に一〇年近くをかけて、村長、セルの事務局長、セクターの事務局長それぞれに訴え続けてきた[7]。しかしこの問題は村長からセルの事務局長へ、セルの事務局長からセクターの事務局長へ、セクターの事務局長から裁判所へとたらい回しにされ、被害者は誰にも賠償を請求できず泣き寝入りするしかないという空しい終着点であった。被害者Aは「長い道のりに疲れ果て、これ以上他の機関に請求することはあきらめた」と疲労を滲ませた顔で語った[8]。

この賠償をめぐる対話には、インフォーマルなガチャチャのやり方が使われている。問題が起これば住民たちが芝生に座り話し合ったように、被害者Aの訴えに応じて、事務局長や住民たちが話し合いの場をもった。インフォーマルなガチャチャには法律がなく、住民が智慧を出し合い臨機応変に問題を解決してきた。この賠償をめぐる対話でも、住民が被害者Aの問題に意見を出し、即日決着させた。証拠となる法律の公布日や法律内容は十分に検証されず、被害者Aは納得できなかったが、迅速に問題を決着することが優先された。

二　ガチャチャ裁判に関連する法律

ルワンダのジェノサイド罪および人道に対する罪を裁いたのは、ルワンダ国際刑事裁判所、ルワンダ国内の裁判所、普遍的管轄権に基づく欧米諸国の裁判所[9]、ガチャチャ裁判である。ICTR、ルワンダ国内の裁判所、欧米諸国の裁判所ではジェノサイドを首謀し煽動した政治家や軍人が裁かれ、ガチャチャ裁判では首謀者に煽動された民間人が裁かれた。ガチャチャ裁判はジェノサイドの犯罪を裁くローカルレベルの裁判として注目された。本一〇年という限られた運営期間であったが細かく法律が定められ、現場に合わせて何度も法律が改正された。

節では、その経緯をみていく。ガチャチャ裁判の法律については、正本および筆者の日本語訳を付録に掲載している。

◎ジェノサイド罪および人道に対する罪を国内で裁く一九九六年法

一九九〇年一〇月一日以降に犯されたジェノサイド罪（the crime of genocide）および人道に対する罪（crimes against humanity）を国内で裁くための法律が制定された（一九九六年法[10]）。これらの犯罪は次のAとBで定められた［一九九六年法第一条］。

A　ルワンダが批准する三つの条約

①一九四八年一二月九日の集団殺害罪の防止及び処罰に関する条約

②一九四九年八月一二日の戦時における文民の保護に関するジュネーブ条約及びその追加議定書

③一九六八年一一月二六日の戦争犯罪及び人道に対する罪の時効不適用に関する条約で定義されるジェノサイド罪および人道に対する罪のいずれか。

B　検察が主張した、あるいは被告人が認めた犯罪で刑法に定められたものであり、ジェノサイド罪および人道に対する罪に関連して犯された事件。

一九九六年法で特筆すべきことは、ジェノサイド罪および人道に対する罪を裁くための専門議会（specialized chambers）の設置が定められたことである。専門議会は第一審裁判所および軍事裁判所に属する［一九九六年法第

表4-5　1996年法の犯罪分類

犯罪分類	項目	罪状	管轄
1	1	ジェノサイド罪あるいは人道に対する罪を計画、組織、煽動、監督、首謀した者。	国内裁判
	2	国家、州、コミューン*、セクター、セル、または政党の権威的な立場で犯行に及んだ者。または教唆した者。	
	3	執拗で過度な悪意によって残虐行為を犯し、居住地または通過した場所でよく知られた殺人者。	
	4	性的な拷問を犯した者。	
2	—	意図した殺人、あるいは死に至らせる深刻な攻撃をした者、及び共犯者。	
3	—	深刻な加害行為を行った者。	
4	—	財産に対する犯罪を行った者。	

1996年法 第2条に基づき筆者作成。
＊コミューンは1994年当時に存在した地方行政機構である。州より小さく、セクターより大きい単位である。

一九条]。

一九九六年法の特徴は犯罪が（表4―5）のように分類され、それに応じて量刑が定められたことである（表4―10）。一九九四年のジェノサイドで犯された犯罪だけでなく、それ以前の一九九〇年一〇月一日に起こった内戦の犯罪も含まれる。また自白して罪を認める時期が早ければ早いほど、大幅に減刑される仕組みになっている[一九九六年法 第一四～一六条]。

なお自白の定義や手順が細かく定められている[一九九六年法 第六条、第一〇条]。また弁護人が付かないため被告人は私費で雇わなければならないが[一九九六年法 第三六条]、聞き取り調査を行った限りでは被告人が弁護人を雇った事例はなかった。

一九九六年法は国内裁判の刑事裁判と民事裁判の両方で裁かれ、犯罪分類にかかわらず有罪判決を受けた者は賠償責任を負う[一九九六年法 第三〇条]。財産に対する罪で有罪になった者は執行猶予付きの実刑判決を受ける[PRI 2007: 52]。審理中に死亡した場合や恩赦を受けた場合でも、賠償責任を負う[一九九六年法 第三一条]。

被害者が特定される以前に支払われた賠償金は被害者賠償基金に預けられ、賠償金に関連する法律が採択されるまでルワンダ国立銀行の口座に預けられる[一九九六年法 第三二条]。しかし、この基金が実現されることはなかった［Bornkamm 2012: 39］。

この法律で最も重視すべき点は、加害者個人が賠償金を負うよう定められ、ジェノサイドの責任を個人が負うことになった点である。ルワンダ政府はジェノサイドの被害者に少額補償しているが、財源不足のためこれ以上はできないとしている［Waldorf 2009: 520］。

◎被害者補償のゆくえ

ウォルドルフはルワンダの政府高官に対して、被害者補償について聞き取り調査を行った。国家ガチャチャ法務局と国民統合和解委員会の各代表（当時）は「ルワンダは貧しく被害者に補償する余裕はない」と回答した［Waldorf 2009: 520］。この回答に対し、寡婦を支援する団体「ジェノサイド寡婦協会アガホゾ」（Association des Veuves du Génocide Agahozo: AVEGA-Agahozo、アベガ）の元代表は「貧しいという理由には納得できない、我々は二度殺されたようなものだ」と憤慨した。またある外交官は「政府は被害者補償よりも首都キガリ市の景観を美化する方に注力している」と批判した［Waldorf 2009: 520］。

ルワンダのジェノサイドと状況は異なるがナチ・ドイツによるユダヤ人のジェノサイド、いわゆるホロコーストの補償の例をみてみると、ドイツ政府は戦後初期から現在に至るまでイスラエル政府およびユダヤ人の被害者に補償を継続している[11]［武井二〇一六］。

◎二〇〇一年法に基づきガチャチャ裁判の試験事業が始まる

二〇〇一年一月二六日付の基本法[12]（二〇〇一年法）では、一九九六年法で定められた専門議会は無効になった。そこで扱われている事件は、専門議会が属する裁判所で扱われることになった［二〇〇一年法 第九六条］。ジェノサ

表 4-6　2001 年法の犯罪分類

犯罪分類	項目	罪状	管轄
1	1	ジェノサイド罪あるいは人道に対する罪の計画、組織、煽動、監督の罪を犯した者、または彼らを幇助した者。	国内裁判
	2	国家、州、郡レベルの政党、軍、宗教団体または警察の権威的な立場で罪を犯した者、これらの罪を促した者。	
	3	殺害しようとする狂気または残虐行為を犯す過剰な悪意によって悪名高い殺人者、居住地や通過した場所で見かけられた殺人者。	
	4	レイプまたは性的な拷問行為を犯した者。	
2	1	殺人を意図して人を死に至らせる深刻な攻撃をした者、または殺人を意図して犯罪に加わった共犯者。	郡・ガチャチャ裁判
	2	殺人を意図したが死に至らなかった深刻な攻撃をした者、及び共犯者。	
3	—	殺人を意図せず深刻な攻撃をした者、及び共犯者。	セクター・ガチャチャ裁判
4	—	財産に対する犯罪を行った者。しかし基本法の施行日に、罪を犯した者が被害者と合意している、あるいは政府高官または証人の前で両者が合意すれば、同じ事件では起訴されない。	セル・ガチャチャ裁判

2001 年法 第 2 条、第 39 ～ 42 条、第 51 条に基づき筆者作成。

イド罪および人道に対する罪を裁くガチャチャ裁判が、州、郡、セクター、セルに設置されることが定められた［二〇〇一年法 第二条］。

この法律の特徴は与えられた権限によって犯罪を審理する管轄（*ububasha*）が決められたことであり、管轄は犯罪分類に応じて異なる。第一分類は国内裁判、第二分類は郡・ガチャチャ裁判、第三分類はセクター・ガチャチャ裁判、第四分類はセル・ガチャチャ裁判の管轄である（表4―6）［二〇〇一年法 第二条、三九～四二条、第五一条］。なお被告人が不在の場合は、州・ガチャチャ裁判で次の三つを扱う。①第一審の判決に対する控訴、②郡・ガチャチャ裁判の判決に対する異議申し立て、③郡・ガチャチャ裁判の判決に対する異議申し立て［二〇〇一年法 第四二条］。

二〇〇一年法は財産に対する罪に賠償を命じる。一九九六年法で定められた財産に対する罪の執行猶予と実刑判決は外され、罰が軽くなった［PRI 2007: 53］。

二〇〇一年法に基づいて、二〇〇二年から全国一五四〇セクターのうち一一八セクターでガチャチャ裁判が試験的に行われた［NSGC 2012: 27］。この目的は、全国で運用される前に裁判の構造と機能の問題を特定することである［NSGC 2012: 7］。この試験段階ではジェノサイドの容疑者は審理されなかった［Clark 2011: 68］。

表4-7　2004年法の犯罪分類

犯罪分類	項目	罪状	管轄
1	1	ジェノサイド罪あるいは人道に対する罪の計画者、組織者、模倣者、監督者、首謀者を幇助した者、及び共犯者。	国内裁判
	2	当時、国家、州、準州＊、コミューンのレベル、政党、軍、コミューンの警察、宗教団体、警察を率いる立場で、これらの犯罪を犯した、または教唆した者、及び共犯者。	
	3	過剰な殺害または異様に邪悪な行為を犯し、居住地や通過した場所で見かけられた悪名高い殺害者、及び共犯者。	
	4	たとえ死に至らなかった場合も、拷問した者、及び共犯者。	
	5	レイプおよび性器の拷問を犯した者、及び共犯者。	
	6	遺体に非人間的な行為をした者、及び共犯者。	
2	1	死に至らせる深刻な攻撃をした者、またはこれらの犯罪を幇助した者、及び共犯者。	セクター・ガチャチャ裁判
	2	殺人を意図したが死に至らなかった攻撃をした者、及び共犯者。	
	3	殺人を意図せず犯罪を犯した者、または幇助した者、及び共犯者。	
3	—	財産に対する罪のみ犯した者。もし罪を犯した者と被害者が自分たちで合意している、あるいは本基本法が施行される以前に両者が政府高官または証人の前で合意していれば、罪を犯した者は起訴されない。	セル・ガチャチャ裁判

2004年法 第41～42条、第51条に基づき筆者作成。
＊準州は1994年当時に存在した地方行政機構である。州より小さく、セクターより大きい単位である。

◎二〇〇四年法でガチャチャ裁判の構造と機能が具体的に決まる

この試験事業を鑑みて定められたのが、二〇〇四年六月一九日付の基本法[13]（二〇〇四年法）である。犯罪分類は四つから三つに整理されるとともに罪状の項目が追加され、管轄は郡・ガチャチャ裁判がなくなった（表4―7）。二〇〇四年法は、セクター・ガチャチャ裁判で「死に至らせる深刻な攻撃をした者、またはこれらの犯罪を幇助した者、及び共犯者」を裁くと定めた［二〇〇四年法 第五一条］。つまり、これまで郡・ガチャチャ裁判で裁いた殺人罪を、セクター・ガチャチャ裁判で裁くようになった。

加害者が複数の地域で犯罪を犯した場合は、犯した地域ごとで裁かれる［二〇〇四年法 第四四条］。加害者が不在の場合も裁かれるが［二〇〇四年法 第八四条］、宣告された判決に不服があれば異議申し立てをすることができる［二〇〇四年法 第八六条］。

財産に対する罪については、被害者と加害者が直接話し合い、合意すれば起訴されないと定められた。賠償をめぐる対話が行われることになった重要な条文であるため、次に挙げておく。

財産に対する罪のみ犯した者。もし罪を犯した者と被害者が自分たちで合意している、あるいは本基本法が施行される以前に両者が政府高官または証人の前で合意していれば、罪を犯した者は起訴されない［二〇〇四年法 第五一条］。

ガチャチャ裁判は二〇〇六年から全国で施行された。その前年から、判事と住民が多大な時間と労力を費やし情報収集を行った。かなり詳しく調べられていたことは、判事が書き記したノートからも明らかである。筆者が警察署本部で閲覧したそのノートには、住民が口にしたこと全てが書き尽くされていた。判事と住民が収集した膨大な情報は、ガチャチャ裁判で大きな効果を発揮することになった。

◎二〇〇七年法でガチャチャ裁判の審理対象が広がった

二〇〇七年三月一日付に制定された基本法(14)（二〇〇七年法）は、二〇〇四年法を土台に改正されたものである。二〇〇七年法は、これまで国内裁判で裁いた重い犯罪の一部をセクター・ガチャチャ裁判で裁くことを定めた。その罪状は「過剰な殺害または異様に邪悪な行為を犯した者」、「拷問した者」、「遺体に非人間的な行為をした者」

表4-8　2007年法の犯罪分類

犯罪分類	項目	罪状	管轄
1	1	ジェノサイド罪あるいは人道に対する罪の計画、組織、煽動、監督の罪を犯した者、または彼らを幇助した者、及び共犯者。	国内裁判
	2	当時、国家、州、準州、コミューンのレベルの組織の主導者、政党の党首、軍と憲兵隊とコミューンの警察の主導者、宗教団体または民兵の主導者で、これらの犯罪を犯した者、または教唆した者、及び共犯者。	
	3	レイプおよび性器の拷問を犯した者、及び共犯者。	
2	1	過剰な殺害または異様に邪悪な行為を犯し、居住地や通過した場所で見かけられた悪名高い殺害者、及び共犯者。	セクター・ガチャチャ裁判
	2	たとえ死に至らなかった場合も、拷問した者、及び共犯者。	
	3	遺体に非人間的な行為をした者、及び共犯者。	
	4	殺人あるいは死に至らせる深刻な攻撃をした者、または幇助した者、及び共犯者。	
	5	殺人を意図したが死に至らなかった攻撃をした者、及び共犯者。	
	6	殺人を意図せず犯罪を犯した者、または幇助した者、及び共犯者。	
3	—	財産に対する罪のみ犯した者。もし罪を犯した者と被害者が自分たちで合意している、あるいは本基本法が施行される以前に両者が政府高官または証人の前で合意していれば、罪を犯した者は起訴されない。	セル・ガチャチャ裁判

2007年法 第7条、第8条、第11条に基づき筆者作成。

及び共犯者である［二〇〇七年法 第一一条］（表4—8）。財産に対する罪は二〇〇四年法と変わらずセル・ガチャチャ裁判で裁かれた［二〇〇七年法 第一一条］。

◎二〇〇八年法でガチャチャ裁判が性犯罪を裁くことになる

さらに改正を重ねて二〇〇八年五月一九日付の基本法[15]（二〇〇八年法）が制定された。大きな改正点は、これまで国内裁判で裁かれていたレイプや性器の拷問の犯罪をセクター・ガチャチャ裁判で裁くようになったことである（表4—9）［二〇〇八年法 第六条］。

このことに対して、NGOや人権監視団体、法律の専門家は次のように意見した。法律資格をもたないガチャチャ裁判の判事が性犯罪に対応するのではなく、法律の専門家が対応すべきだという意見である［Sullo 2018: 212］。さらに二〇〇八年法第六条では、ガチャチャ裁判

表4-9　2008年法の犯罪分類

犯罪分類	項目	罪状	管轄
1	1	ジェノサイド罪あるいは人道に対する罪の計画者または組織者に分類される者、及び共犯者。	国内裁判または軍事裁判
	2	国、州、行政機関、政党、軍、警察、宗教団体、民兵組織の主導者で、ジェノサイド罪あるいは人道に対する罪を犯した者、または教唆した者、及び共犯者。	
	3	ジェノサイド罪あるいは人道に対する罪の煽動者、監督者および首謀者、またはこの犯罪に分類される者の共犯者。	セクター・ガチャチャ裁判
	4	準州、コミューンのレベル、および行政機関、政党、軍、警察、コミューンの警察、宗教団体、民兵の主導者でジェノサイド罪あるいは人道に対する罪を犯した者、あるいは同等の罪を教唆した者、及び共犯者。	
	5	レイプおよび性器の拷問を犯した者、共犯者も含む。	
2	1	過剰で残虐に働いたことで、居住地や通過した場所で見かけられた悪名高い殺害者、及び共犯者。	
	2	たとえ死に至らなかった場合も拷問した者、及び共犯者。	
	3	遺体に非人間的な行為をした者、及び共犯者。	
	4	殺人リストに他者の名前を載せた者、あるいは他者に載せるよう促した者、または死に至らせる攻撃をした者、及び共犯者。	
	5	殺人を意図したが死に至らなかった攻撃をした者、及び共犯者。	
	6	殺人を意図せず攻撃した者、または攻撃を幇助した者、及び共犯者。	
3	―	財産に対する罪のみ犯した者。もし罪を犯した者と被害者が自分たちで合意している、あるいは本基本法が施行される以前に両者が政府高官または証人の前で合意していれば、罪を犯した者は起訴されない。	セル・ガチャチャ裁判

2008年法 第1条、第7条、第9条に基づき筆者作成。

を管轄する国家ガチャチャ法務局（National Service of Gacaca Courts: NSGC）の傍聴者や治安担当官が、性犯罪の審理に立ち会うことが定められた。これは被害者のプライバシー侵害になると批判された［Sullo 2018: 212］。

財産に対する罪は以前と変わらずセル・ガチャチャ裁判で裁かれた［二〇〇八年法 第九条］。二〇〇八年法はガチャチャ裁判の閉廷を見越し、その後の任務を通常裁判に引き継ぐ手続きが定められた［二〇〇八年法 第二一条］。

◎法改正が財産に対する罪の賠償問題に与えた影響

このような法改正の繰り返しに伴い、第三分類の財産に対する罪の賠償問題はどのような影響を受けたのか。当初の執行猶予付きの実刑は改正に伴い外れ、被害者と加害者が合意すれば起訴されないと定められたことで、起訴から実刑を下すまでの段階が大幅に省略された。これにより判事が財産に対する罪にかける労力は軽減されたが、殺人罪や性犯罪を審理する労力は増大した。

そのことが分かるのは筆者が閲覧した裁判記録であり、第一分類の重い犯罪には膨大な記録が作成されていたことから、判事の労力がこちらに集中していたことが窺えた。この影響を受けて第三分類の財産に対する罪は、合意に至るまでの過程で当事者がかなりの部分を負担しなければならなくなった。さらに合意に至った賠償はガチャチャ裁判が関知しないため、当事者は自分たちで解決しなければならず、負担は一層増すこととなったのである。

◎ガチャチャ裁判でRPFの戦争犯罪は裁かれない

ガチャチャ裁判二〇〇一年法は、ジェノサイド罪および人道に対する罪に加えて、戦争犯罪を管轄していた［Human Rights Watch 2011: 5］。つまり、二〇〇一年法に基づき行われた試験的なガチャチャ裁判ではRPFの戦争犯罪を裁くことができ、住民に期待されていた［Waldorf 2010: 191］。

しかし二〇〇二年から試験事業が始まると、カガメ大統領は国民に対して、RPF兵士による犯罪をジェノサイドの犯罪と混同しないように注意を促し「復讐事件」であると説明した。復讐事件とは、ジェノサイドでトゥチが虐殺された復讐としてフトゥを殺害した事件という説明である。ガチャチャ裁判二〇〇四年法の改正では戦争犯罪が管轄から外され、RPFの戦争犯罪が裁かれることはなくなった［Human Rights Watch 2011: 5］。

◎小括

ここまでガチャチャ裁判に関連する法律の変遷をみてきた。この法律で裁く犯罪の証拠を集めるために、住民は足で情報を稼ぎ、ジェノサイドのあらゆる被害と加害を調べ尽くした。誰がどこに住んでいたのか、誰が虐殺に関与したのか、誰がリーダーだったのか、誰が虐殺されたのか、誰がどのような被害に遭ったのか、盗まれたスプーン一本から屋根瓦に至るまで、詳しくガチャチャ裁判の記録に手書きで記され、警察署本部にある一万八〇〇〇の段ボール箱に保管されている。ガチャチャ裁判の法律が定められたことで、容疑者が特定され、法廷に召喚され、次々と裁かれていった。

三　ガチャチャ裁判の運営

ガチャチャ裁判の目的は次の五つである。ジェノサイドで起こった真実を究明する、ジェノサイドに関連する審理を迅速に行う、犯罪を行った者が処罰を免れることを根絶する、「国民統合と和解」の過程に貢献する、ルワンダ人が自ら問題解決できる能力を国際社会に証明することである［NSGC 2012: 29］。

ガチャチャ裁判は二〇〇六～二〇〇八年の間に最も集中して施行され、二〇一二年に首都キガリ市で行われた閉廷式をもってその運営を終えた［NSGC 2012: 38-39］。全国に設置された全てのガチャチャ裁判で審理された犯罪は一九五万八六三四件で、うち有罪は一六八万一六四八件（八六%）、無罪は二七万七〇六六件（一四%）である[16]［NSGC 2012: 34］。被疑者一〇〇万三二二七人のうち、男性は九〇万六五七四人（九〇%）、女性は九万六六五三人（一〇%）である［NSGC 2012:37］。

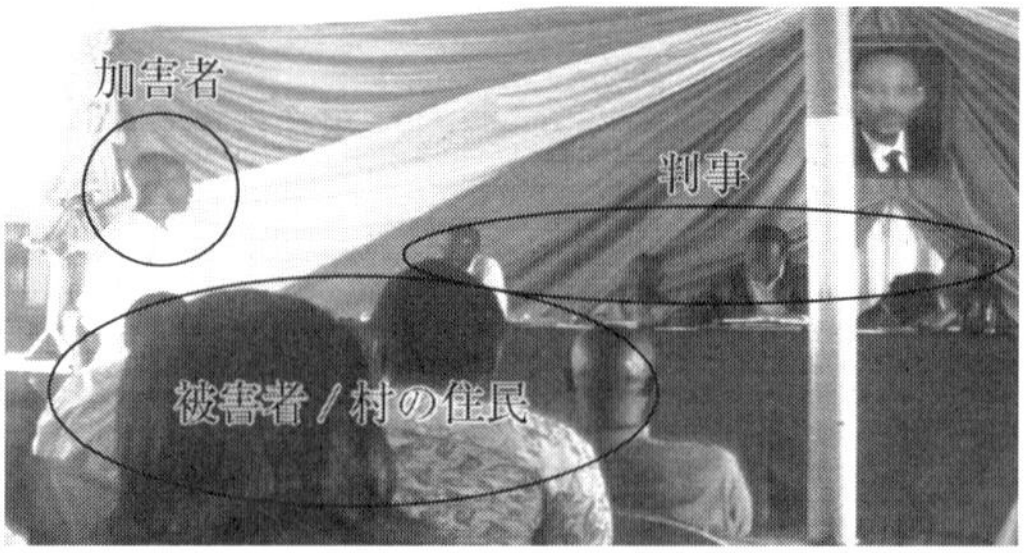

写真 4-1　ガチャチャ裁判の様子

1　ガチャチャ裁判の運営と仕組み

ここからガチャチャ裁判の運営を詳しくみていく。施行頻度は週に一度［Bornkamm 2012: 39］、施行時間は通常午前八時～午後四時だが午後六時まで及ぶこともあった[17]。住民は、農作業、水汲み、家事といった日々の作業をこなしながらガチャチャ裁判の運営に無償で従事し、相当に大きな負担を負った。

最大の特徴は、ガチャチャ裁判に関わる仕事の全てに住民が従事するよう定められていることである。住民が証言者として証言台に立つことも定められている。裁判に召喚されて発言を避けたり、意図的に質問を避けたり、自分が見たことや知っていることについての証言を省略したり、証言を拒否したり、証言で誹謗中傷した者は三～六か月の懲役刑を科される［二〇〇四年法 第二九条］。（写真４―１）は実際のガチャチャ裁判の様子であり、判事、加害者、被害者、住民が一堂に会して行われている。

ガチャチャ裁判は、セル、セクターという末端の地方行政機構に合わせて設置された。当時のセルの人口規模は約一〇〇〇人、セクターは数千～一万人である。各セルにセル・ガチャチャ裁判（九〇一三か所）、各セクターにセクター・ガチャチャ裁判（一五四五か所）と控訴審ガチャチャ裁判（一五四五か所）が設置された。それぞれの裁判が裁く犯罪を次に示す。

セクター・ガチャチャ裁判は殺人罪と傷害罪に懲役刑と公益労働を科す［二〇〇四年法 第二六条］。

セル・ガチャチャ裁判は窃盗罪と器物損壊罪に賠償を命じる［二〇〇四年法 第二四条］。

控訴審ガチャチャ裁判は被疑者が異を唱えた判決を再審理する［二〇〇四年法 第三七条］。なお審理件数が増えたことでセクター・ガチャチャ裁判は一八〇三か所増設され、控訴審ガチャチャ裁判は四一二か所増設された［NSGC 2012: 33］。二〇〇六年に地方行政機構改革が行われセルとセクターが統合されたが、ガチャチャ裁判では以前の行政区画を踏襲し改革の影響は受けていない［武内 二〇〇八：三二一―三二三］。

◎ガチャチャ裁判の構成

セル・ガチャチャ裁判、セクター・ガチャチャ裁判、控訴審ガチャチャ裁判は次の三つで構成される［二〇〇四年法 第五条］。

①総会（*Inama Rusange*）
②判事団（*Inteko y'Urukiko Gacaca*）
③調整委員会（*Inama Mpuzabikorwa*）

①総会

《セル・ガチャチャ裁判の総会》

セル・ガチャチャ裁判の総会の構成員はセルの居住者のうち一八歳以上の全員が該当する［二〇〇四年法 第六条］。つまり一八歳以上の住民全員が、ガチャチャ裁判の運営に関わることが義務づけられている。総会の主な任務は二つあり、一つは判事を選ぶことである。判事九人と補欠五人［二〇〇四年法 第一三条］、その後七人（補欠二人）に減少した［二〇〇七年法 第一条］。もう一つは判事が起訴状をつくるときに活用するリストをつくることである［二〇〇四年法 第三三条］。

総会の構成員、つまり一八歳以上のセル居住者が作成する七種類のリストは、ガチャチャ裁判の審理に活用される。セル居住者一覧／ジェノサイド以前のセル居住者一覧／セル内で殺害された者一覧／セル外で殺害された者一覧／居住者ではないが当該セルで殺害された者一覧／被害者と損壊された財産一覧／当該セルでジェノサイドの犯罪を犯した被疑者の一覧である。よってこの時点で被疑者が特定されている。

《セクター・ガチャチャ裁判の総会》

セクター・ガチャチャ裁判の総会は、セクターで施行される全ての裁判を監視し、ＮＳＧＣに報告する［二〇〇四年法 第三五条］。セクター・ガチャチャ裁判の判事九人と補欠五人、控訴審ガチャチャ裁判の判事九人と補欠五人を選出する［二〇〇四年法 第一三条］。

②判事団

《セル・ガチャチャ裁判の判事団》

判事は二一歳以上のセル居住者である［二〇〇四年法 第一四条］。リストに挙げられた被疑者を法廷に召喚し証言させ、被害者や住民も召喚し証言させる。証言と事前に集められた情報を照らし合わせ、殺人か傷害か財産に対する罪かに分類する［二〇〇四年法 第三四条］。判事の最も重要な任務は、被疑者の起訴状（*ifishi y'uregwa*）を作成することである。判事は被疑者の供述を詳しく聞き取り記載するが、起訴状には犯罪分類と罪状があらかじめ記載されており、その項目にチェックを入れるだけで犯罪が分類され起訴状が完成するようになっている。これにより、判事が文章を起こしたり犯罪を分類したりする手間を大幅に省くことができた。このような起訴状の様式にしたことが審理を迅速に進め、国内裁判では一〇〇年かかるところをわずか一〇年で裁いた。試行錯誤を繰り返すなかで、法律資格をもたない普通の人々でも早く裁けるような起訴状が考案されていったのではないか。このガチャチャ裁判独自の起訴状は、裁判を管轄する政府機関から許可を得て巻末に公開している(18)。

この起訴状で加害者が確定されてはじめて、事件を審理することができる。

犯罪分類ごとにファイルが作成され、各機関へ送られる。第一分類のファイルは検察へ、第二分類のファイルはセクター・ガチャチャ裁判へ、第三分類のファイルはセル・ガチャチャ裁判へ送られる［二〇〇四年法 第三四条］。ファイルには、加害者の起訴状、召喚状、謝罪文、合意文書などの関係書類が入っている。ファイルを各機関へ送るまでが判事の仕事である。

《セクター・ガチャチャ裁判の判事団》

セクター・ガチャチャ裁判の判事団は第二分類の犯罪を審理し判決を下し［二〇〇四年法 第四二条］、与えられた証言について必要があれば取り調べを行う［二〇〇四年法 第三六条］。ジェノサイドに関与した者を自白させ、罪を認めさせ、悔い改めさせ、赦しを求めさせる手順を踏ませる［二〇〇四年法 第三六条］。

《控訴審ガチャチャ裁判の判事団》

控訴審ガチャチャ裁判の判事団はセクター・ガチャチャ裁判の判決に控訴した件を審理する［二〇〇四年法 第三七条］。

③調整委員会

調整委員会は、セル・ガチャチャ裁判、セクター・ガチャチャ裁判、控訴審ガチャチャ裁判を調整する。調整委員会の委員は、判事が互いに選挙して選んだ者である。議長、副議長、書記計五人が選出され、全員がルワンダ語を読み書きできなければならない［二〇〇四年法 第一一条］。調整委員会は会議を呼びかけて主催し、ガチャチャ裁判の判事団の活動を調整する［二〇〇四年法 第一二条］。加害者に召喚状を発行し、必要に応じて収容や仮釈放を命じる（巻末付録の召喚状フォーマット参照）［二〇〇四年法 第三九条］。加害者が服役中のときは家族宛に召喚状を発行し、家族に賠償を命じる。(19)

2 判事は「高潔な者」（イニャンガムガヨ）

判事は二一歳以上のセル居住者である。一八歳以上のセル居住者が判事を選ぶ。判事に選ばれる条件の法律文を引用する［二〇〇四年法 第一四条］。

高潔な者で以下の条件を満たすルワンダ人である
1 ジェノサイドに関与していない
2 派閥主義、党派心、学閥主義に偏りがない
3 原則として懲役刑を受けたことがない（受けたことがあっても六か月以内）
4 高い倫理観を持って行動する
5 事実を述べる
6 裏切らない
7 他者と話を共有できる

いかなる「高潔な者」も本基本法で求められるすべての条件を満たし、二一歳以上であり、性別、出身地、信仰、個人的見解、社会的立場に基づくいかなる差別もされずに、ガチャチャ裁判の構成員に選出される。

二〇〇七年法が改正され、「ジェノサイド・イデオロギーをもたない」という条件が追加された［二〇〇七年法第三条］。

表 4-10　1996 年法の犯罪分類に応じた量刑

犯罪分類	量刑			賠償	管轄
1	死刑	—	—	賠償を負う	国内裁判と軍事裁判
2	自白しなければ終身刑	起訴前に自白すれば懲役刑 7 ～ 11 年	起訴後に自白すれば懲役刑 12 ～ 15 年	賠償を負う	
3	犯罪に応じた量刑	起訴前に自白すれば懲役刑が 3 分の 1 相当になる	起訴後に自白すれば懲役刑が 2 分の 1 相当になる	賠償を負う	
4	民事裁判にかけられた場合は実刑判決はない	刑事裁判にかけられた場合は執行猶予付きの実刑判決	—	当事者間の合意により決定された賠償を負う	

1996 年法 第 14 ～ 16 条、第 30 条を基に筆者作成。

判事は、情報収集や事件を審理する方法を習得するために政府主催のトレーニングを受ける。トレーニングは三か月に一回で、参加料一〇〇〇RWF（一七二円）が支給される場合とされない場合がある[20]。仕事はすべて無償で行っている。

ガチャチャ裁判では女性も判事を務め肝要な役割を担った。ガチャチャ裁判は法改正により性犯罪を扱うことになり、秘密裏に審理されると定められている［二〇〇八年法 第六条］。しかしたとえ秘密裏であっても、被害者が性暴力被害を口外することは決して容易ではなかった。住民で運営されるガチャチャ裁判で被害状況を口外すれば、たちまち村じゅうに知れ渡ることになる。女性の判事であれば同じ女性という立場で被害を受け止め、なるべく広がらないように配慮することができる。女性が調停に出てくるようになったのは、ジェノサイドが終わってからのことである。かつて女性は調停の場に出ることはなく、原告か被告でない限りインフォーマルなガチャチャに参加できなかった［Bornkamm 2012: 32］。女性たちはガチャチャ裁判の判事を務めながら、市場でバナナビールを売る働き者である[21]。ジェノサイド後の復興に女性は重要な役割を果たしている［Ingelaere 2008: 52］。

表 4-11　2001 年法の犯罪分類に応じた量刑（成人）

犯罪分類	項目	量刑・刑期			管轄
		自白なし	被疑者リストに記載された後の自白	被疑者リストに記載される前の自白	
1	1 2 3 4	死刑または 終身刑	25 年の懲役刑 - 終身刑		国内裁判
2	1 2	懲役刑 25 年 - 終身刑	12-15 年の懲役刑 a) 刑期の 2 分の 1 は刑務所に収監 b) 刑期の 2 分の 1 は公益労働	7-12 年の懲役刑 a) 刑期の 2 分の 1 は刑務所に収監 b) 刑期の 2 分の 1 は公益労働	郡・ ガチャチャ 裁判
3	—	5-7 年の懲役刑 a) 刑期の 2 分の 1 は刑務所に収監 b) 刑期の 2 分の 1 は公益労働	3-5 年の懲役刑 a) 刑期の 2 分の 1 は刑務所に収監 b) 刑期の 2 分の 1 は公益労働	1-3 年の懲役刑 a) 刑期の 2 分の 1 は刑務所に収監 b) 刑期の 2 分の 1 は公益労働	セクター・ ガチャチャ 裁判
4	—	賠償			セル・ ガチャチャ 裁判

2001 年法 第 2 条、第 39 ～ 42 条、第 68 条に基づき筆者作成。

表 4-12　2001 年法の犯罪分類に応じた量刑（14 ～ 18 歳）

犯罪分類	項目	量刑・刑期			管轄
		自白なし	被疑者リストに記載された後の自白	被疑者リストに記載される前の自白	
1	1 2 3 4	10-20 年の懲役刑			国内裁判
2	1 2	成人の半分と同等の刑	成人の半分と同等の刑	成人の半分と同等の刑	郡・ ガチャチャ 裁判
3	—	成人の半分と同等の刑	成人の半分と同等の刑		セクター・ ガチャチャ 裁判

2001 年法 第 74 条に基づき筆者作成。

表 4-13　2004 年法の犯罪分類に応じた量刑（成人）

<table>
<tr><th rowspan="2">犯罪分類</th><th rowspan="2">項目</th><th colspan="3">量刑・刑期</th><th rowspan="2">管轄</th></tr>
<tr><th>自白なし</th><th>被疑者リストに記載された後の自白</th><th>被疑者リストに記載される前の自白</th></tr>
<tr><td>1</td><td>—</td><td>死刑または終身刑</td><td colspan="2">25-30 年の懲役刑</td><td>国内裁判</td></tr>
<tr><td rowspan="2">2</td><td>1
2</td><td>25-30 年の懲役刑</td><td>12-15 年の懲役刑
a) 刑期の 2 分の 1 は刑務所に収監
b) 刑期の 2 分の 1 は公益労働</td><td>7-12 年の懲役刑
a) 刑期の 2 分の 1 は刑務所に収監
b) 刑期の 2 分の 1 は公益労働</td><td rowspan="2">セクター・
ガチャチャ裁判</td></tr>
<tr><td>3</td><td>5-7 年の懲役刑
a) 刑期の 2 分の 1 は刑務所に収監
b) 刑期の 2 分の 1 は公益労働</td><td>3-5 年の懲役刑
a) 刑期の 2 分の 1 は刑務所に収監
b) 刑期の 2 分の 1 は公益労働</td><td>1-3 年の懲役刑
a) 刑期の 2 分の 1 は刑務所に収監
b) 刑期の 2 分の 1 は公益労働</td></tr>
<tr><td>3</td><td>—</td><td colspan="3">賠償</td><td>セル・
ガチャチャ裁判</td></tr>
</table>

2004 年法 第 41 ～ 42 条、第 72 ～ 75 条に基づき筆者作成。公益労働に従事している加害者が、また新たな罪の判決を下された場合、これまで従事した公益労働期間は無効になり新たな罪の懲役刑に服すことになる［2004 年法 第 74 条］。

表 4-14　2004 年法の犯罪分類に応じた量刑（14 ～ 18 歳）

<table>
<tr><th rowspan="2">犯罪分類</th><th rowspan="2">項目</th><th colspan="3">量刑・刑期</th><th rowspan="2">管轄</th></tr>
<tr><th>自白なし</th><th>被疑者リストに記載された後の自白</th><th>被疑者リストに記載される前の自白</th></tr>
<tr><td>1</td><td>—</td><td>10-20 年の懲役刑</td><td colspan="2">8-10 年の懲役刑</td><td>国内裁判</td></tr>
<tr><td rowspan="2">2</td><td>1
2</td><td>8-10 年の懲役刑</td><td>6-7.5 年の懲役刑
a) 刑期の 2 分の 1 は刑務所に収監
b) 刑期の 2 分の 1 は公益労働</td><td>3.5-6 年の懲役刑
a) 刑期の 2 分の 1 は刑務所に収監
b) 刑期の 2 分の 1 は公益労働</td><td rowspan="2">セクター・
ガチャチャ裁判</td></tr>
<tr><td>3</td><td>2.5-3.5 年の懲役刑
a) 刑期の 2 分の 1 は刑務所に収監
b) 刑期の 2 分の 1 は公益労働</td><td>1.5-2.5 年の懲役刑
a) 刑期の 2 分の 1 は刑務所に収監
b) 刑期の 2 分の 1 は公益労働</td><td>0.5-1.5 年の懲役刑
a) 刑期の 2 分の 1 は刑務所に収監
b) 刑期の 2 分の 1 は公益労働</td></tr>
</table>

2004 年法 第 78 条に基づき筆者作成。

表 4-15　2007 年法の犯罪分類に応じた量刑（成人）

犯罪分類	項目	量刑・刑期			管轄
		自白なし	被疑者リストに記載された後の自白	被疑者リストに記載される前の自白	
1	1 2 3	死刑または終身刑	25-30 年の懲役刑 公益労働はなし	20-24 年の懲役刑 公益労働はなし	国内裁判
2	1 2 3	30 年の懲役刑 または終身刑	25-29 年の懲役刑 a) 刑期の 3 分の 1 は刑務所に収監 b) 刑期の 6 分の 1 は執行猶予期間 c) 刑期の 2 分の 1 は公益労働	20-24 年の懲役刑 a) 刑期の 6 分の 1 は刑務所に収監 b) 刑期の 3 分の 1 は執行猶予期間 c) 刑期の 2 分の 1 は公益労働	
5	4 5	15-19 年の懲役刑	12-14 年の懲役刑 a) 刑期の 3 分の 1 は刑務所に収監 b) 刑期の 6 分の 1 は執行猶予期間 c) 刑期の 2 分の 1 は公益労働	8-11 年の懲役刑 a) 刑期の 6 分の 1 は刑務所に収監 b) 刑期の 3 分の 1 は執行猶予期間 c) 刑期の 2 分の 1 は公益労働	セクター・ ガチャチャ裁判
	6	5-7 年の懲役刑 a) 刑期の 3 分の 1 は刑務所に収監 b) 刑期の 6 分の 1 は執行猶予期間 c) 刑期の 2 分の 1 は公益労働	3-4 年の懲役刑 a) 刑期の 3 分の 1 は刑務所に収監 b) 刑期の 6 分の 1 は執行猶予期間 c) 刑期の 2 分の 1 は公益労働	1-2 年の懲役刑 a) 刑期の 6 分の 1 は刑務所に収監 b) 刑期の 3 分の 1 は執行猶予期間 c) 刑期の 2 分の 1 は公益労働	
3	―	賠償			セル・ ガチャチャ裁判

2004 年法 第 75 条、2007 年法 第 13 ～ 14 条に基づき筆者作成。

表 4-16　2007 年法の犯罪分類に応じた量刑（14 ～ 18 歳）

犯罪分類	項目	量刑・刑期			管轄
		自白なし	被疑者リストに記載された後の自白	被疑者リストに記載される前の自白	
1	1 2 3	10-20 年の懲役刑	8-9 年の懲役刑 公益労働はなし	6.5-7.5 年の懲役刑 公益労働はなし	国内裁判
2	1 2 3	10-15 年の懲役刑	6.5-7.5 年の懲役刑 a) 刑期の 3 分の 1 は刑務所に収監 b) 刑期の 6 分の 1 は執行猶予期間 c) 刑期の 2 分の 1 は公益労働	6-7 年の懲役刑 a) 刑期の 6 分の 1 は刑務所に収監 b) 刑期の 3 分の 1 は執行猶予期間 c) 刑期の 2 分の 1 は公益労働	セクター・ガチャチャ裁判
	4 5	4.5-5.5 年の懲役刑	4-5 年の懲役刑 a) 刑期の 3 分の 1 は刑務所に収監 b) 刑期の 6 分の 1 は執行猶予期間 c) 刑期の 2 分の 1 は公益労働	2.5-3.5 年の懲役刑 a) 刑期の 6 分の 1 は刑務所に収監 b) 刑期の 3 分の 1 は執行猶予期間 c) 刑期の 2 分の 1 は公益労働	
	6	2.5-3.5 年の懲役刑 a) 刑期の 2 分の 1 は刑務所に収監 b) 刑期の 2 分の 1 は公益労働	1.5-2.5 年の懲役刑 a) 刑期の 3 分の 1 は刑務所に収監 b) 刑期の 6 分の 1 は執行猶予期間 c) 刑期の 2 分の 1 は公益労働	0.5-1.5 年の懲役刑 a) 刑期の 6 分の 1 は刑務所に収監 b) 刑期の 3 分の 1 は執行猶予期間 c) 刑期の 2 分の 1 は公益労働	

2007 年法 第 16 条に基づき筆者作成。

表 4-17　2008 年法の犯罪分類に応じた量刑（成人）

<table>
<tr><th rowspan="2">犯罪分類</th><th rowspan="2">項目</th><th colspan="3">量刑・刑期</th><th rowspan="2">管轄</th></tr>
<tr><th>自白なし</th><th>被疑者リストに記載された後の自白</th><th>被疑者リストに記載される前の自白</th></tr>
<tr><td rowspan="2">1</td><td>1
2</td><td rowspan="2">終身刑</td><td rowspan="2">25-30 年の懲役刑
公益労働はなし</td><td rowspan="2">20-24 年の懲役刑
公益労働はなし</td><td>国内又は軍事裁判</td></tr>
<tr><td>3
4
5</td><td rowspan="4">セクター・
ガチャチャ裁判</td></tr>
<tr><td rowspan="3">2</td><td>1
2</td><td>30 年の懲役刑
または終身刑</td><td>25-29 年の懲役刑
a) 刑期の 3 分の 1 は刑務所に収監
b) 刑期の 6 分の 1 は執行猶予期間
c) 刑期の 2 分の 1 は公益労働</td><td>20-24 年の懲役刑
a) 刑期の 6 分の 1 は刑務所に収監
b) 刑期の 3 分の 1 は執行猶予期間
c) 刑期の 2 分の 1 は公益労働</td></tr>
<tr><td>3
4
5</td><td>15-19 年の懲役刑</td><td>12-14 年の懲役刑
a) 刑期の 3 分の 1 は刑務所に収監
b) 刑期の 6 分の 1 は執行猶予期間
c) 刑期の 2 分の 1 は公益労働</td><td>8-11 年の懲役刑
a) 刑期の 6 分の 1 は刑務所に収監
b) 刑期の 3 分の 1 は執行猶予期間
c) 刑期の 2 分の 1 は公益労働</td></tr>
<tr><td>6</td><td>5-7 年の懲役刑
a) 刑期の 3 分の 1 は刑務所に収監
b) 刑期の 6 分の 1 は執行猶予期間
c) 刑期の 2 分の 1 は公益労働</td><td>3-4 年の懲役刑
a) 刑期の 3 分の 1 は刑務所に収監
b) 刑期の 6 分の 1 は執行猶予期間
c) 刑期の 2 分の 1 は公益労働</td><td>1-2 年の懲役刑
a) 刑期の 6 分の 1 は刑務所に収監
b) 刑期の 3 分の 1 は執行猶予期間
c) 刑期の 2 分の 1 は公益労働</td></tr>
<tr><td>3</td><td>—</td><td colspan="3">賠償</td><td>セル・
ガチャチャ裁判</td></tr>
</table>

2004 年法 第 75 条、2007 年法 第 13 ～ 14 条、2008 年法 第 17 条に基づき筆者作成。

表 4-18　2008 年法の犯罪分類に応じた量刑（14 ～ 18 歳）

<table>
<tr><th rowspan="2">犯罪分類</th><th rowspan="2">項目</th><th colspan="3">量刑・刑期</th><th rowspan="2">管轄</th></tr>
<tr><th>自白なし</th><th>被疑者リストに記載された後の自白</th><th>被疑者リストに記載される前の自白</th></tr>
<tr><td rowspan="2">1</td><td>1
2</td><td rowspan="2">10-20 年の懲役刑</td><td rowspan="2">8-9 年の懲役刑
公益労働はなし</td><td rowspan="2">6.5-7.5 年の懲役刑
公益労働はなし</td><td>国内又は軍事裁判</td></tr>
<tr><td>3
4
5</td><td rowspan="4">セクター・
ガチャチャ裁判</td></tr>
<tr><td rowspan="3">2</td><td>1
2
3</td><td>10-15 年の懲役刑</td><td>6.5-7.5 年の懲役刑
a) 刑期の 3 分の 1 は刑務所に収監
b) 刑期の 6 分の 1 は執行猶予期間
c) 刑期の 2 分の 1 は公益労働</td><td>6-7 年の懲役刑
a) 刑期の 6 分の 1 は刑務所に収監
b) 刑期の 3 分の 1 は執行猶予期間
c) 刑期の 2 分の 1 は公益労働</td></tr>
<tr><td>4
5</td><td>4.5-5.5 年の懲役刑</td><td>4-5 年の懲役刑
a) 刑期の 3 分の 1 は刑務所に収監
b) 刑期の 6 分の 1 は執行猶予期間
c) 刑期の 2 分の 1 は公益労働</td><td>2.5-3.5 年の懲役刑
a) 刑期の 6 分の 1 は刑務所に収監
b) 刑期の 3 分の 1 は執行猶予期間
c) 刑期の 2 分の 1 は公益労働</td></tr>
<tr><td>6</td><td>2.5-3.5 年の懲役刑
a) 刑期の 3 分の 1 は刑務所に収監
b) 刑期の 6 分の 1 は執行猶予期間
c) 刑期の 2 分の 1 は公益労働</td><td>1.5-2.5 年の懲役刑
a) 刑期の 3 分の 1 は刑務所に収監
b) 刑期の 6 分の 1 は執行猶予期間
c) 刑期の 2 分の 1 は公益労働</td><td>0.5-1.5 年の懲役刑
a) 刑期の 6 分の 1 は刑務所に収監
b) 刑期の 3 分の 1 は執行猶予期間
c) 刑期の 2 分の 1 は公益労働</td></tr>
</table>

2008 年法 第 20 条に基づき筆者作成。

表4-19　権利の停止

×永久停止　　　　△刑期期間中停止　　—の印は言及されていないことをあらわす

基本法	1996		2001		2004		2007			2008		
権利 ＼ 犯罪分類	第1分類	第2分類	第1分類	第2分類	第1分類	第2分類	第1分類	第2自白なし	第2自白あり	第1分類	第2自白なし	第2自白あり
市民権	×	—	×	—	×	—	—	—	—	—	—	—
選挙権	×	×	—	×	—	×	×	×	△	×	×	△
被選挙権	×	×	—	×	—	×	×	×	△	×	×	△
裁判証言	×	×	—	×	—	×	—	—	—	—	—	—
火器所持	×	×	—	×	—	×	—	—	—	—	—	—
火器運搬	×	×	—	×	—	×	—	—	—	—	—	—
軍隊入隊	×	×	—	×	—	×	×	×	△	×	×	△
警察入庁	×	×	—	—	—	×	×	×	△	×	×	△
公職に就く	×	×	—	—	—	×	—	—	—	—	—	—
公立私立教師	×	×	—	—	—	×	×	×	△	×	×	△
医療従事者	—	—	—	—	—	×	×	×	△	×	×	△
保安組織入隊	—	—	—	—	—	—	×	×	△	×	×	△
判事	—	—	—	—	—	—	×	×	△	×	×	△
検察官	—	—	—	—	—	—	×	×	△	×	×	△
弁護士	—	—	—	—	—	—	×	×	△	×	×	△
リーダー	—	—	—	—	—	—	×	×	△	×	×	△
学生の監視	×	×	—	—	—	—	—	—	—	—	—	—
政府活動従事	×	—	—	—	—	—	—	—	—	—	—	—
家族親戚会議	×	—	—	—	—	—	—	—	—	—	—	—
後見人	×	—	—	—	—	—	—	—	—	—	—	—
財産相続人	×	—	—	—	—	—	—	—	—	—	—	—
車両運転	×	—	—	—	—	—	—	—	—	—	—	—
裁判通訳	×	—	—	—	—	—	—	—	—	—	—	—
条項	1996年法第17条 1978年刑法第66条		2001年法第72条		2004年法第76条		2007年法第15条			2007年法第15条		

3　量刑の変遷

ガチャチャ裁判の量刑の特徴は、自白すれば減刑されることである。このことはガチャチャ裁判が始まる前の一九九六年法で既に定められていた［一九九六年法 第一五条、第一六条］。一九九六年法で自白と有罪答弁の手順が定められ、それがガチャチャ裁判の基本になっている。量刑は起訴される前か後かによって異なり、どれほど減刑されるかを（表4―10）で示している。この法律はガチャチャ裁判では、被疑者リストに記載される前か後かに変わった。いずれも自白すれば減刑されるが、記載される前に自白する方が大きく減刑される（表4―11）。

二〇〇一年法で拘禁刑の一部に代わる公益労働（Travaux d'intérêts généraux: TIG、ティーヂ）が導入され、ルワンダ更生局が管轄する。導入理由は服役者の過密状態を改善することである［PRI 2007: 10］。公益労働は、丘陵地を段々畑にする作業や、学校や病院や家の建設、道づくりなどである［佐々木 二〇一六：二七七］。加害者は政府が設置した宿営地に集団で生活しながら、宿営地付近の作業現場で週六日労働した。自宅から作業場に通える場合は週三日労働した［佐々木 二〇一六：二七七］。

未成年者一四～一八歳の量刑が定められ、賠償は命じられない（表4―12）［二〇〇一年法 第七四条］。一四歳未満の者は起訴されないが、特別な施設に三か月間収容される［二〇〇四年法 第七九条］。

二〇〇四年法は犯罪分類第二の終身刑をなくして懲役刑にした（表4―13、表4―14）。二〇〇七年法は犯罪を細かく分け、それぞれに懲役刑を定めた（表4―15、表4―16）。

死刑については、一九九八年四月時点で、国内裁判でジェノサイドの犯罪行為者二二人が死刑になった。ジェノサイドの首謀者を裁いたルワンダ国際刑事裁判所（ICTR）には死刑がないため、ルワンダ政府はICTR設立に反対したが、設立された［望月 二〇一二：九一］。ICTRの任務終了にともない[22]、被疑者一〇人がルワンダ国内裁判所へ移されることになり、ICTRはルワンダ政府に死刑廃止を求めた。ルワンダ政府はそれを呑んで二〇〇七年に国内裁判の死刑を廃止した。それにともないガチャチャ裁判二〇〇八年法は死刑を廃止した（表4―17、表4―18）。

◎国外逃亡したジェノサイドの加害者

起訴されて国外逃亡した被疑者は現在も追われ続けており[23]、最近逮捕されたのはジェノサイド当時資産家であったカブガ（Kabuga Félicien）である。カブガは、民兵がナタを購入するために資金を提供しトゥチのプロパガンダを広めた「千の丘自由ラジオ」の立ち上げに出資したことなど七つの容疑でICTRから起訴されていた。二〇二〇年五月一六日にフランスのパリ郊外で逮捕され、国際刑事裁判所メカニズム（Mechanism for International Criminal Tribunals: MICT）に移送された。その裁判所の主任検察官ブランメルツ（Serge Brammertz）は「ジェノサイドから二六年経過したとしても虐殺者は責任を問われなければならない」と喚起した。

◎加害者の権利は復活しない

加害者が服役と公益労働を終えた後も、人々がもつ権利（*uburenganzira bari bafite*）は停止されたままである[24]。停止される権利を一覧にまとめている（表4―19）。「×」は永久停止、「△」は刑期期間中の停止、「―」は法律に言及されていないことを表す。

なかでも選挙権の停止は、加害者の家族にも大きい影響を及ぼしている[25]。選挙が行われる度に夫には投票券がなく、妻は夫が加害者であることを突きつけられる。投票所に妻だけが行くことで、住民にも夫が加害者であることが知れてしまい、選挙の度に辛い思いをすると妻は述べた。権利の停止により夫の仕事は制限され、服役中は妻が代わりに賠償し、加害者の家族として生きていかなければならない非情な立場に置かれている。

四　賠償をめぐる対話がいかに行われているか

1　賠償の合意文書

ガチャチャ裁判はジェノサイドの財産に対する罪に賠償を命じ、賠償額を明記した合意文書[26]を発行する（巻末付録の合意文書フォーマット参照）。合意文書は原則として判事と被害者と加害者三者が同席して作成するが、全犯罪件数約二〇〇万件のうち財産に対する罪は約一三〇万件と六割を超え、一件一件の事件に三者が同席して合意することは難しく、判事だけで合意文書を次々と作成していった。

合意文書には賠償額が明記されており賠償は基本的に現金払いだが、それ以外の賠償方法も次のように明記されている。

1　窃盗または損壊した財産を返還する。
2　同価値の金銭を支払う。
3　財産または所有物で賠償する。
4　行った、または行う予定の労働日数／行った、または合意した労働時間

被害者と加害者が合意すれば署名または拇印し、判事七人も署名する。

合意文書やその他の文書をみると被害者と加害者の住所がセルまでの欄で終わっており、住居を特定することができない。ルワンダには番地がなく一軒一軒の住所が定められていないからである[27]。文書には父親と母親の名

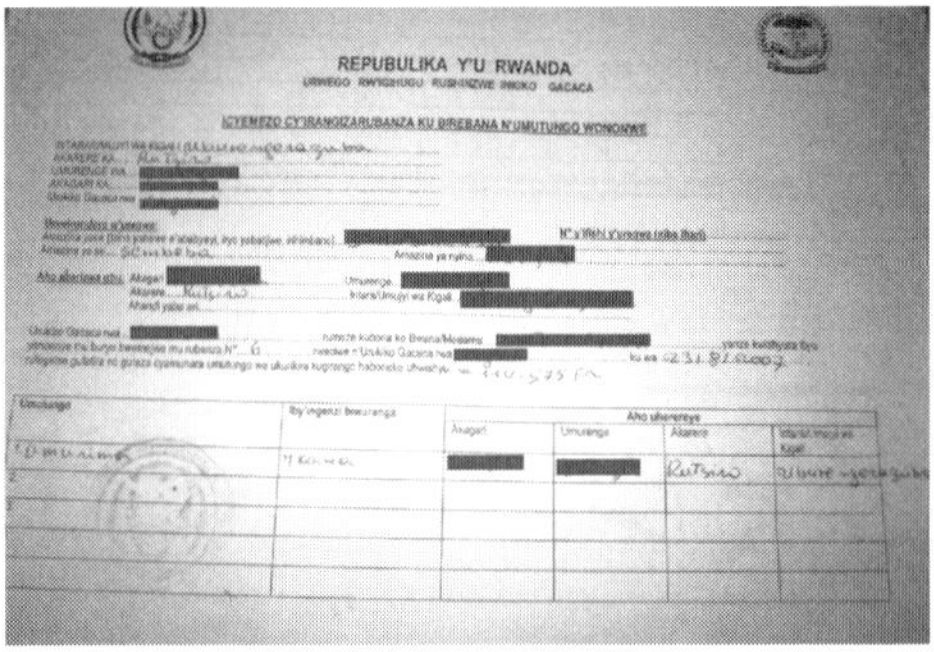
REPUBULIKA Y'U RWANDA

URWEGO RW'IGIHUGU RUSHINZWE INKIKO GACACA

ICYEMEZO CY'IRANGIZARUBANZA KU BIREBANA N'UMUTUNGO WONONWE

写真 4-2　賠償の再通知合意文書（A4 サイズ、2016 年 2 月 13 日）

前を記入する欄があり、そこから個人を特定する。

加害者が賠償金を支払わなければ再通知合意文書[28]が発行され、再度通知される。加害者が見せてくれた再通知合意文書（写真4―2）を本人の許可を得て掲載する。文書には本人と両親と被害者の名前、略奪あるいは損壊したもの、賠償額、どの裁判所で裁かれたかが記載されている。特定されないよう個人情報は黒塗りしている。

判事は次のように賠償額を決める。例えば加害者一〇人が牛一頭を窃盗した場合、牛一頭を三〇万ＲＷＦと換算し一〇人で割り、一人当たりの賠償額は三万ＲＷＦになる。[29] 加害者は賠償金を一括で払えない場合がほとんどであり、分割払いしている。分割しても払えない場合は、減額や免除を申し出る。減額や免除に合意してもらえない場合は、農作業や農作物や家畜で賠償する。

加害者が少しずつ賠償するとき、賠償するごとに合意文書の余白部分やノートの切れ端に、支払日、支払った賠償額、被害者に署名してもらい、賠償したかどうかで揉めないように領収書に代わるものとして大切に保管している。また被害者にとっての合意文書は、賠償を受け取る証明書として非常に重要なものである。これがなければ賠償を受け取ることができない。

2　賠償の未払いの実際

二〇一二年にＮＳＧＣとＣＣＭが共同で実施した調査は、賠償未払い率が四〇％にのぼり、賠償を受け取った被害者はわずか八％に留まっていることを明らかにした[30]〔CCM 2012: 139〕。ＰＲＩの調査は、牛の窃盗や家の損壊などの高額な賠償は支払われていないと報告した〔PRI 2007: 16〕。ガチャチャ裁判の法律は、期間内に賠償できない者に強制的に賠償させることを定めている〔二〇〇四年法 第九五条〕。しかし賠償が清算されていない実態が報告されている。

ロングマン（Timothy Longman）は、被害者の多くが極貧生活を送っていることを指摘する。被害者は多くの家族を失い、経済的安定と支援のネットワークを欠いているからである。被害者にとって賠償は最優先事項だが、ルワンダの司法制度が賠償を提供できなかったことに深く失望している〔Longman 2017: 308〕。また加害者は財産に対する罪で起訴され賠償の負債を抱え、永久に貧しく弱い立場に置かれている〔Longman 2017: 308〕。

筆者は賠償の状況を調査した。ンゴマ郡のセルの事務局長に賠償の書類を見せてもらうと、未払いの書類が分厚い束になり棚に積まれていた。ガチャチャ裁判閉廷後にセルが賠償状況を調査した資料によると、このセルの賠償未払い件数は四一五件であった。一人の被害者に六四人もの加害者がいた事例もあった。閲覧させてもらった資料のなかで、加害者一人が払う最も高い賠償額は、家二軒分のトタン板五五枚の賠償二四万ＲＷＦ（四万二一〇五円）であった[31]。

ルツィロ郡のセルの事務局長に賠償未払い案件リストを見せてもらうと、二〇一六年一月一九日の時点で四七人の加害者が未払いであった。うち二一人は既に死亡している。死亡した場合は家族が賠償するが、妻、子ども、両親、兄弟姉妹に限らず、叔父、叔母、義理の親族までもが賠償しなければならない。家族がいない場合は賠償が払われない[32]。賠償が完済されればセルの事務局長に申し出て、リストに記録されている自分の欄に傍線を引いてもらい支払い済みになる。

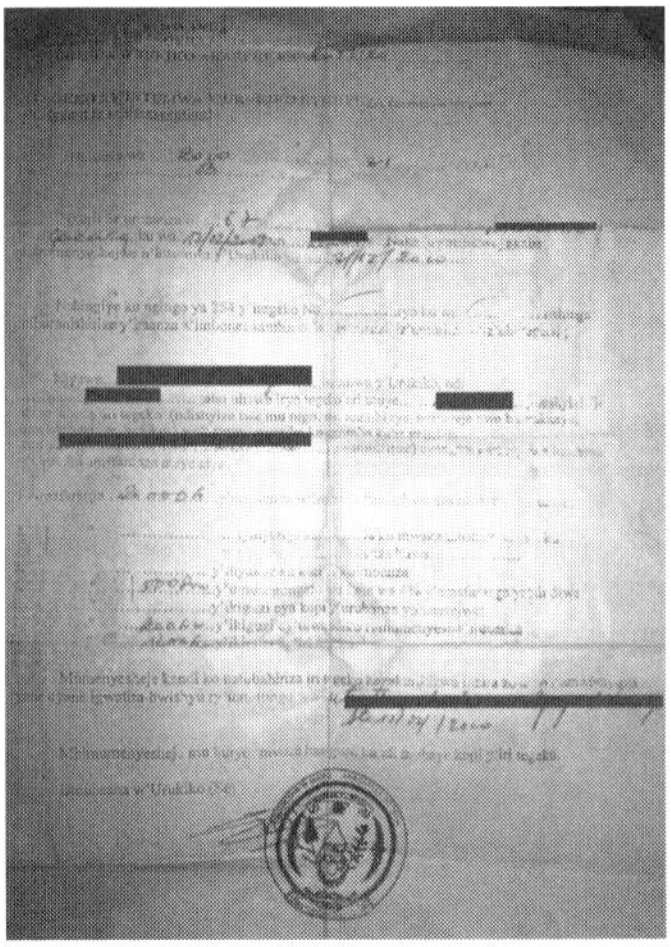

写真 4-3　賠償の督促状（A4 サイズ、2016 年 3 月 1 日）

◎家族に賠償義務はあるのか

家族が賠償している事例が圧倒的に多く、家族に賠償義務があるのかどうかを疑問に思い調べてみた。ルツィロ郡ルハンゴ（Ruhango）地方裁判所の裁判官に聞き取り調査を行ったところ、家族に賠償義務はないという返答を得た[33]。裁判官が根拠として言及した法律[34]を引用する。

第二二条：財産の賠償手続き

賠償は加害者本人または加害者の財産によって支払われなければならない。しかし加害者が明らかに支払いできない場合は、収容される代わりに公益労働に従事しなければならない[35]。

この法律は家族の賠償義務には言及していないが、加害者の財産があれば賠償しなければならないため、家族が賠償することになる。さらに加害者死亡あるいは服役中の場合、ガチャチャ裁判は家族を法廷に召喚し、加害者の窃盗罪について証言させる[36]。証言した場合、その場で賠償が命じられ家族が賠償を引き受けることになる。

加害者家族が賠償を迫られるさらに大きな要因は、セルの事務局長に強制的に賠償させられるからである。セルの事務局長は「執行官の職務を管理する法律[37]」により、ガチャチャ裁判の判決を履行する法的権限をもっている。その権限をもって支払い期限を決め、督促状を発行する。加害者家族は賠償をすぐに完済するために、生きていくうえで手放せない土地や家畜を売却して賠償する。督促状の発行状況を調査地ごとに調べたところ、次々と発行しているセルと、未払い案件を棚上げにして発行していないセルがあった。賠償をとりまく状況は、事務局長の判断に左右されていることが分かった。加害者に見せてもらった督促状には、被害者と加害者の名前、セルの事務局長の名前、賠償金額、支払い期日が記されている（写真4―3）。個人情報を黒塗りし、本人の許可を得て掲載する。

加害者家族は被害者と近隣で関わりをもって暮らしていることで、関係がより悪化することを懸念して賠償している。家族が背負う罪悪感や、家族も加害者としてみられている負い目から賠償の責任を負わなければならないと考えている。被害者は、加害者本人ではなく家族から賠償の減額を申し出られることで家族の苦労を察して同情し合意する。[38] 被害者と加害者家族の賠償をめぐる対話が少しずつ進み、両者の関係がつくられていく。加害者本人は刑期を終えて村に戻ると、被害者との関係を一から構築し直さなければならない。しかし加害者家族が既に被害者との関係の土台をつくってくれていることで、加害者本人は関係をつくりやすくなっている。賠償問題を片付けている加害者家族の多くは妻である。農村社会では女性の地位が低く妻の働きは評価されにくいが、この仕事ぶりのお陰で被害者と加害者の関係がつくられ、妻たちは農村社会の秩序を保つ役割をかなり大きく果たしている。

3　賠償をめぐる対話に使われるルワンダ語

ガチャチャ裁判が試験的に始まったのは二〇〇二年、全国で始まったのは二〇〇六年、閉廷したのは二〇一二年、筆者が現地調査を始めたのは二〇一四年であり、時を経ても依然として賠償の対話はめぐり続けている。

「賠償金をいくら払いましたか？」と加害者に問うと、「私は赦しを求めました」（*Nasabye imbabazi.* ナサビェ インババズィ）という答えが返ってくる。一方で被害者に「賠償金をいくらもらいましたか？」と問うと、「私は彼をすでに赦しました」（*Naramubabariye.* ナラムババリエ）という答えが返ってくる。[39] 聞き取り調査では、多くの当事者が同じように答えた。

筆者は「いくら」という質問に対して「赦す」と返ってくることを理解できなかった。筆者は「赦す」（*-babarira*）は「精神的に赦す」、つまり「被害者が加害者を赦す」という意味だと思ったからである。しかし聞き取り調査を進めていくうちに、加害者が賠償の減額を申し出る時に「赦しを求める」、被害者が合意する時に「赦す」という言葉を使っていることが分かった。

ルワンダ語には「賠償」にあたる言葉が三つほどあることを通訳から教えてもらった。インディシ（*indishyi*）は恩赦や賠償を意味する。この言葉のなかに現金支払いや、労働や家畜で償うという意味が含まれている。イングラーネ（*ingurane*）は盗った物を違う物で埋め合わせすることである。例えば草を盗った者が、それに相当する現金やそれに代わる物で償うことである。ウブギィシュ（*ubwishyu*）は盗った物と同じ物で償うことである。しかし賠償をめぐる対話では、加害者は「賠償を減額してほしい」、被害者は「賠償を減額する」という直接的な言葉は使わない。つまり「赦しを求める」、「赦す」は減額の隠喩である。

このことに行き着き膝を打ったものの、新たな疑問が出てきた。なぜ「赦しを求める」、「赦す」という言葉が減額の隠喩で使われるのか？その要因は、加害者が被害者に赦しを求めることが定められているガチャチャ裁判の法律からきているのではないかと考えた。[40] 法律文の「自白し、罪を認め、悔い改め、被害者に赦しを求める」をみると、「自白」は日本の刑法にあるが、[41]「罪を認め、悔い改め、赦しを求める」は日本の刑法にはなく、キリスト教の教理に由来している。

筆者はキリスト教に馴染みがなかったが、調査地の農村で毎朝礼拝に出ていた。カトリックの教会に住まわせてもらっていたため、食事をするときに司祭から今日の説教は理解できたかと聞いてもらい、あらましを話してもらった。ルワンダでは司祭になるための神学校は数少なく、入学できたとしても戒律が厳しいことや長期の学費を払えないことで、学びの段階で辞める者もいる。司祭は神に一生を捧げることを誓い、結婚もできず、カガメ大統領は「自分は司祭にはなれない」と話すほど厳しい世界である。それを司祭は話題にあげ、自分たちを誇りに思っている。司祭からキリスト教の話を繰り返し聞くなかで、赦しの教理を少しずつ理解できるようになり、なぜ賠償をめぐる対話に「赦しを求める」、「赦す」という言葉が使われるのかが分かるようになってきた。

4　「赦し」とキリスト教

序章の注1で示したとおり、ルワンダでは実に人口の約九五%がキリスト教を信仰している。日本ではキリスト教信仰者の割合は僅か一%であり、やや馴染みの薄いキリスト教について少し説明する[17]。

「赦しを求める」場合は、罪を犯した者が神から赦しを得るために罪を悔やみ、その罪が人々に与えた損害をできる限り償わなければならないとされている〔ネメシェギ　一九九二：一一六〕。罪を犯した者は司祭に告白し、司祭は罪を犯した者が神から赦されるよう祈る〔ネメシェギ　一九九二：一一六〕。これはカトリックで「赦しの秘跡《ひせき》」といわれる重要な儀式である[43]。したがってジェノサイドの賠償をめぐる対話で加害者が「赦しを求める」という言葉を使うのは、「減額を申し出る」という意味だけでなく、「犯した罪を十分に悔いている」という表明が含まれている。

それに対して被害者が「赦す」と応えるのはなぜか。このこともキリスト教の教理と結びついている。キリスト教では大なり小なり誰もが罪を犯すという考え方が土台にある。キリスト教の罪は、窃盗や傷害や殺人などの犯罪に限らず、他者に怒りや憎しみの感情をもつといったことまで含まれている。キリスト教の始祖イエス（Jesus Christus）は人々の罪を背負い、磔《はりつけ》にされてもなお罪を犯した者が神から赦しを得るよう祈った〔ルカによる福音書二二章三四節)[44]。他者から傷つけられた時もイエスにならい他者を赦すことで、自分自身も神から赦しを得るという教理である。

したがって賠償をめぐる対話で被害者が「赦す」という言葉で応じるのは、「減額に合意する」という意味だけでなく、「加害者の罪を赦すことで被害者自身も神から赦しを得る」という教理が含まれているからである。

あるジェノサイドの被害者(四〇代男性)は首都キガリ市に住み、外国人観光客のガイドやタクシー運転手を生業にしている。彼はジェノサイドで父、姉、妹、弟を殺害され、姉の四人の子どもも全員殺害された[45]。ガチャチャ裁判で家族を殺害した加害者集団が明らかになり、その中には同じ地域で暮らしてきた隣人も混ざっていた。彼らが罪を自白し謝罪し赦しを求めたことで、被害者は長い時間をかけて赦したと述べた。なぜ赦すことができたのかと問うと、次のように語ってくれた。

ジェノサイドを企てたのは政治家や軍人などの権威者であって、末端の農民ではない。権威者は「トゥチを殺せば財産を略奪できる」とそそのかし、貧しい農民は従った。つまり殺害の多くは略奪が目的だったんだ。権威者を赦すことは難しいけれど、農民を赦すことはできるよ。我々はジェノサイドの前から助け合って暮らしていたんだから。始めはショックのあまり家族がどうやって殺害されたのかを知るのも嫌だったけれど、「隣人はあのとき狂っていた、普通ではなかった、悪魔にそそのかされたんだ」と思うと、徐々に落ち着きを取り戻して赦すことができたんだ。

悪魔に取り憑かれると誰でも罪を犯す可能性を孕んでいるというキリスト教の考え方から[46]、この被害者は加害者を赦したのであろう。篤信の被害者がキリスト教の教理に従いジェノサイドの罪を赦す一方で、この教理は被害者に赦しを強要することにもなるのではないかと筆者は考える。加害者を赦したくても赦せないことに罪悪感を抱える被害者もいると司祭は話す[17]。

キリスト教の教理では「赦しを求める」、「赦す」、「和解する」という言葉はセットになっている。これらの言葉の関係を哲学的に思考したヘーゲル（Georg Wilhelm Friedrich Hegel）は、加害者が自らの罪を認めて自白し赦しを求め、被害者が自白した加害者を赦すことができれば、被害者と加害者はより高い次元で統一され（ヘーゲルの言葉を使えば「止揚《しよう》」され）、「和解」が生じると論じた[18]［ヘーゲル 一九九七：二六七―二八二］。ガチャチャ裁判で賠償を減額してもらった加害者の家族は、被害者に感謝し「これは和解への道だ」と述べた［Ingelaere 2016: 156-157］。

聞き取り調査を進めるなかでキリスト教の教理に沿わない現実もみえてきた。加害者は賠償するために生活の糧である畑を売り尽くし苦しい生活に耐え忍んでいることから、賠償の減額や免除を申し出るしかない実情がみえてきた。一方で、被害者はジェノサイドで働き手や財産を失い貧しい生活を強いられているため賠償を受け取りたいが、近隣に暮らす加害者の貧しさを十二分に理解し免除するしかない実情がみえてきた。圧倒的に貧しい現実が、加害者が赦しを求めざるを得ない、被害者は赦さざるを得ないという切迫した状況をつくっている。

小括

一九九四年にジェノサイドが終結した二年後に、ジェノサイドの犯罪をどのように裁くのかが大統領や政治家を交えて話し合われた。ガチャチャ裁判が施行されるまで、逮捕された加害者は裁かれないまま刑務所に留置されていた。二〇〇一年法でガチャチャ裁判を設置することが定められ、翌年からすぐに試験事業が始まり徹底的に証拠が集められ、二〇〇六年に本格的に全国で展開された。ガチャチャ裁判は短期間で集中的に迅速に裁くことを目的とし、実質一〇年間で閉廷したが、約二年ごとに四回もの法改正が行われた。

国内裁判でジェノサイドの殺人罪と傷害罪を裁くことは長期間に及ぶため限界があり、ガチャチャ裁判をつくって裁いた。二〇〇一年法では郡・ガチャチャ裁判で殺人罪を裁き、二〇〇四年法では郡より小規模のセクター・ガチャチャ裁判で殺人罪を裁いた。それによって犯罪分類や量刑の改正を繰り返し、最終的に殺人罪と傷害罪を合わせて約六三万件を裁いた。

セル・ガチャチャ裁判は財産に対する罪を裁き、最終的に約一三二万件に及んだ。財産に対する罪はガチャチャ裁判が始まる前は国内裁判で裁かれ、執行猶予つきの実刑であった。ガチャチャ裁判は財産に対する罪を裁き、量刑は賠償だけになり、被害者と加害者が合意すれば起訴されないことになった。それにより、当事者は判事と合意文書を作成したり、督促状の発行をセルの事務局長に依頼したり、個人で賠償を解決しなければならなくなった。そこに賠償をめぐる対話がうまれ、当事者はインフォーマルなガチャチャの調停方法を取り入れながら賠償問題に取り組んでいる。

注

（1）「執行官の職務を管理する法律」（正式名は本章脚注三七に記載）では、以下のように定められている。「賠償は加害者本人または加害者の財産によって支払われなければならない。しかし加害者が明らかに支払いできない場合は、収容される代わりに公益労働に従事しなければならない」［第一二条 財産の賠償手続き］。

（2）二〇一四年一一月八日、西部州ンゴロレロ郡の調査地にて行った筆者による判事への聞き取りより。

（3）「執行官の職務を管理する法律」第五三条（条文は本章脚注三七に記載）。

（4）二〇一四年一一月三日、西部州ンゴロレロ郡の調査地のセクター事務所にて行った筆者による聞き取りより。

（5）二〇〇一年法三七条、二〇〇四年法第三九条三項。

（6）二〇一四年一一月八日、西部州ンゴロレロ郡の調査地にて行った筆者による、この問題の関係者以外の判事への聞き取りより。

（7）二〇一四年一二月一七日、西部州ンゴロレロ郡の調査地にて行った筆者による被害者Aへの聞き取りより。

（8）二〇一四年一二月一七日、西部州ンゴロレロ郡の調査地にて行った筆者による被害者Aへの聞き取りより。

（9）普遍的管轄権に基づく裁判所は、ベルギー、カナダ、スイス、オランダ、フィンランドにある［Rettig 2011: 194］。ベルギーとカナダの判例を挙げておくと、二〇〇一年にベルギーの裁判所はルワンダ国立大学（現ルワンダ大学）教授と四人の修道女に有罪判決を下した［Burnet 2008: 175］。二〇〇〇年にカナダの裁判所は、実業家ムニャネーザ（Munyaneza Désiré）に人道に対する罪および戦争犯罪で終身刑二五年仮釈放なしを下した。

International Crimes Database, "Her Majesty the Queen (Prosecutor) v. Désiré Munyaneza: Related developments,"〈URL: http://www.internationalcrimesdatabase.org/Case/1176〉（アクセス二〇二一年五月二三日）

（10）一九九六年八月三〇日付の基本法一九九六年第八号（一九九〇年一〇月一日以降に犯されたジェノサイド罪および人道に対する罪を構成する法律違反行為を追訴する組織に関する基本法［Organic law No.08/96 of August 30, 1996 on the organization of prosecutions for offences constituting the crime of genocide or crimes against humanity commited since October 1, 1990］）

（11）武井［二〇一六］は、ドイツとイスラエルの政治関係を補償の面から考察している。

（12）二〇〇一年一月二六日付の基本法二〇〇〇年第四〇号（「ガチャチャ裁判」を設置し、一九九〇年一〇月一日から一九九四年一二月三一日に犯されたジェノサイド罪および人道に対する罪を構成する行為を訴追する基本法［Organic law no 40/2000 of 26/01/2001 setting up "Gacaca Jurisdictions" and organizing prosecutions for offences constituting the crime of genocide or crimes against humanity commited between October 1, 1990 and December 31, 1994］）

（13）二〇〇四年六月一九日付の基本法二〇〇四年第一六号（一九九〇年一〇月一日から一九九四年一二月三一日に犯されたジェノサイド罪および人道に対する罪を訴追し、裁く任務を負ったガチャチャ裁判の組織、権限、機能を定めた基本法［Organic law No.16/2004 of 19/6/2004 establishing the organisation, competence and functioning of Gacaca Courts charged with prosecuting and trying the perpetrators of the crime of genocide and other crimes against humanity, commited between October 1,1990 and December 31, 1994］）

（14）二〇〇七年三月一日付の基本法二〇〇七年第一〇号（一九九〇年一〇月一日から一九九四年一二月三一日に犯されたジェノサイド罪および人道に対する罪を訴追し、裁く任務を負ったガチャチャ裁判の組織、権限、機能を定めた二〇〇四年六月一九日付の基本法二〇〇四年第一六号を修正し、補足する基本法［no 10/2007 of 01/03/2007 Organic law modifying and complementing organic Law no 16/2004 of 19/6/2004 establishing the organisation, competence and functioning of Gacaca Courts charged with prosecuting and trying the perpetrators of the crime of genocide and other crimes against humanity, committed between October 1, 1990 and December 31, 1994 as modified and complemented to date］）

（15）二〇〇八年五月一九日付の基本法二〇〇八年第一三号（一九九〇年一〇月一日から一九九四年一二月三一日に犯されたジェノサイド罪および人道に対する罪を訴追し、裁く任務を負ったガチャチャ裁判の組織、権限、機能を定めた二〇〇四年六月一九日付の基本法二〇〇四年第一六号を修正し、補足する基本法［no 13/2008 of 19/05/2008 Organic law modifying and complementing Organic law no 16/2004 of 19/06/2004 establishing the organisation, competence and functioning of Gacaca Courts charged with prosecuting and trying the perpetrators of the crime of genocide and other crimes against humanity, committed between October 1, 1990 and December 31, 1994 as modified and complemented to date］）

（16）ただし有罪と無罪の合計は八〇の誤差がある。

（17）二〇一四年一一月二三日、西部州ンゴロレロ郡の調査地にて行った筆者による判事への聞き取りより。

（18）CNLGから入手し、掲載許可を得ている。

（19）二〇一五年五月八日、二〇一五年五月一二日、首都キガリ市警察署本部にて行った筆者によるガチャチャ裁判の裁判記録の閲覧より。

（20）二〇一四年一一月二三日、西部州ンゴロレロ郡にて行った筆者による判事への聞き取りより。

（21）二〇一四年一一月二三日、西部州ンゴロレロ郡にて行った筆者による判事への聞き取りより。

（22）ICTRが起訴したジェノサイドの被疑者九三人のうち、判決が下されたのは六二人、無罪判決は一四人、ルワンダ国内裁判所への移管は一〇人、国際残余メカニズムへの引き継ぎは三人、判決の前に死亡したのは二人、訴えを取り下げられたのが二人である。ICTR, “The ICTR in Brief,”〈URL: http://unictr.irmct.org/en/tribunal〉（アクセス二〇二二年五月二三日）

（23）二〇一五年六月二四日、首都キガリ市警察署本部にて行った筆者によるガチャチャ裁判の裁判記録を管理する職員への聞き取りより。

（24）二〇一五年六月一五〜一七日および二〇日、首都キガリ市警察署本部で行った筆者によるガチャチャ裁判の裁判記録の閲覧より。

（25）二〇一五年一二月二八日、西部州ンゴロレロ郡にて行った筆者による加害者の妻への聞き取りより。

（26）合意文書の正式名称は「ルワンダ共和国の政府レベルが管轄するガチャチャ裁判のジェノサイドによる財産の器物損壊罪または窃盗罪の合意文書」（*repubulika y'u rwanda urwego rw'igihugu rushinzwe inkiko gacaca inyandiko mvugo y'ubwumvikane ku mutungo wangijwe cyangwa wasahuwe muri jenoside*）。

(27) ルワンダでは一軒一軒の住所が定められておらず、個人宅に荷物や新聞などの配布物を届けることができない。企業団体は首都キガリ市や地方都市にある郵便局の私書箱を利用している。昨今は首都キガリ市の高級住宅街では、住所を特定できるように戸建ての塀にスプレーで番号が書かれている。

(28) 再通知の合意文書の正式名称は「ルワンダ共和国の政府レベルが管轄するガチャチャ裁判の窃盗された財産の賠償金完済の通知書」(*republika y'u rwanda urwego rw'igihugu rushinzwe inkiko gacaca icyemezo cy'irangizarubanza ku birebana n'umutungo wononwe*)。

(29) この換算方法は、聞き取り調査で判事から説明してもらった。NGOのPRIが報告する賠償の換算方法も同様であった[PRI 2007: 3]。PRIは、人権を擁護する司法システムの促進を目的とした団体である。

(30) NSGCとCCMは全国で六〇セクターを選定し、計三七八〇人に聞き取り調査を行った[CCM 2012: 54]。ただし、回答者全体のうち被害者と加害者の割合は示されていない。

(31) 二〇一六年八月二六日、東部州ンゴマ郡の調査地のセル事務所で筆者が閲覧した資料より。

(32) 二〇一四年一二月三日、西部州ンゴロレロ郡の調査地で行った筆者による被害者への聞き取りより。

(33) 二〇一六年三月四日、西部州ルツィロ郡ルハンゴ地方裁判所にて行った筆者による裁判官への聞き取りより。

(34) 二〇一二年六月一五日付の基本法二〇一二年第四号(ガチャチャ裁判を閉廷させ司法管轄権の問題を解決する方法を決定する基本法[Organic law no 04/2012 of 15/06/2012 terminating Gacaca Courts and determining mechanisms for solving issues which were under their jurisdiction])第一二条

(35) 原文は以下の通り。Article 12: Modalities of compensation of property:

Compensation shall be paid by the offender himself/herself or his/her property. However, if it is evident that the offender of looting and damaging is insolvent, he/she shall be subjected to Community Services as alternative penalty to imprisonment.

(36) 二〇一五年五月八日、首都キガリ市警察署本部にて行った筆者によるガチャチャ裁判の裁判記録の閲覧より。

(37) 二〇一三年三月二二日付の法律二〇一三年第一二号(執行官の職務を管理する法律[Law governing the Bailiff Function no 12/2013 of 22/03/2013])

第五三条:専門的な執行官補佐人でない者の法的権限の限界:セルの事務局長は、ガチャチャ裁判の判決とアブンジの判決を履行することのみ許可されている(Article 53: Limits to the competence of non professional bailiffs: The Executive Secretary of the Cell shall only be allowed to execute decisions taken by Gacaca Courts and decisions from Mediation Committees)。

(38) 二〇一六年二月二三日、西部州ルツィロ郡の調査地にて行った筆者による被害者への聞き取りより。

(39) ルワンダ語の「赦す」という言葉がどのようになっているのか、文法からみてみる。被害者が使う「私は彼をすでに赦しました」(*naramubabariye*)は、「赦す」(*-babarira*)という動詞の活用形である。動詞語根 *-babarir-* に、主語と目的語と過去と完了の接辞がくっついている。それを分解すると次のようになる。

n-a-ra-mu-babarir-ye > *naramubabariye*(音韻規則により語根末の r は脱落する)

主語(私)—過去—完了—目的語(彼)—「赦す」の動詞語根—完了

よって *naramubabariye* は動詞「赦す」(*-babarira*)の活用形であり、「私は彼をすでに赦した」という独立した文でもある。また、加害者の「私は赦しを求めました」(*Nasabye imbabazi.*)というルワンダ語は動詞「求める」(*-saba*)と名詞「赦し」(*imbabazi*)から成り、名詞「赦し」は動詞「赦す」(*-babarira*)の派生語である。

Nasabye imbabazi. には「私は謝罪しました」の意味もあるが、キリスト教的な意味も含めて賠償をめぐる対話が行われているため本書では「赦しを求める」と訳す。

(40) ガチャチャ裁判二〇〇四年法の「自白し、罪を認め、悔い改め、被害者に赦しを求めること」はルワンダ語で *ukwirega, ukwemera icyaha, ukwicuza n'igusaba imbabazi* と表記される[二〇〇四年法第三四条、第三六条、第五四条]。

(41) 日本の刑法では偽証罪と虚偽告訴罪を自白すれば減刑されることが定められている[第一七〇条、第一七三条]。

(42) 文化庁が実施した最新の調査によれば、仏教系や神道系など全宗教の信者総数は一億八一一四万六〇九二人である。信者総数が日本人口を超えているのは、仏教と神道を信仰する場合は二重にカウントされるからである。このうちキリスト教系信者数は一九一万五二九四人であり一・一%である[文化庁二〇二一：三五]。

(43) 秘跡はイエスの現存を感じるための儀式であり、洗礼、堅信、聖体、赦し(告解)、病者の塗油、司祭叙階、婚姻の七つが制定されている。本書は、ルワンダで最も信者が多いカトリックの形式に沿った秘跡を挙げているが、プロテスタントの形式に赦しの秘跡はない。宗派によって形式は異なるが、罪を犯した者は悔い改め赦しを求めなければならないという教理は共通している。

(44) 日本聖書協会『聖書 新共同訳』(一九八七年版)を参照。

(45) 二〇一二年七月四日、首都キガリ市にて行った筆者による被害者への聞き取りより。

(46) 聖書には悪魔がイエスを誘惑する場面が記されているように[マタイによる福音書四章一―一一節]、悪魔は人をそそのかし神に反逆させようとする存在である。

(47) 二〇一五年二月一八日、西部州ンゴロレロ郡の調査地にて行った筆者による司祭への聞き取りより。

(48) ヘーゲルは『歴史哲学講義』(一八三七年)で「アフリカを除外したところではじめて世界史の舞台が見える」と断定し、

「アフリカには歴史がない」という偏見をもっていた［永原 二〇二二：一一］。このことはアフリカ研究で批判されてきた。ただし本書はキリスト教の赦しと和解について考察しているため、そのことを論じたヘーゲルの研究を参照する。なお、ヘーゲルによる赦しと和解の論考は、鵜飼・高橋［二〇〇〇：五二―五三］と守中［二〇一五：一〇〇―一〇五］で詳しく解説されている。

《被害者と加害者の賠償の語り Ⅳ》

被害者の語り④――賠償を請求し続けて恨みを買う

ここでは、被害者が賠償を請求することが別の被害者や住民にどのように映っているのかを取り上げる。被害者S(女性)は西部州ルツィロ郡に住み、農業を生業にする。Sはジェノサイドで夫と子ども三人を亡くし、窃盗された財産の被害は甚大で、加害者四三人から賠償を受け取っていない。彼女の財産を盗んだ加害者のうち一人は、五万RWF(八七七一円)の賠償を命じられた。現金で払うことができず、加害者自身のバナナ畑と、父のバナナ畑と、妹のバナナ畑三枚で賠償した。その結果、妹はバナナ畑を失い生計が成り立たなくなったため、この村を出てコンゴへ移った。

賠償を無理強いするのは良くないと考える住民

このことを筆者に話してくれたのは、この村に住む被害者(男性五〇代)である[1]。彼の財産も同じ加害者に盗まれたが、彼は賠償を免除した。彼によれば「加害者の妹が村を出て行くことになったのは、Sが賠償を無理強いしたからだ」と加害者側に同情的な物言いをした。

村の住民は、この賠償をめぐる対話をどのように見ているのか。彼らは近隣に住み、被害者と加害者と関わり合い各々の事情を知っている。住民はSが土地や家畜を複数もっていることを把握しており、「Sは生活に困っているわけではないので賠償を無理強いする必要はない」と、こちらも加害者側に同情的な物言いをした。

この賠償をめぐる対話について何人かに聞き取ったところ、「賠償の無理強いは良くない」と考える者がほとんどであった。またこの農村に住む別の被害者も、加害者に無理強いは良くないという理由で賠償を減額していた。(2) この考え方が広まる理由は、賠償のやりとりだけでなく被害者と加害者の個人的な生活状況までもが住民から細かく把握され、それらの事情も含めてみられているからである。

賠償の問題は当事者同士で解決するものだと筆者は考えていたが、この問題はコミュニティ全体の問題として捉えられている。それによって被害者は賠償を受け取る権利があるにもかかわらず、生活状況によって受け取るべきかそうでないかが判断され、賠償を請求し続けると立場が悪くなっていく状況に陥ってしまう。ガチャチャ裁判は賠償を命じるだけでその後は関知せず、解決を当事者に委ねていることで被害者が我慢を強いられる状況がつくられている。

加害者の語り 5 ――賠償完済後に作成された合意文書

自白すれば減刑される

加害者（五〇代男性）は西部州ンゴロンレロ郡に住み、農業を生業にしている。ジェノサイドで彼は加害者集団に加わり、徒歩三〇分圏内に住む女性を殺害し、遺体をバナナ畑に埋めた。(3) さらに近隣に住む男性の息子二人をナタで殺害し、また別の男性の息子を殺害した。その他にも複数人を棒で殴るという凶悪な犯罪を犯した。

このような重い罪に下された判決は、懲役刑一〇年九か月、公益労働四年というあまりにも軽い刑罰である。その理由は、自白すれば減刑される制度が適応されたからである。二〇〇七年法では彼の罪は犯罪分類二の一に該当し、ガチャチャ裁判で裁かれる犯罪の中では最も重い。

しかし被疑者リストに記載された後に自白すれば、二五〜二九年の懲役刑は三分の一、公益労働は二分の一、執行猶予は六分の一と大幅に減刑され、服役と公益労働を合わせて約一五年で釈放された。彼はガチャチャ裁判が始まる前の一九九七年に捕まり一〇年間収容されたため、この一〇年間を服役したと見なされた。

さらに彼は異なる地域で犯罪を犯していたため、地域ごとのガチャチャ裁判で裁かれた［二〇〇四年法第四四条］。刑務所から裁判所までバスで片道三時間をかけて出廷したが、出廷できない場合は妻宛に召喚状が発行された。妻が出廷し[4]、妻に賠償が命じられた。

服役中の夫に代わり妻が賠償する

妻は、六人の被害者へ賠償金を完済するまでの経緯を、合意文書を基に記憶を辿りながら細かく話してくれた。判事は指定のノートに彼女の名前を書き、賠償額を決め、少しずつ支払うように命じた[5]。それぞれの被害者へ支払いを完了し、被害者と一緒にガチャチャ裁判に出廷すれば合意文書を作成すると言われた。

夫が犯した窃盗罪と器物損壊罪は、牛、木製の屋根、屋根瓦、レンガ、木、料理用バナナであり、賠償額は計四万三二五〇ＲＷＦ（七五八七円）である。妻はそれぞれの被害者と賠償をめぐる対話を重ね、土地や家財を売って賠償に充てたが、不足分は他者の畑の農作業を手伝い支払った。その賃金は、午前七〜一二時までの五時間の作業で三〇〇ＲＷＦ（五二円）であり、汗水を流して五時間働いてもコーラ一本分にしか相当しない。

写真Ⅳ-2　寡婦がゴザを編んで収益を得る（本文の登場人物とは異なる、2015年1月23日）

写真Ⅳ-1　主食キャッサバ（本文の登場人物とは異なる、2014年11月24日）

妻と被害者の言い分を平等に聞くために、所在が確認できた被害者からも話を聞き取った。被害者六人はいずれも徒歩三〇分圏内に暮らす。まず一人目の被害者には、夫が木製の屋根を盗んだ賠償金一万一五〇〇ＲＷＦ（二〇一七円）を支払った。この被害者と妻はジェノサイド以前から親しい関係にあり、どちらもキリスト教カトリックを信仰し、この被害者は代母を引き受けてくれている。代母は宗教上の母親を指し、洗礼に立ち会って儀礼を共に祝い、実生活上の信仰や結婚に助言をくれる。

妻はこの被害者に、収穫したキャッサバ（写真Ⅳ―1）全てで賠償したいと申し出た。妻に現金がないため、この親しい被害者であれば代替を承諾してもらえると思っていたが、期待に反して現金での賠償を希望された。妻はキャッサバと義兄弟の羊を売り、現金で賠償した。支払いは村長の立ち会いのもと村長宅で行われた。

妻はこの被害者と合意文書を作成して支払い完了の証明書にしたかったが、作成を頼むことは憚られてあきらめた。なぜなら敬っていた代母の財産を夫が盗んだことを恥じ、農作物での支払いを申し出て断られたことも恥じ、これ以上頼み事はできないと考えたためである。

この被害者が現金を希望した理由は、筆者が彼女をみてきた状況か

写真Ⅳ-3　ゴザは天然繊維サイザルで編まれる（本文の登場人物とは異なる、2015年1月21日）

ら推察できる。彼女はジェノサイドで夫を亡くし、寡婦のグループ「アビファタニージェ」（*Abifatanyije*）に所属している。アビファタニージェはゴザを編んで販売し、収益をメンバーで分配している（写真Ⅳ―2）。毎週火曜午前九時から一二時までゴザを編む。ゴザは各家庭でよく使われ、原料は国内で栽培される天然繊維サイザルである（写真Ⅳ―3）。

活動場所はクルグウィブツォ（*ku rwibutso*）と呼ばれる建物である。これはジェノサイドの犠牲者を追悼するために全国に建てられているもので、犠牲者の遺骨や遺品が並べられている。クルグウィブツォは直訳すると「記念館」や「記憶する場所」という意味だが、わざわざ「ジェノサイド」という言葉を付けなくても「ジェノサイドを記憶する場所」と同じ意味で理解される。この調査地のクルグウィブツォはコンクリートで造られた綺麗な建物で、追悼集会やイベントが催される多目的ホールである。

筆者は毎週この活動場所に顔を出していた。女性たちはおしゃべりをしながらゴザを編んでいた。その中にいつも彼女の姿があり、一生懸命編んだゴザの収益を生活費に充てていた。働き手の夫を失い生活に苦しむ状況では、少しでも現金の方が助かるという彼女の事情は容易に想像できるのである。

二人目の被害者（六〇代男性）には、夫が牛を盗んで食べた賠償金一万一三〇〇ＲＷＦ（一九八二円）を完済した。妻は、賠償額を換算した判事から「ジェノサイド後はインフレが進む可能性があり、牛の値段が上がるにしたがって賠償額も上がるため、早く支払うように」と急かされた。よって支払いを三回に分け、一回目と二回目はセクターの職員を介して支払った。

三回目の支払いは、被害者、セクター職員、村長、近隣住民が妻を訪ねて来て催促した。妻は義姉の羊を売って賠償した。当事者に直接関係のない住民が賠償をめぐる対話に加わると、賠償を性急に支払わざるを得なくなる。しかし賠償は謝罪の気持ちを示すことでもあり、それを住民に知ってもらうことで、妻の後ろめたさは少し緩和され、農村に住みやすくなる。

この二人目の被害者に話を戻すと、夫が加わったイビテロに息子二人を殺害され、牛一頭、家財、宅地内の木々を窃盗され、甚大な被害を受けた(6)。この農村にはジェノサイド以前からトゥチが少なく、真っ先に彼は標的になった。この被害者は実に加害者二〇人から財産を窃盗された。賠償金を受け取るためには自主的に働きかけなければならず、加害者それぞれに賠償請求し続けてきたことで、近隣住民は彼を「しつこい」と非難し、「彼は賠償を受け取ったのにまた請求している」とエスカレートして広まった。

妻はこの被害者に賠償を完済したため合意文書の作成を申し出るつもりであったが、あきらめた。妻は被害者それぞれに責任をもって賠償しているため、領収書代わりの合意文書は彼女にとって最も重要なものであったが、「彼は賠償を受け取ったのにまた請求している」という噂を聞いて、自分も賠償を再び請求されると考えたからである。

三人目の被害者(七〇代男性)には、牛の窃盗罪の賠償金八七〇〇RWF(一五二六円)を支払った。被害者の農作業を手伝うことで賠償したいと申し出たが、現金を希望されたため、収穫した料理用バナナを売って賠償し、合意文書を作成してもらった。夫が加わったイビテロがこの被害者を二日間にわたり殴り続け、部屋に閉じ込めた。閉じ込められた間に、被害者の妻は殴り殺され、バナナ畑に埋められた(7)。この犯行はあまりにもむごいものであり、裁判記録にも克明に記されていた(8)。残虐な罪を犯した加害者一二人のうち七人は

写真Ⅳ-4　虫食い豆を取り除く（本文の登場人物とは異なる、2014年8月12日）

国外に逃げたが、残りの五人は近隣に暮らしているという信じ難い状況である。

　四人目の被害者（男性六〇代）には、牛、屋根瓦、レンガ、木、料理用バナナの賠償金を減額してほしいと申し出た。六〇〇〇ＲＷＦ（一〇五二円）で合意してもらい、夫の土地を売った。近所のカバレで被害者を見かけ、そこで支払いを済ませた。後日ガチャチャ裁判に出廷し、被害者と合意文書を作成した。この被害者が減額に応じたことで、賠償をめぐる対話が円滑に進んだ。この被害者は一九九六年から村長を無償で務め、住民から信用を得ている人物である。ジェノサイドで一三人の家族と親戚を殺害され、財産も根こそぎ奪われ、言葉を失うほどの大きな被害を受けながらも、加害者の貧しさを推し量り多くの減額の申し出に応じたという(9)。

　五人目の被害者には牛の賠償で四五〇〇ＲＷＦ（七八九円）を支払った。妻は、毛布、鍋、クワなどの日用品を売り、被害者宅で完済した。後日ガチャチャ裁判で合意文書を作成してもらった。六人目の被害者には、夫が現金を恐喝した罪で命じられた賠償一二五〇ＲＷＦ（二一九円）を支払った。妻は実母から借金し、近隣住民の農作業を手伝い、豆を売った（写真Ⅳ—４）。被害者宅で賠償を支払い、後日ガチャチャ裁判で合意文書を作成してもらった。

　これは賠償した後で合意文書を作成した事例である。裁判記録を管轄するＮＳＧＣによれば、賠償は合意文書を作成した後に支払うことになっている。通常は判事が合意文書を作成するが、この妻は被害者に願い出て合意文書を作成しなければならなかった。この農村では、ガチャチャ裁判が始まる前から被害状況が調べられ、賠償が換算され命じられていたため、合意文書は作成されなかったということである。
最後に、この夫婦のジェノサイド後の経験について述べておく。ジェノサイド終結後、現政権ＲＰＦはフトゥの人々を手当り次第に拘束し投獄した。拘束を恐れた夫は、ジェノサイド終結直後の一九九四年七月に妻や兄弟を連れて隣国コンゴへ徒歩で何日もかけて逃げた。一年後にルワンダに戻ってきたが翌年の一九九七年に拘束され、服役一〇年九か月と五つの地域で四年の公益労働に服した。刑期を終えて農村に戻り、農村の教会で念願の結婚式を挙げることができた。筆者の帰国間際に妻が餞別にくれた結婚式の写真には、微笑む夫婦の姿があった。

注

（1）二〇一六年二月四日、西部州ルツィロ郡の調査地にて行った筆者による被害者への聞き取りより。
（2）二〇一六年二月二三日、西部州ルツィロ郡の調査地にて行った筆者による被害者への聞き取りより。
（3）二〇一五年一月一五日、二〇一五年一月二二日、二〇一五年四月二日、西部州ンゴロレロ郡の調査地にて行った筆者による加害者と妻への聞き取りより。二〇一五年五月八日、二〇一五年五月一二日、二〇一五年五月一三日、二〇一五年五月一四日、二〇一五年六月二日、二〇一五年六月三日、二〇一五年六月八日、首都キガリ市警察署本部で行った筆者によるガチャチャ裁判の裁判記録の閲覧より。
（4）二〇一五年五月八日、二〇一五年五月一二日、首都キガリ市警察署本部にて行った筆者によるガチャチャ裁判の裁判記録の閲覧より。
（5）二〇一五年一月二二日、西部州ンゴロレロ郡の調査地にて行った筆者による加害者の妻への聞き取りより。
（6）二〇一四年一一月二六日、二〇一四年一二月一日、二〇一四年一二月一七日、西部州ンゴロレロ郡の調査地にて行った筆者による被害者と家族への聞き取りより。
（7）二〇一五年一月二一日、西部州ンゴロレロ郡の調査地にて行った筆者による被害者と家族への聞き取りより。
（8）二〇一五年六月二日、首都キガリ市警察署本部にて行った筆者によるガチャチャ裁判の裁判記録の閲覧より。

(9) 二〇一五年三月一日、西部州ンゴロレロ郡の調査地にて行った筆者による被害者と家族への聞き取りより。

第五章　協応行為と境界線の考察

ガーゲン［二〇二〇］は、序章で説明した啓蒙主義が自己と他者の境界を引いているとし、組織、教育、研究、メディア、宗教などあらゆる分野で境界線が引かれており、それが強調されると不満や対立を生みだすことを示した。

本書は、ガーゲンの境界線の概念でルワンダの農村社会をみる。統治期にベルギーがトゥチとフトゥとトゥワの境界線を引き、ガチャチャ裁判が被害者と加害者の境界線を引き、これらの境界線は現在も消えずに残っていると本書はみる。ただし本書は、境界線がその時々で薄く濃く変化して見えると分析している。

ジェノサイドの被害者の例を挙げて説明すると、ジェノサイドの追悼集会では、被害者が住民にジェノサイドの経験を語る時間が設けられている。被害者はどれほど残忍に家族を殺害されたのか、自分はどのように生き延びることができたのか、ジェノサイド後の生活がいかに苦しいものであるかを語る。集会には、その被害者の家族を殺害した加害者本人も同席している。その加害者は服役を終え、村に戻り、被害者の近隣に暮らしている。この被害者と加害者を境界線の概念でみると、両者の間には境界線が引かれている。このとき被害者はジェノサイドの壮絶な過去が蘇り、家族を奪った加害者への憎しみが募り、加害者との間に引かれた境界線は一層濃く見えている。
その被害者と加害者が関わり合って暮らしていると、礼拝で顔を合わせることもある。両者は司祭の説教を聞き、共に祈り聖歌を歌う。そのとき被害者は、加害者も自分と同じキリスト教徒であると認識する。このとき被害者からみる境界線は、追悼集会のときより薄く見えている。

一　歴史のなかで引かれた境界線

1　トゥチとフトゥとトゥワの境界線

ルワンダの農村社会では、歴史的にトゥチとフトゥとトゥワの境界線がどのように引かれてきたのか。ドイツの統治以前は、トゥチは牧畜民、フトゥは農耕民であった。ただし、フトゥの農耕民が牛を多く所有すればトゥチになった[1]。このようにトゥチとフトゥは固定されていなかったが、トゥチとフトゥを呼び分けることで境界線は引かれていたと本書はみる。

しかしスピークが提唱した「ハム仮説」（長身痩躯のアフリカ人はコーカソイド人種すなわち白色人種の子孫）をドイツがルワンダに持ち込み、トゥチがコーカソイド人種の子孫であるという思想を押し広めた。統治国ベルギーはその仮説を踏襲し、身体的な特徴をつけてトゥチ、フトゥ、トゥワを民族として分けた。このとき民族の境界線が明確に引かれたと本書はみる。

ガーゲンは境界線が強調されると不満や対立を生みだすと主張したように、フトゥとトゥチの境界線は次のような対立を生みだした。ベルギーはトゥチを優遇し、教育や就労の機会を与えたが、フトゥには賦役労働に従事させた。この不平等な格差にフトゥは不満を抱き、フトゥとトゥチの間に対立がうまれた。トゥチがフトゥのサブ・チーフを攻撃したことが引き金になり、フトゥによるトゥチへの鬱積した不満が噴き出し、全国に暴力が広がり「社会革命」に発展した。一九六二年にルワンダは独立し、フトゥ大統領が就任し、ベルギー統治下でのトゥチ支配の政治体制から逆転した。しかしフトゥとトゥチの対立はその後も続いた。

◎政府に引かれた境界線を個人が薄く変化させる

「社会革命」でトゥチに対する暴力が噴き出し、フトゥ主体の政府はトゥチを国内東部へ強制移住させた。東部在住の男性（四〇代）は父親が強制移住させられたことを話した。(2)

政府はツェツェバエが生息している森に村をつくり、トゥチを強制的に住まわせた。父親は一九五九年に南部の出身地から東部に移住させられた。トゥチが政府批判をしないかどうかを監視させるために、フトゥの諜報員をその村に住まわせた。トゥチとフトゥの諜報員は共存し、日常的に助け合ったり訪ね合ったり結婚したりしていた。

写真5-1　おしゃべりに興じる住民（2014年11月29日）

政府は監視する側のフトゥと監視される側のトゥチを対立させたが、個人は対立に左右されず関わり合って暮らしていた。当初はフトゥの監視する側とトゥチの監視される側に境界線が明確に引かれていたが、共存することで互いの敵対心が徐々に消え、争いを避けるようになり、境界線は薄くなっていった（写真5―1）。

2　被害者と加害者の境界線

一九九四年にジェノサイドが引き起こされ、ガチャチャ裁判がジェノサイドの犯罪を裁いたことで、被害者と加害者が分けられ明確に境界線が引かれた。ガーゲンは境界線が強調されると不満や対立を生みだすと主張したように、被害者と加害者の境界線が引かれたことで不満が湧き上がっている。

まず被害者には次のような不満が残る。ジェノサイドで多くの家族を殺害されても、加害者の懲役刑は一〇～一五年と驚くほど軽い。加害者が刑期を終えて村に戻っても、被害者に謝罪しないことがほとんどである。なぜなら加害者はガチャチャ裁判で要求される手順に沿って「罪を認めて謝罪した」ことで、被害者への謝罪は既に済んだものとしているからである。

また財産が一切合切破壊され盗まれても、賠償を満足に受け取ることもできない[3]。さらに被害者は加害者から減額を申し出られると、相手の財政状況が逼迫していることを熟慮して合意せざるを得ない。賠償請求を続けても、周囲の住民からの批判を避けてあきらめなければならず、納得できない不満が燻り続けている。ルワンダ語で「恨み」をインズィーカ（inzika）といい、恨みがあってものみこみ、相手にぶつけないのがルワンダ人のやり方だという[4]。このとき被害者から見る境界線は強調され、濃く見えている。

一方で加害者にも不満がある。聞き取り調査を行った加害者は、異口同音に次のように述べる。「旧政府から「脅威であるトゥチを殺害せよ」というプロパガンダを植え付けられ、そうしなければ自分も家族も殺すと圧力をかけられた」。しかしプロパガンダを流した首謀者は国外に逃れ裁かれず、新政府は民間人を裁き賠償を負わせている。

ある加害者（男性六〇代）は上司から加害者集団に加わるよう命令された[5]。命令されるときに使われる言葉は「仕事に行く」であった。この言葉は、ガチャチャ裁判の起訴状フォーマットの犯罪項目になっている。犯罪分類二で「殺人を犯した」、「加害者集団に加わった」の次に「バリエーリで仕事をした」が並んでいる。加害者は「仕事に行く」ことがトゥチの殺害であることを分かっており、当然のように命令に従っていた。

この加害者は命じられても犯罪に加担しなかった。しかしジェノサイド終結後すぐにフトゥであるという理由だけで逮捕され、審理されないまま刑務所に一〇年間も収容された。ガチャチャ裁判が始まったことで、ようやく冤罪が証明され釈放された。彼はガチャチャ裁判が発行した「直ちに釈放」と書かれた証明書を大切に保管している。

彼の殺人の容疑は晴れたが、窃盗罪と器物損壊罪で裁かれ、被害者五人に計五〇万RWF（九万二五九二円）の賠償を命じられた。牛と土地を売却し被害者に減額を申し出て二七万八〇〇〇RWF（五万一四八一円）を支払ったが、今も賠償を続けている。彼は窃盗罪と器物損壊罪についても冤罪を主張している。しかしセル・ガチャチャ裁判で下された財産に対する罪の判決は控訴できないと定められ〔二〇〇四年法 第八九条〕、彼は不服を申し立てることができない。冤罪であっても長期間自由を奪われ、住民に「加害者」とみられ、被害者に冤罪を訴えても認めてもらえない悔しさが募り、彼から見える境界線は強調され、濃く見えている。

3　ランド・シェアリング

次に土地政策のランド・シェアリング（land sharing）の事例を挙げる。一九九〇年にルワンダ内戦が始まり、一九九四年にジェノサイドが起こり、RPFが勝利した。RPFやトゥチからの報復を恐れた二〇〇万人以上のフトゥが近隣諸国に逃亡した。それまで帰国できなかったトゥチ難民約一〇〇万人が大挙して帰還した。政府は、逃これらのトゥチ帰還民に対して人口密度の比較的低い東部で空いた土地と家屋を見つけて住むよう指導した。逃亡したフトゥの家屋が空いていたため、トゥチ帰還民はそこに住んだ［武内 二〇一五：一八四］。

一九九六年末、コンゴ東部で内戦が起こり、コンゴに逃亡していたフトゥ難民はルワンダに帰還した。フトゥは自分たちの家屋や土地をトゥチ帰還民に使われていたことで、紛争になった。ルワンダ当局は、家屋についてはもとの住民（フトゥ）に返すよう促したが、土地についてはフトゥとトゥチで折半するよう指導した。フトゥは半分の所有権をトゥチに無償で提供した［武内 二〇一五：一八四―一八五］。政府は地方行政末端に至るまで支持者で固め、フトゥ農民の不満を抑制している。［武内 二〇一五：一九二］。

このことで政府はトゥチとフトゥの境界線を明確に引いた。ルワンダは国土面積が狭く、わずか五センチメートル四方の土地でも必ず揉めるといわれる(6)。このような状況でフトゥ農民は作付面積の半分を奪われ、収穫が半減し、生活苦に陥っている。しかしこのことを政府にもトゥチにも言えない不満が溜まり、フトゥから見る境界線は強調され、濃く見えている。

4　フトゥは被害者と認められない

序章で説明したように、政府は「トゥチもフトゥもトゥワも全てルワンダ人」として「国民統合と和解」政策を進め、国民和解は九割以上達成されたと報告する［NURC 2020:XI］。政府からジェノサイドの被害者と認定された者は医療保険、学費、家族の死亡補償金を受け取ることができるが、ジェノサイドの被害に遭ったフトゥは被害者と認められない。このように政府はトゥチが被害者、フトゥが加害者という境界線を引いた。

またガチャチャ裁判の法律は、ジェノサイドの被害者を「民族またはジェノサイド・イデオロギーに反対したことが理由で殺害された者」［二〇〇四年法 第三四条］と定めた。そうであるならば、フトゥという民族であることを理由にＲＰＦに殺害された者もジェノサイドの被害者ということになる。しかし、実際に被害者と認められているのはトゥチである。よって政府はトゥチとフトゥの境界線を明確に引いている。

二　賠償をめぐる対話の協応行為

ガーゲン［二〇二〇］は、共に何かをする協応行為で関係がつくられると主張する。ルワンダの農村社会では被害者と加害者が近隣に暮らし、日常的に関わり合い、協応行為を重ねている。そのなかで賠償をめぐる対話が行われている。協応行為により被害者と加害者の境界線がどのように変化して見えるのかを、事例を挙げて考察する。

◎木を植える作業を共にする

加害者には現金がなく、労働で賠償することを被害者に申し出た[7]。被害者は自分の畑に木を植える作業で合意した。被害者と加害者は、木を植える作業を二年間共にした。なぜ被害者はこのようなことができたのか。被害者の夫はジェノサイドで殺害されたが、その夫と加害者は生前から親交があり家族ぐるみの付き合いがあった。亡くなった夫は加害者に牛をあげる約束をするほど、互いに信頼し合う仲であった。妻が共同作業できた大きな理由の一つは、この加害者が夫の殺害に関与していなかったことである。

被害者は親しくしていた加害者に財産を略奪されたことを恨んでいたが、加害者が真面目に作業に取り組んでいることや、会話を交わすうちにジェノサイド前の交流を思い出したことで、徐々に気持ちがおさまっていった。

協応行為を重ねたことで、被害者と加害者の境界線はだんだんと薄くなっていった。

写真 5-2　伝統舞踊の協応行為（2015 年 6 月 11 日）

◎賠償を免除してもらうお礼に牛を贈る

加害者が賠償の全額免除を申し出て、被害者男性はそれに合意した[8]。加害者が懲役と公益労働に長期間服役することで、加害者の家族が労働力を無くして困窮することを慮ったからである。加害者は被害者の厚意に深く感謝し、住民から支援を得て被害者に牛を贈った。被害者は加害者から償いの気持ちを受け取ったとした。被害者の気遣いが牛を贈る行為につながり、友好的な関係になり、被害者と加害者の境界線は薄くなった。

◎被害者に合意文書を作成してもらえない

加害者家族が奔走して賠償を完済しても、その証明になる合意文書を作成できない場合がある[9]。合意文書は領収書代わりだけでなく、償いの行為を被害者に受け入れてもらった証明でもあると加害者家族は考えている。

この被害者はこの加害者に息子二人を殺害され、そのうえ財産も略奪され、加害者本人ではない家族から合意文書の作成を求められても到底受け入れることはできない。賠償をめぐる対話でぎくしゃくした関係になり、被害者と加害者の境界線は強調され、濃くなった。

小括

ガーゲンは協応行為を行うことで反発や緊張状態や対立がうまれることもあるが、敵意や流血や大量虐殺といった互いの根絶まで至ることのないような方法を見つけることが重要であると主張する［ガーゲン 二〇一〇：四二五］。

ルワンダのジェノサイドの賠償をめぐって金銭や牛やバナナに至るまで、実に多様な対話が当事者だけでなく周囲の人々を巻き込んで交わされている。この協応行為は時に緊張や対立をともない、被害者と加害者の境界線を濃くすることもある。一方で、修復や融和をともない境界線を薄くすることもある（写真5―2）。

賠償は被害者と加害者が合意すれば起訴されないとされたことで、当事者は最終的に合意に行き着くようにしなければならない。早く合意することが優先され、両者が納得した合意であるかは後回しにされ、両者の心情は拾われないままになっている。被害者は加害者に対して湧き出る感情を直接ぶつけることはできない。加害者は住民との関わりのなかで肩身の狭い思いで生きていることを表立って言えない。本書は、当事者の内面に隠れた心情を境界線が薄くなる、濃くなるとあらわしている。

注

（1）二〇一六年七月二二日、東部州ンゴマ郡の調査地にて行った筆者による判事への聞き取りより。

（2）二〇一六年七月二七日、東部州ンゴマ郡の調査地にて行った筆者による村長への聞き取りより。

（3）日本でも被害者への補償制度の未整備が問題になっている。事件に遭ったことで精神的な負担や経済的な困窮を抱える被害者に対する補償制度の充実が求められ、支援を訴える団体がある。二〇一八年に解散した「全国犯罪被害者の会」（あすの会）は二〇二二年三月二六日に「新あすの会」として再結成され、代表者の岡村勲弁護士は次のように訴える。「犯罪は社会から生まれ、誰もが被害者になる可能性がある以上、犯罪被害者に権利を認め、医療・生活保障・精神的支援など被害回復のための制度を創設することは、国や社会の義務である」。「新あすの会」の創立大会で報告された事例は、被害者女性が知人男性からガソリンをかけられ火を付けられ全身の九〇％に大やけどを負ったが、政府からの補償はなく、事件後に生活保護を受けたというものである。彼女は「加害者から補償を得られず、後遺症の治療費を自分で払い続けるのは納得がいかない」として制度充実を求めている［大阪日日新聞 二〇二二年三月二七日］。全国犯罪被害者の会「会の紹介」〈URL: http://www.navs.jp/introduction-a.html〉（アクセス二〇二二年五月二三日）。

（4）二〇一六年二月一六日、西部州ルツィロ郡の調査地にて行った筆者による住民への聞き取りより。

（5）二〇一六年三月四日、西部州ルツィロ郡の調査地にて行った筆者による加害者への聞き取りより。

（6）二〇一四年一一月二七日、西部州ンゴロレロ郡の調査地にて行った筆者による住民への聞き取りより。

（7）二〇一五年一月二日、三月七日、西部州ンゴロレロ郡の調査地にて行った筆者による加害者と妻への聞き取りより。

（8）二〇一六年二月二三日、西部州ルツィロ郡の調査地にて行った筆者による被害者への聞き取りより。

（9）二〇一五年一月一五日、二〇一五年一月二二日、二〇一五年四月二日、西部州ンゴロレロ郡の調査地にて行った筆者による加害者と妻への聞き取りより。二〇一五年五月八日、二〇一五年五月一二日、二〇一五年五月一三日、二〇一五年五月一四日、二〇一五年六月二日、二〇一五年六月三日、二〇一五年六月八日、首都キガリ市警察署本部で行った筆者によるガチャチャ裁判の裁判記録の閲覧より。

《加害者の賠償の語りV》

加害者の語り6――賠償で友人関係がこじれる

加害者の妻（五〇代）は西部州ルツィロ郡に住み、農業を生業にする。[1] ジェノサイド以前は一等地に家を構えていたが、ジェノサイド後は山間のへんぴな場所に住んでいる。夫は旧政府の警察の上層部に所属していたが、ジェノサイドが終結するとＲＰＦはジェノサイドを煽動した者たちを次々と拘束し、夫もその対象になった。捕まることを恐れた夫はコンゴへ逃げ、一旦帰国したが再び逃げ、現在消息は不明である。

加害者の妻と親交が深かったトゥチの友人は、ジェノサイドが始まると、服や豆や小物を加害者の妻に預けて逃げた。加害者の妻もコンゴへ逃げ、ジェノサイドが終わり帰国すると、友人からの預かり物も含めて財産は一切合切略奪されていた。友人は夫と子ども三人を殺害され自身は生き延び村に戻り、妻に預け物を返却するよう求めた。妻は事情を説明したが友人は納得しなかった。友人は妻を窃盗罪で訴えるという行為に出たのである。

ガチャチャ裁判で賠償が命じられたが、賠償額は預かり物の金額を大幅に超えていた。妻は友人と賠償をめぐる対話を行い、妻の持ち家を友人に売ることで合意した。持ち家の資産価値は八〇万〜一〇〇万ＲＷＦ（牛五頭分、一四万三五〇〜一七万五四三八円）に相当する。しかし友人は、その家を二〇万ＲＷＦ（三万五〇八七円）で買った。よって妻は六〇万〜八〇万ＲＷＦの賠償を支払ったことになる。

高い丘に建ち見晴らしがよく利便性の高い家には、今では友人とその家族が住んでいる。ジェノサイド前は妻と友人は秘密を打ち明けることができる親しい仲だったが、今では住民との世間話の輪に互いに入ることはあっても、個人的な付き合いは避けるようになった。

加害者の語り7――村に戻った加害者の再生

出所した加害者が元居た農村社会に受け入れられる事例がある。加害者（四〇代男性）は東部州ンゴマ郡に住み、農業を生業とする。[2] 彼が農作業をしているところに訪ねて行くと、筆者に豆の種をまく方法を教えてくれた。豆を入れたプラスチックのコップを片手に持ち、そのコップの豆を口の中にほおばり、畑の土の上に吹き飛ばし、まいていくという手法である。

農作業が終わり聞き取り調査を始めると、彼はジェノサイドで加害者集団三〇人の中の一人であったと答えた。犯行現場に居合わせた他の加害者が、彼は殺人を犯していないと証言してくれたことで殺人罪は免れたが、殺人幇助の罪で裁かれた。殺人幇助の罪をガチャチャ裁判の二〇〇四年法でみると犯罪分類第二の一項に該当し、「死に至らせる深刻な攻撃をした者、またはこれらの犯罪を幇助した者、及び共犯者」である。殺人幇助の罪と殺人罪は同じ罪状に分類され、量刑も同じ七～一五年の服役と公益労働である。彼は刑期を終えて村に戻った。窃盗罪と器物損壊罪で命じられた賠償は完済したという。

聞き取り調査を行うなかで、彼が地域の活動に取り組んでいることを知ることとなった。その日は彼の活動の会議日であったが、彼は会議をわざわざ欠席して聞き取り調査に協力してくれたことを筆者は知らず、活動メンバーが彼の自宅に会議の報告に来たことで初めて事情を知った。活動内容に興味が湧いて会議場所に案内してもらうと、メンバーたちは芝に対座して話し合っていた。

この活動を主導する国際ＮＧＯケア・インターナショナル・ルワンダ（CARE International Rwanda）は、ンゴマ郡と協力してプロジェクトを行っている。その目的は節約と貯蓄を啓発することであり、このプロジェクトに取り組みたい住民たちがグループをつくる。そのなかにはジェノサイドの被害者も加害者もいる。また、彼はリーダー育成トレーニングを修了し、郡長から直々に修了証明書を授与された。彼はそれを誇らしげに筆者に見せてくれた（写真Ｖ―１）。

メンバーの年代や性別は様々で、週に一度会議が行われる。この活動で彼に起こった変化がある。「私が悪い事をしたと他人から言われなくなった」と彼は語った。グループで対話を重ねるなかで、住民が彼をみる目が変わり、彼を加害者と呼ばなくなった。また彼はアブンジ（第三章を参照）の調停者としてラジオに出演し、住民から信頼を得ている。

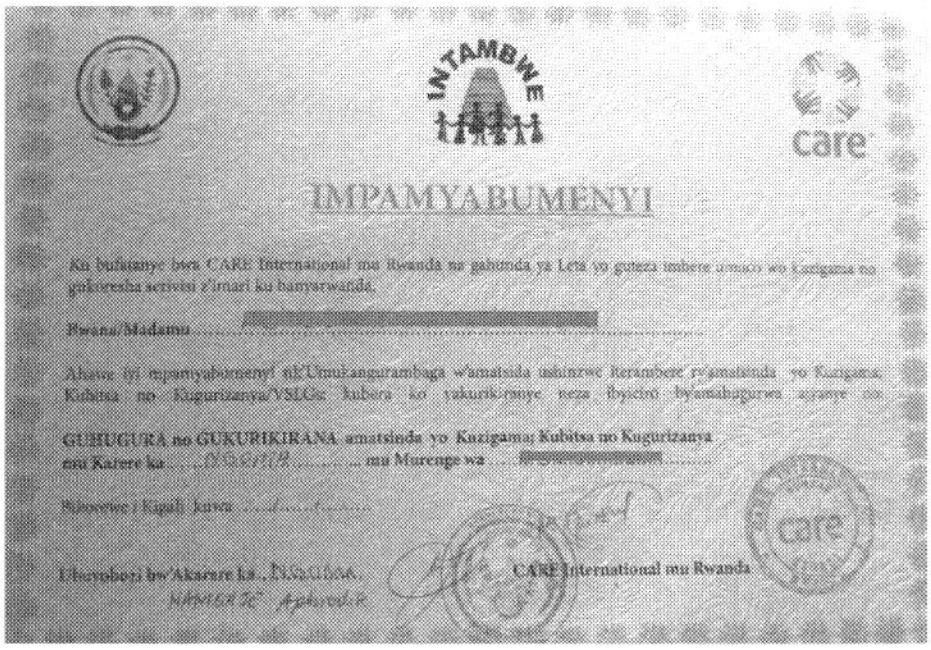

写真Ｖ-1　リーダー育成トレーニング修了者に発行される証明書（2016年9月20日）

加害者として肩身の狭い思いをしてきた彼にとって、住民に認められたことは大きな安堵であった。加害者の子どもは「加害者」と呼ばれ、差別を受ける現実がある。孫もその次の世代にも差別が連鎖していく恐れがあり、この加害者はそれを断ち切るための努力をしている。

別れ際に彼の母親の所在を何気なく尋ねると、母が暮らす家に連れて行ってくれた。突然の訪問でも快く接してもらい、束の間ではあったが世間話に花が咲いた。深刻な聞き取り調査のなかでこのような時間がうまれることは、筆者にとっては憩いの一時であった。

注

（1）二〇一六年三月二五日、西部州ルツィロ郡の調査地にて行った筆者による加害者の妻への聞き取りより。

（2）二〇一六年九月二〇日、東部州ンゴマ郡の調査地にて行った筆者による加害者への聞き取りより。

終章

本書は、ジェノサイド後に施行されたガチャチャ裁判が命じた賠償に着目し、被害者と加害者がどのように関係をつくっているのかをみてきた。本章では各章を振り返ったあと、修復的司法や「人間の安全保障」の枠組みを使いジェノサイド後の実態がどうみえるのかを示し、ルワンダだけに閉じず日本の現状もみていく。

一　本書のまとめ

本書が最も重視しているのは被害者と加害者の語りである。語り手たちそれぞれのジェノサイドの経験を読み手に想起してもらいながら本書を読み進めてもらうために、語りを章と章の間に挟み入れることを試みた。それらの語りには、賠償を引き継ぐ加害者家族や、賠償問題に介入する住民も出てくる。ジェノサイドに翻弄される人々の生き様が語られ、農村社会において賠償は大きな社会問題となっている。受けるべき賠償を免除して農村で生きていくために赦す心情や、賠償するために土地を売り貧しくなっていく生活が語られている。

序章は、遺体が並べられ一目でジェノサイドが起こったことが分かる虐殺記念館とジェノサイドを取り上げた映画や本を紹介することから始まり、ルワンダがどのような国であるかを概説する。ジェノサイド後の経済発展と農村の貧しさという光と影の両面に触れている。現在はルワンダ国内で目立った紛争は起こっていないが、ルワンダ政府が隣国コンゴの紛争に深く介入している実態に言及している。ジェノサイドが終わり、被害者と加害者が近隣に暮らす状況では、彼らがどのように関わり合って生きていくのかという和解の問題が大きく立ちはだかっている。政府はトゥチとフトゥとトゥワを分けずに「ルワンダ人」とする「国民統合と和解」政策を進めていることを考察した。農村の人々は共に何かをすることを和解と捉えて実践していることを示した。

ルワンダの人々がどのようにジェノサイドの賠償というセンシティブな対話をしているのかを示すため、ガーゲン[二〇二〇]の言葉を用いて説明している。一文にまとめると、被害者と加害者と住民が日常的に関わり合う「協応行為」を次々と重ね、関係をつくっているということである。

第一章は、ルワンダの歴史上最大の悲劇となったジェノサイドがいかにして起こったのか、民族の問題と独立後の政治体制に焦点を当てて振り返る。さらにジェノサイドの実態がどのようなものであったか、聞き取り調査で被害者が語ってくれた地獄の底を這うような経験を記述している。ジェノサイド後に復興に向けて歩みを進めるルワンダの動きを追っていくと、女性国会議員の割合を世界一に押し上げたジェンダー・クォータ制度の実情がみえてくる。新政府軍と旧政府軍の対立が続き、膨大な民間人が巻き込まれた事実を挙げて締めくくっている。

第二章では研究方法を詳述した。ジェノサイドを経験した人々に直接話をしてもらうために、筆者は当事者との関係づくりから始めなければいけなかった。その最初の難関は、聞き取りを行う調査許可証の取得と、ガチャチャ裁判記録の閲覧許可証の取得であった。取得の関門を突破し、農村の住民と暮らし関わり合うことができ、ようやく調査の扉が開かれた。調査と平行して、礼拝や冠婚葬祭やバナナビールづくりなどの日常的な行事から、追悼集会などの大掛かりな行事まで参加させてもらうことで、ルワンダの人々の考え方や文化を感じ取っていくことも重要であった。追悼集会で政府はジェノサイド・イデオロギー法を持ち出し、ジェノサイドを二度と起こさないよう警告するが、政府は自らの犯罪は覆い隠している。その矛盾を浮かび上がらせた。

さらにガチャチャ裁判の裁判記録を閲覧するに至った経緯と閲覧方法、聞き取り調査との照合について詳述している。閲覧した記録のなかでも、住民と仲良く付き合う柔和な人物がジェノサイドの主犯となり裁かれていった事例から、一般人が煽動されていくジェノサイドの危険な構図を示している。

第三章では、一三世紀から始まったインフォーマルなガチャチャが、王国やドイツとベルギーの統治や独立の転換期を経て残り続けたことを追っている。また口頭伝承の物語から王が民衆を直接調停していた司法のあり方に触れた。政府はジェノサイドの膨大な犯罪を迅速に裁くため、インフォーマルなガチャチャをガチャチャ裁判につくり変えていく経緯をたどった。

第四章では、住民がガチャチャ裁判の法律を話し合いの論点にして賠償問題を片付けている実態を示した。ジェノサイドの財産に対する罪の量刑は、はじめは執行猶予付きの実刑と賠償であったが、法改正により賠償だけになった。被害者と加害者は合意すれば起訴されないことになり、合意形成するために賠償をめぐる対話がうまれ、その対話には「赦す」、「赦しを求める」という言葉が使われることを突き止めた。この着眼点は、これまでの研究にない新しい点である。これらの言葉は、キリスト教の赦しの教理と、現実的な賠償の解決という両方の意味を含んでいる。また、ガチャチャ裁判では量刑が細かく分類され、重い刑に該当する者はあらゆる権利を剥奪され、家族も含めて生きていく領域が著しく制限されることを明らかにしている。

第五章では、歴史的に引かれた境界線と、被害者と加害者の内面に隠れた心情を境界線と設定し、協応行為を重ねることで境界線が薄くなる、あるいは濃くなることを考察している。統治以前は明確に分けられていなかったトゥチとフトゥとトゥワがベルギーにより民族として固定され、境界線が引かれた。ジェノサイドが引き起こされ、ガチャチャ裁判がジェノサイドの犯罪を裁いたことで、被害者と加害者の境界線が明確に引かれた。聞き取り調査では、それらの境界線が引かれたことにより人々が不条理な状況に追い込まれていることを明らかにした。ルワンダ政府は和解や土地の政策を推進し、国民を民族の区別なく「ルワンダ人」として統合することを掲げた。しかし現実はトゥチとフトゥ、被害者と加害者に分けられ、両者の対立がうまれかねない実態を示している。このような厳しい現実のなかでルワンダの人々は関わり合い関係をつくり、ローカルレベルで平和をつくる実践をしている。

そしてこの終章では、これまで述べてきた内容を総括し、さらに次の別章では、これまで蓄積されてきたジェノサイドやガチャチャ裁判に関する研究を挙げている。本書はジェノサイドを扱う研究であるため、そもそもジェノサイドとは何かという研究を挙げることから始めている。次にジェノサイドの犯罪を裁く国際裁判の研究や、紛争後の移行期正義の取り組みを扱う研究を挙げている。これらの研究が本書の土台になっていることを示している。

二　真の和解とは――修復的司法、そして人間の安全保障へ

1　ルワンダにおける農村社会の実態

一九九四年のジェノサイドで約二〇〇万人が国外へ逃れたが、多くの者がジェノサイド後に帰還し、元居た農村に戻り生活している。人々が逃れた先でコミュニティをつくることができれば移住するが、実際はそうならずに、ジェノサイド前から暮らしていた場所に戻り再び住む選択をしている。

加害者の男性は家族親戚縁者一六人で隣国コンゴへ歩いて逃れ、二年半後に村に戻った[1]。コンゴの避難先では食べ物の代わりにキヴ湖の水を飲んで凌いだが、家族はコレラに感染して亡くなった。助け合える友人知人もおらず、持ち運んできた家畜やマットや服の全財産を売って何とか生き延びたが、住む家も仕事もなくコンゴに留まることはできず、結局全員でルワンダに帰還した。加害者は帰還してすぐにRPFに捕まり投獄され、五年半後にガチャチャ裁判で裁かれ一五年の懲役刑に服した。妻は元居た村で暮らすことはできたが、夫に代わり多額の賠償をした。

次の事例を挙げると、ルワンダ人女性はジェノサイドで一一歳の時に単身でコンゴの難民キャンプへ逃れた。生活していくためにコンゴの反政府勢力AFDLの戦闘員になり六年間従事した[2]。食べていくためとはいえ戦闘員の職種は過酷でありルワンダへ戻りたかったが、戻ればスパイの容疑で殺害されると聞いていたため除隊できなかった。ルワンダに住む兄から「戻ってきても殺害される恐れはない」と知らされ、母親が暮らす実家の近くに戻った。

ジェノサイド前は住民同士であった者が、ジェノサイドが起こり被害者と加害者になり、逃れた先に新たな土地があれば移住する選択もできるが、そうはできずに元居た村に戻らざるを得ず、家族や親戚、ジェノサイド前から交流してきた知人友人に混じって暮らしている。

2　修復的司法の実践

まず修復的司法（Restorative Justice）という概念を少し説明すると、犯罪で侵害された人々の関係を修復するという概念である。加害者が自発的に謝罪し被害者が赦すことが重視され、当事者とコミュニティの人々が共に回復し和解できる解決策を探ることである［高橋二〇〇九：三一五］。

写真終 -1　集会で村の問題を話し合う住民（2015 年 4 月 8 日）

修復的司法は、応報的司法（Retributive Justice）と対置され論じられてきた［Zehr 2005］。応報的司法は個人が犯した犯罪を国への侵害と捉え、国が加害者に刑罰を下すという概念である。応報的司法は加害者を罰する概念であるため被害者は看過される。それに対して修復的司法は、被害者の尊厳を守り、被害者が補償を受けられるよう解決策を探り、加害者をコミュニティに復帰させ、両者の関係を修復することを追求する。

ルワンダのジェノサイドの加害者はガチャチャ裁判で裁かれ服役を終え、コミュニティに復帰している。被害者は賠償を受けることができるよう、加害者と対話しながら取り組んでいる。本書は、両者が同じコミュニティで関わり合う協応行為で関係を修復しようとしている実践を明らかにしている。このことは修復的司法の研究分野への貢献である。

政府はガチャチャ裁判を修復的司法とするが、修復的な面は達成されていないと研究者から批判されてきた。本書はガチャチャ裁判の修復的な面をどのように評価するのか。命じられた賠償は当事者で解決しなければならず、賠償を交渉する過程で関係が修復される。ただしこれは政府が意図しないところで、修復的司法が実践されているということである。インゲラエールは、和解は「ガチャチャ裁判の外側」で行われていると述べている［Ingelaere 2016: 164］。本書はインゲラエールと同じ立場をとり、ガチャチャ裁判が関知しない外側で賠償をめぐる対話が行われ、関係が修復されることを明らかにしてきた。この研究を修復的司法の実践として、これまで蓄積されてきた研究に積み重ねることができる。

ガーゲンは、個と個を切り離す個人主義が行き過ぎる社会に警鐘を鳴らした。この見方でジェノサイドの被害者と加害者をみると、両者が境界線で区切られすぎると、被害者は被害者として、加害者は加害者として切り離された存在になってしまう。

そこでガーゲンは、個人主義に代わる見方として関係性から考えるものの見方を提唱する。ルワンダの農村社会をこの見方でみれば、被害者も加害者も住民も、人に限らずバナナも牛も皆関わり合い、無数の関係をつくっている。網のように張り巡らされた関係の結び目の部分に被害者がおり、また違う結び目の部分に加害者がおり、両者は網の中でつながり関係が断絶されることはない。このような個と個を区切らない関係のつくりかたを実践しているのがルワンダの人々である（写真終―1）。

3　日本の修復的司法の取り組み

日本においても修復的司法の取り組みは行われている。再犯率が高い状況を受け、加害者を更生し、被害者との関係修復を目指している。日本では、殺人、強盗、放火、強姦といった犯罪を犯した受刑者数は近年減少傾向にある。ここ二〇年で最多の約四〇万人（二〇〇四年）と比較すると、二〇二〇年は半分以下の一八万二五八二人である［法務省 二〇二一：二三四］。ただし、再犯率は二〇〇一年の約三五％から徐々に上昇し続け、二〇二〇年には四九・一％に達した［法務省 二〇二一：二三四］。今後の課題は、再犯を防ぐ対策を充実させることである［法務省 二〇二一］。

この課題の取り組みとして創設されたのが「拘禁刑」である。「応報」とされる刑罰の概念を変え、再犯防止の理念を更正の現場に反映させる狙いである。現行法の刑罰は死刑、懲役、禁錮、罰金などがあり、懲役には木工や洋裁などの刑務作業が義務付けられている。しかしこの作業時間は一日八時間に及び[3]、受刑者一人一人が腰を据えて犯罪と向き合う時間が十分に取られてこなかった[4]。

懲役刑や禁錮刑を廃止し「拘禁刑」に一本化することで、刑務作業の義務がなくなり、更生に向けた指導や教育に時間を充てることができる。「拘禁刑」の改正案は二〇二二年六月一三日の参院本会議で賛成多数により可決・成立した。[5] この刑罰の種類変更は一九〇七(明治四〇)年の刑法制定以降約一〇〇年ぶり、初の改正である。

更生のためにどのような指導や教育が行われているのか。その一つがオープンダイアローグ(開かれた対話)である。[6] 刑務官や教育専門官やカウンセラーが受刑者に質問を投げかけ、日常の出来事などの対話を重ねる。受刑者が黙っても割り込んで話さずに、最後まで耳を傾ける。「指導する側」・「される側」が明確だった従来とはまったく異なる更生手法である。[7]

もう一つ挙げるのは、受刑者の更生プログラムを取材したドキュメンタリー映画『プリズン・サークル』および同タイトルの書籍である。[8] この作品は日本で初めて刑務所にカメラを持ち込み、二年におよぶ丹念な取材を経て製作された。その舞台は、島根県の官民混合運営型刑務所「島根あさひ社会復帰促進センター」である。

ここは二〇〇九年から日本で初めて「回復共同体」(Therapeutic Community: TC)というアプローチを導入している。コミュニティの力で個人が抱える問題の回復を促し、人間的な成長を実現しようとする[坂上二〇二二:一二]。このアプローチの最も大きな特徴は、受刑者同士の対話を軸としているところである。彼らは生い立ちから犯罪に至るまでの経緯、さらには罪をどのように受け止めているのかを互いに打ち明け合う。始めは沈黙を貫く受刑者も、臨床心理士などの資格をもつ支援員や他の受刑者の話に触発されて、自らの思いをとつとつと語るようになる。

坂上によれば、受刑者の大半は親に虐待されたり周囲からいじめを受けてきたり、被害と加害が混じり合うような経験をしている[坂上二〇二二:八七]。なかには自己憐憫や被害感情をもち、始めは罪に向き合うことができず過ちを認めることができない受刑者もいる。しかし対話を通して視野を広げ、様々な立場の人々の感情に共感するようになり、やがて罪を悔い被害者への謝罪の気持ちが芽生えることもある。

このプログラムでは、安心して語り合える場を「サンクチュアリ」（聖域、避難所）と呼ぶ。本人が感じていることをありのままに語るよう期待され、問題には皆で対処し、失敗しても解決に向けて努力すれば許され、傷ついたと言う権利が認められ、それを語れば耳を傾けてもらえ、包摂される場所である［坂上二〇二二：八八］。

このような修復的司法の考え方はルワンダにも共通している。ジェノサイドの加害者は服役中に刑務所内で学び合い、政府から罪を認めて赦しを求めるよう教えられ、出所後にその教えを実践し、被害者との関係修復を試みている(9)。

4 「人間の安全保障」

「人間の安全保障」（Human Security）の考え方の定義は「人間の生にとってかけがえのない中枢部分を守り、すべての人の自由と可能性を実現すること」である。すなわち人が生きていく上で、なくてはならない基本的自由を擁護し、広範かつ深刻な脅威や状況から人間を守ることである［人間の安全保障委員会二〇〇三：一一］。

この考え方は一九九四年に国連開発計画（United Nations Development Programme: UNDP）が発行した『人間開発報告書一九九四』で提唱された。この報告書で「人間の安全保障」の要となるのは「欠乏からの自由」と「恐怖からの自由」である［UNDP 1994: 3］。これらは飢餓、疾病、犯罪、抑圧といった脅威からの安全を確保することであり、具体的には生活で安定した雇用、所得、健康、環境を得ることや犯罪のない安全を確保することである［UNDP 1994: 3］。

二〇〇〇年九月の国連ミレニアム・サミットにおいて、当時のアナン国連事務総長は「『欠乏からの自由』と『恐怖からの自由』という二つの目標を二一世紀の最優先事項として達成すべき」と要請した。日本政府はこの要請に応え資金を提供し、二〇〇一年に人間の安全保障委員会を設立した［長二〇一二：九七］。緒方貞子とセン（Amartya Sen）が共同議長を務め、二〇〇三年に『人間の安全保障委員会報告書』を発行した。

従来の安全保障論は、国家間の対立・紛争が最大の脅威であったこともあり、国家が一義的に国民の安全を確保するという「国家の安全保障」論が中心であった［緒方二〇一一：一］。しかしながら、一九九〇年代以降の国際情勢においては、国家の安全と人びとの安全が必ずしも直結せず、また、国家以外の主体も人びとの安全に大きく影響を及ぼす状況が現われた。このため、「国家」ではなく、その先にある「人びと」に焦点を当てた新たな安全保障論の探求が始まり、そして、実社会におけるさまざまな脅威への適用・実践を通じ、人間の安全保障の概念が発展・普及してきたのである［緒方二〇一一：二］。『人間の安全保障委員会報告書』は個人やコミュニティに焦点を当て、一人一人の保護と能力強化の必要性を強調している［長二〇一二：九七—九八］。

ルワンダで引き起こされたジェノサイドは「人間の安全保障」という考え方を浸透させる大きな要因になった。なぜなら国家が本来保護すべき国民を虐殺したことで、国家が国民の安全を守るという前提が崩れ去ったからである。森山［二〇〇八］は、そもそも「人間の安全保障」という考え方がそれぞれの生活を生きる個々の人々を見据えるものであるならば、その「人間」が一体「誰」であるのかを具体的な文脈に即して見定める必要があるのではないかと問いかけている［森山二〇〇八：二二］。

この問いに応えるならば、本書が示す「人間」はルワンダの農村におけるジェノサイドの被害者、加害者、家族、住民ということになり、本書は「被害者」や「加害者」と一括りにすることができない個々のジェノサイドの経験および個々の生活を具体的に見据える試みであった。

そしてジェノサイドから二〇年が経過した現在も、ルワンダの人々の安全は脅かされているといえるだろう。なぜならこれまで挙げてきたように被害者は暴力の回帰を恐れ、加害者は復讐を恐れ、互いの恐怖心は拭い去られていないからである。しかし本書が焦点を当てたように、被害者と加害者と家族と住民が関わり合うことで徐々に恐怖心は拭い去られ、互いの安全を互いが守り合う現況がうまれてきている。つまり彼らは賠償をめぐる対話と協応行為を重ねることで関係をつくり、国家に脅かされた安全を自ら取り戻しているのである。

しかし、あるルワンダ人は次のように述べた[10]。「ルワンダ人は政府の命令に逆らうことはできず、ジェノサイドを命じられればそれに従い、赦せと命じられればそれに従い、自動的に国の命令に従うようになっている」。この発言は、政府の舵取り次第で再び安全が脅かされる恐れがあるということを示す。このような命令に従い続けるのではなく、どうすれば周囲の人々と融和的な関係を築くことができるかを自ら考え実行することが求められる。協応行為で関係をつくる人々の自助努力と、人々を支える国家と、国家を支える国際社会の輪で、ジェノサイドが引き起こした分断を越えていくことができれば、人間の安全は保障される。

注

（1）二〇一五年一月一五日、二〇一五年一月二二日、二〇一五年四月二日、西部州ンゴロレロ郡の調査地にて行った筆者による加害者への聞き取りより。

（2）二〇一五年一月一四日、二〇一五年一月一七日、西部州ンゴロレロ郡の調査地にて行った筆者による住民への聞き取りより。

（3）法務省「刑務作業」〈URL: https://www.moj.go.jp/kyousei1/kyousei_kyouse10.html〉（アクセス二〇二一年六月一四日）

（4）薬物依存や性犯罪の受刑者の一部は改善プログラムなどを受けているが、刑務作業が中心となっている状況に変わりはない［大阪日日新聞 二〇二二年六月一一日］。

（5）大阪日日新聞二〇二二年六月一四日

（6）オープンダイアローグはフィンランド発祥の精神療法である。複数人で話すこと、治療を目的とせず対話を目的とすること、助言や説得をしないことなどが特徴である。詳しくはセイックラ・アーンキル［二〇一九］、森川［二〇二一］を参照。

（7）NHKテレビ（二〇二四年八月三〇日放映）「「拘禁刑」前に変わる刑務所」『NHK　NEWS おはよう日本』

（8）ドキュメンタリー映画監督の坂上香が製作した映画『プリズン・サークル』は二〇二〇年に公開された。同タイトルの書籍は二〇一二年に刊行された。書籍は、映画でスポットを当てた受刑者たちの出所後の生活を追っている。
(9) 二〇一六年九月二〇日、東部州ンゴマ郡の調査地にて行った筆者による加害者への聞き取りより。
(10) 二〇一二年七月一一日、南部州フィエ郡（Huye）にて行った筆者による住民への聞き取りより。

《被害者と加害者の賠償の語りⅥ》

ここからは賠償をめぐる対話から日常的な対話へ視点を広げてみる。被害者デイジー（五〇代女性）と加害者パトリック（五〇代男性）は、ジェノサイド以前は友人の関係であった。ジェノサイドが引き起こされ、パトリックはデイジーの従兄弟を殺害したとして裁かれ、被害者と加害者の関係になった。彼は服役と公益労働を終えて村に戻り、二人は近隣に暮らし交流を続けている。

◎デイジーの半生

デイジーの人柄

被害者デイジーは西部州ンゴロレロ郡に住み、農業を生業にしている。[1] 彼女は筆者を外国人扱いせず気さくに接してくれた。同じ質問をする筆者に、「前も話して、あなたノートに書いてたじゃない」と彼女から突っ込みが入ったこともある。二回目の聞き取りが終わった時にまた来年も聞き取らせてもらえるかを聞いたところ、「私のことを話すのは問題ない」と答えてくれた。それを有り難く受け止めて、翌年も翌々年も彼女を訪ねて話を聞かせてもらった。

ジェノサイド前から避難生活が始まる

彼女が暮らす地域一帯は、当時大統領だったフトゥのハビャリマナの出身地に近く、全国で最も早くジェ

写真 VI-1　西部州のチビリラ虐殺記念館。この地域からジェノサイドが始まったとされる（2015 年 4 月 13 日）

ノサイドが始まったといわれる（写真VI—1）。ジェノサイドは一九九四年に引き起こされたが、この地域の雲行きは四年前から既に怪しくなっていた。一九九〇年に旧政府軍とRPFの内戦がルワンダ北部で始まるとこの地域にも紛争が飛び火し、この地域を牛耳っていたフトゥ急進派がトゥチ二三〇〇人を虐殺した。彼女はなんとか三年間は留まり続けたが、いよいよ命が危なくなり村を出た。この地域の多くのトゥチがニャバロンゴ川へ逃れたが殺害され川に流された。この大きな川はナイル川の最も遠い源流といわれる（写真VI—2、写真VI—3）。

この時から彼女の避難生活が始まった。夫と三人の子どもと共に最初に身を寄せたのは、首都キガリ市のニャカバンダ（Nyakabanda）教会である。ここには全国から約四五〇人の避難者が逃れてきていた。避難先では外国人の司祭から食べ物や必要な物を配給してもらって凌いだ。

ジェノサイドが始まり避難先を転々とする

こうしてなんとか一年は生き延びることができたが、一九九四年四月にハビャリマナ大統領の暗殺が発端になりジェノサイドが始まった。彼女の状況はさらに深刻になり、命が危うくなっていった。ジェノサイドが始まってすぐに旧政府は、避難先のニャカバンダ教会でトゥチを匿うことを禁じた。避難者四五〇人は、次の避難場所を求めて移動を余儀なくされ、デイジーと家族はニャカバンダ教会からバスで一時間ほどの所にある南部州カブガイ（Kabgayi）教会に避難した（巻頭の地図参照）。カブガイ教会には約四〇〇人の避難者が

写真 VI-2　ジェノサイドで虐殺された人々が流されたニャバロンゴ川（2013 年 8 月 20 日）

写真 VI-3　ニャバロンゴ川に建つ記念碑に犠牲者名が刻まれている（2013 年 8 月 20 日）

身を寄せていた。

教会には食糧も水もなく、いつ命が絶えてもおかしくないような過酷な環境であった。空腹に耐えかねて食べ物を求めて教会の敷地を出た者は、この教会を包囲していた民兵のインテラハムウェに虐殺された。教会から出れば殺害され、教会に留まっても餓死するという、いずれにしても死を覚悟しなければならない事態であった。デイジーは教会の敷地に留まり、司祭から時々支給されるトウモロコシのパンを食べてなんとか命を繋いだ。その支給されたパンが悪臭を放っていたことが、今でも忘れられないと彼女は言った。

激戦のなかを生き抜く

耐え難い事件に遭ったのは、デイジーがカブガイ教会に避難してわずか二か月後のことである。教会を包囲していた民兵とRPFが激突し、教会はこの戦闘に巻き込まれ戦場となり、この教会の司祭は殺害された。混乱の中で、彼女は民兵にレイプされたのである。その後RPFが民兵を撃ち破り、この暴動は止まった。RPFは教会の避難者たちを東部州ルワマガナ（Rwamagana）の難民キャンプに連れて行ったが、食べ物はどこにもなく、近くの畑からキャッサバ、サツマイモ、ソルガムを盗って食べ、川の泥水を飲んで凌いだ。その泥水の色は「あなたが着ているシャツの色と同じだった」と筆者の濃い緑色のシャツを指した。

キャンプの避難生活で彼女は、追い打ちをかけられるように悲惨な事件に遭った。彼女が敷地外の畑に食糧を探しに行った時、民兵に襲われたのである。彼女は一命を取り留めたが、一緒に食糧を探していた他の三人は殺害されてしまった。このような事件が繰り返し起こり、逃げ惑う中で夫とは生き別れて離れ離れになってしまった。彼女は逃げて転落した時に右腕に大怪我を負い、その後遺症で今も右腕が上がらない。

ジェノサイドが終わり村に帰る

一九九四年七月にRPFがルワンダを制圧してジェノサイドが終結すると、彼女は三人の子どもと共に以前に住んでいた西部州の村に戻ってきた。しかし家は壊され、牛を含めたありとあらゆる財産が略奪されていた。家族や親戚を含む四五人が殺害され、夫は家に戻らず行方も分からない。終結後に分かったのは、彼女自身がエイズを発症していたことだった。ジェノサイドでは五〇万人の女性が性暴力被害に遭い、彼女たちが出産した子どもは二万五〇〇〇人に及ぶといわれている(2)［ムカゲンド二〇一〇：七］。

以上のような彼女の壮絶な実体験に、筆者は大きなショックを受けた。彼女には複数回にわたり聞き取り調査を行ったが、その最中に涙を流すのでもなく、声を荒らげるのでもなく、強い眼差しでこちらを見つめながら言葉を継ぐ姿が記憶に残っている。死ぬか生きるかの瀬戸際を幾度もかいくぐり這い上がってきたからこその、彼女の強さと冷静さだと筆者は思う。

追悼集会で賠償を訴える

甚大な被害に対して受け取ることができた賠償は、盗まれた家財の分だけである。牛二頭については加害者を明らかにできず、賠償を受け取ることができなかった。現地調査で聞き取った牛二頭分の賠償額は三〇万RWF（五万二六三一円）になる。そこで彼女は二〇一四年の追悼集会でこの問題を訴えた。追悼集会で賠償問題が訴えられた事例は、筆者がみてきた限り初めてであった。

彼女の訴えに対してセクターの職員は、セルの事務局長に問題を解決するよう命じた。その通達を受けてセルの事務局長は、彼女が住む村と隣村の住民全員（被害者は除く）から現金を徴収することを決め、それを渡すことを彼女と約束し、住民に呼びかけた。しかし八か月経っても事務局長から彼女に何の連絡もなく、彼女が確認したところ「少額しか集まっていないので渡せない」という返答であった。

その確認から一か月も経たないうちに、衝撃的な出来事が起こった。なんと事務局長は住民から徴収した現金を持ち逃げして消息を絶ってしまったのである。結果的に、彼女の牛を盗んでいない加害者一〇人が自主的に一六五〇RWF（二八九円）ずつ寄付することになった。

ジェノサイドで夫と生き別れ働き手を失った彼女にとって、賠償を受け取れるかどうかは死活問題である。しかし頼みの綱である賠償さえも自ら請求しなければならない。それでも大方はあきらめざるを得ない結末に、筆者は怒りを覚えた。

◎パトリックにとってのジェノサイド

パトリックの人柄

デイジー宅から徒歩三〇分、急な坂を下りた場所に加害者パトリックは住んでいる[3]。ジェノサイドの前から、パトリックは彼女と友人だった。彼は農業を生業にし、トウモロコシ、サトイモ、豆を栽培し、妻と五人の子どもと暮らしている。

パトリックの実直な人柄をあらわすエピソードがある。聞き取りのお礼としてパトリックに手土産のバナナを渡すと、彼は受け取ってすぐに畑に出向いてトウモロコシを刈り取り、お返しとして筆者に渡してくれた。ささやかな手土産に対してお返しをもらうことは初めてで、その律儀さに驚いたことを記憶している。

彼の家に招き入れてもらうと、部屋には豆の蔓がうず高く積まれ、妻は豆を剝《む》く作業に勤しんでいた。壁には、紙に印刷されたイエス・キリストの小さな絵が貼られ信仰の厚さを物語っており、他の家でもよく見かける。木の長椅子に腰掛けるよう促され、聞き取り調査を始めた。

ガチャチャ裁判で裁かれたパトリック

彼に罪状を聞くと、「デイジーの従兄弟を殺害した罪で裁かれたが、私はやっていない」と否定し、いつもは寡黙な彼が珍しく激しい口調で犯行のあらましを話し出した。「自宅から坂を上ってすぐの場所にデイジーの従兄弟の家があり、従兄弟は妻と五人の子どもと暮らしていた。ジェノサイドが始まると加害者集団が従兄弟の家を襲い、彼を殺害した。私が従兄弟の家に着くと、既に従兄弟も妻も子どもも殺害されていた」と説明した。

これを聞いて筆者は彼に、「なぜ殺害していないのに裁かれたのですか?」と問うと、予想外の反応が返ってきた。彼は突然「君はまだ若いのでジェノサイドを知らない、ははは」と、笑いとも叫びとも例えようのない声を出したのである。経験したことのない者に何が分かるのかと、彼から咎められたように思えた。

それから彼は「ガチャチャ裁判では、殺害に関与していなくても加害者集団に参加していただけで裁かれた。そして集団から離脱すれば、自らが殺されると脅されていた。ただし集団のメンバーに対する判決はバラバラだった。殺害を犯した者は終身刑か懲役三〇年か二五年を下され、それ以外の軽い罪であれば最短三年二か月だった」と細かく説明してくれた。

パトリックの罪状と量刑

パトリックは殺人罪以外に窃盗罪でも裁かれ、デイジーに家財の賠償を払い、彼女以外の三人の被害者にも以下の賠償を命じられている。一人目には木材の窃盗罪で七五〇〇ＲＷＦ（一三一五円）、二人目には家の器物損壊罪で一万ＲＷＦ（一七五四円）、三人目は牛の飼料と家三棟の屋根瓦の窃盗罪で六五一五ＲＷＦ（一一四二円）と家一棟を建てることで賠償すると合意している。彼はまだ賠償を完済しておらず、近隣の畑を耕し日当三〇〇ＲＷＦ（五二円）で工面している。

パトリックが服役年数を明かしてくれたのは、最後の六回目の聞き取りのときである。「懲役刑一八年を言い渡されたが、判事に自白の手紙を書いて減刑された」と述べた。この量刑に該当する罪状は、ガチャチャ裁判の二〇〇四年法でみると、犯罪分類第二の一、二項である。「死に至らせる深刻な攻撃をした者」、「殺人を意図したが死に至らなかった攻撃をした者」に当てはまる重い罪である。一九九六年に収監されたという彼の話から、減刑が認められるまでに一一年間服役していたことになる。さらに二〇〇八年から三年間公益労働に従事し、終了時に発行される公益労働終了証明書を筆者に見せてくれた。

バリエーリでトゥチをせき止め殺害する

彼から聞き取った話と警察署のガチャチャ裁判の記録を照合して分かったのは、次のことである。まずデイジーの従兄弟を殺害した件については、彼が殺害したかどうかは記録されておらず、遂に明らかにならなかった。ただし、ガチャチャ裁判でパトリックが従兄弟の殺害現場にいたと証言されたことが記録されていた。[4] 彼は懲役刑二八年を言い渡されており、それは第一章で説明したバリエーリ、すなわち「死の検問所」に関わっていたことであった。そこでは丸太やレンガで道を塞いで通行者をせき止め、身分証明書を提示させ、トゥチと書かれた証明書を持つ者は次々と取り押さえられた。彼はバリエーリで取り押さえられた多くのトゥチを暴行し、殺害した罪で裁かれていたのである。

ジェノサイドで殺害されたトゥチが所有していた身分証明書は、現在虐殺記念館に保管されている。身分証明書の民族欄の「トゥチ」に丸印が付いた者は、バリエーリで堰き止められ抹殺された。「フトゥ」と「トゥワ」に丸印が付いた者は、バリエーリを通過し生き延びた。所有者の姿は見えないが、生死を分けた身分証明書だけが残されている。所有者が確かにこの世に生きていたことの証明である。

住民を取りまとめるような者が凶悪な犯罪を犯す

農村の住民によれば、パトリックはジェノサイド以前から村のリーダーを務めていた。しかし「リーダー」という言葉とは対照的に、裁判記録によれば彼は七人以上の殺人に関与していた。このギャップには驚かされた。なぜリーダーを務めるような人望の厚い者が、このような残忍な罪を犯したのだろうか。農村で聞き取り調査を行った加害者たちは、彼に限らず真面目な者が多い。しかし真面目であればあるほど凶悪な犯罪を犯していることも多く、筆者はこの矛盾に繰り返しぶつかった。

矛盾の解の一つとして考えられるのが、歴史的につくられた民族の差別の構造である。王国時代に「トゥチ」は政治エリートを意味するようになり、トゥチが名付けた「フトゥ」には「粗野」「無作法」といった品位を傷つけるニュアンスが含まれ［Vansina 2004: 134］、トゥチが優れているという考え方はこのとき既にうまれていた。ドイツとベルギーの統治期に「ハム仮説」が押し広げられたことで、この考え方は確固たるものとなった。

独立後に権力構造が反転し、フトゥ政権は権力を維持するためにトゥチを排斥するよう煽った。当時を知る者が「プライマリースクールではトゥチの生徒だけが起立させられ、それに従わなければトゥチが殴られた」と振り返ったように、(5) 平等であるべき教育現場でもトゥチへの差別が公然と行われていた。歴史的にフトゥが差別され、次にトゥチが差別され、民族の差別の構造がつくられていった。普通の暮らしのなかで真面目にみえるリーダーたちは、差別の構造のなかでは権力の命令に従っていき、ジェノサイドという非人道的な犯罪を犯していった。

◎対話を重ねる関係

家族ぐるみで交流するデイジーとパトリック

筆者が聞き取りのためにパトリックの家を訪れると、戸口の横に置かれた木製の長椅子にデイジーと彼女の孫が座っていた。(6) 彼らは被害者と加害者の関係であるが、違和感なく話している光景に驚いた。話を聞くとデイジーの畑とパトリックの家が近いため、デイジーは農作業の後に彼の家によく立ち寄るのだという。その日彼女は、パトリックが収穫した落花生を形の良い実と悪い実に選別する作業を手伝っていた。屋内でパトリックへの聞き取り調査を終えると、彼はデイジーと孫を見送りに行った。来客の帰路の途中まで見送るのがルワンダの礼儀である。

別日にデイジーの家を訪れると、彼女の孫とパトリックの娘が軒下に敷いたゴザに寝転び遊んでいた。[7] 彼の娘は、デイジーにアボガドを持ってきたのだという。偶然にもこのような場面に出くわしたことで、彼らが日常的に交流していることが分かった。さらに聞き取り調査を進めると、二人は互いの家で食事を共にすることもあるという。ルワンダには毒を盛る慣習が残っており、よほど親しくなければ共に食事をしないため、この二人は信頼し合っていることが分かる。他にもデイジーが息子の結婚式にパトリック家を招待したこと、パトリックの子どもの洗礼祝いにデイジーを招待したこと、パトリックの服役中に彼の妻とデイジーが一緒に刑務所を訪ねたことなど、家族ぐるみで付き合ってきたエピソードがいくつも飛び出し驚かされるばかりであった。

デイジーが寂しい思いをしないよう自分の息子を預ける

ここで特に取り上げたいのは、加害者の息子を被害者の家に一〇年間も住まわせるという信じ難いエピソードである。子どもを親戚の家に預ける話は耳にしても、親戚でない者同士、ましてや被害者と加害者家族が一つ屋根の下で暮らすことはこの事例以外に聞いたことがない。デイジーの三人の子どもがそれぞれに進学や結婚で実家を離れると、彼女は一人暮らしになった。そこでパトリックは彼女が寂しくないように、自分の息子を彼女の家に住まわせた。彼の子ども五人のうち三人目、五歳の息子である。

始めこの話をうまく飲み込めなかった筆者は、これは償いなのか、それとも家事を手伝わせるためなのかと考えをめぐらせた。パトリックにストレートに尋ねてみると、「デイジーが一人で寂しい思いをしていたから」という予想に反するシンプルな返答であり、彼女を家族のように考えていることが分かった。

彼女にも話を聞くと、まるで自分の息子のようにパトリックの息子を可愛がっていた。[8] 料理を作って共に

写真 VI-4　調査地で元気に遊び回る子どもたち（2013 年 8 月 19 日）

食べ、一緒に眠り、この生活は一〇年間続いたと微笑んだ。しかし彼女は自分の孫と同居することになり、パトリックの息子は実家に戻ることになったが、彼女は「あの子と暮らせて嬉しかった」と懐かしんだ。

「パトリックはガチャチャ裁判で私に謝罪し、赦しを求め、賠償を払い、お互いに成長してきた」というデイジーの言葉があらわすように、ジェノサイドで二人は被害者と加害者に分かれてしまったが、いくつもの困難を乗り越えて友人関係を取り戻す努力をしてきた。(9) 二人のジェノサイドの記憶が消えることはないが、これからも対話を重ね、関係をつくっていくであろう。このような関係を引き継いでいく子どもたちが暮らす社会が平和であることを祈っている（写真VI―4）。

注

（1）二〇一三年九月一二日、二〇一三年九月一九日、二〇一四年一二月二九日、二〇一五年三月一四日、西部州ンゴロレロ郡の調査地にて行った筆者による被害者への聞き取りより。

（2）母親と子どもは身体的にも精神的にも深いダメージを負っているが、政府からの支援が行き届いているとはいえない。「ルワンダ財団」（Foundation Rwanda）などの民間団体が、専門家によるカウンセリングや生活費や養育費の支援を続けている［トーゴヴニク 二〇一〇：Torgovnik 2020］。

（3）二〇一三年九月二日、二〇一三年九月一一日、二〇一三年九月一八日、二〇一四年一一月一〇日、二〇一四年一二月一五日、二〇一五年一月五日、西部州ンゴロレロ郡の調査地にて行った筆者による加害者と妻への聞き取りより。

（4）二〇一五年六月二六日、首都キガリ市警察署本部にて行った筆者によるガチャチャ裁判の裁判記録の閲覧より。

（5）二〇一六年七月二九日、東部州ンゴマ郡の調査地にて行った筆者による被害者への聞き取りより。
（6）二〇一三年九月一八日、西部州ンゴロレロ郡の調査地にて行った筆者による加害者への聞き取りより。
（7）二〇一三年九月一九日、西部州ンゴロレロ郡の調査地にて行った筆者による被害者への聞き取りより。
（8）二〇一三年九月一九日、西部州ンゴロレロ郡の調査地にて行った筆者による被害者への聞き取りより。
（9）二〇一三年九月一九日、西部州ンゴロレロ郡の調査地にて行った筆者による被害者への聞き取りより。

別章　これまで蓄積されてきた研究とこれからの研究

本書の研究は、ジェノサイドやガチャチャ裁判のこれまでの研究蓄積のもとに成り立っている。本章はそのことを示し、さらにこれから必要とされるであろう研究を記す。

一　ジェノサイドとは

「人類史上の汚点『ジェノサイド』は、過ぎ去った物言わぬ歴史ではなく、来るべき悲しい可能性である［石田・武内 二〇一二］。先ごろの大きな戦争、ロシア連邦（ロシア）によるウクライナ侵攻や、イスラエル国とパレスチナ自治区ガザ地区で続く戦闘も、ジェノサイドではないかと議論されている。ここではジェノサイドという言葉がどのようにうまれ、国際法の条約になり裁かれるようになったのか、その経緯を述べる。

◎ジェノサイド条約ができるまで

ジェノサイドは、公人であれ私人であれ、犯した個人の刑事責任が問われる国際法上の重大犯罪である。ジェノサイドは、レムキン（Raphael Lemkin）がナチ・ドイツの暴力支配を告発した著書『占領下ヨーロッパにおける枢軸国支配』［一九四四］で使ったことに端を発する［石田二〇一一：三］。レムキンにとって、第一次世界大戦下のオスマン帝国で生起したアルメニア人虐殺の首謀者が主権国家原則を盾に法の裁きを逃れたことは、国際法の明白な限界を意味した［石田二〇一一：三―四］。レムキンはその克服を目指し、第二次世界大戦後に連合国が設置したニュルンベルク国際軍事法廷に期待を寄せた。そこでは確かに通例の戦争犯罪と並んで「平和に対する罪」と「人道に対する罪」が新たに導入され、ユダヤ人虐殺（ホロコースト）も裁かれたが、実際に訴追された事例は戦争に関連する行為に限られ、開戦前のドイツ国内で行われたユダヤ人迫害に追及の手は及ばなかった。こうした経緯を踏まえ、レムキンはジェノサイドを他の犯罪と異なる独立犯罪と位置づけ、これを裁く専門の国際裁判所を設置する必要性を訴えた。その思いは二一世紀になってようやく活動を開始した国際刑事裁判所（International Criminal Court: ICC）に引き継がれている［石田二〇一一：四］。

レムキンの尽力により一九四八年一二月九日の国連総会でジェノサイド条約（集団殺害罪の防止と処罰に関する条約）が採択され、ジェノサイドに法的な定義が与えられた[1]。ルワンダ国際刑事裁判所はルワンダのジェノサイドの首謀者とされる者を起訴し、ジェノサイド罪および人道に対する罪で裁いた。

◎ルワンダの虐殺がジェノサイドと認定されるまで

さて、ルワンダのジェノサイドについて当初アメリカの政府関係者はルワンダで引き起こされていることを「ジェノサイド的な行為」（acts of genocide）と発言し、ジェノサイドと認めなかった。なぜならジェノサイドと認めればアメリカは国際社会からルワンダへ介入するよう要求されるため、その事態を巧妙に避けたのである[Sebarenzi and Mullane 2011: 129]。アメリカがルワンダへの介入に消極的だったのは、一九九三年にソマリア連邦共和国（ソマリア）へ介入した折に犠牲を払ったからだと考えられる。(2) しかしジェノサイド条約第二条にあるように、ルワンダの虐殺は民族的な集団を破壊する意図をもって行われたことから、事後的にジェノサイドと認められるに至った。

1　ルワンダのジェノサイドに関する視点

ルワンダのジェノサイドについては多くの論考が著されてきたが、ここでは本書が多分に影響を受けたものに絞ってまとめておく。

◎ジェノサイドの要因、どのように実行されたのか

デス・フォージス［一九九九］はジェノサイド終結翌年の一九九五年から研究チームを率いて大規模な調査を行った。この研究チームは、人権擁護を目的とした非営利組織ヒューマン・ライツ・ウォッチ（Human Rights Watch）と非政府の人権団体の連合体である国際人権連盟（Fédération internationale des ligues des droits de l'homme: FIDH）で編成された。彼女たちは何百ものインタビューを実施し、地域レベルの治安委員会から国連安全保障理事会レベルまで膨大な行政記録をたどり、裁判の判例や外交的資料を収集し整理し、ジェノサイドがいかに行われたのかを究明した［Des Forges 1999: 28］。

デス・フォージスはルワンダの歴史に精通している。ドイツとベルギーによる統治期のムシンガ（Yuhi V Musinga）王の宮廷支配について研究していたことで［Des Forges 2011］、歴史を踏まえてジェノサイドの要因を分析した。この研究は民族が異なることで対立が起こったというそれまでの安易な論調を覆し、ジェノサイドはフトゥを中心とする急進派勢力の政治家や軍人らによって上意下達に煽動され、システマティックに行われたことを結

論づけた［Des Forges 1999］。

さらにこの研究は、一九九〇年以降トゥチ主体のＲＰＦがフトゥの政治家、軍人、民間人の殺戮を犯したことを告発した。彼女自身がＲＰＦに弾圧される危険を顧みず告発したことで、この事実は人々に広く認知された。

◎民間人を駆り立てた恐怖

ルワンダのジェノサイドが国際社会に衝撃をもたらしたのは、夥《おびただ》しい数のフトゥ民間人が動員されたことであり、その数は裁かれた者だけでも約一〇〇万人にのぼる。このように多くの民間人が動員された要因は、トゥチへの憎悪であるというのがそれまでの定説であった。なぜなら動員するためにラジオやタブロイド紙を通じて、プロパガンダが流されたからである。

しかしストラウス（Scott Straus）の研究はその定説を覆すものであり、民間人が動員された要因は恐怖であったと結論づけた。つまりそれはフトゥの上層部に歯向かえば自身や家族に被害が及んでしまうという恐怖と、トゥチ主体のＲＰＦから報復されるかもしれないという恐怖である［Straus 2006］。彼は受刑者に対する大規模な聞き取り調査と統計分析を行い、民間人の揺れ動く心理を解き明かした。

◎ジェノサイド前からの関係が誰を殺害するかを決めた

フジイ（Lee Ann Fujii）は、ジェノサイドの当事者に詳細な聞き取り調査を行い次の事例を挙げている。あるフトゥは親しい関係にあるトゥチを匿い殺害されることから守ったが、見知らぬトゥチに対しては加害者集団のリーダーに引き渡し殺害に加担した。またフトゥだけでなく、殺害に加担したトゥチの事例も挙げられている。あるトゥチは友人のフトゥに誘われ加害者集団に加わり、自分の命を守る生存戦略を取った。

フジイはジェノサイド前からの関係に着目し、親族関係、友人関係、住民関係にあったことが、ジェノサイドで誰を殺害するかを決めたことを明らかにしている［Fujii 2011: 141-147］。それまでの研究では、「フトゥがトゥチを殺害しろ」という単純な民族構図の命令でジェノサイドが行われたと主張されてきた。しかしフジイは、加害者の心理や被害者との関係性でジェノサイドが行われたと主張し、その実態が単純な民族構図ではないことを証明した。

◎ジェノサイドがなぜどのように起こったのかを理論化する

さらに国家の特質から「なぜジェノサイドが引き起こされたのか」という大きな問いに挑んだのは武内である［二〇〇九a］。膨大な史料の読み込みと長年の現地調査から導き出したのは、「ポストコロニアル家産制国家」（Post-Colonial Patrimonial State: PCPS）が成立し、解体されてジェノサイドが引き起こされたという理論である。この理論でルワンダのジェノサイド要因に限らず、他のアフリカ諸国の紛争要因も分析することができる。一九九〇年代に多発したアフリカの紛争は国家権力や統治手法をめぐって起こり、膨大な数の民間人が紛争に関わった。紛争に関与する主体が多様化し、高い戦闘能力を有する主体に限っても、国軍、多国籍軍、国連平和維持軍、民間軍事企業、傭兵などがある［武内二〇〇九a：二一―二四］。

これらの紛争はＰＣＰＳが成立して解体されたことにより引き起こされたという理論であるが、それではＰＣＰＳとはどのような特質をもつ国家なのだろうか。その特質を次に挙げる［武内二〇〇九a：四九―五四］。

・家産制的な性格を強く有していること
・国家が暴力的、抑圧的な性格を有していること
・国内の統治基盤が脆弱であっても国際的な主権国家体系のなかで資源を獲得し、国内統治の安定化に転用したこと

・国家が肥大化し市民社会の領域を侵食する傾向を有していたこと

ここで重要な論点になるのはパトロン・クライアント関係〔親分・子分関係〕を基につくられるパトロン・クライアント・ネットワークである。PCPSが成立していた時は、大統領など国家の支配者を頂点として一つの巨大なネットワークがつくられていた。すなわちパトロンはクライアントに資源を配分することで、ネットワークが維持されていた。

しかし一九八〇～一九九〇年代に経済危機が起こり、経済自由化政策や政治的自由化〔多党制〕が導入され、クライアントに分配する資源が不足するようになる。その結果PCPSは解体した。クライアントが離反し、ネットワークが複数に分裂し、ネットワーク同士が対立して紛争が惹起された。この武内の研究はルワンダの歴史を繊細に辿り、ジェノサイドが引き起こされた経緯を大胆に展開している。

2　ジェノサイドをどう語り継ぐか

ジェノサイドから三〇年が経過した現在、この歴史をいかに語り継ぐのかということが重要になっている。それに関わる大きな出来事が近年起こった。二〇二一年五月二七日にフランス共和国〔フランス〕のマクロン〔Emmanuel Jean-Michel Frédéric Macron〕大統領がルワンダのジェノサイドの責任を認めたことである。フランスは一九七五年にフトゥ主体の旧ルワンダ政府との間で軍事力協定を結び、自国の軍をルワンダに派遣した。一九九〇年に旧ルワンダ政府とRPFとの戦闘が始まると、旧政府に関与を強めた経緯がある〔武内 二〇〇九a：二三九〕。ジェノサイド終結後フランスと新ルワンダ政府は虐殺への関与をめぐって非難の応酬を続け、一時は国交を断絶した。しかしマクロン大統領はこの事実を認め「〔当時の〕フランスは大虐殺を行った体制側にあった。謙虚に私たちの責任を認める」と表明した。[3] 大国がジェノサイドに関与した史実は次世代に語り継がれていくだろう。

◎「正史」と史実が異なることに警鐘を鳴らす

ルワンダ政府は次のような「正史」（official history）を国民に広めている。ドイツとベルギーの統治以前は、トゥチとフトゥは友好的であった。しかしベルギーがトゥチとフトゥを分けてトゥチを優遇した結果、対立がうまれジェノサイドが引き起こされたという歴史である。

それに対し鶴田は、トゥチ主体の王国とフトゥの政治体が領土をめぐり対立していた史実を挙げ［鶴田二〇一八：四四－四五］、「正史」と史実が異なることに警鐘を鳴らす。国民や民族を構成するためには、国家が多様な歴史や記憶を共有することが重要である［鶴田二〇一八：二八一、三〇五］。現政権が多様な歴史を認めなければ民族が政治的に利用され、個々の記憶は反映されず、分断が引き起こされると危機感をつのらせる。

◎ルワンダのジェノサイドに関する視点の変化

ジェノサイド終結直後の一九九〇年代後半から現在の二〇二〇年代まで、「ジェノサイドがなぜどのように引き起こされたのか」という視点から「ジェノサイドの歴史をいかに語り継ぐか」という視点へ移り変わっている。本書も「歴史を語り継ぐ」という視点から個々の多様な歴史を収集し、記録し語り継ぐことを主題の一つとする。個々の多様な歴史とは、ジェノサイド以前は住民同士であった者が、ジェノサイドで被害者と加害者に分けられ、その後も関わり合いながら関係を重ねている実情が形成する歴史である。

二　ジェノサイドの犯罪をどのように裁くのか

ここからは、ルワンダ国際刑事裁判やガチャチャ裁判がジェノサイドの犯罪をどのように裁いていったのかをみていく。併せて、南アフリカ共和国のアパルトヘイトやシエラレオネの内戦の犯罪がどのように対処されたのかを追っていく。

◎ニュルンベルク裁判と東京裁判

ジェノサイドの法的概念ができる前は、ホロコーストの戦争犯罪は国際軍事法廷（Trial of the Major War Criminals Before the International Military Tribunal: IMT、ニュルンベルク裁判）で裁かれた。一九四五年一〇月～一九四九年四月に施行され、ヒトラー（Adolf Hitler）率いるナチ・ドイツ体制の代表者二〇〇名以上が裁かれた［板橋二〇一五：ii］。

ニュルンベルク裁判は、新しい法的概念で裁いた初めての戦犯裁判である。通常の「戦争犯罪」のみならず、「平和に対する罪」や「人道に対する罪」で裁いた。一九四五年八月の国際軍事裁判所憲章では、「平和に対する罪」（第六条a）、「戦争犯罪」（国際軍事裁判所憲章第六条b）、「人道に対する罪」（第六条c）が刑罰規範として条文化された［板橋二〇一五：v］。

ニュルンベルク裁判の枠組みは、一九四六年五月～一九四八年一一月に施行された極東国際軍事裁判（International Military Tribunal for the Far East: IMTFE、東京裁判）に転用された。東京裁判の「A級戦犯」は「平和に対する罪」、「B級戦犯」は「戦争犯罪」、「C級戦犯」は「人道に対する罪」で起訴された者である［板橋二〇一五：v―vi］。東京裁判では日本の主要戦争犯罪人A級戦犯二八人が裁かれ、BC級戦犯約五七〇〇人が裁かれた。なおBC級戦犯には朝鮮人一四八人と台湾人一七三人が含まれる［戸谷二〇一八：二六］。

1　ジェノサイド罪と移行期正義

◎ルワンダ国際刑事裁判所（ＩＣＴＲ）のアカイェス判決

国連は、ルワンダのジェノサイド罪および人道に対する罪を裁くため、タンザニアのアルーシャにＩＣＴＲを設置した。ＩＣＴＲは史上初めて個人にジェノサイド罪を適用した。ジェノサイド罪を下された文官アカイェス（Akayesu Jean-Paul）はタバ（Taba）コミューンの長であり、殺戮や強姦を指示した罪で裁かれた。このアカイェス判決で、トゥチに対する虐殺行為がジェノサイドであること、文官のアカイェスに刑事責任を問えること、そして、トゥチの女性に対して犯された強姦はジェノサイドの類型に認められること、これらの見解を含む画期的な判定を下した［戸谷二〇一八：二〇七］。(4)

ここで注目されるのは、アカイェス判決が東京裁判の廣田弘毅のケースを歴史的判例と見なして言及している点である［戸谷二〇一八：二〇七］。廣田は南京大虐殺で多くの殺人、強姦、暴行が行われていることを知りながら阻止する措置を講じなかった罪で裁かれ、Ａ級戦犯七人のうち唯一文官で絞首刑に処された。アカイェスの判決文には、廣田のように文民も国際人道法違反の責任を追及され得ることが書かれている。(5)

◎移行期正義とは

世界各地で起こった凄惨な暴力にいかに対処するのかについては移行期正義（transitional justice）という研究分野で議論されてきた。(6)移行期正義は、過去の独裁、権威主義体制、あるいは内戦、紛争、紛争下での人権侵害に対し、真実と正義を求める動きである［杉山二〇一一：一〇］。

移行期正義の「移行」は、権威主義から民主主義へ、分断から統合へ、戦争から平和への移行を目指すものである［Longman 2017: 316］。アルゼンチン、チリ、南ア、ブラジル、ウルグアイにおける移行期正義の取り組みが比較的成功していると評価されるのは、過去を公にして真実を究明することで民主主義を強固にし、被害者をコミュニティに再統合させ、民主主義の根幹となる法の支配を推進したためである［Longman 2017: 316］。

◎南アフリカの真実和解委員会

移行期正義の取り組みの例として挙げるのは、南アフリカ共和国（南ア）で実施された真実和解委員会（Truth and Reconciliation Commission: TRC）である。[7] 南アでは、一九四八年から四五年間にわたり白人が非白人を隔離し差別するアパルトヘイトが法によって定められていた。一九九四年に撤廃され、その真実究明を目標に実施された[8]のがＴＲＣである。[9] ＴＲＣがどのような形をとるかについて最も議論が紛糾したのは、加害者に特赦を認めるか否かという点である［ヘイナー 二〇〇六：六五］。議論の最終段階で、加害者が過去の罪を告白すれば特赦が認められると決定された。政治的動機による行為であったこと、できるかぎり真実の供述をしたことが証明されれば特赦が認められるという制度である［阿部 二〇〇七：六一］。特赦を申請した者は七〇〇〇人以上におよび、それぞれが犯した行為が調べられた［ラムズボサム・ウッドハウス・マイアル 二〇〇九：二七七］。ＴＲＣは被害者に自らの受けた人権侵害について語る機会を与え、補償小委員会を設置し被害者に補償を行っている［阿部 二〇〇七：六一、六三、六四］。

◎シエラレオネの特別法廷（ＳＣＳＬ）と真実和解委員会（ＴＲＣ）

他にも、アフリカ諸国の移行期正義の事例がある。シエラレオネ共和国（シエラレオネ）では一九九一年に内戦が引き起こされ、五万~七万五〇〇〇人が殺害された。国民の半数の約五〇〇万人が国内避難民あるいは難民となり、内戦は一一年間続いた[10]［クロス二〇一六：一一七］。二〇〇二年一月にシエラレオネ政府と国連は混合法廷としてシエラレオネ特別法廷（Special Court for Sierra Leone: SCSL）を設置することに合意し、指導者層一三人を訴追した［クロス二〇一六：一一八―一一九］。SCSLの訴追対象者はごく一部に限定されたが、紛争で重大な人権侵害を犯した最大の責任者を訴追した活動は人々に支持された［クロス二〇一六：一一九―一二〇］。また二〇〇〇年一一月にシエラレオネ議会によってTRCの設立が正式に承認され、刑事裁判の代替として内戦で行われた犯罪の説明責任を追及した［クロス二〇一六：一二〇］。

このようにシエラレオネでは重大犯罪の最大の責任を追及するSCSLと、免責規定を前提にしたTRCの二つの制度が同時期に設計され、活動が開始された［クロス二〇一六：一二〇］。TRCは七七〇六件の証言を聴取し、四五〇〇人を超える人々が公聴会で証言した［クロス二〇一六：一二六］。聴取された証言のうち、加害者によるものは僅か約一〇%であった。SCSLは訴追対象を最大の責任者に限定したため、TRCで証言した民間人の加害者のほとんどは訴追されなかった。民間人の加害者はTRCの証言がSCSLの刑事訴追の証拠になると懸念し、証言を控えた。加害者の多くは子どもや民間人であったため、内戦後に彼らが地域に再統合されるための方法が模索された。その結果チーフや伝統的宗教指導者によって和解の儀式が執り行われ、彼らはコミュニティに再統合された［クロス二〇一六：一二五］。

◎ルワンダの「勝者の正義」

ルワンダの移行期正義の取り組みは「勝者の正義」（victor's justice）と批判されている。裁かれたのはジェノサイドを首謀した旧政権の政治家、軍人、動員された民間人（主にフトゥ）に限定され、現政権RPF（主にトゥチ）

はほとんど裁かれていない［Reyntjens 2015］。ＲＰＦはジェノサイドでフトゥの軍人や政治家や民間人の殺戮を行い、その犯罪をＩＣＴＲの主任検察官デル・ポンテ（Carla Del Ponte）が調査し訴追しようとしたが、ＲＰＦは訴追を免れるためにイギリス政府やアメリカ政府に彼女の罷免を要請し、両政府は彼女を更迭した。彼女はＲＰＦを訴追できず、ＲＰＦは裁かれないままである［Peskin 2011: 177-178］。

またＲＰＦは、ＩＣＴＲで証言することになっていたルワンダの被害者団体イブカとアベガのメンバーが証言しないように働きかけた［Peskin 2008: 186-206］。このことが「勝者の正義」といわれている。

◎教育現場でＲＰＦの権威主義が強化される

移行期正義は権威主義から民主主義への移行を目指す。しかしルワンダの移行期正義の取り組みは民主主義への移行に失敗し、ＲＰＦの権威主義を強化しているとロングマンは批判する［Longman 2017: 317］。

ルワンダの権威主義を指摘する研究は多いが、それを裏付けるロングマン独特の視点が教育現場の実態である。彼自身がルワンダで行った歴史科目のプロジェクトの概略をここで記しておく。そのプロジェクトの目的はルワンダの高校で歴史を教える教員を育成し、学生に歴史問題を自立的に考えさせ議論させることである。そのために教員の指導用教材を作成するという内容であった。プロジェクトのメンバーには教育省職員やルワンダ大学教員などが含まれ、彼らはその指導用教材を作成するためにルワンダ国内で歴史に関する調査を行った。あるメンバーは北部ビュンバ（Byumba）で調査を行いＲＰＦから暴力を受けたという証言を聞き取った。一九九〇年以降ＲＰＦはウガンダからルワンダに侵攻したため、ウガンダとの国境を有する北部はＲＰＦによる暴力の被害が最も深刻な地域であった。ところがその証言を指導用教材に掲載するためプロジェクトのメンバー間で議論しようとしたところ、他のメンバーは「それは私たちが求めている内容ではない」と発言した。ＲＰＦの暴力を明るみにすれば、政府を批判していると見なされる恐れからくる反対だった。実際に作成された指導用教材は、ルワンダ政府が示す公式な歴史見解を奨励する内容となった。結局証言は掲載されず、ＲＰＦによる暴力はないものとされ、このプロジェクトの目的が達成されることはなかった［Longman 2017: 318］。

２　ガチャチャ裁判でＲＰＦの権威主義が強化される

トムソンは、ＲＰＦの権威主義はガチャチャ裁判の運営に及んでいると批判してきた。ガチャチャ裁判はジェノサイドで何も目撃していない住民を裁判に参加させ、証言するよう強制した［Thomson 2011: 381］。また民間人から選ばれた判事は、自分の職務よりガチャチャ裁判の職務を優先させられた［Thomson 2011: 382］。さらに無実の者がフトゥという理由だけで訴えられることもあった［Thomson 2011: 384-5］。このようにガチャチャ裁判は地方の権力を行使して運営され、住民の意向は無視された。ガチャチャ裁判は「ルワンダ人が自ら問題解決できる能力を国際社会に証明すること」を目的にしており、政府は「ルワンダはジェノサイドから復興した国家である」と国際社会にアピールするためにガチャチャ裁判を運営しているとトムソンは批判する［Thomson 2011: 389］。

また、チャクラヴァルティ（Anuradha Chakravarty）の研究はフトゥの民間人がガチャチャ裁判に積極的に関与することでＲＰＦ政権の権威主義的な支配が強固になっている構造を指摘した。例えばフトゥの加害者の中には減刑されるために自白する者がいる。またフトゥの判事の中にはコミュニティ内で出世するために判事を務める者がいる。このようにフトゥの民間人が減刑や出世のためにガチャチャ裁判に積極的に関わることで、彼らが意図せずともガチャチャ裁判を運営するＲＰＦ政権を支持することになり、その結果ＲＰＦ政権の権威主義がより強固になったと主張する［Chakravarty 2016］。

◎ガチャチャ裁判は「勝者の正義」と批判される

政府は国内裁判でRPFの戦争犯罪を裁くことに消極的であった［Human Rights Watch 2008: 90］。ガチャチャ裁判の試験段階では、参加者がRPFの戦争犯罪をガチャチャ裁判で裁くよう求めた。しかしこの動きに対して、二〇〇四年に政府はRPFの戦争犯罪に対するガチャチャ裁判の管轄権を撤廃し、裁けないようにした。ウォルドルフ（Lars Waldorf）はこれを「勝者の正義」と批判する［Waldorf 2010: 191］。

3 和解とその視点

ガチャチャ裁判の運営に関する研究をみてきたが、ガチャチャ裁判の研究で最も論じられているテーマは和解についてである。和解は個人レベル、コミュニティや集団間のレベル、国家レベルと重層的であるが［クロス 二〇一六：四八］、本書が個人レベルの関係をみていることから、ここでは個人レベルの和解に絞って先行研究をみていく。

◎ガチャチャ裁判は被害者と加害者の和解の出発点

クラーク（Phil Clark）はガチャチャ裁判が和解に及ぼす影響を広範囲にわたる現地調査をもとに研究し、ガチャチャ裁判は被害者と加害者が直接話し合う重要な出発点（an important starting point）になったと結論づけている[11]［Clark 2011: 340］。当事者はいずれガチャチャ裁判以外の場で対話をするようになり、対話ができるようになればコミュニティの中でも関わっていけるようになるだろうとクラークは推察する［Clark 2011: 340］。

他の研究者は、クラークの研究がガチャチャ裁判に肯定的すぎると指摘する［Thomson 2011: 373; Reyntjens 2015:

227-228]。しかし彼の調査時期は裁判が始まって間もない二〇〇三〜二〇〇六年であり、この時期は裁判が促す和解に大きな期待が寄せられていた。このことを考慮すれば、クラークがガチャチャ裁判に肯定的であることも否めない。

◎ガチャチャ裁判が理想化した「共同体」は存在しない

ルワンダ政府は、ガチャチャ裁判に「ウブタベラ・ブゥンガ」(ubutabera bwunga)、すなわち「和解(あるいは修復)をもたらす正義」という別称を与え、その修復的な側面を強調した[佐々木二〇一六:二六八]。佐々木は、ガチャチャ裁判によって被害者と加害者の関係が修復されたことと、そうではなかったことの両方を考察した。ガチャチャ裁判の証言により被害者の遺体の所在が明らかになり、遺族は尊厳のある方法で埋葬できた[佐々木二〇一六:二八七]。さらに裁判で加害者が特定され、加害者の謝罪を被害者が受け入れることができた[佐々木二〇一六:二八七]。

逆に被害者と加害者の関係を修復できなかったことは、加害者は罪を隠蔽するため、また住民は恨みをもつ者を陥れるためにガチャチャ裁判で虚偽の証言をしたことである[佐々木二〇一六:二八八]。他の例ではトゥチの被害者と友好関係を築いていたフトゥの加害者が、ガチャチャ裁判で複数のフトゥ住民から自白に含まれていなかった犯罪行為を告発され、長期の拘禁刑を言い渡された。当事者同士はもちろんのこと、それぞれの家族間に強い遺恨を残した[佐々木二〇一六:二八九]。

このような例から、ガチャチャ裁判が実施された地域社会の多くは、それぞれに深い亀裂や分断を抱えた社会であった。ガチャチャ裁判は、このような紛争後の社会が内包する深い分断と亀裂の修復を意図して制度化された。深刻な暴力紛争を度々経験したルワンダの多くの地域社会においては、「和解(修復)をもたらす正義」ガチャチャ裁判が仮定した、理想化された「共同体」はもはや存在しなかったと佐々木は述べる［佐々木二〇一六：二九一］。つまりガチャチャ裁判は和解（修復）をもたらさなかったという結論である。

◎ガチャチャ裁判が農村社会での和解に資するかどうか

武内は、ガチャチャ裁判が罪を自白すれば大幅に減刑される制度であることに着目する。以下武内［二〇〇八：三四一―三四二］に沿って説明すると、農民たちが「何人殺しても自白すれば公益労働六年。かたや殺したのは一人だけでも自白がなければ禁固一九年」というように、ここでは何人虐殺したかが問われるのではなく、自分の罪を認めるか否かが問われている。換言すれば、政府の権威を認め、そこで自分の罪を認めれば大幅に減刑したうえで農村社会への復帰を許可するという仕組みである。

新政権ＲＰＦが主導する農村社会では、ガチャチャ裁判は旧政権に煽動された罪人を農村社会に再統合するための条件として機能している［武内二〇〇八：三四二］。被害者の不満もフトゥ側の不満も反政府運動として表面化はしていないが、一方でガチャチャ裁判から逃亡した者がいるということは内戦後の新秩序を受け入れない者が多いことをあらわしている［武内二〇〇八：三四二］。ガチャチャ裁判が農村社会での和解に資するかどうかは、今後の政治運営が国民から評価されるかどうかに依ると武内は結論づけている［武内二〇〇八：三四二］。

◎ガチャチャ裁判は被害者と加害者を対面させるきっかけになった

ガチャチャ裁判が被害者と加害者にもたらす和解を考察したのが小峯である［小峯二〇一八：一一二］。この研究はガチャチャ裁判が当事者にとってどのような意味があり、どのような効果あるいは負の影響を本人や社会にもたらしたのかについて検討するための材料を収集したものである［小峯二〇一八：一三二］。被害者と加害者にガチャチャ裁判後の交流頻度を聞き取った調査から得られた知見は、以下のようなことである。加害者が逃亡などで不在の場合は、被害者はガチャチャ裁判で加害者と対話することも和解することもできず、機会を逸したまま放置されている状態である。またガチャチャ裁判の個人的な意義については、被害者は「真実解明や謝罪と赦しには満足していない」と否定的な意見である。被害者と加害者はガチャチャ裁判が始まる前は報復を恐れて対面や対話の機会を持てず関係修復の機会はなかったが、ガチャチャ裁判が強制的に両者を対面させるきっかけにはなったと小峯は主張する［小峯二〇一八：一二九―一三〇］。

◎ガチャチャ裁判の「真実」とガチャチャ裁判の外側で行われる「心」のやりとり

ガチャチャ裁判の目的の一つである真実究明を考察したのがインゲラエール（Bert Ingelaere）である。彼はガチャチャ裁判の証言者の出廷率が低いことと、証言者が沈黙する傾向にあることを明らかにし、このような状況ではジェノサイドで何が起こったのかという真実を究明することはできないとした。この研究の結論は、政府や地方行政に都合の良い「真実」（Truth-with-a- Capital-T）がまかり通っているということである［Ingelaere 2016: 162］。その「真実」とは、「ガチャチャ裁判はジェノサイドに関与したフトゥの罪を裁き、RPFの罪は裁かない」というものである。すなわちインゲラエールは、まずはジェノサイドで何が起こったのかという真実を証言することができなければ、被害者と加害者は互いに疑心暗鬼に陥り、和解には向かわないと主張する。

ある被害者は、沈黙を強いられる状況を次のように語った。「ラジオでは統合や和解と言っているが、何も変わっていない。人々の心は動物のようになってしまった」。ここでいう「心が動物のようになる」というのは、心が死んでいる状態のことである。ルワンダの人々は日常的に「ウムティマ」（*umutima*、心）という言葉を使って気持ちを表現する。しかしこの被害者が述べたように、人々は沈黙させられ「心」を表現することができていないとインゲラエールは主張する［Ingelaere 2016: 151］。

インゲラエールは、被害者と加害者が「心」という言葉を使って気持ちをやりとりしていると考え、日常会話に頻出する「心」を使った表現を書き出している［Ingelaere 2016: 151-154］。例えば「クガルラウムティマ」（*Kugarura umutima*、心臓を元の場所に戻す）は「落ち着かせる、怒りを鎮める」という意味である。ルワンダの世界で誰かを「心がない」と決めつけることは、最も重大な侮辱にあたる［Ingelaere 2016: 153］。

インゲラエールは、このような気持ちのやりとりはガチャチャ裁判の外側（outside the *gacaca* activities）で行われていると述べる［Ingelaere 2016: 164］。つまり、ガチャチャ裁判の外側で行われる人々のやりとりが和解に向かっていくのではないかという考え方である。

◎本書の新たな着目点

これまで蓄積されてきた研究の多くは裁判の開廷期間に調査されたが、本書は裁判閉廷後に調査した点が新しい。ジェノサイドに翻弄された人々のその後の関係に、ガチャチャ裁判がどのような影響を及ぼしているのかを考察している。ガチャチャ裁判後に人々の最も大きな負担になっているのは賠償問題である。ガチャチャ裁判は賠償を命じるまでで、後は当事者が賠償の負担を負わなければならない。それにより被害者と加害者に対話の接点がうまれる経過を本書はみている。

三　これから必要とされる研究

本書は農村社会の人々を中心に、対話により関係がつくられることをみてきた。しかしこれからは農村社会を超えて、多様な対話や関係のつくり方をみていくことが必要とされる。ルワンダに帰還したディアスポラや外国人の対話に幅を広げることを想定している。ジェノサイドを経験していないディアスポラは海外で生まれ育ち、帰還してジェノサイド後の復興を支えているといわれている。現在の社会をつくる多様な担い手の視点を入れることで、研究の幅が広がると考える。

ルワンダとコンゴの国境付近では、商売や通学や家族間の交流などでルワンダ人とコンゴ人が行き来している［片山 二〇二三］。国レベルではルワンダはコンゴの紛争に介入し対立関係にあるが、民間レベルでは関係がつくられており、コンゴ人とルワンダ人の対話を考察することができる。

本書は二〇〇二～二〇一二年のガチャチャ裁判を対象にしているが、ジェノサイド終結直後一九九四年からガチャチャ裁判が始まるまでの八年間は、インフォーマルなガチャチャでジェノサイドの犯罪が調停されていた。この期間にどのように調停されていたのか、被害者と加害者と住民がどのように対話を交わし合意に至ったのかを調査することで、本書で不足していた部分を補うことができる。当事者は現在七〇～八〇代になっており、ご存命のうちに聞き取り調査を行いたいと考えている。

注

（1）　ジェノサイド条約は、前文と一九条からなる。ここでは前文と第一～三条を引用する［岩沢 二〇一九：四一九］。

前文　締約国は、集団殺害が、国際連合の精神及び目的に反し、かつ、文明世界から強く非難された国際法上の犯罪であるとする、一九四六年一二月一一日の国際連合総会決議一／九六を考慮し、歴史上あらゆる時期において集団殺害が人類に多大な損失をもたらしたことを認め、この忌まわしい苦悩から人類を解放するためには国際協力が必要であることを確信して、ここに、次に規定するとおり協定する。

第一条（国際法上の犯罪）　締約国は、集団殺害が、平時に行われるか戦時に行われるかを問わず、国際法上の犯罪であることを確認し、かつ、これを防止し処罰することを約束する。

第二条（定義）この条約において集団殺害とは、国民的、民族的、人種的又は宗教的な集団の全部又は一部を集団それ自体として破壊する意図をもって行われる次のいずれかの行為をいう。

（a）集団の構成員を殺すこと。

（b）集団の構成員に重大な肉体的又は精神的な危害を加えること。

（c）全部又は一部の身体的破壊をもたらすよう企てられた生活条件を故意に集団に課すこと。

（d）集団内の出生を妨げることを意図する措置を課すこと。

（e）集団のこどもを他の集団に強制的に移すこと。

第三条（処罰すべき行為）次の行為は、処罰される。

（a）集団殺害

（b）集団殺害の共同謀議

（c）集団殺害の直接かつ公然たる扇動

（d）集団殺害の未遂

（e）集団殺害の共犯

（2）以下遠藤［二〇一五］に従い、アメリカを中心とした国連多国籍軍によるソマリアの平和執行の失敗について説明する。第二次国連ソマリア活動（United Nations Operation in Somalia II: UNOSOM II）は一九九三年三月に国連安全保障理事会の決議を受け、五月から活動を行った。対立するクラン間の武装解除を早急に実現することが和平の達成に不可欠であるという認識の下、必要とあれば強制措置をも執りうる権限が付与された。しかし同年六月、現地武装勢力（アイディード将軍派）によるＵＮＯＳＯＭⅡのパキスタン要員への襲撃事件が起こった。この事件を契機に、アイディード派の武装解除とマハメド・アイディード（Mohamed Farrah Aidid）将軍の逮捕を目的とした強制措置も講じられたが、かえってアメリカ兵一八名を含む双方の犠牲を増やす結果を招き、撤退を余儀なくされた［遠藤二〇一五：五五、六六―六七］。

（3）日本経済新聞「仏大統領、ルワンダ大虐殺の責任認める」〈URL: https://www.nikkei.com/article/DGXZQOCB27CGH0X20C21A5000000/〉（アクセス二〇二一年六月四日）

（4）コミューン（*Commune*）は一九九四年当時に存在した地方行政機構である。州より小さく、セクターより大きい単位である。

（5）ICTR, "6. Law: 6.5. Violations of Common Article 3 and Additional Protocol「（Article 4 of the Statute）The class of perpetrators p.256 633 in Prosecutor versus Jean-Paul Akayesu, Case No. ICTR-96-4-T: Judgement（September 2,1998）," 〈https://ucr.irmct.org/LegalRef/

CMSDocStore/Public/English/Judgement/NotIndexable/ICTR-96-04/MSC15217R0000619817.PDF〉（アクセス二〇二二年六月三〇日）全ての判決文は国連のウェブサイト（International Criminal Tribunal for Rwanda）に掲載されている。

（6）移行期正義については Stan and Nedelsky［2013］を参照。移行期正義の方法論、重要概念、論点、および各国の取り組みが網羅されている。ちなみにこの著書では、太平洋戦争から戦後における日本の移行期の事例も取り上げられている。

（7）南アの他には、アルゼンチン、チリ、エルサルバドル、グアテマラなどで真実委員会が実施された。それらの役割と課題を包括的に考察した研究にヘイナー［二〇〇六］がある。ヘイナーによれば、一九九八年にアフリカ統一機構（Organization of African Unity: OAU）が「ルワンダ虐殺賢人調査団」を結成し、一九九九年からジェノサイドに至るまでの歴史と社会背景を調査した。ルワンダ政府の協力をあおぎ、二〇〇〇年六月に報告書を完成させた［ヘイナー 二〇〇六：三九］。

（8）アパルトヘイトの真実究明は、社会を癒やし、過去の繰り返しを回避することを目標に掲げ、隠蔽され抑圧されてきたアパルトヘイトの事実を明らかにして記録に残すことである［阿部 二〇〇七：五三］。

（9）第八代大統領マンデラ（Nelson Rolihlahla Mandela）と副大統領デクラーク（Frederik Willem de Klerk）はアパルトヘイト体制を解体し、関係法を全廃した。一九九六〜二〇〇一年に実施されたTRCで委員長を務めたのはツツ（Desmond Mpilo Tutu）元大主教であり、キリスト教の非暴力主義による立場からアパルトヘイト撤廃の必要性を強く説いた功績が認められ、一九八四年にノーベル平和賞を受賞した。マンデラ、デクラーク、ツツは他界しアパルトヘイトの撤廃やその後の復興を牽引した者が次々とこの世を去っていくなかで、この負の歴史をいかに語り継ぎ、暴力のない社会をつくっていけるかどうかが試されている。

（10）シエラレオネは一九六一年にイギリスから独立し、一九七八年以降はシアカ（Siaka Probyn Stevens）大統領が一党の強権的な政治を執った。主要産業であったダイヤモンドの国際価格が下落したことで経済が悪化し、人々の不満や貧困が拡大し、一九九一年の内戦が引き起こされた。フォルナ（Aminatta Forna）の著作『シエラレオネの真実』澤良世訳）は、一九六〇〜一九七〇年代に社会が混乱した時期を記す。フォルナの父モハメド（Mohamed Forna）は医師の経歴をもつ。一九六七年の選挙で国会議員に当選し、翌年財務大臣に就任したが、シアカに疑義をかけられ一九七四年に「政権転覆未遂」の罪で処刑された。当時一〇歳であった娘フォルナはロンドンに避難した後にジャーナリストになり、父の人生をたどる。当時の父の関係者への取材や政府の文書記録を追い、父の死の真相に迫る。この回想記から、当時の政権の腐敗が一九九一年の内戦へつながった歴史が分かる。

（11）クラークは和解を形式（個人間、個人と集団、集団間）、程度（共存、新たな関係の構築、ジェノサイド以前の関係への修復）、種類（ガチャチャ裁判のみの和解、他の社会要素も包含した和解）に分類し、政府、ルワンダ人、研究者、批判的な者それぞれの立場から整理した。さらに、ガチャチャ裁判が施行される以前に行われていたクリスチャン・ガチャチャや信仰が和解を促す大きな役割を担ったと分析する。クリスチャン・ガチャチャについては、本書の第三章で触れた。

あとがき

二〇二三年度に東京大学大学院総合文化研究科（国際社会科学専攻「人間の安全保障」プログラム）に博士論文「賠償をめぐる対話――ルワンダの農村社会におけるガチャチャ裁判後の関係構築」を提出した。提出に至るまで内部と公式の四回の審査会では、審査員の先生方から論文の細部にわたりご指導ご鞭撻を賜り、そのお力添えのお陰でプログラム内の最優秀論文賞である一高記念賞を受けることができた。

三〇年前に引き起こされたルワンダのジェノサイドは、人も、人とのつながりも、社会も、何もかもを破壊し尽くした。その後に人々は大きな問題を抱えながらも関係をつくり社会をつくり、平和をつくる努力をしてきた。いま世界のあちこちで終わりがみえない戦争や紛争が起こっているが、終結後に関係や社会をつくりなおすときに私たちがルワンダから学ぶものがあるのではないかと考え、そのことを伝える本をつくりたいという思いから出版助成に申請した。

第五回而立《じりつ》賞（二〇二四年度東京大学学術成果刊行助成）を頂く運びとなり、審査員の先生からは「ルワンダやアフリカに詳しくない読者に対しても読みやすい文章になおし、さまざまな分野の読者に手に取ってもらい、暴力や平和、被害者と加害者の関係修復について理解するきっかけを与えるような本にしてほしい」とコメントを賜った。このような本作りを目指して、博士論文を大幅に加筆修正したのが本書である。関係者一同に心より御礼申し上げる。

二年半の現地調査が実現したのは、公益財団法人松下幸之助記念 志《こころざし》 財団の研究助成および松下幸之助国際スカラシップの助成のお陰である。大学院の石坂貴美先輩が、この財団を知るきっかけをつくって下さった。帰国後も第一三回松下幸之助国際スカラシップフォーラムで調査報告させて頂き、ブックレットも出版させて頂き、財団職員の方々や先輩方から手厚いサポートを賜っている。

本書の核になっているのは、ジェノサイドの被害者と加害者をはじめ、ジェノサイドの犯罪を裁いたガチャチャ裁判に関わった判事や住民が語ってくれたこと、そして警察署本部で閲覧させてもらったガチャチャ裁判の裁判記録である。現地調査に協力して頂いた人々に、まずはお礼を言いたい。深刻なテーマゆえに調査地の農村が見つからず八方塞がりになっていたとき、学部時代に活動していた日本ルワンダ学生会議のルワンダ人メンバーが、一つ目の調査地を紹介してくれた。この調査地を足掛かりにして飛び込んだ村々で、住民たちはジェノサイドの経験とその後の苦悩を一語一語絞り出すように語ってくれた。

通訳たちは、隠喩が多く使われ直訳できないルワンダ語を理解することができるように助けてくれた。通訳たちは農村で生まれ育ち、ジェノサイドの被害者や加害者がどのような人物なのか、ジェノサイドでどのような被害に遭い、どのような加害を犯したのかを把握しており、彼らとの関わり方を筆者にアドバイスしてくれた。

村で滞在させてもらった家族は、市場の買い物や親族の結婚式など、どこに行くにも同伴させてくれた。筆者が住民に馴染んで生活できるよう、折りに触れてルワンダの暮らしや文化を教えてくれた。住み込んだ教会では、大小あらゆる規模の行事に参加させてもらい、司祭や修道女から信仰について説いてもらった。農村には家電が普及しておらず、掃除、洗濯、炊事すべてが手仕事であり、住み込みの家事手伝いさんに掃除から洗濯の仕方まで教えてもらった。このように生活を共にしてくれる人々がいたからこそ、聞き取り調査を続けることができた。現地では言論の自由が厳しく制限され、匿名にせざるを得ない事情から、一人一人の名前を挙げることができないのは非常に残念だが、それぞれの表情や声や話し方は鮮明に記憶している。

首都キガリ市の警察署本部では、ガチャチャ裁判の記録を管理する職員たちに大変お世話になった。彼らは嫌な顔一つせず、快く質問に答えてくれた。ルワンダ大学文化社会科学部ＣＣＭセンター長（当時）ルタイシレ教授には、指導教員を引き受けて頂いたことに感謝申し上げる。ルタイシレ教授のご協力のお陰で、調査許可証と裁判記録の閲覧許可証を取得することができた。木下一穂さんと渡辺栞さんは長期間ルワンダに住まれ苦労されている経験から、現地調査の厳しさを十二分に理解してくださり、お二方から多大なる助けを賜った。

ルワンダで集めてきたデータを博士論文にまとめるうえで、審査を引き受けて頂いた先生方にお礼を申し上げる。指導教員である東京大学大学院総合文化研究科の遠藤貢教授からは、ゼミや審査会で貴重なコメントを賜り、調査許可証の申請に必要な推薦状を何通も書いて頂いた。同研究科兼任教員・理事・副学長の森山工教授からは、「まずはルワンダ語を習得せよ」という金言を賜り、それを実行するよう努めた。さらに同研究科の関谷雄一教授は、文化人類学の視点から「人間」というものを表現するために調査事例をどのように描き表せば良いのかを共に考えてくださった。東京外国語大学現代アフリカ地域研究センター長の武内進一教授は一九九〇年代からルワンダ研究を牽引されてきた大家である。武内教授の分かりやすく読みやすい著作に導かれてルワンダ研究を志した筆者にとって、武内教授に審査して頂いたことは夢のようであった。京都教育大学幼児教育科の東村知子准教授は、社会心理学者ガーゲンの著作を多数翻訳されており、これらの翻訳書のお陰でガーゲンの理論を借りることができた。面識のない筆者の審査の依頼を快く引き受けてくださり、理論とルワンダの事例がどちらも活きるような考察の仕方を示し続けてくださった。

大阪大学大学院人文学研究科の米田信子教授、小森淳子教授、竹村景子教授には学部時代にお世話になり、アフリカの言語や文化を学ぶことの楽しさを教えて頂いた。スワヒリ語読み会では、中島久教授のスワヒリ語の話を聞くことを楽しみにしていた。国際関係学のゼミでは宮岡勲教授（現慶応大学）にご指導を賜り、学問に加え、社会人になって困ることがないよう事細かな振る舞い方まで説いて頂いた。なお、大学院進学の相談に親身にのって頂いた松浦寛教授に博士号取得を報告したかったが、ルワンダ滞在中に亡くなられ叶わなかった。松浦教授には折に触れ心の中で近況報告している。杉木明子教授（現慶応大学）の講義を受講したことでアフリカの政治経済に関心をもち、大学院で学ぶ研究分野を決めることができた。大阪経済大学の大和里美教授は、いつも進路について気にかけて下さっている。

小学校の恩師である井上純子先生にもお礼を言いたい。生徒同士が意見を出し合い、じっくり話し合う方法で進められた授業が、自身の研究に影響を与えてくれている。現在も心のこもった手紙で応援して頂いている。「ルワンダを広く知ってほしい」という思いから、脚本家演出家の馬場さくらさんは、ユニークな方法で研究を応援してくださっている。馬場さんは拙著のブックレットを脚本にして演劇で表現してくださった。また、アフリカ日本協議会の故斉藤龍一郎さんは、先行研究にない新しい視角から助言をくださった。梁・永山聡子さんは研究を一般の方々に発信する機会をつくってくださり、実和子さんとディアスさんご夫婦、車塚蘭さんはルワンダのことを異なる分野の方々に知ってもらえるよう様々な人と繋げてくださっている。

博士論文の執筆にあたっては、大学院の研究仲間と進捗状況を確認し合い、書き切ることを目標に励まし合った。先輩の増田里香さん、佐藤敦郎さん、玉井隆さんからは、執筆にあたり助言を賜り計画的に進めるよう導いて頂いた。本書の研究は裁判に関わるものであり、法律の専門用語については同じゼミに所属する笹本潤弁護士に助言を頂いた。アフリカのそれぞれの地域を研究されている澤良世さん、鶴田綾さん、村田はるせさんたちの背中を見て研究を進めてきた。研究分野は異なるが、同じ三鷹国際学生宿舎に住んでいたHuman-Computer Interaction専門の鈴木遼さんと、工学専門でケニアのジョモ・ケニヤッタ農工大学で教鞭を執っておられる青木翔平さんに折々に相談に乗ってもらった。

なお、短期の現地調査は東京大学の学術研究活動等奨励費および博士課程研究遂行協力制度、帰国後の研究は独立行政法人日本学術振興会から助成を受けて実現させることができた。

身近に関わってくださっている方々は、ルワンダに興味をもって研究を応援してくださっている。飯田夫妻、青木さんファミリー、大山夫妻、平田夫妻、江咲夫妻、松本夫妻、谷口夫妻、モモベ、増澤圭さん、品川正之介さん、白川千尋さん、幼馴染の川上朋子さんとご両親、上田敏子さん、一川香代子さん、拓也さん、谷口美千代さん、権藤寿さん、森厚夫さん雪絵さん、田中久恵さん、内野博さん、故内野隆三さんに心より感謝申し上げる。

出版を引き受けてくださった風響社・石井雅社長の「良い本にしましょう」という応援歌のもとで、研究論文の構成を大幅に変え、分かりやすく読みやすい文章に書き換えることはかなり難しかった。加筆修正するうえで、授業を受けてくれた学生や一般向けの講座で話を聞いてくださった方々から頂いた感想や疑問点は自分にとって目新しい視点であり、それらに答えることを意識して書いた。社長からこのような修練の機会を頂いたことを有り難く思っている。

兄家族と両親は、高校時代にアフリカに興味をもった筆者の意志を受け入れ尊重してくれた。危険を孕む現地調査であることを理解したうえで見守り続け、精神的な支柱であり続けてくれることで、研究を継続できている。どんな困難にぶち当たったときも、母が笑い飛ばしてくれたことで救われてきた。心から感謝するとともに、一日でも長く元気でいてくれることを願う。

ルワンダのジェノサイドの当事者に聞き取り調査を始めたときから、なぜ普通の人々が凶悪な犯罪を犯したのかを考え続けてきた。加害者は「トゥチを殺す命令に従わなければ自分と家族を殺すと言われた」と答える。自分は同じ状況で命令を拒むことができるだろうかと考えると、答えを出せずに行き詰まってしまう。ただし加害者のなかには自分が殺される危険があるなかでトゥチを匿った者もいる。それはジェノサイド前から友人関係にあったからという理由であった。

今の社会を考えると、身近な人々との間でさえも怒りやわだかまりが起こり、差別やいじめの暴力に発展している。暴力に発展しないためには、周囲の人々と話して関係をつくっていくことではないだろうか。このシンプルなようで難しいことを少しずつ積み重ねていくことで、平和がつくられるのではないかと思う。

参考文献

〈日本語〉

アスマン、アライダ　二〇一九『想起の文化——忘却から対話へ』安川晴基訳、岩波書店（Assmann, Aleida 2016. *Das neue Unbehagen an der Erinnerungskultur: Eine Intervention*. 2nd ed. München: Verlag C. H. Beck oHG）

阿部利洋　二〇〇七『紛争後社会と向き合う——南アフリカ真実和解委員会』京都大学学術出版会

石田勇治　二〇一一「ジェノサイド研究の課題と射程——比較の視座から」石田勇治・武内進一編『ジェノサイドと現代世界』勉誠出版、三—二二頁

石田勇治・武内進一編　二〇一一『ジェノサイドと現代世界』勉誠出版

石田勇治・福永美和子編　二〇一六『現代ドイツへの視座——歴史学的アプローチ一　想起の文化とグローバル市民社会』勉誠出版

板橋拓巳　二〇一五「訳者まえがき」ヴァインケ、アンネッテ『ニュルンベルク裁判』板橋拓巳訳、中央公論新社（中公新書）（Weinke, Annette 2006. *Die Nürnberger Prozesse*. München: C.H. Beck oHG）

岩沢雄司編　二〇一九『国際条約集』二〇一九年版　有斐閣

鵜飼哲・高橋哲哉　二〇〇〇「討議　和解の政治学」『現代思想』（二八—一三）（一一月）四六—六八頁

遠藤　貢　二〇一五『崩壊国家と国際安全保障——ソマリアにみる新たな国家像の誕生』有斐閣

緒方貞子　二〇一一「人びとを取り巻く脅威と人間の安全保障の発展」『国際問題』（六〇三）（七・八月）一—四頁

奥野克己　二〇一八『ありがとうもごめんなさいもいらない森の民と暮らして人類学者が考えたこと』亜紀書房

——　二〇二二『絡まり合う生命——人間を超えた人類学』亜紀書房

長有紀枝　二〇一二『入門　人間の安全保障——恐怖と欠乏からの自由を求めて』中央公論新社（中公新書）

ガーゲン、ケネス・J　二〇二〇『関係からはじまる——社会構成主義がひらく人間観』鮫島輝美・東村知子訳、ナカニシヤ出版（Gergen, Kenneth J 2009. *Relational Being: Beyond Self and Community*, Oxford: Oxford University Press）

ガーゲン、ケネス・J／メアリー、ガーゲン　二〇一八『現実はいつも対話から生まれる——社会構成主義入門』伊藤守監訳、二宮

美樹翻訳統括、ディスカヴァー・トゥエンティワン（Gergen, Kenneth J and Mary Gergen 2004. *Social Construction: Entering the Dialogue*. Chagrin Falls, Ohio: Taos Institute Publications）

片山夏紀　二〇一三「ジェノサイド後ルワンダにおける赦しと和解――ガチャチャ裁判を事例として」（修士学位論文）

――　二〇一四「ジェノサイド後ルワンダにおける和解の『実践』――ガチャチャ裁判と、その後の『被害者』と『加害者』の語りをめぐって」『スワヒリ＆アフリカ研究』（二五）（三月）二一一―二三六頁

――　二〇一五「ガチャチャの賠償金未払いへの対処」「アブンジにおける飼料作物の窃盗と暴行をめぐる紛争への対処」「近隣に住むジェノサイドの被害者と加害者のガチャチャ後の関係」太田至編『アフリカ紛争・共生データアーカイブ　第二巻』京都大学アフリカ地域研究資料センター　五三―五五頁

――　二〇一九「ガチャチャ裁判が命じた賠償をめぐる当事者の交渉――ルワンダ・ジェノサイドに関連する罪の赦しと和解」『アフリカレポート』（五七）（二月）、二一―三三頁

――　二〇二〇a「ジャガイモをおいしくするもの――笑いを誘うルワンダ詩」『スワヒリ＆アフリカ研究』（三一）（三月）一―一六頁

――　二〇二〇b『ルワンダの今――ジェノサイドを語る被害者と加害者』風響社（ブックレット「アジアを学ぼう」別巻二〇）

――　二〇二三「スワヒリ語を話すルワンダ人」『スワヒリ＆アフリカ研究』（三四）（三月）七〇―八七頁

クロス京子　二〇一六『移行期正義と和解――規範の多系的伝播・受容過程』有信堂高文社

小松かおり　二〇〇七『沖縄の市場〈マチグヮー〉文化誌――シシマチの技法と新商品から見る沖縄の現在』ボーダーインク

――　二〇二二『バナナの足、世界を駆ける――農と食の人類学』京都大学学術出版会（生態人類学は挑むMONOGRAPH　六）

小峯茂嗣　二〇一八「ジェノサイド後のルワンダにおける加害者とサバイバーの意識の変化――ガチャチャ裁判後の聞き取り調査をもとに」『ことば・文化・コミュニケーション』（一〇）一一九―一三二頁

坂上　香　二〇二二『プリズン・サークル』岩波書店

佐々木和之　二〇一六「〈和解をもたらす正義〉ガチャチャの実験――ルワンダのジェノサイドと移行期正義」遠藤貢編『武力紛争を越える――せめぎ合う制度と戦略のなかで』京都大学学術出版会（アフリカ潜在力　太田至シリーズ総編　二）二六五―二九四頁

佐藤靖明　二〇一一『ウガンダ・バナナの民の生活世界――エスノサイエンスの視座から』松香堂書店（京都大学アフリカ研究シリーズ　五）

杉山知子　二〇一一『移行期の正義とラテンアメリカの教訓――真実と正義の政治学』北樹出版

セイックラ、ヤーコ／トム・アーンキル　二〇一九『開かれた対話と未来――今この瞬間に他者を思いやる』斎藤環監訳　医学書院（Seikkula, Jaakko and Tom Erik Arnkil 2014. *Open Dialogues and Anticipations: Respecting Otherness in the Present Moment*. Tampere: National Institute for Health and Welfare）

高橋則夫　二〇〇九「修復的司法の観点から見た犯罪被害者に対する対応の在り方」『早稲田法學』（八五―一）、二〇七―二三一頁

武井彩佳　二〇一六「『つぐない』のレアールポリティーク――ドイツの補償とイスラエル」石田勇治・福永美和子編『現代ドイツへの視座――歴史学的アプローチ一　想起の文化とグローバル市民社会』勉誠出版、二五三―二七七頁

武内進一　二〇〇〇「ルワンダのツチとフツ――植民地化以前の集団形成についての覚書」武内進一編『現代アフリカの紛争――歴史と主体』アジア経済研究所

――――　二〇〇四「ルワンダにおける二つの紛争――ジェノサイドはいかに可能となったのか」『社會科學研究』（五五―五・六）一〇一―一二九頁

――――　二〇〇八「ルワンダのガチャチャ――その制度と農村社会にとっての意味」武内進一編『戦争と平和の間――紛争勃発後のアフリカと国際社会』アジア経済研究所、三一七―三四七頁

――――　二〇〇九a『現代アフリカの紛争と国家――ポストコロニアル家産制国家とルワンダ・ジェノサイド』明石書店

――――　二〇〇九b「ルワンダの村社会と民衆司法――アブンジを中心に」児玉由佳編『現代アフリカ村と公共圏』アジア経済研究所、一八五―二二一頁

――――　二〇一一「ルワンダのジェノサイドを引き起こしたもの――歴史・国際関係・国家の解体」石田勇治・武内進一編『ジェノサイドと現代世界』勉誠出版、二四九―二七〇頁

――――　二〇一五「コンゴ民主共和国、ルワンダ、ブルンジの土地政策史」武内進一編『アフリカ土地政策史』アジア経済研究所、一七一―一九六頁

タジョ、ヴェロニク　二〇一九『神（イマーナ）の影――ルワンダへの旅　記憶・証言・物語』村田はるせ訳、エディション・エフ

ダレール、ロメオ　二〇一二『なぜ、世界はルワンダを救えなかったのか――PKO司令官の手記』金田耕一訳、風行社（Dallaire, Roméo and Brent Beardsley 2004. *Shake Hands with the Devil: The Failure of Humanity in Rwanda*. Surrey: Arrow Books）

鶴田　綾　二〇一八『ジェノサイド再考』名古屋大学出版会

デリダ、ジャック　二〇一五『赦すこと――赦し得ぬものと時効にかかり得ぬもの』守中高明訳、未來社（Derrida, Jacques 2012. *Pardonner: L'impardonnable et l'imprescriptible*. Paris: Éditions Galilée）

トーゴヴニク、ジョナサン　二〇一〇『ルワンダ――ジェノサイドから生まれて』竹内万里子訳、赤々舎（Torgovnik, Jonathan 2009. *Intended Consequences: Rwandan Children Born of Rape.* New York: Aperture）
戸谷由麻　二〇一八『東京裁判――第二次大戦後の法と正義の追求』新装版、みすず書房
戸田真紀子、フォーチュネ・バイセンゲ　二〇二〇「女性の政治参加と家父長制社会の変容――ルワンダと日本との比較」『現代社会研究科論集：京都女子大学大学院現代社会研究科紀要』（一四）、二九―四三頁
永原陽子　二〇二二「世界史の中のアフリカ史――アフリカ史研究の歩みとアフリカを見る目」永原陽子責任編集『岩波講座　世界歴史一八　アフリカ諸地域～二〇世紀』岩波書店　三―四二頁
人間の安全保障委員会　二〇〇三『安全保障の今日的課題――人間の安全保障委員会報告書』朝日新聞社（Commission on Human Security 2003. *Human Security Now.* New York: Commission on Human Security）
ネメシェギ、ペトロ　一九九二『キリスト教とは何か』女子パウロ会
服部正也　二〇〇九『ルワンダ中央銀行総裁日記　増補版』中央公論新社（中公新書）
華井和代　二〇一六『資源問題の正義――コンゴの紛争資源問題と消費者の責任』東信堂
東村知子　二〇〇四「訳者あとがき」ガーゲン、ケネス・J『あなたへの社会構成主義』東村知子訳、ナカニシヤ出版、三五五―三六一頁（Gergen, Kenneth J 1999. *An Invitation to Social Construction.* London, Thousand Oaks and New Delhi: Sage Publications）
フォルナ、アミナッタ　二〇一八『シエラレオネの真実――父の物語、私の物語』澤良世訳、亜紀書房（亜紀書房ノンフィクション・シリーズ、三―七）（Forna, Aminatta 2002. *The Devil that Danced on the Water: a daughter's quest.* New York: HarperCollins Publishers）
文化庁編　二〇二一『宗教年鑑　令和三年版』文化庁
ヘイナー、プリシラ・B　二〇〇六『語りえぬ真実――真実委員会の挑戦』阿部利洋訳、平凡社（Hayner, Priscilla B. 2001. *Unspeakable Truths: Facing the Challenge of Truth Commissions.* New York: Routledge）
ヘーゲル、G・W・F　一九九七『精神現象学　下』樫山欽四郎訳、平凡社（平凡社ライブラリー）
法務省　法務総合研究所編　二〇二一『令和三年版　犯罪白書――詐欺事犯者の実態と処遇』法務省
宮坂道夫　二〇二〇『対話と承認のケア――ナラティヴが生み出す世界』医学書院
ムカゲンド、マリー・C　二〇一〇「解説」トーゴヴニク、ジョナサン　二〇一〇『ルワンダ――ジェノサイドから生まれて』竹内万里子訳、赤々舎、六―九頁
ムクウェゲ、デニ／ベッティル・オーケルンド　二〇一九『すべては救済のために――デニ・ムクウェゲ自伝』加藤かおり訳、あす

なろ書房
望月康恵　二〇一二『移行期正義――国際社会における正義の追及』法律文化社
森川すいめい　二〇一二『オープンダイアローグ――私たちはこうしている』医学書院
守中高明　二〇一五「訳者解説　不―可能なることの切迫――来たるべき赦しの倫理学のために」デリダ、ジャック『赦すこと――赦し得ぬものと時効にかかり得ぬもの』守中高明訳、未來社、九九―一三五頁（Derrida, Jacques 2012. *Pardonner: L'impardonnable et l'imprescriptible*. Paris: Éditions Galilée）
森山　工　二〇〇八「〈誰〉をめぐる問いかけ――マダガスカルの歴史から」高橋哲哉・山影進編『人間の安全保障』東京大学出版会、二一一―二三三頁
米川正子　二〇一七『あやつられる難民――政府、国連、NGOのはざまで』筑摩書房（ちくま新書）
ラムズボサム、オリバー／トム・ウッドハウス／ヒュー・マイアル　二〇〇九『現代世界の紛争解決学――予防・介入・平和構築の理論と実践』宮本貴世訳、明石書店（Ramsbotham Oliver, Tom Woodhouse, Hugh Miall 2005. *Contemporary Conflict Resolution: The Prevention, management and transformation of deadly conflicts* 2nd edition. Cambridge: Polity Press）
ルセサバギナ、ポール　二〇〇九『ホテル・ルワンダの男』堀川志野舞訳、ヴィレッジブックス（Rusesabagina, Paul with Tom Zoellner 2006. *An Ordinary Man: The True Story behind Hotel Rwanda*. New York: Viking Adult）

〈外国語〉
Bigirumwami, Aloys 1971. *Imigani Miremire.* Nyundo: Diocèze de Nyundo
Bornkamm, Christoph Paul 2012. *Rwanda's Gacaca Courts: Between Retribution and Reparation.* Oxford: Oxford University Press
Burnet, Jennie E. 2008. "The Injustice of Local Justice: Truth, Reconciliation, and Revenge in Rwanda."*Genocide Studies and Prevention: An International Journal* 3(2-4): 173-193
―――― 2011. "Women Have Found Respect: Gender Quotas, Symbolic Representation, and Female Empowerment in Rwanda." *Politics & Gender* 7: 303-334
CCM (National University of Rwanda Center for Conflict Management) 2012. *Evaluation of Gacaca process: Achieved Results per Objective*
Chakravarty, Anuradha 2016. *Investing in Authoritarian Rule: Punishment and Patronage in Rwanda's Gacaca Courts for Genocide Crimes.* New York: Cambridge University Press
Clark, Phil 2011. *The Gacaca Courts, Post-Genocide Justice and Reconciliation in Rwanda: Justice without Lawyers.* 1st paperback edition. New York:

Cambridge University Press

Des Forges, Alison 1999. *Leave None to Tell the Story: Genocide in Rwanda*. New York: Human Rights Watch

Des Forges, Alison, foreword by Roger V. Des Forges, edited by David Newbury 2011. *Defeat is the Only Bad News: Rwanda Under Musinga,* 1896-1931. Madison: The University of Wisconsin Press

Fujii, Lee Ann 2011. *Killing Neighbors: Webs of Violence in Rwanda*. 1st paperback ed. Ithaca: Cornell University Press

Human Rights Watch 2008. *Law and Reality: Progress in Judicial Reform in Rwanda.* New York: Human Rights Watch

——— 2011. *Justice Compromised: The Legacy of Rwanda's Community-Based Gacaca Courts*. New York: Human Rights Watch

Ingelaere, Bert 2008. "The Gacaca Courts in Rwanda," in *Traditional Justice and Reconciliation after Violent Conflict: Learning from African Experiences*. ed. Luc Huyse and Mark Salter. Stockholm: International IDEA (Institute for Democracy and Electoral Assistance) 25-59

——— 2016. *Inside Rwanda's Gacaca Courts: Seeking Justice After Genocide*, Madison: The University of Wisconsin Press

Kigali Memorial Centre in partnership with Aegis Trust 2004. *jenoside*

Kinzer, Stephen 2008. A Thousand Hills: Rwanda's Rebirth and the Man Who Dreamed It, Hoboken: John Wiley & Sons

Longman, Timothy 2017. *Memory and Justice in Post-Genocide Rwanda,* Cambridge: Cambridge University Press

Mamdani, Mahmood 1996. *Citizen and Subject: Contemporary Africa and the Legacy of Late Colonialism.* Princeton: Princeton University Press

——— 2002. *When Victims Become Killers: Colonialism, Nativism, and the Genocide in Rwanda.* 1st paperback ed. Princeton: Princeton University Press

Newbury, Cathrine 1988. *The Cohesion of Oppression: Clientship and Ethnicity in Rwanda, 1860-1960*. New York: Columbia University Press

NISR (National Institute of Statistics of Rwanda) 2014. *Fourth Population and Housing Census, Rwanda, 2012 Final Results Publication Table*s. Kigali: Republic of Rwanda

NSGC (National Service of Gacaca Courts) 2012. *Summary of the Report Presented at the Closing of Gacaca Courts Activities.* Kigali: NSGC

Ntukanyagwe, Tharcisse 2013. *Inkoranyamagambo Ikinyarwanda-Icyongereza.* Kigali: Bakame Editions

NURC (National Unity and Reconciliation Commission) 2000. *Nation-Wide Grass-roots Consultations Report: Unity and Reconciliation Initiatives in Rwanda.* Kigali: NURC

——— 2020. *Rwanda Reconciliation Barometer*. Kigali: NURC

OHCHR-a (Office of the United Nations High Commissioner for Human Rights) 1996/1/31. *Rapport de la premiere phase d'enquete sur le terrain.* Kigali : OHCHR

OHCHR-b 1996/6/30 *Rapport de la deuxieme phase d'enquete sur le terrain.* Kigali : OHCHR

Peskin, Victor 2008. *International Justice in Rwanda and the Balkans: Virtual Trials and the Struggle for State Cooperation.* New York: Cambridge University Press

——— 2011. "Victor's Justice Revisited: Rwandan Patriotic Front Crimes and the Prosecutorial Endgame at the ICTR," in *Remaking Rwanda: State Building and Human Rights after Mass Violence.* eds. Straus Scott and Waldorf Lars. Madison: The University of Wisconsin Press

PRI (Penal Reform International) 2007. Monitoring and Research Report on the Gacaca Trials of offences against property committed during the genocide: a conflict between the theory of reparation and the social and economic reality in Rwanda. London: PRI

Prunier, Gérard 1997. *The Rwanda Crisis: History of a Genocide.* revised ed. London: C. Hurst & Co

Republic of Rwanda. 2012. RWANDA VISION 2020 Revised 2012. Kigali: Republic of Rwanda

——— 2015. Rwanda's Constitution of 2003 with Amendments through 2015

——— 2020. VISION 2050 Abridged Version. Kigali: Republic of Rwanda

Rettig, Max 2011. "The Sovu Trials: The Impact of Genocide Justice on One Community" in *Remaking Rwanda: State Building and Human Rights after Mass Violence*. ed. Scott Straus and Lars Waldorf. Madison: The University of Wisconsin Press 194-209

Rever, Judi 2018. *In Praise of Blood: The Crimes of the Rwandan Patriotic Front*. Toronto: Random House Canada

Reyntjens, Filip 1990. "Le Gacaca ou la justice du gazon au Rwanda." *Politique Africaine* (40): 31-41

——— 2015. *Political Governance in Post-Genocide Rwanda.* 1st paperback ed. New York: Cambridge University Press

Sebarenzi, Joseph and Laura Ann Mullane 2011. *God Sleeps in Rwanda: A Journey of Transformation.* paper back ed. New York: Atria Paperback（邦訳は米川正子訳『ルワンダ・ジェノサイド生存者の証言――憎しみから赦しと和解へ』立教大学出版会二〇一五年）

Stan, Lavinia and Nadya Nedelsky ed. 2013. *Encyclopedia of Transitional Justice*. vol.1-3. Cambridge: Cambridge University Press

Straus, Scott 2006. *The Order of Genocide: Race, Power, and War in Rwanda*. Ithaca: Cornell University Press

Sullo, Pietro 2018. *Beyond Genocide: Transitional Justice and Gacaca Courts in Rwanda The Search for Truth, Justice and Reconciliation.* Hague: Asser Press

Thomson, Susan 2011. "The Darker Side of Transitional Justice: The Power Dynamics behind Rwanda's Gacaca Courts." Africa (81-3), August: 373-90

——— 2013. *Whispering Truth to Power: Everyday Resistance to Reconciliation in Postgenocide Rwanda*. Madison: The University of Wisconsin Press

Torgovnik, Jonathan 2020. *Disclosure: Rwandan Children Born of Rape*. Kyoto: Akaaka-sha（邦訳は竹内万里子訳『あれから ―― ルワンダ ジェ

ノサイドから生まれて』赤々舎二〇二〇年）
UNDP (United Nations Development Programme) 1994. *Human Development Report 1994*. New York: Oxford University Press
UN (United Nations), Security Council 1998. *Report of the Investigative Team Charged with Investigating Serious Violations of Human Rights and International Humanitarian Law in the Democratic Republic of Congo,* S/1998/581, 29 June 1998
——— 2001. *Letter dated 12 April 2001 from the Secretary-General to the President of the Security Council,* S/2001/357, 12 April 2001
Vansina, Jan 2004. *Antecedents to Modern Rwanda: The Nyiginya Kingdom*. translated by the author. Madison: The University of Wisconsin Press
Waldorf, Lars 2009. "Goats & Graves: Reparations in Rwanda's Community Courts." in *Reparations for Victims of Genocide, War Crimes and Crimes against Humanity: Systems in Place and Systems in the Making.* ed. Ferstman, Carla, Mariana Goetz and Alan Stephens. Boston: Martinus Nijhoff Publishers 515-539
——— 2010. "Like Jews Waiting for Jesus: Posthumous Justice in Post-Genocide Rwanda." in *Localizing Transitional Justice: Interventions and Priorities after Mass Violence*. ed. Rosalind Shaw and Lars Waldorf. California: Stanford University Press 183-202
Walker-Keleher, Jessica 2006. "Reconceptualizing the Relationship between Conflict and Education: The Case of Rwanda", *The Fletcher Journal of Human Security* (21), 35-53
Zehr, J. Haward 2005. *Changing Lenses: A New Focus for Crime and Justice. 3rd* ed. Scottdale: Herald Press（西村春夫・細井洋子・高橋則夫訳『修復的司法とは何か――応報から関係修復へ』新泉社、二〇〇三年）

〈ウェブサイト〉
全国犯罪被害者の会「会の紹介」
URL: http://www.navs.jp/introduction-a.html（アクセス二〇二三年五月二三日）
男女共同参画局「アフリカで進む女性の政治参画」
URL: https://www.gender.go.jp/about_danjo/whitepaper/h19/zentai/danjyo/html/column/col01_00_03_02.html（アクセス二〇二三年五月二三日）
東洋経済オンライン「『メディアの偏った報道』解消に挑む阪大教授の志――データで浮かび上がる日本の国際報道の問題点」
URL: https://toyokeizai.net/articles/-/428939?page=2（アクセス二〇二三年五月一五日）
日本ルワンダ学生会議
URL: https://jp-rw.jimdofree.com（アクセス二〇二三年五月二三日）

法務省「刑務作業」

URL: https://www.moj.go.jp/kyousei1/kyousei_kyouse10.html（アクセス二〇二二年六月一四日）

BBC, "Paul Rusesabagina: Hotel Rwanda hero set free,"

URL: https://www.bbc.com/news/world-africa-65062977（アクセス二〇二三年三月二七日）

BBC News JAPAN,「映画「ホテル・ルワンダ」で注目の男性、刑務所から釈放テロ罪で有罪に」

URL: https://www.bbc.com/japanese/65072387#:~:text=1994年にルワンダで，判決を受けていた%E3%80%82（アクセス二〇二四年八月一〇日）

CNN「『ホテル・ルワンダ』のモデルに禁錮二五年、テロ関連の罪」

URL: https://www.cnn.co.jp/world/35176955.html（アクセス二〇二二年五月二三日）

ICTR, "Prosecutor versus Jean-Paul Akayesu, Case No. ICTR-96-4-T: Judgement (September 2, 1998),"

https://ucr.irmct.org/LegalRef/CMSDocStore/Public/English/Judgement/NotIndexable/ICTR-96-04/MSC15217R0000619817.PDF（アクセス二〇二二年六月三〇日）

ICTR, "The ICTR in Brief,"

URL: http://unictr.irmct.org/en/tribunal（アクセス二〇二二年五月二三日）

International Crimes Database, "Her Majesty the Queen（Prosecutor）v. Désiré Munyaneza: Related developments,"

URL: http://www.internationalcrimesdatabase.org/Case/1176（アクセス二〇二二年五月二三日）

Local Administrative Entities Development Agency, "Ubudehe,"

URL: https://www.loda.gov.rw/ubudehe#:~:text=Ubudehe%20is%20a%20Rwandan%20practize,or%20solve%20their%20socio%2Deconomic（二〇二四年九月三日アクセス）

NURC, "NURC Background,"

URL: https://www.nurc.gov.rw/index.php?id=83（アクセス二〇二二年五月一八日）

Online Etymology Dictionary, "forget,"

URL: https://www.etymonline.com/word/forget6（アクセス二〇二三年三月三日）

Online Etymology Dictionary, "forgive,"

URL: https://www.etymonline.com/search?q=forgive（アクセス二〇二三年三月三日）

Republic of Rwanda, "Administrative Structure,"

URL: https://www.gov.rw/government/administrative-structure（アクセス二〇二二年五月二三日）
The World Bank in Rwanda, "Overview,"
URL: https://www.worldbank.org/en/country/rwanda/overview（アクセス二〇二二年五月二三日）
United Nations Security Council, *Report of the Investigative Team Charged with Investigating Serious Violations of Human Rights and International Humanitarian Law in the Democratic Republic of Congo*, S/1998/581, 29 June 1998, para. 96
URL: https://undocs.org/en/S/1998/581（アクセス二〇二二年五月二三日）

〈新聞記事〉
『大阪日日新聞』「犯罪被害者への補償充実目指す」二〇二二年三月二七日二二頁
――――「コンゴ支配「深い遺憾」ベルギー国王初訪問」二〇二二年六月一〇日三頁
――――「「拘禁刑」創設、成立へ――懲役廃止、刑変更は近代初」二〇二二年六月一一日三頁
――――「「拘禁刑」創設が成立――懲役・禁錮刑一本化　刑務作業の義務廃止」二〇二二年六月一四日二三頁
『日本経済新聞』「仏大統領、ルワンダ大虐殺の責任認める」二〇二一年五月二七日
URL: https://www.nikkei.com/article/DGXZQOCB27CGH0X20C21A5000000/（アクセス二〇二二年六月四日）

〈映像資料〉
ＮＨＫテレビ（二〇二四年八月二〇日放映）「「拘禁刑」前に変わる刑務所」『NHK NEWS おはよう日本』

2001.1.26.	2001 年法が公布。ガチャチャ裁判を州、郡、セクター、セルに設置することを定める。10 月に全国で判事を選出。
2002	コンゴ紛争の和平合意が締結されたが、東部では紛争が継続している。
2002.6.18	ガチャチャ裁判が、全国 1,540 セクターのうち 118 セクターで試験的に行われる。
2003.5.	2003 年憲法でジェンダー・クォータ制度を制定。
2004.6.19.	ガチャチャ裁判の試験事業を踏まえて、2004 年法を公布。
2004	ルワンダ政府は RPF の戦争犯罪に対するガチャチャ裁判の管轄権を撤廃。
2004	2003 年憲法の 159 条に則り、公的な司法制度アブンジが始まる。
2005	土地法を導入、土地証書の配布が進められる。
2006.7.15	ガチャチャ裁判がルワンダ全国で施行。
2006	日本で映画「ホテル・ルワンダ」が公開。
2006	コンゴ紛争の性暴力被害について、コンゴ人のムクウェゲ医師が国連で惨状を訴える。2018 年、ノーベル平和賞を受賞することとなる。
2007	死刑が廃止。ルワンダ国際刑事裁判所の任務が終了し、ルワンダ国内裁判所へ移管する条件として、ルワンダ政府に死刑廃止を求める。ルワンダ政府はその条件を受け入れる。
2007.3.1.	2007 年法が公布。
2007.7.1.	東アフリカ共同体に加盟する。
2008	ジェノサイド・イデオロギー法が定められた。ジェノサイドを企てようとした者は罰せられる。
2008.5.19.	2008 年法が公布、セクター・ガチャチャ裁判で性犯罪を裁くことが定められる。また、ガチャチャ裁判閉廷後、通常裁判に引き継ぐ手続きが定められる。
2009.11	コモンウェルス（イギリス連邦）に加盟。
（2009～2016）	（＊注記参照）
2010～2019	ルワンダの平均経済成長率が 7.2％を達成。
2012.6.	政府はガチャチャ裁判閉廷を宣言。
2012	国家ガチャチャ法務局とルワンダ大学の紛争マネージメントセンターが、ガチャチャ裁判の調査報告書を共同で発行。
2013.6.	第 5 回アフリカ開発会議（TICAD V）が横浜で開催、カガメ大統領が来日。
2018.	国連総会で「トゥチに対するジェノサイド」と決定される。
2019.8.	TICAD 7 が開催、カガメ大統領が来日する。
2021.5.27.	マクロン大統領、フランス政府がルワンダのジェノサイドを起こした体制側にあったことを認める。
2022.6.13.	日本、国会で刑法制定以降約 100 年ぶりに懲役刑と禁錮刑を廃止、拘禁刑への一本化が賛成・可決。加害者の更生や教育に多くの時間を充て、被害者との関係修復と再犯予防を目指す。

＊筆者現地調査。農村で聞き取り調査を行い、警察署本部でガチャチャ裁判の裁判記録を閲覧。

1990	ルワンダ政府は世界銀行や国際通貨基金に金融支援を要請、支援条件として要求された構造調整政策（経済的自由化）を導入。
1990.10.1	ルワンダ愛国戦線（RPF）がルワンダに侵攻。
1991	憲法改正、一党制から多党制になる。
1991	シエラレオネで内戦が始まる。
1993.8.	アルーシャ和平合意の締結。フランス軍が撤退。国連ルワンダ支援団派遣。
1993.10.	ブルンジでクーデターが起こり、フトゥ大統領ンダダエが暗殺。
1994	国連開発計画が『人間開発報告書 1994』を発行し、人間の安全保障を提唱。
1994.4.6.	ハビャリマナ大統領が暗殺され、ルワンダのジェノサイドが始まる。
1994.4.7.	フトゥ急進派が、穏健派フトゥのウィリンジマナ首相を暗殺。
1994.4.12.	ベルギー政府は国連ルワンダ支援団のベルギー部隊撤退を決定。
1994.4.21.	安保理決議により、国連ルワンダ支援団の規模を縮小。
1994.6.	フランスを中心とする多国籍軍が、トゥチ保護のための人道確保地帯を設置。しかしフトゥ急進派もこれを利用し、コンゴへ逃亡。
1994.7.18.	RPF がルワンダ全土を制圧、ジェノサイドが終結。
1994.7.19.	新政府が組閣され、RPF 所属のビジムングが大統領、カガメが副大統領に就任。
1994	南アフリカ、1948 年から 45 年にわたり続いたアパルトヘイト（白人が非白人を隔離し差別する制度）を撤廃。1996 年真実和解委員会。
1994.9.	国連難民高等弁務官事務所のギャルソニー調査団が、ルワンダ新政府軍の人権侵害を報告書にまとめるも、ルワンダ政府の抗議で、発行を取り下げ。
1996.8.30.	1996 年法を制定し、1990 年 10 月 1 日以降に犯されたジェノサイド罪および人道に対する罪を国内で裁くことを定める。
1996	第一次コンゴ紛争が始まる。
1998	第二次コンゴ紛争に発展。
1998.5.	キガリ・ンガリ州ニャマタ郡の刑務所でプリズン・ガチャチャが始まる。
1999.3.	ルワンダ人の統一と和解を促進するため、政府機関「国民統合和解委員会」を創設。
2000.4.22.	ビジムング大統領が辞任し、カガメ大統領が就任。カガメ大統領は、2003 年、2010 年の選挙で再選。2015 年の憲法改正により、三選禁止規定が変更され、カガメ大統領は、2017 年、2024 年の選挙で再選され、最長 2034 年まで任期を継続できることとなる。
2000.9.	国連ミレニアム・サミットで、アナン国連事務総長が「欠乏からの自由」と「恐怖からの自由」を 21 世紀の最優先事項とするよう要請。この要請を受け、日本政府が資金を提供し、2001 年に人間の安全保障委員会を設立。共同議長の緒方貞子とセンが 2003 年に『人間の安全保障委員会報告書』を発行する。
2000.11.	シエラレオネで真実和解委員会の設立を承認、内戦の犯罪責任を追及。2002 年 1 月、政府と国連は混合法廷としてシエラレオネ特別法廷の設置に合意し、指導者層 13 人を訴追する。

略年表

西暦	事項
13C以降	土地問題や相続問題について住民が話し合って仲裁する非公式の調停制度（インフォーマルなガチャチャ）が始まり、1920年代まで広く行われる。
14～15C頃	ニギニャ王国建国。王宮の政治エリートは自らをトゥチと自称し、使用人をフトゥと呼んだ。フトゥは「粗野」「無作法」を意味する。また狩猟採集民のピグミーはトゥワと呼ばれた。
1899年	ドイツ領となる。同じくドイツ領の隣国ウルンディ（現在のブルンジ）と合わせルアンダ・ウルンディとなる。
19世紀後半 ～20世紀前半	ニギニャ王国が強固な軍隊を設立し、領土を拡大。戦闘員をトゥチ、非戦闘員をフトゥと呼ぶようになる。王宮から各地域へチーフやサブ・チーフが派遣されると、派遣された者をトゥチ、地元の者をフトゥと呼ぶようになる。
1920年代	西欧から公的な司法システムが導入され、インフォーマルなガチャチャは衰退。
1924.10.20	国際連盟の委任統治制度によりベルギーの統治下に。
1934～1935	ベルギーはトゥチ、フトゥ、トゥワを体型で分け、民族として固定。
1945.10～1949.4	国際軍事法廷（ニュルンベルク裁判）。
1946.5～1948.11	極東国際軍事裁判（東京裁判）。
第2次世界大戦後	国際連合の信託統治制度により再びベルギーの統治下に。
1948.12.9	国連総会にてジェノサイド条約採択。
1957	フトゥのリーダーが「バフトゥ宣言」を発表。強制労働の廃止、表現の自由の奨励、フトゥの政治参加などを要求し、フトゥに対する差別の根絶を訴える。
1959	トゥチ中心の政党ルワンダ国民連合の支持者が、フトゥ解放運動党のサブ・チーフを攻撃（万聖節の騒乱）、「社会革命」が始まる。
1960前後	「社会革命」により多くのトゥチが国外に追放される。
1960	地方選挙でフトゥ中心の政党 PARMEHUTU が勝利。
1961.1	フトゥの政治家たちがベルギーの後ろ盾を得てクーデターを起こし、新政府を発足させる。
1961.9	国政選挙が実施され、フトゥ中心の政党 PARMEHUTU が勝利。住民投票により王政が廃止。
1962.7	ベルギーから独立。フトゥのカイバンダが初代大統領に就任。
1962	憲法で制定法を定め、ガチャチャを調停する者を公的な行政官に据える。
1965	多党制から一党制に変わる。
1965～1971	服部正也がルワンダ中央銀行総裁に就任、経済の立て直しに尽力。
1973.7	ハビャリマナがクーデターを決行、権力を掌握し軍政となる。
1975	フランスがルワンダ政府と軍事力協定、ルワンダに軍を派遣。

USAID	United States Agency for International Development アメリカ合衆国国際開発庁
VUP	Vision 2020 Umurenge Programme ビジョン 2020 ウムレンゲ プログラム

PRI	Penal Reform International 国際刑事改革機構
PSD	Parti social-démocrate 社会民主党
RDGIE	Rwanda Directorate General of Immigration and Emigration 入国管理局
RPA	Rwandan Patriotic Army ルワンダ新政府軍
RPF	Rwandan Patriotic Front ルワンダ愛国戦線
RWF	Rwandan Frrancs ルワンダフラン（ルワンダの通貨単位）
SCSL	Special Court for Sierra Leone シエラレオネ特別法廷
TC	Therapeutic Community 回復共同体
TIG	Travaux d' intérêts généraux 公益労働（ティーヂ）
TRC	Truth and Reconciliation Commission 真実和解委員会
UNAMIR	United Nations Assistance Mission for Rwanda 国連ルワンダ支援団
UNAR	Union nationale Rwandaise ルワンダ国民連合
UNDP	United Nations Development Programme 国連開発計画
UNHCR	The Office of the United Nations High Commissioner for Refugees 国連難民高等弁務官事務所
UNOSOM Ⅱ	United Nations Operation in Somalia Ⅱ 第 2 次国連ソマリア活動
UR-CMHS IRB	University of Rwanda, College of Medicine and Health Sciences Institutional Review Board ルワンダ大学 薬学健康科学部 倫理委員会
UR-RPGS	University of Rwanda, Research and Postgraduate Studies ルワンダ大学 調査大学院研究科

IMTFE	International Military Tribunal for the Far East 極東国際軍事裁判（東京裁判）
JICA	Japan International Cooperation Agency 国際協力機構
MDR	Mouvement démocratique républicain 共和民主運動
MICT	Mechanism for International Criminal Tribunals 国際刑事裁判所メカニズム
MRND	Mouvement révolutionnaire national pour le développement 開発国民革命運動
NATO	North Atlantic Treaty Organization 北大西洋条約機構
NGO	Non-Governmental Organizations 非政府組織
NISR	National Institute of Statistics of Rwanda ルワンダ国家統計局
NRA	National Resistance Army 国民抵抗軍
NSGC	National Service of Gacaca Courts 国家ガチャチャ法務局
NURC	National Unity and Reconciliation Commission 国民統合和解委員会
OAU	Organization of African Unity アフリカ統一機構
OHCHR	Office of the United Nations High Commissioner for Human Rights 国連人権高等弁務官事務所
PARMEHUTU	Parti du mouvement de l' émancipation Hutu フトゥ解放運動党
PCPS	Post-Colonial Patrimonial State ポストコロニアル家産制国家
PDC	Parti démocrate-chrétien キリスト教民主党
PL	Parti libéral 自由党

略語表

AFDL	Alliances des Forces Démocratiques pour la Libération du Congo-Zaïre コンゴ・ザイール解放民主連合
AU	African Union アフリカ連合
AVEGA-Agahozo	Association des Veuves du Génocide Agahozo ジェノサイド寡婦協会アガホゾ（アベガ）
CCM	National University of Rwanda Centre for Conflict Management ルワンダ大学（旧ルワンダ国立大学）文化社会科学部紛争マネージメントセンター
CDR	Coalition pour la défense de la république 共和国防衛同盟
CNLG	Commission nationale de lutte contre le génocide（仏） National Commission for the Fight against Genocide（英） 反ジェノサイド国家委員会
DSTR	Directorate of Science, Technology and Research ルワンダ教育省 科学技術研究局
EU	European Union ヨーロッパ連合
FAR	Forces armées rwandaises 旧ルワンダ政府軍
FIDH	Fédération internationale des ligues des droits de l'homme 国際人権連盟
ICC	International Criminal Court 国際刑事裁判所
ICT	Information and Communication Technology 情報通信技術
ICTR	International Criminal Tribunal for Rwanda ルワンダ国際刑事裁判所
IMF	International Monetary Fund 国際通貨基金
IMT	Trial of the Major War Criminals Before the International Military Tribunal 国際軍事法廷（ニュルンベルク裁判）

図表・写真一覧

ワ

マ

タ

索　引

著者紹介

片山 夏紀（かたやま なつき）

ルワンダでもらった名前はカイテシ（Kayitesi、世話の焼ける小さい人という意味）。
長崎県生まれ、大阪府育ち。

東京大学大学院総合文化研究科国際社会科学専攻「人間の安全保障」プログラム博士課程修了。2023年博士号取得（国際貢献）。博士論文は一高記念賞受賞。2024年度第5回而立賞（東京大学学術成果刊行助成）を受賞し本書の出版に至る。

都留文科大学教養学部比較文化学科専任講師（4月～）。

著書に、『ルワンダの今：ジェノサイドを語る被害者と加害者』（風響社、2020年）。論文に、「ガチャチャ裁判が命じた賠償をめぐる当事者の交渉：ルワンダ・ジェノサイドに関連する罪の赦しと和解」（『アフリカレポート』2019年、第57巻、22-33頁）、「『ジャガイモをおいしくするもの』：笑いを誘うルワンダ詩」（『スワヒリ＆アフリカ研究』2020年、第31号、1-16頁）、「スワヒリ語を話すルワンダ人」（『スワヒリ＆アフリカ研究』2023年、第34号、70-87頁）など。

2024年はルワンダジェノサイドから30年。著者が出演したラジオ番組は以下QRコードから視聴できる。

ルワンダのガチャチャ裁判　ジェノサイドの被害者と加害者の賠償をめぐる対話

2025年3月20日　印刷
2025年3月31日　発行

著　者　片山夏紀

発行者　石井　雅

発行所　株式会社　風響社

東京都北区田端 4-14-9（〒114-0014）
Tel 03(3828)9249　振替 00110-0-553554
印刷　モリモト印刷

ISBN978-4-89489-046-6 C1039

付録

法律文の構成目次

掲載にあたって

本付録には、ガチャチャ裁判の法律文と裁判のための文書フォーマットを掲載する。

◎法律文

ガチャチャ裁判2004年法の正本はルワンダ語と英語の2カ国語であり、これに筆者による日本語訳を付けている。正本のルワンダ語と英語で整合性が取れないところは、ルワンダ語を優先して訳した。さらに、ルワンダ語の表記ゆれについては、文意をゆがめない範囲で日本語訳を統一させている。

ガチャチャ裁判は2002年から試験的に一部地域で施行され、2006年から全国で施行され、2012年に閉廷した。一般市民がジェノサイドの犯罪を裁く例のない裁判であったため状況に合わせて法改正を繰り返し、わずか10年の間に2004年法、2007年法、2008年法に改正された。改正点については該当する条文に補足している。

◎裁判のための文書フォーマット

《起訴状》ガチャチャ裁判は10年間で約100万人という膨大な加害者を迅速に起訴し、裁くため、ガチャチャ裁判専用の起訴状が作成された。ガチャチャ裁判の判事は一般市民から選ばれ、司法の専門家ではないため、簡易な形式になっている。

《合意文書》ガチャチャ裁判が賠償を命じる時に作成する合意文書に沿って、ジェノサイドの被害者と加害者の賠償をめぐる対話が行われた。また、賠償を支払ったかどうかを証明する書類にもなっており、当事者にとって非常に重要なため、公文書として保管されている。

《召喚状》ガチャチャ裁判の判事が加害者を召喚する時に作成する。加害者が服役中または死亡した場合には、その家族が召喚される。

掲載にあたっては、ガチャチャ裁判の裁判記録を管轄する政府機関「反ジェノサイド国家委員会」の許可を得ている。

前文*

＊ここから第１部までは、通常「前文」といわれる部分だが、原文にはそれにあたる見出しがない。本書では便宜上、日本語で前文と掲示したが、ルワンダ語、英語は記さなかった。（著者）

Itegeko Ngenga rigena imiterere, ububasha n'imikorere by'Inkiko Gacaca zishinzwe gukurikirana no gucira imanza abakoze ibyaha bya jenoside n'ibindi byaha byibasiye inyokomuntu byakozwe hagati y'itariki ya mbere Ukwakira 1990 n'iya 31 Ukuboza 1994.

Organic law No.16/2004 of 19/6/2004 establishing the organization, competence and functioning of gacaca courts charged with prosecuting and trying the perpetrators of the crime of genocide and other crimes against humanity, committed between October 1,1990 and December 31, 1994

「1990 年 10 月 1 日から 1994 年 12 月 31 日に犯されたジェノサイド罪および人道に対する罪を訴追し、裁く任務を負ったガチャチャ裁判の組織、権限、機能を定めた 2004 年 6 月 19 日付の基本法 2004 年第 16 号」

Twebwe, KAGAME Paul, Perezida wa Repubulika; INTEKO ISHINGA AMATEGEKO YEMEJE, NONE NATWE DUHAMIJE, DUTANGAJE ITEGEKO NGENGA RITEYE RITYA, KANDI DUTEGETSE KO RYANDIKWA MU IGAZETI YA LETA YA REPUBULIKA Y'U RWANDA.

We, KAGAME Paul, President of the Republic; THE PARLIAMENT HAS ADOPTED AND WE SANCTION, PROMULGATE THE FOLLOWING ORGANIC LAW AND ORDER IT TO BE PUBLISHED IN THE OFFICIAL GAZETTE OF THE REPUBLIC OF RWANDA.

私たち、ポール・カガメ、共和国大統領；基本法に従い採択された議会は、制裁を科し、基本法を公布し、その基本法をルワンダ共和国の公式の官報で公開するよう命じる。

Inteko Ishinga Amategeko:
Umutwe w'Abadepite, mu nama yawo yo ku wa 17 Kamena 2004;
Umutwe wa Sena, mu nama yawo yo ku wa 10 Kamena 2004;
Ishingiye ku Itegeko Nshinga rya Repubulika y'u Rwanda ryo ku wa 4 Kamena 2003 nk'uko ryavuguruwe kugeza ubu, cyane cyane mu ngingo zaryo, iya 9-1° na 2°, iya 61; iya 62, iya 88, iya 90, iya 93, iya 108, iya 118-7°, iya 152 n'iya 201;

The Parliament:
The Chamber of Deputies, in its Cession of June 17, 2004;
The Senate, in its session of June 10, 2004;

Given the Constitution of the Republic of Rwanda of 04 June 2003, as amended to date, especially in its Articles 9 -1° and 2° , 61, 62, 88, 90, 93, 108, 118 -7° , 152 and 201;

議会：
2004 年 6 月 17 日に代議院に割譲された；
2004 年 6 月 10 日の上院会期中；
2003 年 6 月 4 日のルワンダ共和国の憲法を踏まえ現在までに修正された条、第 9-1 条、9-2 条、第 61 条、第 62 条、第 88 条、第 90 条、第 93 条、第 108 条、第 118-7 条、第 152 条及び第 201 条；

Isubiye ku Itegeko Ngenga n°40/2000 ryo ku wa 26 Mutarama 2001 rishyiraho Inkiko Gacaca kandi rigena imitunganyirize y'ikurikirana ry'ibyaha bigize icyaha cy'itsembabwoko n'itsembatsemba cyangwa ibyaha byibasiye inyokomuntu byakozwe hagati y'itariki ya mbere Ukwakira 1990 n'iya 31 Ukuboza 1994, nk'uko ryahinduwe kandi ryujujwe kugeza ubu;

Revisited the organic law n° 40/2000 of January 26, 2001, setting up Gacaca courts and organizing prosecutions for offences constituting the crime of genocide or crimes against humanity, committed between October 1, 1990 and December 31, 1994, as modified and completed to-date;

2001 年 1 月 26 日の基本法 2000 年第 40 号を改正した。ガチャチャ裁判所の設置と、1990 年 10 月 1 日から 1994 年 12 月 31 日に犯された、ジェノサイド罪および人道に対する罪の訴追を修正および補足した；

Isubiye ku Itegeko Ngenga n° 08/96 ryo ku wa 30 Kanama 1996 ryerekeye imitunganyirize y'ikurikirana ry'ibyaha bigize icyaha cy'itsembabwoko n'itsembatsemba cyangwa ibyaha byibasiye inyokomuntu byakozwe kuva ku itariki ya mbere Ukwakira 1990;

Revisited the organic law n° 08/96 of 30th August 1996 on the organization of prosecutions for offences constituting the crime of genocide or crimes against humanity committed since October 1, 1990;

1990 年 10 月 1 日以来のジェノサイド罪および人道に対する罪を訴追する 1996 年 8 月 30 日の基本法 1996 年第 8 号を改正した；

Isubiye ku Itegeko Teka n° 09/80 ryo ku wa 7 Nyakanga 1980 rishinga imitunganyirize n'ububasha by'Inkiko ryemejwe n'itegeko n° 01/82 ryo ku wa 26 Mutarama 1982 nk'uko ryahinduwe kandi ryujujwe kugeza ubu;

Revisited the decree-law n° 09/80 of July 7, 1980 establishing the Code of judicial organization and competence confirmed by the law n° 01/82 of January 26, 1982, as modified and completed to date;

刑法を制定する 1980 年 7 月 7 日の法令 1980 年第 9 号を改正した。1982 年 1 月 26 日の法律 1982 年第 1 号によって確認された管轄を修正および補足した；

Isubiye ku Itegeko Teka n° 21/77 ryo ku wa 18 Kanama 1977 rishyiraho igitabo cy'amategeko ahana ibyaha mu Rwanda, nk'uko ryahinduwe kandi ryujujwe kugeza ubu;

Revisited the decree-law n° 21/77 of August 18, 1977 instituting the penal code as modified and completed to date;

1977 年 8 月 18 日の法令 1977 年第 21 号を改正し、刑法を現在までに修正および補足した；

Isubiye ku Itegeko ryo ku wa 23 Gashyantare 1963 rishinga imiburanishirize y'imanza z'inshinjabyaha nk'uko ryahinduwe kandi ryujujwe kugeza ubu;

Revisited the law of February 23, 1963 on the Code of criminal procedure, as modified and completed to date;

1963 年 2 月 23 日の刑事手続法に関する法律を改正し、修正および補足した；

Imaze kubona icyaha cya jenoside n'ibyaha byibasiye inyokomuntu byakozwe mu Rwanda kuva ku itariki ya mbere Ukwakira 1990 kugeza ku ya 31 Ukuboza 1994;

Considering the crimes of genocide and the crimes against humanity committed in Rwanda from

October 1, 1990 to December 31, 1994;

1990年10月1日から1994年12月31日までのルワンダにおけるジェノサイド罪および人道に対する罪を考慮した；

Imaze kubona ko ibyo byaha byakozwe ku mugaragaro, mu maso ya rubanda rwose, abaturage babibonye bakaba ari bo babihamya, bakerekana ukuri ku byabaye, kandi bakagira uruhare mu gukurikirana no gucira imanza abakekwaho kuba barabigizemo uruhare;

Considering that such crimes were publicly committed in the eyes of the population, which thus must recount the facts, disclose the truth and participate in prosecuting and trying the alleged perpetrators;

これらの犯罪は人々の目の前で行われたものであり、それを見た国民全員が目撃者となり、事件の真相を明らかにし、関与したことが疑われる人々の訴追と裁きに参加した；

Imaze kubona ko gutanga ubuhamya ku byaha byakozwe ari inshingano ya buri munyarwanda ukunda igihugu cye, akaba nta wemerewe kugira impamvu iyo ari yo yose yitwaza ngo yange kuvuga ibyo yabonye;

Considering that testifying on what happened is the obligation of every Rwandan patriotic citizen and that nobody is allowed to refrain from such an obligation whatever reasons it may be;

何が起こったのかを証言することがすべてのルワンダの愛国者としての義務であることを考慮し、どのような理由であれ誰もその義務を果たさないことは許されない；

Imaze kubona ko ibyakozwe ari ibyaha biteganywa kandi bigahanwa n'igitabo cy'amategeko ahana, bikaba kandi bigize icyaha cya jenoside n'ibindi byaha byibasiye inyokomuntu;

Considering that the committed acts are both constituting offences provided for and punished by the Penal Code, and crimes of genocide or crimes against humanity;

前文

犯された犯罪は、刑法およびジェノサイド罪および人道に対する罪を裁く法律によって裁かれることを考慮する；

Imaze kubona ko icyaha cya jenoside giteganywa n'amasezerano mpuzamahanga yo ku wa 9 Ukuboza 1948 yerekeranye no gukumira no guhana icyaha cya jenoside;

Considering that the crime of genocide and crimes against humanity are provided for by the International Convention of December 9, 1948, relating to repression and punishment of the crime of genocide;

ジェノサイドに関連する犯罪の抑圧と罰に関わる1948年12月9日の国際条約で、ジェノサイド罪および人道に対する罪が定められたことを考慮する；

Imaze kubona ko amasezerano mpuzamahanga yo ku wa 26 Ugushyingo 1968 ateganya ukudasaza kw'ibyaha by'intamabara n'ibyaha byibasiye inyokomuntu;

Considering the convention of November 26, 1968 on imprescriptibility of war crimes and crimes against humanity;

時効なしの戦争犯罪と人道に対する罪に関連する1968年11月26日の条約を考慮する；

Imaze kubona ko u Rwanda rwemeye ayo masezerano mu Itegeko-teka n° 8/75 ryo ku wa 12 Gashyantare 1975 ryemeza kandi rihamya burundu amasezerano mpuzamahanga anyuranye yerekeranye n'uburenganzira bwa Muntu, kwamburwa intwaro, kurinda no guhana ibikorwa bishobora guhungabanya amahoro hagati y'abantu n'ibihugu, kandi rukayatangaza mu Igazeti ya Leta ya Repubulika y'u Rwanda, ariko igihe ibyo byaha byakorwaga rukaba rutari rwarateganyije ibihano byihariye byatangwa kuri ibyo byaha;

Considering that Rwanda ratified those Conventions with the decree-law no. 8/75 of February 12, 1975 ratifying different International Covenants on human rights, disarmament and preventing and suppressing actions that may result into conflicts among peoples and countries and published them in the Official Gazette of the Republic of Rwanda, without, however; providing for special sanctions

for these crimes until the time when they were committed;

ルワンダは1975年2月12日の法令1975年第8号で、人権、軍縮、人々と国々の間で紛争につながる可能性のある行為の防止と抑制に関するさまざまな国際規約を批准し、ルワンダ共和国の官報に掲載したが、これらの犯罪が行われる時まで特別な刑罰を定めていないことを考慮する;

Imaze kubona ko ibyo bituma imikirize y'izo manza igomba gushingira ku gitabo cy'amategeko ahana mu Rwanda;

Considering, consequently, that prosecutions must be based on the penal code of Rwanda;

したがって、起訴はルワンダの刑法に基づく必要があることを考慮する;

Imaze kubona ko ari ngombwa kurandura burundu umuco wo kudahana kugira ngo ubutabera n'ubwiyunge bishobore kugerwaho mu Rwanda, bityo bikaba ngombwa ko hashyirwaho amategeko yatuma abakoze ibyo byaha n'ibyitso byabo bakurikiranwa, bagacirwa imanza vuba, ariko hatagamijwe guhana gusa, ahubwo hanagambiriwe kongera kubaka Umuryango Nyarwanda wasenywe n'ubuyobozi bubi bwoheje abaturage kurimbura bamwe mu bawugize;

Considering the necessity to eradicate forever the culture of impunity in order to achieve justice and reconciliation in Rwanda, and thus to adopt provisions enabling rapid prosecutions and trials of perpetrators and accomplices of genocide, not only with the aim of providing punishment, but also reconstituting the Rwandan Society that had been destroyed by bad leaders who incited the population into exterminating part of the Society;

ルワンダの正義と和解を達成するために、不処罰の文化を永遠に根絶する必要性を考慮し、ジェノサイドの加害者と共犯者の迅速な起訴と裁判を可能にする条項を採用し、罰することを目的とするだけでなく、社会の一部の人々を虐殺するよう煽動した悪しき指導者によって破壊されたルワンダ社会を再構築することを目的とする;

Imaze kubona ko ari ngombwa ko Umuryango Nyarwanda ari wo ubwawo ugomba

kwikemurira ibibazo byatewe na jenoside n'ingaruka zayo;

Considering the necessity for the Rwandan Society to find by itself, solutions to the genocide problems and its consequences;

ルワンダ社会はジェノサイドの問題とその結果に対する解決策を自ら見つける必要があることを考慮する；

Imaze kubona ko ari ngombwa gushyiraho ibihano byatuma ababihawe bikosora bakicuza ibyo byaha, bityo bakaba bahabwa uburyo bwo gusubizwa mu muryango w'abanyarwanda batabereye abandi baturage imbogamizi;

Considering that it is important to provide for penalties allowing convicted persons to amend themselves and to favour their reintegration into the Rwandan Society without jeopardizing the people's normal life;

有罪判決を受けた者が自らを改め、人々の日常生活を損なうことなくルワンダ社会への再統合を可能にする刑罰を規定することが重要であることを考慮する；

INTERURO YA MBERE: IBYEREKEYE IBYAHA BIREBWA N'IRI TEGEKO NGENGA

TITLE ONE: OFFENCES UNDER THE APPLICABILITY OF THIS ORGANIC LAW

第１部：本基本法が適用される犯罪

第1条

Iri Tegeko Ngenga rigena imiterere, ububasha n'imikorere by'Inkiko Gacaca zishinzwe gukurikirana no gucira imanza abakoze ibyaha bya jenoside n'ibindi byaha byibasiye inyokomuntu byakozwe hagati y'itariki ya mbere Ukwakira 1990 n'iya 31 Ukuboza 1994, cyangwa ibyaha biteganywa mu gitabo cy'amategeko ahana ibyaha mu Rwanda, ariko hakurikijwe ibisobanuro by'ubushinjacyaha cyangwa by'abashinja uregwa kimwe n'ibyo ushinjwa yiyemerera, bikaba bifitanye isano n'ibikorwa byakozwe bigambiriye jenoside cyangwa byibasiye inyokomuntu.

This organic law establishes organization, competence and functioning of Gacaca courts charged with prosecuting and trying the perpetrators of the crime of genocide and crimes against humanity, committed between October 1, 1990 and December 31, 1994, or other crimes provided for in the penal code of Rwanda, but according to the declarations from the Public prosecution or testimonies against the defendant, as well as the defendant's confessions in relation to criminal acts carried out with the intention of committing genocide or crimes against humanity.

本基本法は、1990年10月1日から1994年12月31日に犯されたジェノサイド罪および人道に対する罪の加害者、またはルワンダの刑法で定められた他の犯罪の加害者を起訴し、裁く任務を遂行するガチャチャ裁判の組織、権限、機能を定めているが、ジェノサイド罪および人道に対する罪の意図をもって犯された犯罪に関する検察の供述、被告人に対する証言、または被告人の自白に従ったものである。

第2条

Abantu bakurikiranyweho kuba barakoze cyangwa barafatanije gukora ibyaha bituma bashyirwa mu rwego rwa kabiri n'urwa gatatu nk'uko bisobanuye mu ngingo ya 51 y'iri Tegeko Ngenga, baburanishwa n'Inkiko Gacaca ziteganyijwe mu nteruro ya II y'iri Tegeko Ngenga. Inkiko Gacaca zikurikiza ingingo zikubiye muri iri Tegeko Ngenga.

The persons or their accomplices prosecuted for their participation in criminal acts that put them in categories 2 and 3, as defined by article 51 of this organic law, are answerable to Gacaca Jurisdictions referred to in Title II of this organic law. Gacaca courts apply the provisions of this organic law.

本基本法第 51 条で定義されている第 2 分類及び第 3 分類の犯罪を犯したことで起訴された者または共犯者は、本基本法第 2 部で言及されるガチャチャ裁判の管轄で責任を問われる。ガチャチャ裁判所は、本基本法の規定を適用する。

補足 2008 年法改正　第 1 条　第 1 分類 3、4、5 に管轄が拡大した。

Abantu bakurikiranyweho kuba barakoze ibyaha bituma bashyirwa mu rwego rwa mbere nk'uko bisobanuye mu ngingo ya 51 y'iri Tegeko Ngenga, baburanishwa n'inkiko zisanzwe, zikurikiza amategeko asanzwe agenga iburanisha, haseguriwe ibyihariye biteganywa n'iri Tegeko Ngenga.

Persons who, by the virtue of acts committed, rank in the first category, as defined in Article 51 of this organic law, are tried before to ordinary courts which apply the common law content and procedure rules subject to exceptions provided for by this organic law.

本基本法第 51 条で定義されている第 1 分類の犯罪を犯した者は、本基本法に規定されている例外を除き、一般的な法を適用する通常の裁判所で先に審理される。

補足 2008 年法改正　第 1 条　第 1 分類 1、2 の犯罪を犯した者は国内裁判または軍事裁判で審理される。

Ku byerekeye ikiburanwa, hakurikizwa gusa ibiteganwa n'iri Tegeko Ngenga.

As regards the subject of the action, only provisions of this organic law prevail.

訴訟内容に関しては、本基本法の規定のみが適用される。

Abantu bavugwa mu bika bibanziriza iki baburanishwa n'inkiko zivugwa muri ibyo bika, kabone n'iyo abo bakoranye ibyaha baba bakurikiranywe n'inkiko zitandukanye n'izibaburanisha. Icyo gihe ahubwo abo bakoranye ibyaha bashobora guhamagazwa ngo batange ubuhamya muri urwo rubanza.

Persons referred to in the preceding paragraphs, are tried before the courts defined in those paragraphs, even if their co-defendants are prosecuted by courts different from theirs. In that case, their co-defendants can only be summoned to testify in that trial.

前項で言及された者は、たとえ彼らの共同被告人が異なる裁判所で起訴されたとしても、前項で定義された通常の裁判所で先に審理される。その場合、共同被告人は裁判で証言するためにのみ召喚される。

INTERURO YA II: IBYEREKEYE ISHYIRWAHO, IMITUNGANYIRIZE N'UBUBASHA BY'INKIKO GACACA N'IMIKORANIRE N'IZINDI

TITLE Ⅱ : SETTING UP, ORGANISATION AND COMPETENCE FOR GACACA COURTS AND RELATIONSHIP WITH OTHER INSTITUTION

第２部：ガチャチャ裁判の設立、組織、管轄及び他機関の関係

UMUTWE WA MBERE: IBYEREKEYE ISHYIRWAHO N'IMITUNGANYIRIZE BY'INKIKO GACACA

CHAPTER ONE: SETTING UP AND ORGANISING GACACA COURTS

第1章：ガチャチャ裁判の設立と組織

ICYICIRO CYA MBERE: IBYEREKEYE ISHYIRWAHO N'IFASI

SECTION ONE: SETTING UP AND ORGANISING GACACA COURTS

第1節：設立と組織

第3条

Hashyizweho Urukiko Gacaca rw'Akagari muri buri Kagari, Urukiko Gacaca rw'Umurenge n'Urukiko Gacaca rw'Ubujurire muri buri Murenge bya Repubulika y'u Rwanda. Izo Nkiko ziburanisha mu buryo buteganyijwe n'iri Tegeko Ngenga imanza z'ibyaha bya jenoside cyangwa ibindi byaha byibasiye inyokomuntu byakozwe hagati y'itariki ya mbere Ukwakira 1990 n'iya 31 Ukuboza 1994.

It is hereby set up the Gacaca Court of the Cell in each Cell, the Gacaca Court of the Sector and the Gacaca Court of Appeal in each Sector of the Republic of Rwanda. These courts are in charge of putting on trial, with the limits established by this organic law, the offences constituting the crime of genocide or crimes against humanity committed between October 1, 1990 and December 31, 1994.

これにより、ルワンダ共和国の各セルにセル・ガチャチャ裁判、各セクターにセクター・ガチャチャ裁判と控訴審ガチャチャ裁判が設置される。これらの裁判は、1990年10月1日から1994年12月31日に犯されたジェノサイド罪および人道に対する罪を、本基本法で定められた範囲で裁く。

第4条

Haseguriwe ibivugwa mu gika cya kabiri n'icya gatatu by'ingingo ya 6 y'iri Tegeko: Ngenga:

Without prejudice to provisions of paragraphs two and three of article 6 of this organic law:

本基本法第 6 条 2 項及び 3 項の規定を損なうことなく：

---

1. ifasi y'Urukiko Gacaca rw'Akagari ni Akagari;
2. ifasi y'Urukiko Gacaca rw'Umurenge ni Umurenge; 3° ifasi y'Urukiko Gacaca rw'Ubujurire ni Umurenge;
3. ifasi y'Urukiko Gacaca rw'Ubujurire ni Umurenge.

1. the jurisdiction for the Gacaca Court of the Cell is the Cell;
2. the jurisdiction for the Gacaca Court of the Sector is the Sector;
3. the jurisdiction for the Gacaca Court of Appeal is the Sector.

1. セル・ガチャチャ裁判の管轄権はセルにある；
2. セクター・ガチャチャ裁判の管轄はセクターにある；
3. 控訴審ガチャチャ裁判の管轄はセクターにある。

ICYICIRO CYA II: IBYEREKEYE INZEGO Z'INKIKO GACACA

SECTION II: ORGANS OF GACACA COURTS

第 2 節：ガチャチャ裁判の機関

Akiciro ka mbere: Ibyerekeye ingingo rusange

Sub-section one: General Provisions

第 1 項：一般規定

第 5 条

Urukiko Gacaca rw'Akagari rugizwe n'Inama Rusange, Inteko y'Urukiko Gacaca n'Inama

Mpuzabikorwa.

The Gacaca Court of the Cell is made up of a General Assembly, a Seat for the Gacaca Court and a Coordination Committee.

セル・ガチャチャ裁判は総会、判事団、調整委員会で構成される。

Urukiko Gacaca rw'Umurenge kimwe n'Urukiko Gacaca rw'Ubujurire rugizwe n'Inama Rusange y'Umurenge, Inteko y'Urukiko n'Inama Mpuzabikorwa.

The Gacaca Court of the Sector, as well as the Gacaca Court of Appeal are made up with a Sector General Assembly, a Seat for the Gacaca Court and a Coordination Committee.

セクター・ガチャチャ裁判及び控訴審ガチャチャ裁判は総会、判事団、調整委員会で構成される。

Urwego rufite ububasha bwo gushyiraho abagize Inteko y'Urukiko cyangwa urufite ububasha bwo gushyiraho abagize Inama Mpuzabikorwa ni na rwo rufite ububasha bwo kubasimbura.

The competent instance which has the powers to appoint the Seat members or the competent one to appoint members of the Coordination Committee, is also competent for their replacement.

これらの裁判は判事団と調整委員を任命する権限と、判事団と調整委員の入れ替わりを任命する権限をもつ。

Akiciro ka 2: Ibyerekeye Inama Rusange

Sub-section 2: The General Assembly

第２項：総会

第６条

Inama Rusange y'Urukiko Gacaca rw'Akagari igizwe n'abaturage bose baba muri ako Kagari, bujuje nibura imyaka cumi n'umunani (18) y'amavuko.

The General Assembly for the Gacaca Court of the Cell is composed of all the Cell's residents aged 18 years above.

セル・ガチャチャ裁判の総会は当該セル居住者のうち18歳以上の全員で構成される。

Iyo bigaragaye ko umubare w'ababa mu Kagari bagejeje ku myaka cumi n'umunani (18) y'amavuko cyangwa bayirengeje utageze kuri magana abiri (200), ako Kagari gashobora guhuzwa n'akandi Kagari biri mu Murenge umwe, bigakora Urukiko Gacaca rumwe rw'Akagari. Ni na ko bigenda iyo bigaragaye ko umubare w'Inyangamugayo uvugwa mu ngingo ya 8 y'iri tegeko ngenga udashoboye kugerwaho. Utugari twakomatanyijwe twongera gutora abantu b'Inyangamugayo.

When it appears that within a given Cell, the number of inhabitants aged 18 years or above is less than two hundred (200), that Cell can be merged with another Cell of the same Sector, to make one Gacaca Court of the Cell. The same applies when it appears that the number of upright persons defined in Article 8 of this organic law, is not reached. The merged Cells proceed to new elections for appointing upright persons.

18才以上の居住者数が200人に満たないセルは同セクターの他セルと統合し、セル・ガチャチャ裁判が構成される。第8条で定められた「高潔な者」(判事）が定員に満たない場合も同様である。統合されたセルが、判事を任命する新たな選挙を提起できる。

Mu gihe Utugari dukomatanyijwe ntidushobore kubona umubare w'Inyangamugayo wa ngombwa, kandi muri uwo Murenge nta tundi Tugari turimo, utwo Tugari dukomatanywa n'Akagari k'Umurenge byegeranye. Umurenge twari tugize na wo ukomatanywa n'Umurenge ako Kagari bikomatanyijwe karimo.

In case the merged Cells fail to meet the required number of upright persons, and there are no other Cells in that Sector, these Cells are merged with the Cell from the neighbouring Sector. The Sector to which the merged Cells formerly belonged is, in its turn, merged with the Sector for the cell with which those cells were merged.

統合されたセルが判事の必要人数を集めることができなかった場合、及びセクター内に他のセルがない場合、これらのセルは近隣セクターのセルに統合される。統合されたセルを管轄するセクターは、統合したセルを管轄するセクターに統合される。

Icyemezo cyo gushyira Akagari mu ifasi y'Urukiko Kagari gifatwa n' Urwego rw'Igihugu rushinzwe gukurikirana, kugenzura no guhuza ibikorwa by'Inkiko Gacaca rubyibwirije cyangwa rubisabwe n'Umuyobozi w'Akarere cyangwa Uw'Umujyi, bikamenyeshwa Umukuru w'Intara cyangwa Umuyobozi w'Umujyi wa Kigali.

The decision of putting the Cell in the jurisdiction of the Gacaca Court from another Cell, is taken by National Service in charge of the follow up, supervision and coordination of the activities of Gacaca Courts, on its own initiative or on request of the Mayor of the District, Town, Municipality or City, with a copy to the Prefect of the Province or the Mayor of the City of Kigali.

この決定は、国家法務局の権限にもとづくガチャチャ裁判の監督と調整によって行われ、キガリ市、州、郡、市の長の指揮と要求にもとづき、ガチャチャ裁判で他のセルと統合したセルにも適用される。

第７条

Inama Rusange y'Umurenge igizwe n'abagize:

The General Assembly for the Sector is composed of the members of the following organs:

セクターの総会は、以下の構成員で組織される：

---

1. Inteko z' Inkiko Gacaca z'Utugari tugize uwo Murenge;
2. Inteko y'Urukiko Gacaca rw'Umurenge;
3. Inteko y'Urukiko Gacaca rw'Ubujurire.

1. The Seats for the Gacaca Court of the Cells constituting that sector;
2. The Seat for the Gacaca Court of the Sector;

3. The Seat for the Gacaca Court of Appeal.

1. そのセクターを構成するセル・ガチャチャ裁判の判事；
2. セクター・ガチャチャ裁判の判事；
3. 控訴審ガチャチャ裁判の判事。

Akiciro ka 3: Ibyerekeye Inteko y'Urukiko Gacaca

Sub-section 3: The Seat for the Gacaca Court

第３項：ガチャチャ裁判の判事団

第 8 条

Buri Nteko y'Urukiko Gacaca igizwe n'abantu icyenda (9) b'Inyangamugayo, kandi ikagira abasimbura batanu (5).

Each Seat of the Gacaca Court is made up with nine (9) persons of integrity and 5 deputies.

ガチャチャ裁判の判事団は、判事 9 人、補欠 5 人から成る。

2007 年法改正　第 1 条　判事 7 人、補欠 2 人。

第 9 条

Mbere yo gutangira imirimo ye, ugize Inteko y'Urukiko Gacaca agomba kurahira imbere y'Inama Rusange muri aya magambo:

Before exercising his or her duties, every member of the Seat for the Gacaca Court shall take the following oath:

職務を遂行する前に、ガチャチャ裁判の判事団全員は次の誓いを立てる：

Jyewe .... ndahiriye u Rwànda ku mugaragaro:

1. ko nzakorana umurava imirimo nshinzwe;

2. ko ntazahemukira Repubulika y'u Rwanda;

3. ko nzakurikiza Itegeko Nshinga n'andi mategeko;

4. ko nzihatira gushimangira ubumwe bw'Abanyarwanda;

5. ko nzubahiriza mbikuye ku mutima inshingano yo guhagararira Abanyarwanda nta vangura iryo ari ryo ryose:

6. ko ntazigera nkoresha ububasha nahawe mu nyungu zanjye bwite;

7. ko nzaharanira iyubahirizwa ry'ubwigenge: n 'uburenganzira bw'ibanze bwa muntu n'ibyagirira akamaro Abanyarwanda bose.

Nintatira iyi ndahiro, nzabihanirwe n'amategeko. Imana ibimfashemo »

"I ....solemnly swear to the Nation that I shall:

1. diligently fulfill the responsibilities entrusted to me;

2. remain loyal to the Republic of Rwanda;

3. observe the Constitution and the other laws;

4. work for the consolidation of national unity;

5. conscientiously fulfill my duties of representing the Rwandan people without any discrimination whatsoever;

6. never use the powers conferred on me for personal ends;

7. promote respect for the freedom and fundamental rights of human beings and safeguard the interests of the Rwandan people.

Should I fail to honour this oath, may I face the rigours of the law: So help me God."

「私 .... は、しなければならないことを国に厳粛に誓います：

1. 委ねられた責任を熱心に果たします；

2. ルワンダ共和国に忠誠を誓います；

3. 憲法及びその他の法律を遵守します；

4. 国民の団結を強化するために働きます；

5. 差別することなく、ルワンダの人々を代表するという義務を誠実に果たします，

6. 与えられた力を個人的な目的のために決して使いません；

7. 人間の自由と基本的権利の尊重を促し、ルワンダの人々の利益を守ります。

もし私がこの誓いを守らなければ、私は裁かれますので、私が誓いを守れるように神のご加護がありますように。」

第 10 条

Ugize Inteko y'Urukiko Gacaca ntiyemerewe kuburanisha cyangwa gufata ibyemezo mu rubanza rumureba cyangwa rukurikiranywemo:

A member of the Seat for the Gacaca Court cannot judge or decide on a case in which he or she is a party or is prosecuted:

被告人が以下に該当する場合は、ガチャチャ裁判の判事は審理または判決を下すことができない：

---

1. uwo bashakanye;
2. umubyeyi, sekuru na nyirakuru; abavandimwe, abana, abuzukuru be cyangwa b'uwo, bashakanye;
3. ba se wabo, ba nyina wabo, ba nyiranune na ba nyirasenge, ababyara, bene se wabo na bene nyina wabo;
4. uwo bafitanye urwango rukomeye;
5. uwo bafitanye ubucuti bukomeye;
6. uwo ashinzwe kurera cyangwa amurera bya kibyeyi;
7. n'undi bafitanye isano yabangamira ubwigenge bw'Inyangamugayo.

1. his or her spouse;
2. his or her parent, grandfather and grandmother, relatives, children and grandchildren or those of his or her spouse;
3. his or her uncles, aunts and maternal or paternal cousins;
4. the person with whom it was already existing serious enmity;
5. the person with whom he or she has deep friendship relations;
6. the person for whom he or she is a guardian;
7. any other relation considered incompatible with the honest person's independence.

1. 配偶者；
2. 親、祖父と祖母、兄弟姉妹、子供と孫または彼らの配偶者；
3. 叔父、叔母及び母方または父方のいとこ；
4. 敵対関係にある者；
5. 友人関係にある者；

6. 世話をした者；
7. 独立性を脅かす関係をもつ者。

Muri icyo gihe yivana mu rubanza, atabikora umuntu wese uzi ko iyo miziro iriho, abimenyesha Inteko mbere y'uko urubanza ruburanishwa mu mizi yarwo, igahita ifata ibyemezo cyo kumukuramo. Icyakora, uvuyemo muri ubwo buryo, yemerewe gutanga ubuhamya, ashinja cyangwa ashinjura.

In one of these hypotheses, the member of the Seat concerned shall decline to act in the case. Failure to do so, any person who knows about the existence of one of these causes informs, before the plea as to the content, the Seat which decides all matters ceasing. However, the concerned person so objected to is admitted to testify for or against the prosecution.

これらのいずれかに該当する場合、判事は当該事件の対応はできない。このような事情があることを知る者は、事件が審理される前に判事団に通知し、判事団はその判事が審理できないようにする。ただし該当者は、訴追を認める又は認めないために証言することができる。

Akiciro ka 4: Ibyerekeye Inama Mpuzabikorwa

Sub-section 4: The Coordination Committee

第４項：調整委員会

第 11 条

Abagize Inteko y'Urukiko Gacaca bitoramo, ku bwiganze burunduye bw'amajwi, Inama Mpuzabikorwa igizwo Porozida, Visi Porozida wa mboro, Visi Porozida wa kabiri, n'abanditsi babiri, bose bagomba kuba bazi gusoma no kwandika neza Ikinyarwanda. Abagize Inama Mpuzabikorwa batorerwa igihe cy'umwaka umwe (1) gishobora kongerwa.

Members of the Seat for a Gacaca Court elect among themselves, with a simple majority, the Coordination Committee made up with a President, a first Vice-President, a second Vice-President and two secretaries, all of them must know how to read and write Kinyarwanda. The members of the Coordination Committee are elected for a one (1) year mandate which may be renewed.

ガチャチャ裁判の判事団の構成員は自分たちで選挙し、議長、第1副議長、第2副議長、2人の書記を選び、全員がルワンダ語を読み書きできなければならない。調整委員会の構成員は任期1年で交替する。

Abanyamabanga b'Inkiko Gacaca bashinzwe ubwanditsi n'imirimo y'ubunyamabanga byazo.

The secretaries of Gacaca Courts shall be responsible for report making and assume the functions of secretaries for Gacaca Courts

ガチャチャ裁判の書記は、記録と事務局の業務に従事する。

第12条

Inama Mpuzabikorwa ifite inshingano zikurikira:

The Coordination Committee shall carry out the following functions:

調整委員会は以下の活動を行う：

---

1. gutumiza, kuyobora inama no guhuza imirimo y'Inteko y'Urukiko Gacaca; 2° kwandika ibirego, ubuhamya n'ibimenyetso, byatanzwe n'abaturage;
2. kwandika ibirego, ubuhamya n'ibimenyetso, byatanzwe n'abaturage;
3. kwakira dosiye z'abashinjwa baburanira mu Nkiko Gacaca;
4. kwandika ubujurire bwakozwe ku manza z'Inkiko Gacaca;
5. kohereza mu Rukiko Gacaca rw'Ubujurire, amadosiye y'imanza zajuririwe;
6. kwandika ibyemezo byafashwe n'inzego z'Urukiko Gacaca;
7. gufatanya n'izindi nzego mu gashyira mu bikorwa ibyemezo by'Urukiko Gacaca.

1. to convene, preside over meetings and coordinate activities of the Seat for the Gacaca Court;
2. to register complaints, testimonies and evidences given by the population;
3. to receive files for the accused answerable to Gacaca Court;
4. to register appeals filed against judgments passed by Gacaca Courts;

5. to forward to the Gacaca Courts of Appeal, files of judgments appealed against;
6. to register decisions made by organs of the Gacaca Court;
7. to collaborate with other institutions in implementing decisions made by the Gacaca Court.

1. 会議を呼びかけて主催し、ガチャチャ裁判の判事団の活動を調整する；
2. 住民からの訴え、証言、証拠を記録する；
3. ガチャチャ裁判に出廷する被疑者のファイルを受け取る；
4. ガチャチャ裁判で審理された判決への控訴を記録する；
5. 控訴した判決のファイルを控訴審ガチャチャ裁判に送付する；
6. ガチャチャ裁判が下した判決を記録する；
7. ガチャチャ裁判が下した判決を執行する他の組織と協働する。

ICYICIRO CYA III: IBYEREKEYE ABAGIZE INZEGO Z'INKIKO GACACA

SECTION III: MEMBERS OF THE ORGANS FOR GACACA COURTS

第３節：ガチャチャ裁判機関の構成員

第13条

Inama Rusange y'Urukiko Gacaca rw'Akagari yitoramo Inyangamugayo icyenda (9) zigize Inteko yarwo n'abasimbura batanu (5).

The General Assembly for the Gacaca Court of the Cell elect, within itself; nine (9) persons of integrity constituting the Seat and five (5) deputies.

セル・ガチャチャ裁判の総会は判事９人と補欠５人を選出する。

補足 2007 年法改正　第２条　判事７人と補欠２人。

Inama Rusange y'Umurenge yitoramo Inyangamugayo icyenda (9) zigize Inteko y'Urukiko rw'Ubujurire n'abasimbura batanu (5) n'inyangamugayo icyenda (9) zigize Inteko y'Urukiko rw'Umurenge n'abasimbura batanu (5).

The General Assembly for the Sector elect, within itself, nine (9) persons of integrity to make up the Seat for the Gacaca Court of Appeal and their five (5) deputies, as well as nine (9) persons of integrity making up the Seat for the Gacaca Court of the Sector and their five (5) deputies.

セクターの総会は控訴審ガチャチャ裁判の判事9人と補欠5人、セクター・ガチャチャ裁判の判事9人と補欠5人を選出する。

補足2007年法改正　第2条　控訴審、セクター・ガチャチャともに判事7人と補欠2人。

Amatora y'inyangamugayo z'Inkiko Gacaca ategurwa kandi akayoborwa na Komisiyo y'Igihugu y'Amatora.

Elections of persons of integrity for Gacaca Courts shall be organized and conducted by the National Commission.

ガチャチャ裁判の判事の選挙は、国家委員会に組織され実施される。

Iteka rya Perezida wa Repubulika rishyiraho amabwiriza ya ngombwa yerekeye amatora y'abagize inzego z'Inkiko Gacaca.

A presidential decree determines the necessary instructions for elections of members of the organs for Gacaca Courts.

大統領令は、ガチャチャ裁判機関の構成員の選挙に必要な指示を決定する。

第14条

Abagize inteko z'Inkiko Gacaca ni Abanyarwanda inyangamugayo batowe n'Inama Rusange z'Utugari batuyemo.

Members of organs for Gacaca Courts are Rwandans of integrity elected by General Assemblies

for their Cells of residence.

ガチャチャ裁判機関の構成員はルワンダの「高潔な者」であり、セルの居住者から構成される総会で選出される。

Inyangamugayo ni umunyarwanda urangwa n'ibi bikurikira:

Is a person of integrity, any Rwandan meeting the following conditions:

高潔な者で以下の条件を満たすルワンダ人である：

---

1. kuba ataragize uruhare muri jenoside;
2. kutarangwa n'amacakubiri;
3. kuba atarakatiwe burundu igihano cy'igifungo kigeze ku mezi atandatu (6) nibura;
4. kuba indakemwa mu mico no mu myifatire;
5. kuba umunyakuri;
6. kwanga guhemuka;
7. kutangana abandi ijambo.

1. not to have participated in genocide;
2. to be free from the spirit of sectarianism;
3. not to have been sentenced to a penalty of at least six (6) months of imprisonment;
4. to be of high morals and conduct;
5. to be truthful;
6. to be honest;
7. to be characterised by a spirit of speech sharing.

1. ジェノサイドに関与していない；
2. 派閥主義、党派心、学閥主義に偏りがない；
3. 原則として懲役刑を受けたことがない（受けたことがあっても6か月以内）；
4. 高い倫理観を持って行動する；
5. 正直である；
6. 率直である；
7. 他者と話を共有できる。

2007年法改正　第3条　項目追加8. ジェノサイド・イデオロギーをもたない。

Umuntu wese w'Inyangamugayo ufite nibura imyaka makumyabiri n'umwe (21) kandi utazitiwe n'imwe mu miziro iteganyijwe n'iri Tegeko Ngenga, ashobora gutorerwa kujya mu nzego z'Inkiko Gacaca, nta vangura na rimwe nk'iryaba rishingiye ku gitsina, ku nkomoko, ku idini, ku bitekerezo bigaragajwe cyangwa ku misumbanire y'imibereho y'abantu.

Any person of integrity who is at least 21 years old and meeting all the conditions required by this organic law, can be elected a member of the organ for a Gacaca Court without any discrimination, such that based on sex, origin, religion, opinion or social position.

いかなる「高潔な者」も本基本法で求められるすべての条件を満たし、21歳以上であり、性別、出身地、信仰、個人的見解、社会的立場に基づくいかなる差別もされずに、ガチャチャ裁判の構成員から選出される。

第15条

Ntashobora gutorerwa kuba ugize Inteko y'Urukiko Gacaca:

Cannot be elected member of the Seat for a Gacaca Court:

ガチャチャ裁判の判事に選出されない者：

---

1. umuntu ukora umurimo wa politiki
2. umuyobozi w'Ubutegetsi bwa Leta;
3. umusirikare cyangwa umupolisi ukiri mu kazi;
4. umucamanza w'umwuga
5. umuntu uri mu buyobozi bw'umutwe wa politiki.

1. the person exercising a political activity;
2. the person in charge of centralized or decentralized Government administration;
3. the soldier or the policeman who is still in active service;

4. the career magistrate;
5. the member of the leadership for a political party:

1. 政治活動を行っている者；
2. 中央省庁または地方行政の責任者；
3. 現役の兵士または警察官；
4. 執行官；
5. 政党の指導者。

Uko kutemererwa gutorwa kuvaho ku muntu weguye kuri iyo mirimo bikemerwa.

This ineligibility, however, is waived when the person's resignation from his or her position is confirmed.

この条件に当てはまり判事として不適格である場合は、判事に選出されていても辞任しなければならない。

Abayobozi bavugwa mu gace ka kabiri k'igika cya mbere cy'iyi ngingo, ni Umukuru w'Intara, umuyobozi w'Umujyi wa Kigali, abandi bagize Komite Nyobozi y'Umujyi wa Kigali, iy'Umujyi cyangwa iy'Akarere, Abagize Akanama k'Ubutegetsi na Politiki ku rwego rw'Umurenge n'urw'Akagari.

Leaders referred to in the second point, first paragraph of this article, are the Prefect of the Province, the Mayor of the City of Kigali, other members of the Executive Committee of the District, Town, Municipality or Kigali City and members of political and administrative committee at the level of the Sector and Cell.

第２項で言及されている行政の責任者は、郡、町またはキガリ市の事務局長及びセクターとセルレベルの政治家と行政官のことである。

Ntashobora gutora inyangamugayo cyangwa gutorerwa kubayo, umuntu uri ku, monde rw'abakekwaho ibyaha cya jenoside. Icyakora abakoze ibyaha ku mutungo gusa bashobora gutora.

Cannot elect or be elected as a person of integrity, anybody who appears on the list of genocide suspects. However, those who committed offences against property only can elect.

ジェノサイドの被疑者リストに掲載された者は、判事として選出されることはない。しかし、財産に対する罪だけを犯した者については選出される。

第 16 条

Umuntu wese watorewe kuba mu bagize inzego z'Inkiko Gacaca, asimburwa mu gihe agaragaweho imwe mu mpamvu zikurikira:

Any person elected as a member of the organs for Gacaca Courts shall be replaced for one of the following reasons:

ガチャチャ裁判機関の構成員として選出された者は、次のいずれかの理由で交代する：

---

1. gusiba inama z'inzego z'Inkiko Gacaca inshuro eshatu (3) zikurikirana kandi nta mpamvu zumvikana yatanze;
2. guhamwa n'icyaha gihanishwa igihano cy'igifungo kigeze ku mezi atandatu (6) nibura;
3. gukurura amacakubiri;
4. gukora akazi karebana n'umwe mu mirimo ivugwa mu ngingo ya 15 y'iri Tegeko Ngenga, cyangwa gukora umurimo ushobora kumubangamira mu ikurikirana ry'imirimo y'inzego z'Inkiko Gacaca;
5. kugira indwara yamubuza gukurikirana imirimo y'inzego z'Inkiko Gacaca;
6. gukora igikorwa icyo ari cyose gituma atakwitwa Inyangamugayo;
7. kwegura ku bwende bwe;
8. urupfu.

1. to be absent from the meeting sessions of the organs of Gacaca Courts for three (3) successive times without giving any convincing reasons;
2. to be convicted of a crime punishable by a sentence of at least a six (6) months imprisonment;
3. prompt sectarianism;

4. to exercise one of the activities provided for in article 15 of this organic law or occupying a position which is likely to impede participation in the sessions of the organs of Gacaca Courts;

5. to have a serious disease likely to prevent him of her from participating in the sessions for the organs of Gacaca Courts;

6. to do any act incompatible with the quality of a person of integrity;

7. resignation for personal reasons;

8. death.

1. 妥当な理由なしに３回連続してガチャチャ裁判機関の会議を欠席すること；

2. 6 か月以上の懲役刑に相当する罪で有罪判決を受けたこと；

3. 過激な派閥主義、党派心、学閥主義があること；

4. 本基本法第 15 条で規定されている活動を行い、ガチャチャ裁判機関の会議への参加を妨げるような地位に就いていること；

5. ガチャチャ裁判機関の会議への参加を妨げるような重篤な病気を患っていること；

6. 判事の資質にそぐわない行為をすること；

7. 個人的な理由で辞任すること；

8. 死亡した場合。

補足 2007 年法改正　第４条 項目追加 ジェノサイド・イデオロギーをもつこと。
補足 2008 年法改正　第５条　項目追加 審理内容を漏らす　1 ～ 3 年の懲役刑。

Icyemezo cyo kwirukana uwasibye inama z'inzego z'Inkiko Gacaca inshuro eshatu (3) zikurikirana nta mpamvu zemewe, uwakuruye amacakubiri hamwe n'uwakoze igikorwa gituma atakwitwa inyangamugayo, gifatwa mu nyandiko n'abagize Inteko y'urukiko Gacaca imaze kugisha inama Rusange y'Akagari akomokamo. Uwo wirukanywe agayirwa imbere y'Inama Rusange kandi ntashohora kongera gutorerwa kuba inyangamugayo.

The decision to dismiss a member of the organs of Gacaca Courts who has been absent from their sessions for three (3) successive times, without convincing reasons, has instigated sectarianism, or has done an act incompatible with the quality of a person of integrity, is made in writing, by the members of the Seat for the Gacaca Court, after consultations with the General assembly of the home Cell. The member so dismissed is subject to an official warning before the General Assembly and cannot be elected again as a person of integrity.

妥当な理由なしに3回連続して会議を欠席し、派閥主義、党派心、学閥主義を煽動し、

あるいは判事としての資質にそぐわない行為をしたガチャチャ裁判機関の構成員を解任する決定は、当該セルの総会と協議のうえ、ガチャチャ裁判所の判事団によって書面で行われる。解任された構成員は、総会で正式な警告を受け、再び判事として選出されることはない。

Izindi mpamvu zivugwa muri iyi ngingo, zituma ugize urwego rw'Urukiko Gacaca asimburwa, zemezwa n'urwo rwego.

Other reasons for replacement referred to in this article, are ascertained by that organ of the Gacaca Court.

この条文で言及されているその他の交代理由は、ガチャチャ裁判の当該機関で確認される。

ICYICIRO CYA IV: IBYEREKEYE IMIKORERE Y'INZEGO Z'INKIKO GACACA

SECTION IV: FUNCTIONING OF THE ORGANS OF GACACA COURTS

第 4 節：ガチャチャ裁判機関の機能

第 17 条

Inama Rusange y'Urukiko Gacaca rw'Akagari, iterana mu nama yayo isanzwe rimwe mu cyumweru, ikanaterana mu nama nsuzumabikorwa buri mezi atatu, n'igihe cyose bibaye ngombwa.

The General Assembly for the Gacaca Court of the Cell holds an ordinary meeting once a week and an evaluation meeting once every three months and an extraordinary meeting anytime deemed necessary.

セル・ガチャチャ裁判の総会は、週 1 回の通常総会と 3 か月に 1 回の評価総会、必要に応じて臨時総会を開催する。

Itumizwa kandi ikanayoborwa na Perezida w'Inama Mpuzabikorwa abyibwirije cyangwa abisabwe na kimwe cya gatatu (1/3) cy'abagize Inteko y'urukiko Gacaca.

It is convened and presided over by the President of the Coordination Committee, on his own initiative or on the request of at least one third (1/3) of the members of the Seat for the Gacaca Court.

調整委員会の会長自らの発意またはガチャチャ裁判の判事団の構成員の少なくとも3分の1の要求により、総会が招集され主宰される。

Iyo Perezida agize impamvu cyangwa yanze gutumiza inama, Inama Rusange itumizwa n'umwe mu bamwungirije.

When the President has a legitimate reason or refuses to convene the General Assembly, the latter is convened by one of his or her deputies.

調整委員会の会長にやむを得ない理由がある。または総会の招集を拒否した場合は、会長の代理が総会を招集する。

第18条

Inama Rusange y'Urukiko Gacaca rw'Akagari iterana ku buryo bwemewe n'amategeko iyo yitabiriwe nibura n'abantu ijana (100) mu bayigize.

The General Assembly of the Gacaca Court of the Cell only meets legitimately if at least one hundred members are present.

セル・ガチャチャ裁判の総会は、少なくとも100人の構成員が出席しなければ合法的に開催されない。

第19条

Inama Rusange y'Umurenge iterana rimwe mu mezi atatu mu nama yayo isanzwe, n'igihe

cyose bibaye ngombwa mu nama yayo idasanzwe.

The General Assembly of the Sector shall meet once every three months in its ordinary sessions, and any time in its extraordinary session if need be.

セクターの総会は、3か月に1回、通常会議を開催するほか、必要に応じて臨時会議を開催する。

Itumizwa kandi ikayoborwa na Perezida w'Urukiko Gacaca rw'Ubujurire, abyibwirije cyangwa abisabwe na kimwe cya kane (1/4) cy'abayigize, Perezida w'Urukiko Gacaca rw'Umurenge akayibera Visi-Perezida.

It is convened and presided over by the President of the GACACA Court of Appeal, on its own initiative or on the request of one fourth (1/4) of its members. The President of the Gacaca Court of the Sector becomes the Vice-President.

招集され、議長を務めるのは、ガチャチャ裁判の判事の代表であり、自らの発意またはガチャチャ裁判の構成員の4分の1の要求に基づいて行われる。セクター・ガチャチャ裁判の判事の代表が副代表になる。

Iyo Perezida cyangwa Visi-Perezida w'Inama Rusange y'Umurenge adashoboye cyangwa yanze gutumiza Inama Rusange, itumizwa n'inyangamugayo iruta izindi mu myaka y'amavuko, bisabwe na kimwe cya kane (1/4) cy'abayigize. Inyangamugayo zayitabiriye zitoramo uyiyobora.

When the President and the Vice-President have legitimate reasons or refuse to convene the General Assembly, the latter is convened by the elder person of integrity on the request of one fourth (1/4) of its members. The present persons of integrity choose, among themselves, the President.

判事の代表と副代表に正当な理由があり、または総会の招集を拒否した場合、総会は、その構成員の4分の1の要求に基づき、前任の判事によって招集される。現役の判事が、自分たちの中から判事の代表を選ぶ。

第20条

Inama Rusange y'Umurenge iterana ku buryo bwemewe n'amategeko iyo yitabiriwe nibura na bibiri bya gatatu (2/3) by'abayigize.

The General Assembly of the Sector meets legitimately if at least two thirds (2/3) of its members are present.

セクターの総会は、構成員の3分の2以上の出席があれば合法的に開催される。

第21条

Inkiko Gacaca ziburanisha mu ruhame, keretse habayeho umuhezo wemejwe n'Urukiko Gacaca cyangwa iyo hari uwusabye kandi ukemezwa n'urubanza ruciwe, igihe babona ko byatera imidugararo cyangwa byabangamira umuco mbonezabupfura. Impaka z'abacamanza igihe bafata ibyemezo, zikorwa mu ibanga.

Hearings for Gacaca Courts are public, except when there is a hearing in camera decided by the Gacaca Court, or on the request of any interested person and decided in a pronounced judgement for reasons of public order or good morals. The decisions and deliberations of judges are made in secret.

ガチャチャ裁判の審理は、秘密裏の審理の場合、または審理関係者から要求がある場合、あるいは規律を乱すと判断された場合を除き、公開される。判事の審理は秘密裏に行われる。

第22条

Mu Rukiko Gacaca rw'Akagari, isaha n'umunsi w'inama byemezwa n'Inama Rusange. Mu zindi Nkiko Gacaca isaha n'umunsi w'inama byemezwa n'abagize Inteko, bikamenyeshwa abaturage.

In the Gacaca Court of the Cell, the day and time for meetings are fixed by the General Assembly. In other Gacaca Courts, the day and time are determined by the Seat members of the Court and communicated to the population.

セル・ガチャチャ裁判の会議の曜日と時間は総会で決められる。他のガチャチャ裁判は判事団が曜日と時間を決定し、住民に伝える。

第 23 条

Inteko y'Urukiko Gacaca iterana ku buryo bwemewe iyo hari nibura abantu barindwi (7) mu bayigize.

The Seat for the Gacaca Court can meet legitimately if at least seven (7) of its members are present.

ガチャチャ裁判の判事団は構成員のうち少なくとも 7 人が出席していれば、合法的に裁判を開くことができる。

補足 2007 年法改正　第 5 条　5 人

Iyo uwo mubare utagezeho kubera ko hari abasibye, inama irasubikwa.

When the quorum is not reached due to absences of members, the meeting is postponed.

構成員の欠席により定員に満たない場合は、会議を延期する。

Iyo uwo mubare utagezeho kandi badashobora kongera kuboneka ku mpamvu zitandukanye, wuzuzwa n'abasimbura.

When the quorum is not reached due to an absolute unavailability of the members for various reasons, it is completed by the deputies.

様々な理由で構成員が絶対的に定員に満たない場合は、補欠が補う。

Iyo uwo mubare utuzuye biturutse ku bwihane cyangwa ku kwiheza bya bamwe mu bagize Inteko, wuzuzwa n'abasimbura kugeza igihe umwanzuro ufatiwe, cyangwa urubanza rurangiye

kuburanishwa.

If the quorum is not reached, following objection or competence disclaimer from some of the Seat members, completed by their deputies until the last decision or the closure of hearings.

定員に満たない場合に、判事団の構成員の一部から異議申し立てや権限放棄があれば、その補欠が判決や審理終了まで行う。

Iyo abagize Inteko bose bihanwe cyangwa biheje, hiyambazwa inyangamugayo z'Inteko y'Urukiko Gacaca ruri hafi kandi ruhuje ububasha n'urwihanwe, kugeza igihe umwanzuro ufatiwe, cyangwa urubanza rwarangiye kuburanishwa.

When all the Seat members are objected to or disclaim competence, the help of persons of integrity from the nearest Gacaca Court having the same competence is requested until the decision is taken or the closure of hearings.

判事団の構成員全員から異議申し立てや権限放棄があれば、判決が下されるまで、あるいは審理終了まで、同じ権限を持つ最寄りのガチャチャ裁判の判事に協力を要請する。

Ibyo ntibibuza izo Nyangamugayo zaturutse ahandi gukomeza imirimo yazo mu Rukiko zisanzwemo. Urukiko rwihanwe cyangwa rwiheje cyangwa undi wese ubifitemo inyungu babimenyesha bikimara kuba Urwego rw'Igihugu rushinzwe gukurikirana, kugenzura no guhuza ibikorwa by'Inkiko Gacaca rugahitamo urukiko gacaca rushobora gutirwamo inyangamugayo.

This cannot withhold those persons of integrity from elsewhere to carry on their duties in their usual Court. The objected Seat, disclaiming Seat or any other person who is interested in the case, immediately informs the National Service in charge of the follow up, supervision and coordination of activities of Gacaca Courts in order to decide on the Gacaca Court from which the persons of integrity can be borrowed.

これは、判事が通常の裁判で職務を遂行する権限を妨げるものではない。異議を唱えた判事、権限放棄した判事、またはその事件に関わる者は、判事が協力するガチャチャ裁判で判決を下すために、ガチャチャ裁判の活動の追跡調査、監督、調整を担う

国家法務局に直ちに報告する。

第 24 条

Ibyemezo by'Inteko y'Urukiko Gacaca bifatwa ku bwumvikane, bitashoboka bigafatwa ku bwiganze burunduye bw'amajwi y'abayigize.

The Seat for a Gacaca Court shall decide by consensus, and failing this, it decides with the absolute majority of its members.

ガチャチャ裁判の判事団は審理内容を合意で決定し、合意が取れない場合は判事団の過半数で決定する。

Iyo ubwiganze burunduye butabonetse, amatora asubirwamo ariko buri Nyangamugayo igize Inteko y'Urukiko Gacaca ikagomba guhitamo kimwe mu bitekerezo bibiri byari byahawe amajwi menshi.

If simple majority is not reached, it is proceeded to a new vote; each member of the Seat for the Gacaca Court having, however, to choose between the two positions which previously obtained more votes.

判事団の過半数に達しない場合は、再度合意を取るために投票する。しかし判事は、1 回目の投票で多くの票を獲得した上位 2 つの審理内容のいずれかに投票しなければならない。

第 25 条

Imanza zigomba gusobanura impamvu z'imikirize yazo. Zishyirwaho umukono cyangwa igikumwe n'abagize Inteko y'Urukiko Gacaca bose baziburanishije bakanazica.

Judgments must be motivated. They are signed or marked with a fingerprint by all members of the Court who have seated in the proceedings and ruled on them

判決は確認されてから下されなければならない。判事団の構成員全員が署名あるいは拇印を押す。

第26条

Igihe cyose zisanze ari ngombwa, Inkiko Gacaca zishobora kwiyambaza impuguke mu byerekeye amategeko, zagenwe n'Urwego rw'Igihugu rushinzwe gukurikirana, kugenzura no guhuza ibikorwa by'Inkiko Gacaca.

Whenever need be, Gacaca Courts seek assistance from legal experts appointed by the National service in-charge of the follow up, supervision and coordination the activities of Gacaca Courts.

ガチャチャ裁判は必要に応じて、国家ガチャチャ法務局に任命された専門家の支援を受ける。専門家はガチャチャ裁判の追跡調査、監督、調整を担当する。

第27条

Inama Mpuzabikorwa y'Urukiko Gacaca iterana igihe bibaye ngombwa, ihamagawe na Perezida wayo, abyibwirije cyangwa abisabwe nibura n'abantu babiri (2) mu bayigize. Iyo Perezida agize impamvu ituma adatumiza Inama Mpuzabikorwa, itumizwa n'umwe mu bamwungirije.

The Coordination Committee of the Gacaca Court meets as often as necessary, convened by its President, on his or her initiative or on request of at least two (2) of its members. When the President has a legitimate motive for not summoning the Coordination Committee, the latter is summoned by one of his deputies.

ガチャチャ裁判の調整委員会は必要に応じて何度も開催される。会長の発意または構成員のうち少なくとも2名の要求に基づき、会長が委員会を招集する。会長が調整委員会を招集しない正当な理由がある場合、会長代理が調整委員会を招集できる。

第28条

Kugira ngo Inama Mpuzabikorwa iterane ku buryo bwemewe, igomba kuba yitabiriwe nibura n'abantu batatu (3) mu bàyigize.

To sit legitimately, the Coordination Committee shall bring together at least three (3) of its members.

調整委員会が合法的に活動するためには、少なくとも 3 名の構成員が集まらなければならない。

第 29 条

Kwitabira imirimo y'Inkiko Gacaca ni itegeko kuri buri munyarwanda.

Every Rwandan citizen has the duty to participate in the Gacaca courts activities.

すべてのルワンダ国民は、ガチャチャ裁判の活動に従事しなければならない。

Umuntu wese udatanze cyangwa wanze gutanga ubuhamya ku byo yabonye cyangwa azi, kimwe n'ubeshye mu buhamya atanze, akurikiranwa n'Urukiko Gacaca rumutahuye. Ahanishwa igihano cy'igifungo cyo kuva ku mezi atatu (3) kugeza ku mezi atandatu (6). Iyo habaye isubiracyaha, uregwa ahanishwa igihano cy'igifungo cyo kuva ku mezi atandatu (6) kugeza ku mwaka umwe (1).

Any person who omits or refuses to testify on what he or she has seen or on what he or she knows, as well as the one who makes a slanderous denunciation, shall be prosecuted by the Gacaca Court which makes the statement of it. He or she incurs a prison sentence from three (3) months to six (6) months. In case of repeat offence, the defendant may incur a prison sentence from six months (6) to one (1) year.

自分が見たことや知っていることについての証言を省略したり、証言を拒否したり、証言で誹謗中傷した者は、証言したガチャチャ裁判で起訴され、3 か月から 6 か月の懲役刑を科される。再犯の場合は 6 か月から 1 年の懲役刑を科される。

Afatwa nk'udatanze ubuhamya ku byo yabonye cyangwa azi umuntu wese bigaragaye ko yari afite ibyo azi ku kibazo nunaka abandi bagaragaje, ahari akicecekera ntagire icyo abivugaho. Afatwa nk'uwanze gutanga ubuhamya:

Is considered as refusing to testify on what he or she has seen or known, any person who apparently knew something on a given matter denounced by others in his or her presence, without expressing his or her own opinion. Is considered as refusing to testify:

証言を拒否したとみなされる者は、ある事件についてその場にいた他の人が非難しているにもかかわらず、明らかに何かを知っていると思われるが自分の意見を述べない者のことである。証言を拒否したとみなされる者は：

---

1. Umuntu wese ugize icyo abazwa mu Rukiko bizwi ko hari ubuhamya afite cyangwa bikaza kugaragara ko yari abufite, akanga kugira icyo atangaza, yicecekera cyangwa yirengagiza nkana gusubiza ikibazo yabajijwe;
2. umuntu wese wahamagajwe mu Rukiko ntiyitabe nkana, nta mpamvu, kugirango atagira ibyo abazwa kandi bigaragara ko yabimenyeshejwe.

1. Anyone who, once summoned to testify before the Court after knowing that he or she is holder of a testimony, refuses to declare by avoiding to speak or deliberately evading the question put to him or her;
2. Anyone who, once summoned by the Court and does not appear deliberately without reasons, avoiding to be questioned in as much as the summons is clearly notified to him or her.

1. 自分が証言者であることを知りながら裁判に召喚されて発言を避けたり、意図的に質問を避けたりして証言を拒否した者；
2. 裁判所に召喚される者が明確に通知されているにもかかわらず、尋問されることを避けて理由なく故意に出頭しない者。

Afatwa nk'uwabeshye, umuntu watanze ubuhamya yemeza ko ibyo avuga ari ukuri, ko abifitiye ibimenyetso, akabirahirira kandi akabisinyira, bikaza kugaragara ko ibyo yavuze atari ukuri kandi ko yabigize nkana.

Is considered as a perjurer, anyone who gives a testimony ascertaining that he or she is telling only the truth and holds evidences for that, takes an oath and signs it; but later on it appears to be false and done on purpose.

偽証者とは、自分が真実のみを語っていることを確認して証言し、その証拠を持って宣誓して署名したが、後になって故意に行った虚偽の証言であると判明した者。

Icyaha cyo kubeshya gikurikiranwa mu gihe cy'iburanisha nyir'izina ry'urubanza nyir'ugukurikiranwa yatanzemo ubuhamya, biramutse bitahuwe ko umuntu yabeshye nkana.

The perjury is prosecuted during the very hearing of the matter in which the prosecuted person has given the testimony, if it is discovered that the person did it or on purpose.

偽証罪は、被疑者が証言した案件の審理中に偽証したこと、または故意に偽証したことが判明した場合に起訴される。

第30条

Umuntu wese ushyize cyangwa ugaragaje gushyira agahato cyangwa ibikangisho, ku batangabuhamya cyangwa ku bagize Inteko y'Urukiko Gacaca ahanishwa igihano cy'igifungo cyo kuva ku mezi atatu (3) kugeza ku mwaka umwe (1). Iyo habaye isubiracyaha, uregwa ahanishwa igihano cy'igifungo cyo kuva ku mezi atandatu (6) kugeza ku myaka ibiri (2).

Anyone who exercises pressures, attempts to exercise pressures or threatens the witnesses or the Seat members of the Gacaca Court shall incur a prison sentence from three (3) months to one (1) year. In case of repeat offence, the defendant risks a prison penalty from six (6) months to two (2) years.

ガチャチャ裁判の証人や判事団の構成員に圧力をかけたり、圧力をかけようとしたり、脅したりした者を3か月から1年の懲役刑に処す。再犯の場合は6か月から2年の懲役刑になる危険性がある。

Bifatwa nko gushyira agahato ku Rukiko, ikintu cyose kigamije gukoresha urukiko ibyo

rutagambiriye bigaragarira mu bikorwa, mu magambo cyangwa mu myitwarire itera ubwoba inteko kandi bigaragara ko inteko itabyubahirije, bamwe mu bayigize cyangwa yose bishobora kuyiviramo kugirirwa nabi. Ariko iyo iryo terabwoba rishyizwe mu bikorwa, hakurikizwa amategeko ahana ibyaha n'ay'imiburanishirize y'imanza z'inshinjabyaha asanzwe kandi mu nkiko zisanzwe.

Is regarded as an act of exercising pressures on a Court, anything aiming at coercing the Seat into doing against its will, translated into actions, words or a behaviour threatening the Seat, and clearly meaning that if the latter fails to comply with, some of its members or the entire Seat may face dangerous consequences. However, when the pressure is performed, provisions of the penal code of criminal procedure are applied by ordinary courts.

裁判で判事団を脅かす、または尊厳を守らない言動がみられ判事が注意しても従わない場合はその者を退出させることができる。しかしその者が強行した場合は刑事訴訟法の通常の規定が適用される。

Bifatwa nko kugerageza gushyira agahato ku rukiko, imyifatire iyo ari yo yose, mu magambo cyangwa mu bikorwa, igaragaza ko habayeho gushaka gushyira agahato ku Rukiko ngo rufate icyemezo mu buryo ubu n'ubu.

Is considered as an attempt to exercise pressures on a Court, any behaviour translated into words or acts, showing that there has been an attempt to coerce a Court into taking a decision in a way or another.

何としても決定を下すように裁判に強要しようとする意図を示す発言または行為がみられるあらゆる行動は、裁判に圧力をかける意図的な行為とみなされる。

Bifatwa nko gushyira ibikangisho ku Rukiko cyangwa ku batangabuhamya, imvugo cyangwa ibikorwa bitera ubwoba abatangabuhamya cyangwa abagize Inteko y'Urukiko Gacaca bigamije ko icyifuzo cy'uyikoresheje aricyo cyubahirizwa byanze bikunze.

Is regarded as an act of threat on the Court or witnesses, words and actions threatening the witnesses or the Seat members of a Gacaca Court, aiming at winning acceptance for his own wish at all costs.

証人や判事団の構成員を脅し、何としても自分の希望を通すことを目的とした発言や行為は、裁判所や証人を脅す行為であるとみなされる。

Bifatwa nko kugerageza gushyira ibikangisho ku rukiko cyangwa ku batangabuhamya: imvugo cyangwa ibikorwa biboneka ko bigamije gushaka gutera ubwoba abatangabuhamya cyangwa abagize inteko y'Urukiko Gacaca bigamije ko icyifuzo cy'uyikoresheje aricyo cyubahirizwa.

Are considered as threatening the Court or the witnesses, words or actions clearly meant to threaten the witnesses or the Seat members for a Gacaca Court, with the intention of winning acceptance for his or her wish.

証人や判事団の構成員を明らかに脅し、自分の希望を受け入れてもらおうとする発言または行為は、裁判や証人への脅しとみなされる。

第31条

Imanza ziciwe hakurikijwe ingingo ya 29 n'iya 30 z'iri Tegeko Ngenga zishobora gusubirishwamo no kujuririrwa hakurikijwe uburyo buteganywa n' iri Tegeko Ngenga.

Judgements given and passed according to articles 29 and 30 of this organic law, may be subjected to opposition or appeal in conformity with the provided for in this organic law.

本基本法第29条及び第30条に従って下された判決は、本基本法の規定に従って異議申し立てまたは控訴できる。

補足2007年法改正　第6条　しかしガチャチャ裁判で審理された第1審の事件は、最寄りのガチャチャ裁判か別の利用可能なガチャチャ裁判で控訴される。

第32条

Inteko y'Urukiko Gacaca rwabereyemo ibyaha byavuzwe mu ngingo ya 29 n'iya 30 z'iri

Tegeko Ngenga ihagarika imirimo y'urukiko, ikiherera, igasuzuma niba ari icyaha kigomba gukurikiranwa hashingiwe kuri izi ngingo. Iyo isanze icyaha kigomba gukurikiranwa, itangaza umunsi urubanza ruzaburanishirizwaho kandi ukamenyeshwa uregwa, bikandikwa mu ikayi y'ibikorwa, imirimo y'urukiko ikabona gukomeza.

The Seat for the Gacaca Court taking cognisance of offences stated in articles 29 and 30, decides all matters ceasing and retires to deliberate on whether it is an offence to be prosecuted according to these articles. When the prosecution of the offence is confirmed, the Seat announces the day of the hearing, notifies it to the defendant, and records it in the notebook of activities before carrying on the Court's activities.

第29条及び第30条に記載されている犯罪を認知するガチャチャ裁判の判事団は、すべての審理を中止し、これらの条文に従って起訴されるべき犯罪であるかどうかを審議する。犯罪の起訴が確認されると、判事団は審問の日を発表し、被告人に通知し、裁判を行う前に所定のノートに記録する。

Iyo icyaha gikorewe hanze y'Urukiko, nyir'ugukorerwa ibyaha ashobora kurega mu nyandiko cyangwa mu nama rusange. Iyo abigaragarije mu nama rusange, ikibazo kirandikwa kigashyirwa ku murongo w'ibyigwa mu nama ikurikiyeho.

When an offence is committed outside the Court, the plaintiff can file his or her complaint in a written form or during the General Assembly. When he or she declares before the General Assembly, the case is registered and put on the agenda for the next meeting.

この犯罪が裁判所外で行われた場合、原告は書面または総会の場で申し立てを行うことができる。原告が総会で申告すると、その案件は登録され次回の総会の議題となる。

Iyo Perezida yabyandikiwe, abishyikiriza umwanditsi akabishyira mu ikayi y'ibikorwa, akandika utanze ikirego, impamvu, itariki agitangiyeho n'itariki Perezida acyakiriyeho. Iyo bimaze kwandikwa, Perezida abimenyesha Inama Rusange, bakumvikana ku itariki icyo kirego cyazasuzumirwaho.

In case it is notified to the President, he/she hands it to the secretary who records it in the notebook of activities, mentioning the plaintiff, motive, date of submission and the date of reception from the

President. After recording, the President informs the General Assembly, and they decide on the date of examining the complaint.

判事団長に通知された場合は書記に手渡し、書記は原告、動機、提出日、団長から通知を手渡された日を所定のノートに記録する。記録後団長は総会で報告し総会は審査日を決定する。

Umunsi w'iburanisha, Perezida asuzuma ko umubare wa ngombwa w'Inyangamugayo wuzuye, ko umuburanyi ahari n'abatangabuhamya iyo bahari, umwirondoro wabo ukandikwa, yarangiza akibutsa ibyo itegeko riteganya, agasoma ikirego, agaha ijambo uwarezwe akiregura agatanga n'abatangabuhamya.

On the hearing day, the President checks if the required number of persons of integrity, the accused and witnesses are present; their identities are registered, and after, reminds the provisions of the law, states the accusation and gives the floor to the defendant for presenting his or her defence and witnesses.

審査日は、判事団長は必要な数の判事、被告人、証人が出席しているかどうかを確認し、それらの身分証明書を登録した後、法律の規定に沿って告発状を作成し被告人に弁護人と証人を出廷させる場を与える。

Iyo bamaze kuvuga, Perezida aha ijambo abatangabuhamya bashinja n'undi wese ushaka ijambo mu nama rusange, agasaba uregwa kugira icyo abivugaho, barangiza inteko ikiherera igafata umwanzuro. Urwo rubanza rwandikwa mu ikayi y'ibikorwa maze abagize inteko bose bagasinya.

After their declarations, the President gives the floor to the witnesses for prosecution and any other interested person who wants to say something in the General Assembly, asks the accused to react to it, afterwards the Seat members retire for deliberations. The judgement is recorded in the notebook of activities and bears the signatures of all Seat members.

その後、判事団長は検察側証人及び総会で発言したい関係者に発言の場を与え、被告人に反論を求め、判事団の構成員は審議のためにその場を退席する。判決は所定のノートに記録され、判事団の構成員全員が署名する。

Iyo inteko ifashe umwanzuro wo gufunga, yuzuza icyemezo cyo gufata no gufunga, ikagishyikiriza uhagarariye urwego rw'umutekano uri hafi cyangwa uhagarariye Urwego rw'Igihugu rushinzwe gukurikirana ibikorwa by'Inkiko Gacaca ngo abishyikirize inzego zishinzwe gufata no gufunga.

When the Seat takes an imprisonment decision, it fills out an arrest warrant which is forwarded to the nearest security organ or the representative of the National Service in charge of the follow up Gacaca Courts' activities for handing it over to the organs charged with arresting and detaining.

判事団が懲役刑を下した場合は逮捕・収容を担当する機関に被告人を引き渡すために、最寄りの治安機関やガチャチャ裁判の活動を追跡調査する国家法務局の代表者に逮捕状を申請する。

Ntibashobora gufungwa by'agateganyo abantu bakurikiranyweho ibyaha bivugwa mu ngingo ya 29 n' iya 30 z'iri Tegeko Ngenga, usibye abantu bavugwa mu ngingo ya 30, iyo bakurikiranywe n'Ubushinjacyaha.

Detention pending trial is forbidden for the prosecuted persons whose offences are stated in articles 29 and 30 of this organic law, apart from persons referred to in article 30 when they are prosecuted by the public prosecution.

本基本法第29条及び第30条に記載されている犯罪の被告人については、第30条に記載されている者が検察によって起訴されている場合を除き、裁判を待たずに収容することは禁じられている。

ICYICIRO CYA V: IBYEREKEYE INSHINGANO Z'INKIKO GACACA

SECTION V: THE DUTIES OF GACACA COURTS

第5節：ガチャチャ裁判の義務

Akiciro ka mbere: Ibyerekeye inshingano z'inzego z'Urukiko Gacaca rw'Akagari

Sub-section one: The duties for the organs of the Gacaca Court of the Cell

第１項：セル・ガチャチャ裁判機関の義務

第33条

Inama Rusange y'Urukiko Gacaca rw'Akagari ifite inshingano zikurikira:

The General Assembly of the Gacaca Court of the Cell exercises the following attributions:

セル・ガチャチャ裁判総会は以下の活動に従事する：

---

1. gutora abagize Inteko y'Urukiko Gacaca rw'Akagari no gutora abasimbura;
2. gukurikirana, ku batatorewe ku myanya y'Inteko y'Urukiko Gacaca, imirimo y'Urukiko Gacaca rw'Akagari, bagafata ijambo barisabye;
3. gufasha Inteko y'Urukiko Gacaca rw'Akagari gukora urutonde rw'abantu:
    a) batuye mu Kagari;
    b) batuye mu Kagari mbere ya jenoside, aho bagize bimukira n'inzira banyuzemo;
    c) biciwe mu Kagari bari batuyemo;
    d) biciwe hanze y'Akagari bari batuyemo;
    e) biciwe mu Kagari batari basanzwe bahatuye;
    f) bahohotewe n'ibyabo byangijwe;
    g) bagize uruhare mu byaha bivugwa muri iri Tegeko Ngenga.
4. gutanga ibimenyetso n'ubuhamya ku bantu bose bakekwaho icyaha cya jenoside no ku bandi bayigizemo uruhare;
5. gusuzuma no kwemeza raporo y'imirimo yakozwe n'Urukiko Gacaca.

1. gutora abagize Inteko y'Urukiko Gacaca rw'Akagari no gutora abasimbura;
2. Attending the activities of the Gacaca Court of the cell for the non-members of the seat and take the floor only upon request;
3. Assisting the seat of Gacaca Court in the establishment of a list of persons:
    a) routes they took;
    b) who resided in the cell before the genocide, locations they kept shifting to and routes they took;

c) killed in their Cell of residence;

d) killed outside their cell of residence;

e) killed in the cell while they were not residing in it;

f) victimized and their damaged property;

g) alleged authors of the offences referred to in this organic law.

4. Presenting evidences or testimonies on all persons suspected of having committed the crime of genocide and on others who took part;

5. Examining and adopting activity report established by the Gacaca Court.

1. セル・ガチャチャ裁判の判事団の構成員と補欠を投票する；

2. セル・ガチャチャ裁判の判事向けではない活動に参加し、要求に応じてのみ討論する；

3. 以下の人々のリストを作成しガチャチャ裁判の判事に協力する：

a) セルの居住者；

b) ジェノサイド以前のセルの居住者、彼らの引っ越し先と移動経路；

c) 居住セル内で殺害された者；

d) 居住セル外で殺害された者；

e) セル居住者ではないが当該セルで殺害された者；

f) 被害者及び損壊された財産；

g) 本基本法が言及する犯罪に関与している者。

4. ジェノサイドの犯罪を犯した容疑者全員とその幇助者の証拠と証言を提示する；

5. ガチャチャ裁判で作成された活動報告書を検証して適用する。

Abaturage bose bagize Akagari bagomba gusobanura ukuntu ibintu byagenze cyane cyane aho bari batuye, bakabitangira n'ibimenyetso, bavuga ababigizemo uruhare n'abahohotewe.

All residents of the Cell shall tell the facts of events which took place, especially in their home villages and give evidence, denounce the authors and identify the victims.

全てのセル居住者は、特に居住する村で起こった事実を話し、証拠を出し、被疑者を告発し、犠牲者を特定しなければならない。

第34条

Inteko y'Urukiko Gacaca rw'Akagari ifite inshingano zikurikira:

The Seat for the Gacaca Court of the Cell exercises the following attributions:

セル・ガチャチャ裁判の判事は以下の活動に従事する：

---

1. ibifashijwemo n'Inama Rusange, gukora urutonde rw'abantu:
   a) batuye mu Kagari;
   b) bari batuye mu Kagari mbere ya jenoside, aho bagize bimukira n'inzira banyuzemo;
   c) biciwe mu Kagari bari batuyemo;
   d) biciwe hanze y'Akagari bari batuyemo;
   e) biciwe mu Kagari batari basanzwe bahatuye;
   f) bahohotewe n'ibyabo byangijwe;
   g) bagize uruhare mu byaha bivugwa muri iri Tegeko Ngenga;
2. kwakira ukwirega, ukwemera icyaha, ukwicuza n'ugusaba imbabazi kw'abagize uruhare muri jenoside;
3. kwegeranya amadosiye yose avuye mu bushinjacyaha;
4. kwakira ibimenyetso, ubuhamya n'andi makuru yerekana uko jenoside yateguwe n'uko yashyizwe mu bikorwa;
5. gukora iperereza ku buhamya;
6. gushyira abaregwa mu nzego nk'uko biteganyijwe muri iri Tegeko Ngenga;
7. kuburanisha no guca imanza z'abashinjwa ibyaha bibashyira mu rwego rwa gatatu;
8. gufata ibyemezo ku birebana no kuvanwa mu Nteko kw'abayigize;
9. kohereza mu Rukiko Gacaca rw'Umurenge amadosiye y'abashinjwa bo mu rwego rwa kabiri;
10. kohereza Ubushinjacyaha amadosiye y'abashinjwa bashyizwe mu rwego rwa mbere;
11. gutora abagize Inama Mpuzabikorwa.

1. With the participation of the General Assembly, to make up a list of persons:
   a) who reside in the cell;
   b) who were residing in the Cell before the genocide, locations where they kept shifting to and routes they took;
   c) killed in their Cell of residence;
   d) killed outside their Cell of residence;

e) killed in the cell while they were not residing in it;

f) victimized and their damaged property;

g) who took part in the offences referred to in this organic law.

2. to receive confessions, guilt plea, repentance and apologies from the persons who participated in genocide;

3. to bring together the files forwarded by the Public Prosecution;

4. to receive evidences and testimonies and other information concerning how genocide was planned and put into execution;

5. to investigate testimonies;

6. to categorize the accused as per the provisions of this organic law;

7. to put on trial and judge cases for the accused whose crimes classify them in the third category;

8. to give a ruling on objection to Seat members for the Gacaca Court of the Cell;

9. to forward to the Gacaca Court of the Sector, the files of the defendants classified in the second category;

10. to forward to the Public Prosecution, the files for the defendants classified in the first category;

11. to elect members of the Coordination Committee.

1. 総会参加者と共に、以下の人々のリストを作成する：

a) セルの居住者；

b) ジェノサイド以前のセル居住者、彼らの移動先と移動経路；

c) 居住セル内で殺害された者；

d) 居住セル外で殺害された者；

e) セル居住者ではないが当該セルで殺害された者；

f) 被害者及び損壊された財産；

g) 本基本法が言及する犯罪に関与している者。

2. ジェノサイドの罪を犯した者が自白し、罪を認める、悔い改める、赦しを求めることを認める；

3. 検察から送付されたファイルを持っていく；

4. 証拠、証言、どのようにジェノサイドが計画され遂行されたのかに関する情報を受け取る；

5. 証言を精査する；

6. 被告人を基本法の条項に従って分類する；

7. 第3分類に分けられた罪で訴追された者を法廷で裁く；

8. セル・ガチャチャ裁判判事団の構成員に対する異議申し立てを裁定する；

9. 第2分類に分けられた被告人のファイルをセクター・ガチャチャ裁判に送付する；

10. 第1分類に分けられた被告人のファイルを検察に送付する；

11. 調整委員会の構成員を選出する。

Uwahohotewe uvugwa mu gace ka 1.- f) ni umuntu wese wiciwe, washakishijwe ngo yicwe ariko ntibigerweho, wangirijwe imyanya ndangabitsina, wasambanyijwe ku gahato, wakomerekejwe cyangwa akagirirwa urundi rugomo, wasahuwe, wasenyewe cyangwa akangirizwa umutungo ku bundi buryo, azira ubwoko bwe cyangwa ibitekerezo bidashyigikiye jenoside.

A victim referred to in point 1.- f) is anybody killed, hunted to be killed but survived, suffered acts of torture against his or her sexual parts, suffered rape, injured or victim of any other form of harassment, plundered, and whose house and property were destroyed because of his or her ethnic background or opinion against the genocide ideology.

1. の f) で言及された被害者は、民族またはジェノサイド・イデオロギーに反対したことが理由で殺害された者、または殺害されそうになったが生き残った者、性器拷問を受けた者、レイプを受けた者、傷害を負わされた者、その他の形で嫌がらせを受けた者、略奪された者、家や財産を破壊された者とする。

Akiciro ka 2: Ibyerekeye inshingano z'Urukiko Gacaca rw'Umurenge n'iz'Urukiko Gacaca rw'Ubujurire

Sub-section 2: The duties for the Gacaca Court of the Sector and the Gacaca Court of Appeal

第２項：セクター・ガチャチャ裁判と控訴審ガチャチャ裁判の義務

第35条

Inama Rusange y'Umurenge ifite inshingano zikurikira:

The general Assembly for the Sector has the following attributions:

セクター・ガチャチャ裁判の総会は以下の活動に従事する：

---

1. kugenzura imikorere y'Inkiko Gacaca zose ziri mu Murenge nta kwivanga mu mikirize

y'imanza;

2. gusimbura myangamugayo z'Urukiko Gacaca rw'Umurenge n'iz'Urukiko Gacaca rw'Ubujurire;

3. kwakira no gukemura ibibazo by'imikorere y'Inkiko Gacaca biterekeranye no guca imanza;

4. gukorera raporo Urwego rw'Igihugu rushinzwe gukurikirana, kugenzura no guhuza ibikorwa by'Inkiko Gacaca no kurugira inama".

1. to supervise the functioning of all Gacaca Courts in the Sector, without meddling in their ways of conducting proceedings;

2. to replace persons of integrity for the Gacaca Court of the Sector and the Gacaca Court of Appeal;

3. to receive and solve problems of the functioning of Gacaca Courts, not related to proceedings;

4. to report to the National Service in charge of the following up, supervision and coordination of the activities of Gacaca Courts, and provide advice to it.

1. 訴訟手続きには干渉せず、セクターで施行される全てのガチャチャ裁判の機能を監視する；

2. セクター・ガチャチャ裁判と控訴審ガチャチャ裁判の判事団を入れ替える；

3. 訴訟手続きとは関係のないガチャチャ裁判の機能の問題を受理し、解決する；

4. ガチャチャ裁判活動の追跡、監視、調整を管理している国家法務局に報告する。

第36条

Inteko y'Urukiko Gacaca rw'Umurenge ifite inshingano zikurikira:

The Seat for the Gacaca Court of the Sector exercises the following remit:

セクター・ガチャチャ裁判の判事は以下の活動に従事する：

---

1. gukora iperereza mu gihe bibaye ngombwa ku buhamya bwatanzwe;

2. kwakira ukwirega, ukwemera icyaha, ukwicuza n'ugusaba imbabazi kw'abagize uruhare muri jenoside;

3. gufata ibyemezo ku birebana no kuvanwa mu rubanza kw'abayigize;

4. kuburanisha no guca imanza ifitiye ububasha hakurikijwe iri Tegeko Ngenga,

ibanje gusuzuma niba abashinjwa yashyikirijwe barashyizwe mu nzego zihuje n'ibyaha bakurikiranyweho, kandi yasanga bari mu rwego rwa mbere bagashyikirizwa Ubushinjacyaha;

5. gusuzuma ubujurire bw'imanza zaciwe n'Inkiko Gacaca z'Akagari;
6. gutora abagize Inama Mpuzabikorwa.

1. making investigations, if necessary, on testimonies given;
2. receiving confessions, guilt plea, repentance and apologies from genocide perpetrators;
3. taking decisions relating to objections to the Seat members of the Gacaca Court;
4. putting on trial and ruling on cases falling in its competence according to this organic law, after making sure that the accused forwarded to it, have been categorized in conformity with the alleged offences, and those found in the first category are forwarded to the Public Prosecution.;
5. examining appeals against judgments passed by Gacaca Court of the Cell;
6. electing members of the Coordination Committee.

1. 与えられた証言について、必要があれば取り調べを行う；
2. ジェノサイドの罪を犯した者を自白させ、罪を認めさせ、罪を悔い改めさせ、赦しを求めさせる；
3. ガチャチャ裁判の判事団に対する異議申し立てを裁定する；
4. 本基本法に基づいて権限を有する事件の裁判と判決を行う。被告人が容疑をかけられている犯罪に適合していることを確認し、第1分類に分けられた者は検察に移送する；
5. セル・ガチャチャ裁判の判決に対する不服申し立てを審査する；
6. 調整委員会の構成員を選出する。

第37条

Inteko y'Urukiko Gacaca rw'Ubujurire ifite inshingano zikurikira:

The Seat for the Gacaca Court of Appeal carries out the following attributions:

控訴審ガチャチャ裁判の判事団は以下の活動に従事する：

---

1. gukora iperereza mu gihe bibaye ngombwa ku buhamya bwatanzwe;
2. gufata ibyemezo ku birebana no kuvanwa mu rubanza kw'abayigize;
3. kuburanisha no guca imanza ifitiye ububasha hakurikijwe iri Tegeko Ngenga,

ibanje gusuzuma niba abashinjwa yashyikirijwe barashyizwe mu nzego zihuje n'ibyaha bakurikiranyweho, kandi yasanga bari mu rwego rwa mbere bagashyikirizwa Ubushinjacyaha;

4. gusuzuma ubujurire bw'imanza zaciwe n'Urukiko Gacaca rw'Umurenge;

5. gutora abagize Inama Mpuzabikorwa.

1. making investigations, if necessary, on testimonies given;

2. taking decisions relating to objections to the Seat members of the Gacaca Court;

3. putting on trial and ruling on cases falling in its competence according to this organic law, after making sure that the accused forwarded to it have been categorized in conformity with their offences, and those found in the first category, are forwarded to the Public Prosecution;

4. examining appeals against judgements passed by the Gacaca Court of the Sector;

5. electing members of the Coordination Committee.

1. 与えられた証言について、必要があれば取り調べを行う；

2. ガチャチャ裁判の判事団に対する異議申し立てを裁定する；

3. 本基本法に基づいて権限を有する事件の裁判及び判決を行う。控訴審ガチャチャ裁判に移送された被告人は犯罪に応じて分類され、第１分類に分けられた者は検察に移送されることを確認する；

4. セクター・ガチャチャ裁判が下した判決に対する不服申し立てを審査する；

5. 調整委員会の構成員を選出する。

第38条

Ku byerekeranye n'ibyaha byo gusambanya ku gahato cyangwa kwangiza imyanya ndangabitsina, uwahohotewe yihitiramo mu bagize Inteko y'Urukiko Gacaca rw'Akagari inyangamugayo imwe cyangwa nyinshi ashyikiriza ikirego cye, cyangwa akagitanga mu buryo bwanditse. Iyo ntawe yizeye mu bagize Inteko, agishyikiriza mu ibanga inzego z'ubugenzacyaha cyangwa iz'ubushinjacyaha.

As regards offences relating to rape or acts of torture against sexual parts, the victim chooses among the Seat members for the Gacaca Court of the Cell, one or more to whom she submits her complaint or does it in writing. In case of mistrust in the Seat members, she submits it to the organs of investigations or the Public Prosecutor.

レイプや性器拷問の犯罪については、被害者はセル・ガチャチャ裁判の判事団を選

び、被害者の申し立てを 1 人あるいは複数の判事団に口頭または書面で提示する。判事団に不信感を抱いた場合は、被害者は警察や検察に訴えることができる。

補足 2008 年改正　第 6 条 レイプや性器拷問の犯罪が行われた地域のセクター・ガチャチャ裁判または警察または検察に訴えることができる。

Mu gihe uwahohotewe yapfuye cyangwa atagifite ubushobozi bwo kurega, icyo kirego gishobora gutangwa mu ibanga n'uwo bireba wese, mu buryo buteganywa mu gika kibanziriza iki.

In case of death or incapacity of the victim, the complaint shall be secretly lodged by any interested party in the manner provided for by the paragraph one of this article.

被害者が死亡または訴えることができない場合には、本条第 1 項に規定する方法により関係者が秘密裏に申し立てを行う。

Inyangamugayo ishyikirijwe bene icyo kirego igishyikiriza mu ibanga Ubushinjacyaha kugira ngo bukomeze iperereza.

The person of integrity entrusted with such a complaint, forwards it secretly to the Public Prosecution for further investigations.

このような訴状を託された判事は、さらなる調査依頼のために秘密裏に検察に送付する。

Ntibyemewe kwirega icyo cyaha mu ruhame. Nta n'uwemerewe kukirega undi mu ruhame. Imihango yose y'iburanisha ry'icyo cyaha ikorwa mu muhezo.

It is prohibited to publicly confess such an offence. No body is permitted to publicly sue another party. All formalities of the proceedings of that offence shall be conducted in camera.

加害者はレイプや性器拷問の犯罪を公に自白することは禁止されている。他機関に公に告訴することは禁止されている。その犯罪の手続きのすべての形式は秘密裏に行われる。

UMUTWE WA II: IBYEREKEYE UBUBASHA BW'INKIKO GACACA

CHAPTER II: THE COMPETENCE OFGACACA COURTS

第2章：ガチャチャ裁判の法的権限

第39条

Inkiko Gacaca zifite ububasha bw'Inkiko zisanzwe bwo gucira imanza abakurikiranyweho ibyaha, zishingiye ku buhamya bw'abashinja n'abashinjura, n'ibindi bimenyetso byatangwa. Zishobora:

Gacaca Courts have competences similar to those of ordinary courts, to try the accused persons, on the basis of testimonies against or for, and other evidences that may be provided. They may in particular:

ガチャチャ裁判は、通常の裁判と同様の法的権限を有しており、被告人に対して賛成の証言、反対の証言、その他の証拠に基づいて裁判を行う。特に以下のことをする：

1. guhamagara umuntu uwo ari wese mu rubanza;
2. gutegeka no gukora isaka ry'ushinjwa. Iryo saka rigomba kubahiriza umutungo w'ushinjwa n'uburenganzira bwa muntu;
3. gufata ibyemezo bishingana by'agateganyo umutungo w'abakurikiranyweho ibyaha bya jenoside;
4. gutanga ibihano no gutegeka uwahamwe n'ibyaha kwishyura;
5. gutegeka irekurwa ry'imitungo yafatiriwe y'abatahamwe n'ibyaha;
6. gukurikirana no guhana abateza imidugararo mu rukiko;
7. guhamagara Ubushinjacyaha ku madosiye bwakoreye iperereza ngo butange ibisobanuro mu gihe bibaye ngombwa;
8. kohereza abakekwaho ibyaha inyandiko zibahamagara no gutegeka ko bafungwa cyangwa bafungurwa by'agateganyo, igihe cyose bibaye ngombwa.

1. Summon any person to appear in a trial;

2. Order and carry out a search of or to the defendant's. This search must, however, respect the defendant's private property and basic human rights;

3. Take temporary protective measures against the property of those accused of genocide crimes;

4. Pronounce sentences and order the convicted person to compensate;

5. Order the withdrawal of the distrait for the acquitted person's property;

6. Prosecute and punish trouble makers in the court;

7. Summon, if necessary, the Public Prosecution to give explanatory information on files it has investigated on;

8. Issue summons to the alleged authors of offences and order detention or release on parole, if necessary.

1. 裁判に出頭するよう全ての関係者を召喚する；

2. 被告人の調査を命じ実行する。ただしこの調査は、被告人の私有財産と基本的人権を尊重して行わなければならない；

3. ジェノサイドの犯罪の容疑者の財産を一時的にガチャチャ裁判が取り押さえる；

4. 判決を下し、有罪判決を受けた者に賠償を命じる；

5. 財産を取り押さえられた被告人が無罪判決を受けた場合は、財産を被告人に戻すよう命じる；

6. ガチャチャ裁判で暴動を起こした者を起訴し処罰する；

7. 検察が調査した事件に関する説明を行うよう、必要に応じて検察を召喚する；

8. 犯罪を犯したとされる者に召喚状を発行し、必要に応じて収容や仮釈放を命じる。

第40条

Urwego rw'Igihugu rushinzwe gukurikirana, kugenzura no guhuza ibikorwa by'Inkiko Gacaca, rubyibwirije cyangwa rubisabwe n'Inteko y'Urukiko Gacaca ikibazo kireba cyangwa undi wese bibangamiye, rushyiraho amabwiriza agena uburyo bwo gukemura impaka zerekeye ububasha bw'Inkiko Gacaca rukanakurikirana ishyirwa mu bikorwa ryayo.

The National Service in charge of the follow up, supervision and coordination of the activities of Gacaca Courts, determines, on its own initiative or on the request of the Seat for the Gacaca Court concerned, or any person suffering encroachment, by means of regulations, the ways to rule on disputes relating to competences of Gacaca Courts and follows up its implementation.

ガチャチャ裁判の活動の追跡調査、監督、調整を担当する国家法務局は、自らの発

意、あるいは当該ガチャチャ裁判の判事、または被害者の要請により、ガチャチャ裁判の権限に関連する問題を裁く方法を規則によって決定することができる。

ICYICIRO CYA MBERE: IBYEREKEYE UBUBASHA BUSHINGIYE KU KIBURANWA

SECTION ONE: RATIONAE MATERIAE

第１節：事物管轄

Akiciro ka mbere: ibyerekeye Urukiko Gacaca rw'Akagari

Sub-section one: The Gacaca Court of the Cell

第１項：セル・ガチャチャ裁判

第41条

Urukiko Gacaca rw'Akagari ruburanisha ubwa mbere n'ubwa nyuma imanza z'abakurikiranyweho gusa ibyaha byerekeranye n'umutungo. Ruburanisha kandi imanza zisubirishamo izo rwaciye abashinjwa badahari.

The Gacaca Court of the Cell deals at the first and last resort, with offences relating only to property. It deals also with the objection formed against the sentence it has pronounced in the absence of the accused authors.

セル・ガチャチャ裁判は、財産に対する犯罪のみ第１審が最終審となる。被告人不在のときに下された判決に対する異議申し立てを扱う。

Urukiko Gacaca rw'Akagari rushyira mu nzego abashinjwa bakekwaho kuba barakoze ibyaha biteganywa mu ngingo ya mbere n'iya 51 z''iri Tegeko Ngenga.

The Gacaca Court of the Cell proceeds to the categorization of alleged authors for offences defined in articles one and 51 of this organic law.

セル・ガチャチャ裁判は、本基本法第1条と第51条に規定された犯罪の容疑者を分類する。

Akiciro ka 2: Ibyerekeye Urukiko Gacaca rw'Umurenge

Sub-section 2: The Gacaca Court of the Sector

第２項：セクター・ガチャチャ裁判

第42条

Urukiko Gacaca rw'Umurenge ruburanisha bwa mbere imanza z'abantu bakoze ibyaha bibashyira mu rwego rwa kabiri n'izisubirishamo izo rwaciye abashinjwa badahari.

The Gacaca Court of the Sector deals at the first level, with defendants whose offences classify into the second category and opposition made against sentences pronounced in the absence of the accused authors.

セクター・ガチャチャ裁判は、犯罪分類の第2分類の犯罪を犯した被告人の第1審の判決と、被告人不在のときに下された判決に対する異議申し立てを扱う。

補足2008年法改正　第7条　第1分類3、4、5が追加される。

Ruburanisha kandi ubujurire bw'imanza ku byaha biteganyijwe mu ngingo ya 29 n'iya 30 z'iri Tegeko Ngenga n'ubw'ibindi byemezo byafashwe n'Urukiko Gacaca rw'Akagari.

It deals also with appeal formed against judgements pronounced for offences provided for in articles 29 and 30 of this organic law and other decisions taken by the Gacaca Court of the Cell.

本基本法第29条及び第30条に規定されている犯罪に対して下された判決と、セル・ガチャチャ裁判が下したその他の判決に対する控訴を扱う。

Akiciro ka 3: Ibyerekeye Urukiko Gacaca rw'Ubujurire

Sub-section 3: The Gacaca Court of Appeal

第３項：控訴審ガチャチャ裁判

第43条

Urukiko Gacaca rw'Ubujurire ruburanisha imanza zaciwe bwa mbere n'Urukiko Gacaca rw'Umurenge.

The Gacaca Court of Appeal deals with appeal formed against sentences pronounced at the first level by the Gacaca Court of the Sector.

控訴審ガチャチャ裁判は、セクター・ガチャチャ裁判の第1審の判決に対する控訴を扱う。

Ruburanisha kandi imanza zisubirishamo izo rwaciye abashinjwa badahari.

In addition, it deals with objection formed against sentences pronounced in the absence of the accused authors.

被告人不在のときに下された判決に対する異議申し立てを扱う。

ICYICIRO CYA II: IBYEREKEYE UBUBASHA BUSHINGIYE KU IFASI

SECTION II: RATIONAE LOCI

第２節：場所的管轄

第44条

Urukiko Gacaca rw'aho icyaha cyakorewe ni rwo rufite ububasha bwo kuburanisha urubanza rw'icyo cyaha.

Is competent to deal with an offence, the Gacaca Court of the area where it has been, committed.

犯罪を処理する法的権限があるのは、その犯罪が行われた地域のガチャチャ裁判である。

Abantu bakoreye ibyaha ahantu hatandukanye, bakurikiranwa n'Inkiko Gacaca zibifitiye ububasha, hakurikijwe ibivugwa mu gika cya mbere cy'iyi ngingo.

Persons who have committed offences in different places, are tried before to the competent Courts, in conformity with the provisions provided for in the preceding paragraph of this article.
本条の前項の規定に従い、異なる場所で犯罪を犯した者は、その管轄のガチャチャ裁判で裁判を受ける。

補足 2007 年法改正　第 10 条　ただし、犯罪が行われた場所のガチャチャ裁判で審理できない場合、または犯罪がルワンダの国境を越えて行われた場合、その者の居住地か居場所に設置されているガチャチャ裁判で審理することができる。

第 45 条

Iyo muri dosiye igomba gushyikirizwa Urukiko Gacaca hakurikijwe ingingo ya 47 y'iri Tegeko Ngenga, bigaragara ko ushinjwa yakoreye ibyaha ahantu henshi, ubushinjacyaha bwohereza dosiye ye buri Rukiko rw'Akagari yakoreyemo ibyaha.

When it appears in the file to communicate to the Gacaca Court in conformity with article 47 of this organic law, that the defendant has committed offences in different places, the Public Prosecution forwards it to each Gacaca Court of the Cell of where crimes were committed.

本基本法第 47 条に基づき、被告人が異なる場所で犯罪を犯したことが記載されている場合、検察は犯罪が行われたセルの各ガチャチャ裁判に連絡用ファイルを送付する。

UMUTWE WA III: IBYEREKEYE IMIKORANIRE Y' INKIKO GACACA N'IZINDI NZEGO

CHAPTER III: RELATIONSHIP BETWEEN GACACA COURTS AND OTHER INSTITUTIONS

第3章：ガチャチャ裁判と他機関の関係

ICYICIRO CYA MBERE: IBYEREKEYE IMIKORANIRE Y'UBUSHINJACYAHA N'INKIKO GACACA

SECTION ONE: RELATIONSHIP BETWEEN THE PUBLIC PROSECUTION AND GACACA COURTS

第1節：検察とガチャチャ裁判の関係

第46条

Inzego z'Ubushinjacyaha zikomeza inshingano zazo zo kwakira ibirego no gukora iperereza ku byerekeranye n'ibyaha bivugwa muri iri Tegeko Ngenga.

The organs of the Public Prosecution shall proceed to their mission of receiving denunciations and complaints, and investigating on offences referred to in this organic law.

検察は、本基本法で言及されている起訴された犯罪の捜査を行う任務を遂行する。

Icyakora, mbere yo gukora iryo perereza, izo nzego zibanza kumenya niba Urukiko Gacaca rutaraciye cyangwa rutaratangiye gusuzuma izo manza kugira ngo rudakora akazi katari ngombwa.

However, before beginning such investigation, they will have to make sure that the Gacaca Court has not tried or has not begun to examine these cases so as to avoid unnecessary task.

しかし検察は不必要な作業を避けるために、捜査を始める前にガチャチャ裁判がこ

れらの犯罪を審理しようとしていない、あるいは審理を始めていないことを確認しなければならない。

Amadosiye Inzego z'Ubushinjacyaha zirangije gukora mu buryo buteganyijwe mu gika cya mbere cy'iyi ngingo, yohererezwa Urukiko Gacaca rw'Akagari rubifitiye ububasha.

The files investigated by the Public Prosecution in conformity with the first paragraph of this article, are forwarded to the competent Gacaca Court of the Cell.

本条第1項に基づいて検察が調査したファイルは、セルの管轄ガチャチャ裁判に送付される。

第47条

Amadosiye yose Ubushinjacyaha bwari butarashyikiriza inkiko zari zibifitiye ububasha ku itariki ya 15 Werurwe 2001, yoherezwa mu Rukiko Gacaca rw' Akagari rw' aho buri cyaha cyakorewe kugira ngo rushyire abaregwa mu nzego.

The files investigated by the Public prosecution, but which were not yet forwarded to competent Courts by March 15, shall be forwarded to the Gacaca Court of the area where each crime was committed for the categorization of defendants.

検察が捜査した犯罪のファイルのうち2001年3月15日までに管轄裁判に提出されていないものは、各犯罪が行われた地域のガチャチャ裁判に提出され、被告人の犯罪分類が行われる。

Inzego z'Ubushinjacyaha zikomeza gushyikiriza inkiko Gacaca z'Utugari cyangwa urukiko rushinzwe kuburanisha abashinjwa, ibimenyetso by'abaregwa mu madosiye yose zakozeho iperereza.

The Public prosecution carry on communicating to Gacaca Courts of the Cell or to the Court called to recognisance of the case, evidences collected against prosecuted persons in the files it has investigated.

検察が捜査した犯罪の全てのファイルの中で起訴された者に対して集められた証拠を、セル・ガチャチャ裁判または管轄裁判に伝える。

Iyo Urukiko Gacaca rw'Akagari rwashyize uregwa mu rwego, rwarangije kohereza dosiye urukiko rufite ububasha bwo kuyiburanisha rutaragezwaho dosiye y'ubushinjacyaha, urwego rw'ubushinjacyaha bireba bwohereza ibimenyetso bwegeranyije Urukiko Gacaca rw'Akagari, bukagenera kopi Urukiko Gacaca rufite ububasha bwo kuyiburanisha.

When the Gacaca Court of the Cell which has made the categorization, has already forwarded the file to the competent Court to hear the case before it receives the prosecution file, the concerned Public Prosecution forwards the evidences collected to the Gacaca Court of the Cell and its copy to the competent Gacaca Court which has competence to hear it.

犯罪分類を行ったセル・ガチャチャ裁判が、事件を審理する管轄裁判にファイルを送り終えた場合、検察は収集した証拠をセル・ガチャチャ裁判に送付し、そのコピーを管轄裁判に送付する。

Iyo muri dosiye bigaragara ko ushinjwa yakoze ibyaha byo gusambanya ku gahato cyangwa kwangiza imyanya ndangabitsina, Ubushinjacyaha ntibushyikiriza dosiye ye Urukiko Gacaca rw'Akagari.

In case it is clear that in the file that the accused committed the offences of rape or sex related crimes, the prosecution shall not refer the file to the Gacaca Court of the Cell.

被告人がレイプや性に関する犯罪を犯したことがファイル上で明らかな場合、検察はファイルをセル・ガチャチャ裁判に照会してはならない。

補足 2008 年法改正　第８条　検察は引き続きガチャチャ裁判と連携し、入手した被告人の証拠のファイルを送付する。

第 48 条

Umushinjacyaha Mukuru wa Repubulika agenzura imirimo y'inzego z'ubushinjacyaha mu birebana n'imanza zivugwa muri iri Tegeko Ngenga.

The Prosecutor General of the Republic supervises the organs of the Public Prosecution in proceedings referred to in this organic law.

検事総長は、本基本法で言及された手続きにおいて検察を監督する。

ICYICIRO CYA II: IMIKORANIRE Y'INZEGO Z'UBUTEGETSI N'INKIKO GACACA

SECTION II: RELATIONSHIP BETWEEN ADMINISTRATIVE ORGANS AND GACACA COURTS

第２節：行政機関とガチャチャ裁判の関係

第 49 条

Abayobozi b'inzego z'ubutegetsi Inkiko Gacaca zikoreramo bazigenera aho zikorera, bakanashishikariza abaturage kuzitabira.

Leaders of administrative organs in which Gacaca Court function shall provide them with premises in which they shall perform their duties, as well as sensitize the population for their active participation.

ガチャチャ裁判が機能する行政機関のリーダーは、ガチャチャ裁判が職務を遂行するための施設を提供するとともに、住民が積極的に参加するように啓発する。

Bakurikiranira hafi imikorere y'Inkiko Gacaca bakanazigezaho ibya ngombwa zikeneye, bafatanyije n'Urwego rw'Igihugu rushinzwe gukurikirana, kugenzura no guhuza ibikorwa by'Inkiko Gacaca.

They exercise a steady monitoring of the functioning of Gacaca Courts and provide them with

necessary materials, in collaboration with the National Service in charge of follow up, supervision and coordination of the activities of Gacaca Courts:

行政機関は、ガチャチャ裁判の活動の追跡調査、監督、調整を担当する国家法務局と協力して、ガチャチャ裁判の機能を着実に監視し必要な資料を提供する。

ICYICIRO CYA III: IMIKORANIRE Y'INKIKO GACACA N'URWEGO RW'IGIHUGU RUSHINZWE GUKURIKIRANA, KUGENZURA NO GUHUZA

SECTION III: RELATIONSHIP BETWEEN THE GACACA COURTS AND THE NATIONAL SERVICE CHARGED WITH THE FOLLOW UP, SUPERVISION AND COORDINATION OF ACTIVITIES OF GACACA COURTS

第３節：ガチャチャ裁判と、ガチャチャ裁判の活動の追跡調査、監督、調整を担当する国家法務局との関係

第50条

Urwego rw'Igihugu rushinzwe gukurikirana, kugenzura no guhuza ibikorwa by'Inkiko Gacaca, rukurikirana, rukagenzura kandi rugahuza ibikorwa by'Inkiko Gacaca mu Gihugu.

The National Service in charge of follow up, supervision and coordination of the activities of Gacaca Courts, follows up, supervises and coordinates Gacaca Courts' activities in the country.

ガチャチャ裁判の活動の追跡調査、監督、調整を担当する国家法務局は、国内のガチャチャ裁判の活動を追跡調査、監督、調整する。

Rushyiraho kandi amabwiriza ajyanye n'imikorere myiza y'Inkiko Gacaca, kimwe n'imyitwarire y'Inyangamugayo, ariko ntirwemerewe gutegeka izo nkiko uburyo zica imanza.

It also issues rules and regulations relating to the smooth running of Gacaca Courts, as well as the conduct of persons of integrity, without prejudice to the Gacaca Courts' ways of trying.

国家法務局はガチャチャ裁判の円滑な運営や判事の行動に関する規則を定めるが、ガチャチャ裁判の審判に干渉することは認められない。

INTERURO YA III: IBYEREKEYE IKURIKIRANA RY'IBYAHA N'IMIBURANISHIRIZE Y'IMANZA

TITLE III: PROSECUTION OF OFFENCES AND PROCEEDINGS

第３部：犯罪の起訴と訴訟手続き

UMUTWE WA MBERE: IBYEREKEYE ABAKURIKIRANWA

CHAPTER ONE: PROSECUTED PERSONS

第１章：起訴された者

第51条

Hakurikijwe ibikorwa bigaragaza uruhare rwe mu gukora ibyaha biteganywa n'ingingo ya mbere y'iri Tegeko Ngenga, byakozwe hagati y'itariki ya mbere Ukwakira 1990 n'iya 31 Ukuboza 1994, ushinjwa ashobora gushyirwa mu nzego zikurikira:

Following acts of participation in offences referred to in article one of this organic law, committed between October 1, 1990 and December 31, 1994, the accused can be classified in one of the following categories:

本基本法第１条で言及された1990年10月1日～1994年12月31日の犯罪に関する以下のような行為について、訴追された者は以下の分類に分けられる：

Urwego rwa mbere:

1. umuntu wakoze ibyaha cyangwa ibikorwa by'ubufatanyacyaha bimushyira mu bacuze umugambi, abawuteguye; abawushishikarije abandi, abagenzuye n'abayoboye jenoside cyangwa ibindi byaha byibasiye inyokomuntu, hamwe n'ibyitso bye;

2. umuntu wari icyo gihe mu nzego z'ubuyobozi: mu rwego rw'Igihugu, urwa Perefegitura, urwa Superefegitura n'urwa Komini, mu mashyaka ya politiki, mu Gisirikare, muri Jandarumori, Polisi ya Komini, mu madini cyangwa mu mitwe yitwara gisirikari ku buryo butemewe n'amategeko, akaba yarakoze ibyo byaha cyangwa akoshya abandi kubikora, hamwe n'ibyitso bye;

3. umwicanyi ruharwa wamamaye aho yari ari cyangwa aho yanyuze kubera umwete yagize mu bwicanyi cyangwa ubugome bukabije yabukoranye, hamwe n'ibyitso bye;

4. umuntu wakoreye abandi ibikorwa by'iyicarubozo, kabone n'iyo byaba bitarabaviriyemo gupfa, hamwe n'ibyitso bye;

5. umuntu wasambanyije undi ku gahato cyangwa wangije imyanya ndangabitsina, hamwe

n'ibyitso bye;

6. umuntu wakoze ibikorwa by'ubushinyaguzi ku murambo, hamwe n'ibyitso bye.

First Category:

1. The person whose criminal acts or criminal participation place among planners, organizers, imitators, supervisors and ringleaders of the genocide or crimes against humanity, together with his or her accomplices;

2. The person who, at that time, was in the organs of leadership, at the national level, at the level of Prefecture, Sub-prefecture, Commune, in political parties, army, gendarmerie, communal police, religious denominations or in militia, has committed these offences or encouraged other people to commit them, together with his or her accomplices;

3. The well known murderer who distinguished himself or herself in the location where he or she lived or wherever he or she passed, because of the zeal which characterized him or her in killings or excessive wickedness with which they were carried out, together with his or her accomplices;

4. The person who committed acts of torture against others, even though they did not result into death, together with his or her accomplices;

5. The person who committed acts of rape or acts of torture against sexual organs, together with his or her accomplices;

6. The person who committed dehumanising acts on the dead body, together with his or her accomplices.

第 1 分類：

1. ジェノサイド罪あるいは人道に対する罪の計画者、組織者、模倣者、監督者、首謀者を幇助した者、及び共犯者；

2. 当時、国家、州、準州、コミューンのレベル、政党、軍、コミューンの警察、宗教団体、警察を率いる立場で、これらの犯罪を犯した、または教唆した者、及び共犯者；

3. 過剰な殺害または異様に邪悪な行為を犯し、居住地や通過した場所で見かけられた悪名高い殺害者、及び共犯者；

4. たとえ死に至らなかった場合も、拷問した者、及び共犯者；

5. レイプおよび性器拷問を犯した者、及び共犯者；

6. 遺体に非人間的な行為をした者、及び共犯者。

Umushinjacyaha Mukuru wa Repubulika atangaza nibura kabiri mu mwaka urutonde rw'amazina y'abashyizwe mu rwego rwa mbere, yashyikirijwe n'Inkiko Gacaca z'Utugari.

The Prosecutor General of the Republic publishes, at least twice a year, a list of persons classified in the first category, forwarded by Gacaca Courts of the Cell.

少なくとも年に２回、検事総長はセル・ガチャチャ裁判から送付された第１分類に分けられた者を公表する。

Urwego rwa kabiri:

1. umuntu wakoze ibyaha cyangwa ibikorwa by'ubufatanyacyaha bimushyira mu mubare wabishe cyangwa wagiriye abandi nabi bikabaviramo gupfa, hamwe n'ibyitso bye;

2. Umuntu wakomerekeje cyangwa wagiriye abandi nabi agambiriye kubica ariko umugambi we ntawugereho, hamwe n'ibyitso bye;

3. Umuntu wakoze cyangwa wafashije gukora ibindi byaha byakorewe abantu, atagambiriye kubica, hamwe n'ibyitso bye.

2nd Category:

1. The person whose criminal acts or criminal participation place among killers or who commit acts of serious attacks against others, causing death, together with his or her accomplices;

2. The person who injured or committed other acts of serious attacks with the intention to kill them, but who did not attain his or her objective, together with his or her accomplices;

3. The person who committed or aided to commit other offences persons, without the intention to kill them, together with his or her accomplices.

第２分類：

1. 死に至らせる深刻な攻撃をした者、またはこれらの犯罪を幇助した者、及び共犯者；

2. 殺人を意図したが死に至らなかった攻撃をした者、及び共犯者；

3. 殺人を意図せず犯罪を犯した者、または幇助した者、及び共犯者。

Urwego rwa gatatu:

Umuntu wakoze gusa ibyaha byerekeranye n'umutungo. Icyakora, iyo uwangije n'uwangirijwe bumvikanye ubwabo cyangwa bakabikora imbere y'ubutegetsi cyangwa y'abatangabuhamya, mbere y'uko iri Tegeko ngenga ritangira gukurikizwa, uwangije ntakurikiranwa.

3rd Category:

The person who only committed offences against property. However, if the author of the offence and the victim have agreed on their own, or before the public authority witnesses for an amicable settlement, he or she cannot be prosecuted.

第3分類：
財産に対する罪のみ犯した者。もし罪を犯した者と被害者が自分たちで合意している、あるいは本基本法が施行される以前に両者が政府高官または証人の前で合意していれば、罪を犯した者は起訴されない。

補足 2007 年法改正　第11条　本文【表4-8】にまとめて記した。
補足 2008 年法改正　第9条　本文【表4-9】にまとめて記した。

第52条

Abari abayobozi mu nzego za Segiteri na Serire igihe cya jenoside bashyirwa mu rwego ibyaha bakoze bibashyiramo, ariko kuba bari abayobozi bigatuma bahabwa igihano kiri hejuru muri urwo rwego.

The person in the position of authority at the level of the Sector and Cell, at the time of genocide, are classified in the category corresponding to offences they have committed, but their positions of leadership exposes them to the most severe penalty within the same category.

ジェノサイドでセクターやセルのリーダーの役割を担った者は犯罪に応じて分類されるが、なかでもジェノサイドを命令する立場にあった者は犯罪分類の中でも最も厳しい刑罰を受ける。

第53条

Mu ikurikizwa ry'iri Tegeko Ngenga, icyitso ni umuntu watanze inkunga mu gukora icyaha, mu buryo ubwo ari bwo bwose, ku bantu bavugwa mu ngingo ya 51 y'iri Tegeko Ngenga.

For the implementation of this organic law, the accomplice is the person who has, by any means, provided assistance to commit offences with persons referred to in article 51 of this organic law.

本基本法の実施において、共犯者とは、いかなる手段であれ、本基本法第51条に言及された者の犯罪を幇助した者をいう。

Kuba igikorwa icyo ari cyo cyose cyateganyijwe n'iri Tegeko Ngenga cyarakozwe n'uyoborwa ntibibuza umuyobozi we kuryozwa icyaha cyakozwe mu gihe yari azi cyangwa yashoboraga kumenya ko uwo ategeka yari yiteguye gukora icyo cyaha cyangwa yagikoze, umuyobozi we ntabe yarafashe ibyemezo bikwiye kugira ngo abakoze icyaha bahanwe cyangwa abuze icyo cyaha gukorwa kandi yari abishoboye.

The fact that any of the acts aimed at by this organic law has been committed by a subordinate, does not free his or her superior from his or her criminal responsibility if he or she knew or could have known that his or her subordinate was getting ready to commit this act or had done it, and that the superior has not taken necessary and reasonable measures to punish the authors or prevent that the mentioned act be not committed when he or she had means.

本基本法が目的とする行為のいずれかがジェノサイドを命令される者によって行われたという事実は、命令される者が犯罪を犯す準備をしていること又は犯罪を犯したことを命令する者が知ることができた場合、そして命令する者が命令される者を処罰するまたは犯罪が犯されないようにするために必要かつ合理的な措置を取らなかった場合、命令する者は刑事責任を免れない。

ICYICIRO CYA MBERE: IBYEREKEYE KWEMERA UKWIREGA, UKWEMERA ICYAHA, UKWICUZA N'UGUSÀBA IMBABAZI N'IBYA NGOMBWA BISABWA

CHAPTER II: PROCEDURE OF CONFESSIONS, GUILT PLEA, REPENTANCE AND APOLOGIES

第２章：自白する、罪を認める、悔い改める、赦しを求める手順

ICYICIRO CYA MBERE: IBYEREKEYE KWEMERA UKWIREGA, UKWEMERA ICYAHA, UKWICUZA N'UGUSABA IMBABAZI N'IBYA NGOMBWA BISABWA

SECTION ONE: ACCEPTANCE OF CONFESSIONS, GUILT PLEA, REPENTANCE AND APOLOGIES AND CONDITIONS REQUIRED

第１節：自白する、罪を認める、悔い改める、赦しを求める必要条件

第 54 条

Umuntu wese wakoze ibyaha bivugwa mu ngingo ya mbere y'iri Tegeko Ngenga yemerewe ukwirega, ukwemera icyaha, ukwicuza n'ugusaba imbabazi.

Any person who has committed offences aimed at in article one of this organic law, has right to have recourse to the procedure of confessions, guilt plea, repentance and apologies.

本基本法第１条で述べられた犯罪を犯した者は、自白する、罪を認める、悔い改める、赦しを求めることができる。

Imbabazi zisabwa mu ruhame abakorewe ibyaha iyo bakiriho n'Umuryango Nyarwanda.

Apologies shall be made publicly to the victims in case they are still alive and to the Rwandan Society.

被害者が生存している場合は、被害者とルワンダ社会に公的に謝罪しなければならない。

Kugira ngo ukwirega, ukwemera icyaha, ukwicuza n'ugusaba imbabazi byemerwe, uwirega agomba:

To be accepted as confessions, guilt plea, repentance and apologies, the defendant must:

自白する、罪を認める、悔い改める、赦しを求めるために以下のことをしなければならない：

---

1. gusobanura mu buryo burambuye icyaha yirega, uko yagikoze, aho yagikoreye, igihe yagikoreye, abatangabuhamya babibonye, abo yagikoreye n'aho yajugunye imirambo yabo hamwe n'ibyo yononnye;
2. kuvuga abo bakoranye icyaha, abakimufashijemo n'ibindi byafasha mu ikurikiranacyaha;
3. kwicuza no gusaba imbabazi z'ibyaha yakoze.

1. give a detailed description of the confessed offence, how he or she carried it out and where, when he or she committed it, witnesses to the facts, persons victimized and where he or she threw their dead bodies and damage caused;
2. reveal the co-authors, accomplices and any other information useful to the exercise of the public action;
3. apologise for the offences that he or she has committed.

1. 犯罪をどこでどのようにいつ実行したのか、犯罪の目撃者と被害者は誰なのか、死体をどこに遺棄したのか、発生した損害について、起訴された罪を詳細に説明する；
2. 共犯者や幇助犯が犯した罪を明らかにする；
3. 罪を悔い改めて赦しを求める。

第55条

Abakoze jenoside bo mu rwego rwa mbere bireze, bakemera icyaha, bakicuza, bagasaba imbabazi ku byaha bakoze, amazina yabo atarashyirwa ku rutonde rukorwa n'Urukiko Gacaca

rw'Akagari bagabanyirizwa ibihano mu buryo iri Tegeko Ngenga rigena.

Genocide perpetrators coming under the first category who have had recourse to the procedure of confessions, guilt plea, repentance and apologies for their offences before their names appear on the list drawn up by Gacaca Court of the Cell, shall enjoy commutation of penalties in the way provided for by this organic law.

犯罪分類第１に該当する加害者のうち、セル・ガチャチャ裁判が作成したリストに名前が掲載される前に自白し、罪を認め、悔い改め、赦しを求めた者は、本基本法が規定する方法で減刑される。

第56条

Abantu bo mu rwego rwa kabiri bagabanyirizwa ibihano mu buryo iri Tegeko Ngenga rigena ni:

Shall enjoy commutation of penalties in the way provided for by this organic law, persons in the 2nd category who:

本基本法で規定されている方法で刑罰の減免を受けることができるのは、第２分類に分けられた者は：

補足 2008 年法改正　第 11 条　第 1 分類追加

---

1. abireze, bakemera icyaha, bakicuza, bagasaba imbabazi mbere y'uko Urukiko Gacaca rw'Akagari rurangiza gukora urutonde rugaragaza abagize uruhare muri jenoside;
2. abari kuri urwo rutonde bakemera icyaha, bakicuza, bagasaba imbabazi nyuma yo gukora urutonde rugaragaza uruhare muri jenoside.

1. confesses, pleads guilty, repents, apologises before the Gacaca Court of the Cell draws up a list of authors of genocide;
2. already appearing on this list, have had recourse to the procedure of confessions, guilt plea, repentance and apologies after publication of the list of authors of genocide.

1. セル・ガチャチャ裁判がジェノサイドの被疑者リストを作成する前に、自白し、罪を認め、悔い改め、赦しを求めた者；

2. 既に被疑者リストに掲載されていてリストが公表された後に、自白し、罪を認め、悔い改め、赦しを求める手続きを行った者。

第57条

Iyo uwireze agaragaweho ibyaha atireze, igihe icyo ari cyo cyose bimubonekeyeho, abikurikiranwaho kandi bikamushyirisha mu rwego rukwiranye na byo, agahanishwa igihano kiri hejuru mu biteganyirijwe abari muri urwo rwego.

If it is found out subsequently offences that a person has not confessed, he or she is prosecuted, at any time, for these offences and shall be classified in the category in which the committed offences place him or her, and is punishable by the maximum penalty provided for this category.

自白していないことが判明した場合、その者はいつでもこれらの犯罪で起訴され、犯罪分類に分けられ、その分類で定められた最も重い刑で処罰される。

ICYICIRO CYA II: IBYEREKEYE UKO UKWIREGA, UKWEMERA ICYAHA, UKWICUZA N'UGUSABA IMBABAZI BIKORWA

SECTION II: PROCEDURE OF CONFESSIONS, GUILT PLEA, REPENTANCE AND APOLOGIES

第2節：自白する、罪を認める、悔い改める、赦しを求める手続き

第58条

Ukwirega, ukwemera icyaha, ukwicuza n'ugusaba imbabazi bikorerwa imbere y'Inteko y'Urukiko Gacaca, imbere y'Umugenzacyaha cyangwa imbere y'Umushinjacyaha ushinzwe iperereza ry'urubanza hakurikijwe ingingo ya 46 y'iri Tegeko Ngenga.

The confessions, guilt plea, repentance and apologies are done before the Seat of the Gacaca

Court, before the Officer for the criminal investigation or the Officer for the Public Prosecution in charge of investigating the case, in accordance with article 46 of this organic law.

自白する、罪を認める、悔い改める、赦しを求めることは、本基本法第46条に従いガチャチャ裁判の判事、事件の捜査を担当する警察官または検察官の面前で行われる。

Inteko y'Urukiko Gacaca, umugenzacyaha cyangwa umushinjacyaha ushinzwe iperereza ry'urubanza bagomba kumenyesha uregwa uburenganzira n'inyungu avana mu kwirega, kwemera icyaha, kwicuza no gusaba imbabazi.

The Seat for the Gacaca Court, the Officer for the criminal investigation or the Officer for the Public Prosecution in charge of investigating the case, must inform the defendant of his or her right and benefits from the confessions, guilt plea, repentance and apologies procedure.

ガチャチャ裁判の判事団、事件の捜査を担当する警察官または検察官は、自白する、罪を認める、悔い改める、赦しを求めることで得られる権利と利益を被告人に伝えなければならない。

補足2007年法改正　第12条 しかし、控訴審ガチャチャ裁判で自白し、罪を認め、悔い改め、赦しを求めても、遅すぎるため刑の軽減を受けることができない。
補足2008年法改正　第12条　再審の場合も同じ。

Akiciro ka mbere: Ibyerekeye ukwirega, ukwemera icyaha, ukwicuza n'ugusaba imbabazi imbere y'Umugenzacyaha cyangwa imbere y'Umushinjacyaha

Sub-section one: Procedure of confessions, guilt plea, repentance and apologies before the officer of the criminal investigation or before the officer of the public prosecution

第1項：警察官または検察官の前で自白する、罪を認める、悔い改める、赦しを求める手続き

第59条

Ku madosiye atarashyikirizwa Inkiko Gacaca z'Utugari, ubugenzacyaha cyangwa Ubushinjacyaha bwakira ukwirega, ukwemera icyaha, ukwicuza n'ugusaba imbabazi. Ibivuzwe

mu kwirega, kwemera icyaha, kwicuza no gusaba imbabazi byakirwa kandi bikandikwa n'Umugenzacyaha cyangwa Umushinjacyaha. Iyo bikozwe mu nyandiko, Umugenzacyaha cyangwa Umushinjacyaha asaba uwireze kubyemeza.

For files which are not yet forwarded to the Gacaca Courts of the Cells, the criminal investigation Department or the public prosecution receives the confessions, guilt plea, repentance and apologies. The conclusions from confessions, guilt plea, repentance and apologies shall be received and transcribed by an Officer of the criminal investigation or by the Public Prosecutor. If confessions are forwarded in writing, the Officer of the criminal investigation or the Public Prosecution asks the petitioner to endorse it.

セル・ガチャチャ裁判にまだ送られていないファイルについては、警察または検察が被告人に自白する、罪を認める、悔い改める、赦しを求める手続きを踏ませる。警察または検察が被告人にその手続きを踏ませたことは、記録される。それが書面で行われた場合、警察または検察は被告人に承認を取る。

Inyandikomvugo ikubiyemo ibyavuzwe mu kwirega, kwemera icyaha, kwicuza no gusaba imbabazi cyangwa ibyerekeranye no guhamya ibyemewe, ndetse n'inyandikomvugo ikubiyemo ukwirega iyo ihari, zishyirwaho umukono cyangwa igikumwe na nyir'ubwite imbere y'Umugenzacyaha cyangwa Umushinjacyaha wabyakiriye. Umugenzacyaha cyangwa Umushinjacyaha ashyira umukono we ku nyandikomvugo.

The petitioner signs or marks with a fingerprint the minute containing the confessions, guilt plea, repentance and apologies and confirms what has been approved, as well as the minute containing confessions, if there is any, before the Officer for the criminal investigation or the Public Prosecutor who also endorses them.

自白する、罪を認める、悔い改める、赦しを求めることの文書またはそれを証明する文書、特に自白の文書は、被告人が署名または拇印を押し、警察または検察が所持している。警察または検察がこの文書に署名する。

第60条

Iyo Umushinjacyaha asanze ukwirega, ukwemera icyaha; ukwicuza n'ugusaba imbabazi

byujuje ibyangombwa biteganyijwe, akora inyandikomvugo ikubiyemo ibyo uwireze yavuze; agasoza idosiye, akayohererereza Urukiko Gacaca rw'Akagari rubifitiye ububasha.

If the Public Prosecutor finds that the confessions, guilt plea, repentance and apologies are in conformity with the required conditions, he or she concludes the file by establishing a note of investigation containing the petitioner's declarations and forwards it to the competent Gacaca Court of the Cell.

検察官は、自白する、罪を認める、悔い改める、赦しを求めることが必要な条件に適合していると判断した場合、被告人の宣言を含む調査書を作成してファイルを完成させ、セル・ガチャチャ裁判所に送付する。

補足 2008 年法改正　第 14 条　管轄する裁判所に送付する。

Iyo asanze ukwiregа, ukwemera icyaha, ukwicuza n'ugusaba imbabazi bitujuje ibyangombwa bisabwa, cyangwa iperereza ryakozwe ryerekanye ko uwireze, akemera icyaha, akicuza akanasaba imbabazi yabeshye, abikorera inyandiko isobanura ibyo abona biburamo, agasoza idosiye, akayohererereza Urukiko Gacaca rw'Akagari rubifitiye ububasha.

In case he or she finds that the confessions, guilt plea, repentance and apologies do not meet conditions required, or that the investigation has revealed that the petitioner's confessions, guilt plea, repentance and apologies are false, he or she states in an explanatory note the elements missing, concludes the file, and forwards it to the competent Gacaca Court of the Cell.

自白する、罪を認める、悔い改める、赦しを求めることが必要な条件を満たしていないと判断した場合、あるいは調査の結果、被告人の自白、罪を認める、悔い改める、赦しを求めることが虚偽と判明した場合には、不足している要素を説明書に記載し、ファイルを完成させ、セルの管轄ガチャチャ裁判所に送付する。

補足 2008 年法改正　第 14 条　管轄する裁判所に送付する。

Urukiko Gacaca rw'Akagari rugenzura niba ukwirega, ukwemera icyaha, ukwicuza n'ugusaba imbabazi kwakorewe imbere y'umugenzacyaha cyangwa imbere y'umushinjacyaha kuzuye, rukemera uko kwirega cyangwa rukakwanga.

The Gacaca Court of the Cell, after checking if the confessions, guilt plea, repentance and apologies done before the Officer for the criminal investigation or the Public Prosecutor are complete, accepts or rejects them.

セル・ガチャチャ裁判は、警察官や検察官の前で行われた自白する、罪を認める、悔い改める、赦しを求めることが完全であるかどうかを確認した上で、それらを受け入れるか否かを決定する。

第61条

Inyandikomvugo ikubiyemo ukwirega, ukwemera icyaha, ukwicuza n'ugusaba imbabazi yakozwe n'Umushinjacyaha cyangwa Umugenzacyaha mu buryo buteganywa n'ingingo ya 59 n'iya 60 z'iri Tegeko Ngenga yohererezwa Urukiko Gacaca rw'Akagari rw'aho icyaha cyakorewe, igasomerwa mu ruhame, iyo uwireze afite inzitizi ntarengwa zimubuza kwiyizira ngo asabe imbabazi mu ruhame.

The minutes containing confessions, guilt plea, repentance and apologies established by the Public Prosecutor the officer for the criminal investigation or in conformity with articles 59 and 60 of this organic law, forwarded to the Gacaca Court of the Cell of where the offence was committed, and read publicly, in case petitioner has reason beyond control preventing him or her to appear and apologise in public.

赦しを求める者が公の場に出て赦しを求めることができない不可抗力の理由がある場合、検察官または警察官によって記述され、本基本法第59条及び第60条に準拠して作成された自白、罪を認める、悔い改める、赦しを求めることを含む議事録は、犯罪が犯された地域のセル・ガチャチャ裁判に送付され、公に読み上げられる。

補足2008年法改正　第15条　本基本法第13条及び第14条

Akiciro ka 2: Ibyerekeye ukwirega, ukwemera icyaha, ukwicuza n'ugusaba imbabazi mu Nkiko Gacaca

Sub-section 2: Procedure of confessions, guilt plea, repentance and apologies before Gacaca Courts

第２項：ガチャチャ裁判における自白、罪を認める、悔い改める、赦しを求める手続き

第62条

Abakoze ibyaha bya jenoside bashobora kwirega, kwemera icyaha, kwicuza no gusaba imbabazi imbere y'Inteko y'Urukiko Gacaca.

The persons who committed crimes of genocide can have recourse to the confessions, guilt plea, repentance and apologies for the committed offences before the Seat of the Gacaca Court.

ジェノサイドの罪を犯した者は、ガチャチャ裁判の判事の前で、犯した罪について自白し、罪を認め、悔い改め、赦しを求めることができる。

補足2008年法改正　第16条「ガチャチャ裁判の判事」から「審理される管轄裁判の判事」に変更。

Bitabangamiye ibiteganywa n'igika cya kabiri cy'ingingo, ya 54 y'iri Tegeko Ngenga, abirega, bakemera icyaha, bakicuza, bagasaba imbabazi babikora mu ijambo basabye cyangwa mu nyandiko bashyizeho umukono cyangwa bateyeho igikumwe.

Without prejudice to the second paragraph of article 54 of this organic law, petitioners of confessions, guilt plea, repentance and apologies shall do it orally during the floor given to them, or by means of written declaration bearing his or her signature or fingerprint.

本基本法第54条第2項（被害者が生存している場合は、被害者とルワンダ社会に公的に謝罪しなければならない）への偏見をもたず被告人は与えられた場において口頭で自白し、罪を認め、悔い改め、赦しを求める、または署名か拇印を記した書面で行わなければならない。

第63条

Ukwirega, ukwemera icyaha, ukwicuza n'ugusaba imbabazi bikorerwa inyandikomvugo

n'umunyamabanga w'Urukiko Gacaca, igashyirwaho umukono cyangwa igikumwe n'uwireze akemera icyaha agasaba imbabazi, hamwe n'abagize Inteko y'Urukiko Gacaca.

The confessions, guilt plea, repentance and apologies are subject to the minute established by the secretary of the Gacaca Court and signed or marked with a fingerprint by the defendant and members of the Court Seat.

自白し、罪を認め、悔い改め、赦しを求めることが行われるときは、ガチャチャ裁判の書記が定めた議事録に基づき、被告人と判事団が署名または拇印を押す。

Inteko y'Urukiko Gacaca isuzuma niba ukwirega, ukwemera icyaha, ukwicuza n'ugusaba imbabazi byujuje ibya ngombwa biteganyijwe, kandi niba ibyavuzwe ari ukuri.

The Seat for the Gacaca Court checks if the confessions, guilt plea, repentance and apologies fulfils conditions required and if the petitioner's declarations are true.

ガチャチャ裁判の判事は、自白し、罪を認め、悔い改め、赦しを求める必要な条件を満たしているか、宣言が真実であるかを確認する。

UMUTWE WA III: IBYEREKEYE IBURANISHA N'ICIBWA RY'URUBANZA

CHAPTER III: HEARING AND JUDGEMENT

第3章：審理と判決

ICYICIRO CYA MBERE: IBYEREKEYE IBURANISHA N'ICIBWA RY'URUBANZA MU NKIKO GACACA Z'UMURENGE N'IZ'UBUJURIRE

SECTION ONE: HEARING AND JUDGEMENT BEFORE GACACA COURTS OF THE SECTOR AND GACACA COURTS OF APPEAL

第1節：セクター・ガチャチャ裁判と控訴審ガチャチャ裁判の審理と判決

第64条

Iyo habaye ukwirega, ukwemera icyaha, ukwicuza n'ugusaba imbabazi bikemerwa, urubanza ruburanishwa mu buryo bukurikira:

In case of confirmed confessions, guilt plea, repentance and apologies, the hearing proceeds as follows:

自白し、罪を認め、悔い改め、赦しを求めたことが確認された場合は、以下のように審理を進める：

1. Perezida Wiburanisha avuga urubanza rugiye kuburanishwa, agahamagara abarukurikiranywemo;
2. ushinjwa wese avuga umwirondoro we;
3. Perezida w'iburanisha abaza uwahohotewe umwirondoro we;
4. umunyamabanga w'Urukiko amenyesha ushinjwa buri cyaha aregwa, agasoma n'inyandiko ikubiyemo ibyo uwireze yavuze;
5. Perezida w'iburanisha abaza ushinjwa wese niba hari icyo abivugaho;

6. umuntu wese ubyifuza agahabwa ijambo agashinja cyangwa agashinjura ukurikiranywe; ushinjwa agasubiza ibyo abajijwe, Umuntu wese ufashe ijambo kugira ngo atange ubuhamya bw'ibyo azi cyangwa yabonye, arahirira kuvuga ukuri ashyize ukuboko kw'iburyo hejuru agira ati: "Ntanze Imana ho umuhamya ko ibyo, ngiye kuvuga ari ukuri";

7. uwahohotewe avuga ibyaha yakorewe n'uburyo byakozwe, iyo abizi;

8. ushinjwa, niba ahari, akagira icyo avuga ku byavuzwe n'uwahohotewe;

9. Inteko y'Urukiko Gacaca ikora urutonde rw'abahohotewe n'ibyaha buri wese yakorewe, ushinjwa agahabwa ijambo kugira ngo agire icyo abivugaho;

10. Umunyamabanga w'Urukiko asoma inyandikomvugo y'iburanisha, Urukiko rukareba niba ibyanditswe bihuje n'ibyavuzwe, byaba ngombwa iyo nyandiko igakosorwa;

11. Inteko ibaza uwahohotewe n'ushinjwa icyo bongera ku rubanza;

12. ababuranyi n'abandi bose bahawe ijambo mu rubanza hamwe n'abagize Inteko y'Urukiko Gacaca bashyira umukono cyangwa bagatera igikumwe ku nyandikomvugo iriho ibyo ushinjwa yireze;

13. iburanisha rigasozwa, keretse iyo Urukiko rusanze ari ngombwa kurisubika kugira ngo rugiye ibyo rubanza gusuzuma.

1. the President of the session calls the case and invites defendants to the bar:

2. each defendant establishes his or her identity;

3. the President of the session requests the plaintiffs identity;

4. the Court secretary makes known to the defendant every charge against him or her, and reads the minute of the defendant's confessions;

5. the President of the session asks each defendant to comment on accusations;

6. any interested person takes the floor to testify in favour or against the defendant; responds to questions put to him or her. Every person taking the floor to testify on which he or she knows or witnessed, takes oath to tell the truth by raising his or her right arm, saying: "I take God as my witness to tell the truth";

7. the plaintiff describes all the offences suffered and how they were committed, if he or she has knowledge of them;

8. if the defendant is present, responds to the plaintiff's declarations;

9. the Seat for the Gacaca Court establishes a list of the victims and offences each of them suffered, the defendant is given floor to respond;

10. the Court secretary reads the statement of hearing, the Court checks the conformity of its content with the declarations and, if need be, the statement of hearing is corrected;

11. the Seat asks the plaintiff and the defendant if they have additional information;

12. the parties to the trial and all the others who took floor during the hearing, together with

members of the Seat put their signatures or fingerprints on the statement hearing containing the defendant's confessions;

13. the hearing is declared closed, unless the Seat deems it necessary to postpone it so as to check certain issues.

1. 判事は事件を審理にかけ、被告人を法廷に召喚する；
2. 各被告人は自分の身元を証明する；
3. 判事は原告に身元証明を要求する；
4. 裁判所の書記は被告人に対してすべての罪状を知らせ、被告人の自白の議事録を読み上げる；
5. 判事は、各被告人が告発されたことについてコメントを求める；
6. 利害関係者は、被告人に対し有利または不利な証言をするために議場に立ち質問に答える。自分が知っていること、あるいは目撃したことについて証言するために議場に立つ者は、右腕を上げて「私は神を証人として真実を話すことを誓います」と宣誓する；
7. 原告が被害を受けた犯罪を知っている場合には、それらがどのように行われたかを説明する；
8. 被告人が出席している場合は原告の証言に応える；
9. ガチャチャ裁判の判事は被害者リストと各被害者が受けた犯罪リストを作成し、被告人に応える時間を与える；
10. 裁判所の書記が陳述書を読み上げ、裁判所は陳述内容と発言が一致しているかどうかを確認し、必要があれば陳述書を修正する；
11. 判事は原告と被告人に追加の情報があるかどうかを尋ねる；
12. 被告人の自白を含む陳述書に、裁判の当事者、審理中に議場に立ったすべての者および判事団は署名または拇印を押す；
13. 審理は、判事が特定の問題を確認するために延期する必要があると判断する場合を除き、終了が宣言される。

第 65 条

Ku madosiye atagaragaramo ukwirega, ukwemera icyaha n'ugusaba imbabazi cyangwa iyo byakozwe ntibyemerwe n'Urukiko Gacaca, iburanisha rikorwa mu buryo bukurikira:

For files which do not contain confessions, guilt plea repentance and apologies or when the Gacaca Court has rejected them, the hearing proceeds as follows:

自白、罪を認める、悔い改める、赦しを求めることが含まれていないファイルや、ガチャチャ裁判がそれらを拒否した場合、審理は以下のように進められる：

---

1. Perezida w'iburanisha avuga urubanza rugiye kuburanishwa, agahamagara abarukurikiranywemo;

2. ushinjwa wese avuga umwirondoro we;

3. Perezida w'iburanisha abaza uwahohotewe umwirondoro we;

4. umunyamabanga w'Urukiko amenyesha ushinjwa buri cyaha aregwa;

5. Perezida w'Urukiko Gacaca asomera abakurikiranywe ingingo ya 54, iya 55 n'iya 57 z'iri Tegeko Ngenga kugira ngo basobanukirwe n'uburyo bwo kwirega, kwemera icyaha no gusaba imbabazi, akababaza niba bashaka kubukoresha. Abifuza kwirega, kwemera icyaha, kwicuza no gusaba imbabazi, basabwa guhita birega maze urubanza rugakomeza kuburanishwa mu buryo buteganyirizwa abireze, bakemera icyaha, bakicuza bagasaba imbabazi. Abadashaka kwirega, kwemera icyaha, kwicuza no gusaba imbabazi bakomeza kuburanishwa mu buryo bukurikira:

1. the President of the session calls the case and invites defendants to the bar;

2. each defendant establishes his or her identity;

3. the President asks the plaintiff his or her identity;

4. the secretary of the court makes known to the defendant every charge against him or her;

5. the President of the Gacaca Court reads out to the defendants, articles 54, 55 and 57 of this organic law so that they understand the confession, guilt plea, repentance and apologies procedure, and asks them if they want to use it. The interested persons in confessing, guilt pleading, repenting and apologizing, are asked to do it there and then, the hearing proceeds in the order provided for, for those who have confessed, pleaded guilty, repented and apologized. For those who do not want to confess, plead guilty, repent and apologise, the hearing proceeds in the following way:

1. 判事は事件を審理にかけ、被告人を法廷に召喚する；

2. 各被告人は自分の身元を証明する；

3. 判事が原告に身元証明を要求する；

4. 裁判所の書記は、被告人に対してすべての罪状を知らせる；

5. ガチャチャ裁判の判事長は、自白、罪を認める、悔い改める、赦しを求める手続きを被告人に理解させるために、本基本法第 54 条、第 55 条、第 57 条を読み上げ、その手続きを行うかどうかを尋ねる。自白、罪を認める、悔い改める、赦しを求めることを望む者は、その場で行うように求められ、自白、罪を認める、悔い改める、赦しを求めた者のために、規定された順序で審理が進められる。自白、罪を認める、悔い改める、

赦しを求めることを望まない者に対しては、次のように審理が進められる：

---

a) Perezida w'iburanisha avuga mu magambo make imiterere y'urubanza, agasoma n'ibimenyetso byatanzwe bihamya ibyo ushinjwa akurikiranyweho;

b) Perezida w'iburanisha asaba ushinjwa wese kwisobanura;

c) Urukiko rwumva abatangabuhamya bashinja cyangwa bashinjura ukurikiranywe, kandi byaba ngombwa, rukumva ibimenyetso by'Ubushinjacyaha igihe bwahamagawe mu rubanza. Umuntu wese ufashe ijambo kugira ngo atange ubuhamya bw'ibyo azi cyangwa yabonye, arahira kuvuga ukuri ashyize ukuboko kw'iburyo hejuru agira ati: " Ntanze Imana ho umuhamya ko ibyo ngiye kuvnga ari ukuri."

d) ushinjwa akiregura;

e) umuntu wese ubyifuza, agahabwa ijambo; ushinjwa agasubiza ibyo abajijwe;

f) Inteko y'Urukiko Gacaca ikora urutonde rw'abahohotewe n'ibyaha buri wese yakorewe, ushinjwa agahabwa ijambo kugirango agire icyo abivugaho;

g) Umunyamabanga w'Urukiko asoma inyandikomvugo y'iburanisha, Urukiko rukareba niba ibyanditswe bihuje n'ibyavuzwe, byaba ngombwa iyo nyandiko igakosorwa;

h) inteko abaza uwahohotewe n'ushinjwa icyobongera ku rubanza;

i) ababuranyi n'abandi bose bahawe ijambo mu rubanza hamwe n'abagize Inteko y'Urukiko Gacaca bashyira umukono cyangwa bagatera igikumwe ku nyandikomvugo y'iburanisha;

j) iburanisha rigasozwa, keretse iyo Urukiko rusanze ari ngombwa gusubika urubanza kugira ngo rugire ibyo rubanza gusuzuma.

a) the President of the session gives the summary of the nature of the case and reads the provided evidences establishing the defendant's guilt;

b) the President of the session asks each defendant to give his or her defence;

c) the Court hears witnesses for or against prosecuted persons, if need be, hears evidences from the Public Prosecution if it is summoned to the trial. Every person taking the floor to testify on what he or she knows or witnessed swears to tell the truth by raising the right hand up and saying: " I take God as my witness to tell the truth."

d) the defendant gives his or her defence;

e) any interested person, takes the floor and the defendant answers to questions put to him or her;

f) the Seat of the Gacaca Court establishes a list of the victims and offences that each of them suffered; the defendant is given floor to respond;

g) the secretary of the Court reads the statement of hearing; the Court checks the conformity of its content with the declarations and, if need be, the statement of hearing is corrected;

h) the Seat asks the plaintiff and the defendant if they have additional information;

i) the parties to the trial and all the others who took floor during the hearing, together with the members of the Seat, put their signatures or fingerprints on the statement of hearing;

j) the hearing is declared closed, unless the Seat deems it necessary to postpone it so as to check certain issues.

a) 判事が事件の概要を説明し、被告人の有罪を立証する証拠を読み上げる；

b) 判事が各被告人に答弁を求める；

c) 裁判所は、起訴された者の証人または起訴に反対する者の証人を聴取し、必要であれば、裁判に召喚された検察官から証拠を聴取する。自分が知っていることや目撃したことについて証言するために議場に立つすべての者は、右手を上げて「私は神を証人として、真実を話すことを誓います」と宣誓する；

d) 被告人が自身の答弁をする；

e) 利害関係者が登壇し、被告人が質問に答える；

f) ガチャチャ裁判の判事は、被害者リストと各被害者が受けた犯罪リストを作成し、被告人に応える時間を与える；

g) 裁判所の書記が審理の陳述書を読み上げ、裁判所は陳述内容と発言が一致しているかどうかを確認し、必要があれば陳述書を修正する；

h) 判事は原告と被告人に追加の情報があるかどうかを尋ねる；

i) 裁判の当事者および審理中に議場に立ったすべての者が、判事団とともに、審理陳述書に署名または拇印を押す；

j) 審理は、判事が特定の問題を確認するために延期する必要があると判断する場合を除き、終了が宣言される。

第 66 条

Ku madosiye y'abakurikiranywe badafite aho batuye cyangwa babarizwa hazwi mu Rwanda bavugwa mu ngingo ya 98 y'iri Tegeko Ngenga, iburanisha rikorwa mu buryo bukurikira:

For files of defendants with neither known address nor residence in Rwanda referred to in article 98 of this organic law, the hearing shall proceed as follows:

本基本法第 98 条で言及されている、ルワンダに居住地もなく居場所も知られていない被告人のファイルは以下のように審理が進められる：

1. Perezida w'iburanisha avuga urubanza rugiye kuburanishwa, agahamagara abarukurikiranywemo;

2. Iyo asanze bitabye, urubanza rukomeza kuburanishwa mu buryo buteganywa n'ingingo ya 65 y'iri Tegeko Ngenga. Iyo bamwe bitabye abandi batitabye, abahari baburana hakurikijwe ibiteganywa mu ngingo ya 65 y'iri Tegeko Ngenga. Ku badahari, kimwe n'iyo nta witabye, iburanisha rikomeza mu buryo bukurikira:

1. the President of the session calls the case and invites the defendants to the bar;

2. if he or she finds that they are present, the hearing proceeds in conformity with article 65 of this organic law. In case some are present and others are absent, those who are present shall be judged in accordance with the provisions of article 65 of this organic law. In reference to the absentees as well as those who did not appear, the hearing shall proceed in the following manner:

1. 判事は事件を審理にかけ、被告人を法廷に召喚する；

2. その者が出席していると認めた場合には、本基本法第65条に従って審理を進める。一部の者が出席し他の者が欠席した場合には、出席した者は本基本法第65条の規定に基づいて裁かれる。欠席者および出頭しなかった者については、以下の方法で審理を行う：

---

a) Perezida w'iburanisha abaza uwahohotewe umwirondoro we;

b) Umunyamabanga w'Urukiko akavuga buri cyaha ushinjwa aregwa;

c) Perezida aburanisha avuga mu magambo make imiterere y'urubanza, agasoma n'ibimenyetso byatanzwe bihamya ibyo ushinjwa akurikiranyweho;

d) Urukiko rwumva abatangabuhamya kandi byaba ngombwa, rugahabwa ibimenyetso by'Ubushinjacyaha igihe bwahamagawe mu rubanza;

e) umuntu wese ubyifuza abisabye, agahabwa ijambo;

f) uwahohotewe avuga ibyaha yakorewe n'uburyo byakozwe;

g) Inteko y'Urukiko Gacaca ikora urutonde rw'abahohotewe n'ibyaha buri wese yakorewe;

h) Umunyamabanga w'Urukiko asoma inyandikomvugo y'iburanisha, Urukiko rukareba niba ibyanditswe bihuje n'ibyavuzwe, byaba ngombwa ïyo nyandiko igakosorwa;

i) Inteko ibaza uwahohotewe icyo yongera ku rubanza;

j) ababuranyi n'abandi bose bahawe ijambo mu rubanza hamwe n'abagize Inteko y'Urukiko Gacaca bashyira umukono cyangwa bagatera igikumwe ku nyandikomvugo y'iburanisha;

k) iburanisha rigasozwa, keretse iyo Urukiko rusanze ari ngombwa gusubika urubanza kugira

ngo rugire ibyo rubanza gusuzuma.

a) the President of the session asks the plaintiff's identity;

b) the secretary of the court makes known to the defendant every charge against him or her;

c) the President of the session gives the summary of the nature of the case, reads out provided evidences establishing the defendant's guilt;

d) the Court hears witnesses and, if necessary, hears the Public prosecution's evidences when it is summoned to the trial;

e) any interested person takes the floor on request;

f) the plaintiff describes all offences suffered and how they were omitted;

g) the Seat of the Gacaca Court establishes a list of the victims and offences suffered by each one of them;

h) the secretary of the Court reads the statement of hearing; the Seat checks the conformity of its content with the declarations and, if need be, the statement of hearing is corrected;

i) the Seat of the Gacaca Court asks the plaintiff if he or she has anything to add to the hearing;

j) the parties to the trial and members of the Seat put their signatures or fingerprints on the statement of hearing;

k) the hearing is declared closed, unless the Seat deems it necessary to postpone it so as to check certain issues.

a) 判事が原告に身元証明を要求する；

b) 裁判所の書記は、被告人に対してすべての罪状を知らせる；

c) 判事が事件の概要を説明し、被告人の有罪を立証する証拠を読み上げる；

d) 裁判所は証人を聴取し、検察官が裁判に召喚された場合は必要に応じて検察官の証拠を聴取する；

e) 関心のある者は誰でも質問できる；

f) 原告は、被ったすべての犯罪と、それがどのように行われたのかを説明する；

g) ガチャチャ裁判の判事は、各被害者が被った犯罪リストを作成する；

h) 裁判所の書記は陳述書を読み上げ、判事は陳述内容と発言が一致しているかどうかを確認し、必要があれば陳述書を修正する；

i) ガチャチャ裁判の判事は原告に追加の情報があるかどうかを尋ねる；

j) 裁判の当事者や判事団は陳述書に署名と拇印を押す；

k) 審理は、判事が特定の問題を確認するために延期する必要があると判断する場合を除き、終了が宣言される。

Ku byerekeye isomwa, imenyesha, ubujurire n'isubirishamo ry'urubanza rwaciwe muri ubwo buryo, hakurikizwa ibiteganyirijwe imanza zaciwe abashinjwa badahari.

As regards pronouncement, notification, appeal and objection to the judgements passed within such circumstances, provisions for judgements by default apply.

欠席者に下された判決の宣告、通知、控訴および異議申し立てについては、既定の判決規定が適用される。

第 67 条

Urubanza ruciwe n'Urukiko Gacaca rw'Umurenge n'urw'Ubujurire rugaragaza ibi bikurikira:

Any judgement passed by the Gacaca Court of the Sector or the Gacaca Court of appeal mentions the following;

セクター・ガチャチャ裁判や控訴審ガチャチャ裁判が下した判決は次のことが言及される：

---

1. urukiko rwaruciye;
2. amazina y'abagize Inteko barufashemo icyemezo;
3. umwirondoro w'ababuranyi;
4. buri cyaha ushinjwa aregwa;
5. ingingo zatanzwe n'ababuranyi;
6. impamvu Inyangamugayo zashingiyeho zica urubanza;
7. buri cyaha ushinjwa yahamijwe n'urukiko;
8. ibihano byemejwe n'Urukiko;
9. umwirondoro w'abahohotewe n'urutonde rw'ibyaha bakorewe;
10. niba ababuranyi bari bahari cyangwa batari bahari;
11. niba rwaraburanishirijwe kandi rugasomerwa mu ruhame;
12. umunsi n'aho rwaciriwe;
13. ingingo z'iri Tegeko Ngenga zashingiweho mu ikiza ryarwo,
14. igihe cyateganyirijwe ijurira.

1. the Court that has passed it;
2. the names of Seat members who gave rulings;
3. the identity of the parties to the trial;
4. charges against the defendant;
5. the facts presented by the parties;
6. the motives of judgement;
7. the offence of which the defendant is found guilty;
8. the penalties pronounced;
9. the identity of the victims and the inventory of suffered offences;
10. the presence or absence of the parties;
11. if the hearings and the pronouncement of judgements were made public;
12. venue and date for judgement
13. the provisions of this organic law which have been applied;
14. the legal period for appeal.

1. 判決を下した裁判所；
2. 判決を下した判事団の名前；
3. 裁判の当事者の身元；
4. 被告人に対する罪状；
5. 当事者が述べた事実；
6. 判事が判決を下した理由；
7. 被告人が有罪とされた犯罪；
8. 下された刑罰；
9. 被害者の身元及び被害を被った犯罪リスト；
10. 当事者の出席または欠席；
11. 審理及び判決の宣告が公開されたかどうか；
12. 裁判地と日付；
13. 適用された本基本法の規定；
14. 控訴の法定期間。

ICYICIRO CYA II: IBYEREKEYE IBURANISHA N'ICIBWA RY'URUBANZA MU RUKIKO GACACA RW'AKAGARI

SECTION II: HEARING AND JUDGEMENT BEFORE THE GACACA COURT OF THE CELL

第2節：セル・ガチャチャ裁判の審理と判決

第68条

Ku madosiye arebana n'ibyaha by'umutungo, iburanisha rikorwa mu buryo bukurikira:

For files relating to the offences against property, the hearing proceeds as follows:

財産に対する犯罪に関するファイルについては、以下のように審理が進められる：

1. Perezida w'iburanisha avuga urugo rurebwa n'urubanza rugiye kuburanishwa;
2. Perezida w'iburanisha yibutsa umutungo w'urwo rugo wononwe wamenyekanye yifashishije ifishi y'abahohotewe n'ibyabo byangijwe;
3. Perezida w'iburanisha aha ijambo buri wese wifuza kugira icyo yongera ku byanditswe kuri iyo fishi;
4. Inteko yemeza urutonde rw'ibyononwe;
5. Perezida w'iburanisha yibutsa amazina y'abagize uruhare mu iyononwa ry'umutungo w'urwo rugo, yifashishije urutonde rw'abaregwa;
6. ushinjwa wese avuga umwirondoro we;
7. Perezida w'iburanisha abaza uhagarariye urugo rwononewe umutungo cyangwa undi wese ubifitemo inyungu umwirondoro we;
8. umwanditsi w'Urukiko avuga buri kintu mu byononwe n'ababigizemo uruhare;
9. Perezida w'iburanisha asaba buri wese mu baregwa gutanga ibisobanuro ku byo aregwa no kwiregura;
10. Perezida w'iburanisha asaba uhagarariye urugo n'undi wese ubishaka kugira icyo avuga ku byo uwiregura avuze;
11. Inteko y'Urukiko Gacaca yemeza urutonde rw'abahohotewe, ibyononwe n'ababigizemo uruhare, ushinjwa wese agahabwa ijambo kugirango agire
12. Inteko y'Urukiko isobanurira abategetswe kuriha uburyo bwo kuriha buteganywa n'iri Tegeko Ngenga, ikabaza buri wese ubwo yahitamo n'igihe yakwishyurira aramutse atsinzwe;
13. Umunyamabanga w'Urukiko asoma inyandikomvugo y'iburanisha, Urukiko rukareba niba ibyanditswe bihuje n'ibyavuzwe, byaba ngombwa iyo nyandiko igakosorwa;
14. Inteko ibaza uwahohotewe n'uregwa icyo bongera ku rubanza;

15. Ababuranyi n'abandi bose bahawe ijambo mu rubanza hamwe n'abagize Inteko y'Urukiko Gacaca bashyira umukono cyangwa bagatera igikumwe ku nyandikomvugo y'iburanisha;

16. Iburanisha rigasozwa, keretse iyo Urukiko rusanze ari ngombwa gusubika urubanza kugira ngo rugire ibyo rubanza gusuzuma.

1. the President of the session states the household concerned with the case;

2. the President of the session recalls the household's property damaged and known, on basis of the list of victims and damaged property;

3. the President of the session gives the floor to any person who has anything to add to the information on the list;

4. the seat for the Gacaca Court adopts the inventory of damaged property;

5. the President of the session reads the names of the defendants having damaged the household property, basing on the list of defendants;

6. each defendant presents his or her identity;

7. the President of the session requests the representative of the suffered household or any person interested to give his or her identity;

8. the secretary of the Court states each of the damaged property and their authors;

9. the President of the session asks each defendant to react to the accusations and present his or her defence;

10. the President of the session asks the household representative or any person who so wishes to react to the defendants' declarations;

11. the Seat for the Gacaca Court adopts the list of the victims, damaged property and the authors, each defendant is given floor to react;

12. the Seat of the Court explains to the convicted defendants, modalities for granting the compensation provided for by this organic law, by asking each defendant to decide on his or her means and the period of payment, in case of conviction;

13. the secretary of the Court reads the statement of hearing; the Seat checks the conformity of its content with the declarations and, if need be, the statement of hearing is corrected;

14. the Seat asks the plaintiff and the defendant whether they have anything to add to the hearing;

15. the parties to the trial and the Seat members put their signatures or fingerprints on the statement of hearing;

16. the hearing is declared closed, unless the Seat deems it necessary to postpone it so as to check certain issues.

1. 判事は、審理に該当する世帯を述べる；

2. 判事は、被害者と被害を被った財産リストに基づき、被害を受けた世帯の財産を読

み上げる；

3. 判事は、リストに追加する情報があれば、誰にでも発言を許可する；

4. ガチャチャ裁判の判事は損害を受けた財産リストを承認する；

5. 判事は、被告人リストに基づき、財産を破損した被告人の名前を読み上げる；

6. 各被告人は自分の身分を証明する；

7. 判事は、被害を受けた世帯主または関係者に対し、身元を明かすよう要求する；

8. 裁判所の書記は、損壊した財産とその所有者について述べる；

9. 判事は、各被告に告発されたことへの弁明を要求する；

10. 判事は、世帯主または関係者に、被告人の発言に対する意見を求める；

11. ガチャチャ裁判の判事は、被害者、被害を被った財産、財産の所有者リストを承認し、各被告人には弁明する機会が与えられる；

12. 判事は、有罪判決を受けた被告人に対し、本基本法に規定されている賠償金を支払う方法を説明し、各被告人に支払いの方法と期間を決定するよう求める；

13. 裁判所の書記が陳述書を読み上げ、判事は陳述内容と発言が一致しているかどうかを確認し、必要があれば陳述書を修正する；

14. 判事は、原告と被告に、追加の情報があるかどうかを尋ねる；

15. 裁判の当事者と判事団は、陳述書に署名や拇印を押す；

16. 審理は、判事が特定の問題を確認するために延期する必要があると判断する場合を除き、終了が宣言される。

第69条

Urubanza ruciwe n'Urukiko Gacaca rw'Akagari ku byaha by'umutungo rugaragaza ibi bikurikira:

The judgement for offences against property passed by the Gacaca Court of the Cell shall mention the following:

セル・ガチャチャ裁判が下した財産に対する犯罪の判決には、以下のことが記載される：

---

1. urukiko rwaruciye;
2. amazina y'abagize Inteko barufashemo icyemezo;
3. umwirondoro w'ababuranyi;

4. umutungo wononwe usabwa kurihwa;
5. ingingo zatanzwe n'ababuranyi;
6. impamvu Inyangamugayo zashingiyeho zica urubanza;
7. umutungo wononwe ugomba kurihwa n'abategetswe kuwuriha;
8. umwirondoro w'abononewe n'urutonde rw'ibyo buri wese yononewe;
9. uburyo n'igihe ugomba kurihwa;
10. niba ababuranyi bahari cyangwa batari bahari;
11. niba rwaraburanishirijwe kandi rugasomerwa mu ruhame;
12. umunsi n'aho rwaciriwe;
13. ingingo z'iri Tegeko Ngenga zashingiweho mu ikiza ryarwo;

1. the Court that has passed it;
2. the names of Seat members who gave rulings;
3. the identity of the parties to the trial;
4. the damaged property requiring reparation;
5. the facts presented by the parties;
6. the motives of judgement;
7. the damaged property which must be repaired and the defendants responsible;
8. the identity of the victims and the inventory of their damaged property;
9. the modalities and the period for reparation;
10. the presence or absence of the parties;
11. if the hearings and the pronouncement of judgement were made public;
12. venue and date for judgement;
13. the provisions of this organic law which have been applied;

1. 判決を下した裁判所；
2. 判決を下した判事団の名前；
3. 裁判の当事者の身元；
4. 損壊し賠償を求められた財産；
5. 当事者が述べた事実；
6. 判事が判決を下した理由；
7. 賠償されなければならない損壊した財産と賠償責任のある被告人；
8. 被害者の身元と被害を被った財産リスト；
9. 賠償の方法と期間；
10. 当事者の出席又は欠席；
11. 審理及び判決の宣告が公開されたかどうか；

12. 裁判地と日付；
13. 適用された本基本法の規定；

第 70 条

Iyo iburanisha rirangiye, cyangwa bibaye ngombwa gufata icyemezo icyo ari cyo cyose, Inteko iriherera igafata umwanzuro uwo munsi cyangwa bucyeye bwaho.

Once the hearings are closed, or when deemed necessary to take any decision, the Seat of the Gacaca Court retires for deliberations and takes decision on the same day the following day.

審理が終了した後、あるいは何らかの決定を下す必要があると判断された場合、ガチャチャ裁判の判事は審理のために席を外し、同日または翌日に決定を下す。

Urubanza cyangwa umwanzuro wafashwe bisomwa mu ruhame, mu nama cyangwa mu iburanisha rikurikiyeho, mbere yo gutangira iyo nama cyangwa iburanisha.

The judgement or the decision taken are pronounced publicly in the meeting or in the next hearing, before starting that meeting or hearing.

判決や結果は、次の会議や審理が始まる前に公に発表される。

ICYICIRO CYA III: IBYEREKEYE AMATEGEKO NDINDAMVURURU MU IBURANISHA

SECTION III: MAINTAINANCE OF LAW AND ORDER DURING THE HEARINGS

第 3 節：審理における法と秩序の維持

第 71 条

Iburanisha rigomba gukorwa mu ituze. Ufashe ijambo wese agomba kurangwa n'ikinyabupfura mu mvugo, mu myifatire no migirire imbere y'Inyangamugayo, ababuranyi,

abatangabuhamya n'abakurikirana urubanza muri rusange.

The hearing shall be carried out in calmness. Any person who takes the floor, must be characterized by politeness in speech and behaviour before the persons of integrity, parties, witnesses and the audience at large.

審理は静粛に行われなければならない。議場に立つ者は、判事、当事者、証人、一般聴衆の前で、礼儀正しい言動を心掛けなければならない。

Perezida w'iburanisha ashobora kwambura ijambo umuntu wese utubahirije uburyo bwo gufata ijambo atamwuka inabi cyangwa ngo amuhutaze ku bundi buryo.

The President of the session can interrupt any person not conforming to the speech taking modality without bawling or rushing him or her in a way or another.

判事は、議場に合わない発言をする者を止めることができるが、怒鳴ったり急かしたりしてはならない。

Iyo bibaye ngombwa Perezida w'iburanisha ashobora kwihanangiriza ugaragayeho guteza umudugararo mu Rukiko, kumwirukana cyangwa kumufunga kitarenze amasaha mirongo ine n'umunani (48) ukurikije uburemere bw'ikosa ryakozwe. Icyo icyaha gikozwe ari icyaha cy'urugomo Inteko ishyikiriza ugikoze inzego z'umutekano, agakurikiranwa hakurikijwe amategeko asanzwe.

If necessary, the President of session can give a warning to the troublemakers in the Court, eject or put him or her in detention for a period not exceeding forty eight (48) hours, according to the gravity of the offence. When the committed offence is a criminal offence, the Seat forwards the case to the security organs, for prosecution basing on the ordinary laws.

判事は、裁判中の違反に応じて、必要であれば問題を起こした者を警告したり、退出させたり、48時間を超えない範囲で勾留したりすることができる。この違反が刑事犯罪の場合は、判事は審議を治安機関に移し、通常の法律に基づいて起訴する。

UMUTWE WA IV: IBYEREKEYE IBIHANO

CHAPTER IV: PENALTIES

第 4 章：刑罰

第 72 条

Abashinjwa bo mu rwego rwa mbere banze kwirega, kwemera icyaha, kwicuza no gusaba imbabazi nk'uko biteganywa mu ngingo ya 54 y'iri Tegeko Ngenga cyangwa bireze, bakemera icyaha, bakicuza bagasaba n'imbabazi muri ubwo buryo ariko ntibyakirwe, bahanishwa igihano cyo kwicwa cyangwa igifungo cya burundu.

Defendants falling within the first category who refused, to have recourse to confess, plead guilty, repent and apologise, as stipulated in article 54 of this organic law, or whose confessions, guilt plea, repentance and apologies have been rejected, incur a death penalty or life imprisonment.

本基本法第 54 条に規定されている自白、罪を認める、悔い改める、赦しを求めることを拒否した、あるいは自白し、罪を認め、悔い改め、赦しを求めても受け入れられなかった第 1 分類に該当する被告は、死刑または終身刑に処される。

補足　ルワンダ政府は、2007 年に国内裁判で死刑を廃止したため、2008 年法第 17 条は終身刑のみになっている。

Abashinjwa bo mu rwego rwa mbere bireze, bakemera icyaha, bakicuza, bagasaba imbabazi nk'uko biteganywa mu ngingo ya 54 y'iri Tegeko Ngenga, bahanishwa igifungo kuva ku myaka makumyabiri n'itanu (25) kugeza ku myaka mirongo itatu (30).

Defendants falling within the first category who confessed, pleaded guilty, repented and apologized as stipulated in article 54 of this organic law, incur a prison sentence ranging from twenty five (25) years to thirty (30) years of imprisonment.

本基本法第 54 条に規定されているように、自白し、罪を認め、悔い改め、赦しを求

めた第1分類に該当する被告人は、25年から30年の懲役刑を科される。

補足2007年法改正　第13条　加害者リストに掲載される前に自白し、罪を認め、悔い改め、赦しを求めた者は、20年から24年の懲役刑を科される。

補足2008年法改正　第17条　加害者リストに既に掲載され、リスト公表後に自白し、罪を認め、悔い改め、赦しを求めた者は、25年から30年の懲役刑を科される。

第73条

Abashinjwa bo mu rwego rwe kabiri bavugwa mu gace ka mbere n'aka kabiri tw'ingingo ya 51 y'iri tegeko ngenga:

Defendants falling within the second category referred to in points 1° and 2° of article 51 of this organic law who:

本基本法第51条の第2分類1及び2に該当する被告人は：

---

1. banze kwirega, kwemera icyaha, kwicuza no gusaba imbabazi, cyangwa bireze bakemera icyaha, bakicuza, bagasaba imbabazi ariko ntibyakirwe, bahanishwa igifungo cyo kuva ku myaka makumyabiri n'itanu (25) kugeza ku myaka mirongo itatu (30);

1. refused to confess, plead guilty, repent and apologise, or whose confessions, guilt plea, repentance and apologies have been rejected, incur a prison sentence ranging from twenty five (25) to thirty (30) years of imprisonment;

1. 自白し、罪を認め、悔い改め、赦しを求めることを拒否した場合、あるいは自白し、罪を認め、悔い改め、赦しを求めても受け入れられなかった場合は、25年から30年の懲役刑を科される；

---

2. bari ku rutonde rw'abagize uruhare muri jenoside rwakozwe n'Urukiko Gacaca rw'Akagari, iyo bireze, bakemera icyaha, bakicuza, bagasaba imbabazi nyuma yo gukora urutonde rugaragaza abagize uruhare muri jenoside, bahabwa igihano cy'igifungo gihera ku myaka cumi n'ibiri (12) kugeza ku myaka (15), ariko ku gihano cy'igifungo bahawe, kimwe cya kabiri

bakakimara muri gereza ikindi gisigaye bakakimara hanze bafungishijwe ijisho, bakora imirimo ifitiye Igihugu akamaro;

2. already appearing on the list of perpetrators of genocide established by the Gacaca Court of the Cell, have confessed, pleaded guilty, repented and apologised after the publication of the list, incur a prison sentence ranging from twelve (12) to fifteen (15) years of imprisonment, but out of their pronounced prison sentence, they serve half of the sentence in custody and the rest is commuted into community services on. probation;

2. セル・ガチャチャ裁判が作成したジェノサイドの加害者リストに既に掲載され、リスト公表後に自白し、罪を認め、悔い改め、赦しを求めた者は、12 年から 15 年の懲役刑を科されるが、半分は身柄を拘束され服役し、残りは保護観察下での社会奉仕活動（公益労働）に減刑される；

---

3. bireze bakemera icyaha, bakicuza, bagasaba imbabazi mbere y'uko Urukiko Gacaca rw'Akagari rubashyira kuri urwo rutonde, bahabwa igihano cy'igifungo gihera ku myaka irindwi (7) kugeza ku myaka cumi n'ibiri (12) ariko ku gihano cy'igifungo bahawe, kimwe cya kabiri bakakira muri gereza, ikindi gisigaye bakakimara hanze bafungishijwe ijisho, bakora imirimo ifitiye Igihugu akamaro;

3. confess, plead guilty, repent and apologise before the Gacaca Court of the Cell, draws up a list of perpetrators, incur a prison sentence ranging from seven (7) to twelve (12) years of imprisonment, but out of their pronounced prison sentence, they serve half of the sentence in custody and the rest is commuted into community services on probation;

3. セル・ガチャチャ裁判が作成するジェノサイドの加害者リストに掲載される前に自白し、罪を認め、悔い改め、赦しを求めた者は、7 年から 12 年の懲役刑を科されるが、半分は身柄を拘束され服役し、残りは保護観察下での社会奉仕活動（公益労働）に減刑される；

Abashinjwa bo mu rwego rwa kabiri bavugwa mu gace ka gatatu k'ingingo ya 51 y'iri tegeko ngenga:

Defendants falling within the second category referred to in part 3° of article 51 of this organic

law, who:

本基本法第 51 条に規定される第２分類３に該当する被告人は：

---

1. banze kwirega, kwemera icyaha, kwicuza no gusaba imbabazi, cyangwa bireze, bakemera icyaha, bakicuza, bagasaba imbabazi ariko ntibyakirwe bahanishwa igihano cy'igifungo gihera ku myaka itanu (5) kugeza ku myaka irindwi (7), ariko ku gihano bahawe, bakamara kimwe cya kabiri muri gereza, ikindi bakakimara hanze bafungishijwe ijisho, bakora imirimo ifitiye Igihugu akamaro;

1. Refused to confess, plead guilty, repent and apologise, or whose confessions, guilt plea, repentance and apologies have been rejected, incur a prison sentence ranging from five (5) to seven (7) years, but out of the pronounced prison sentence, they serve half of the sentence in custody and the rest is commuted into community services on probation;

1. 自白し、罪を認める、悔い改める、赦しを求めることを拒否した者、あるいは自白し、罪を認め、悔い改め、赦しを求めても受け入れられなかった者は、５年から７年の懲役刑を科されるが、半分は身柄を拘束され服役し、残りは保護観察付きの社会奉仕活動（公益労働）に減刑される；

---

2. bari ku rutonde rw'abagize uruhare muri' jenoside rwakozwe n'Unrkiko Gacaca rw'A iyo bireze, bakemera icyaha, bakicuza, bagasaba imbabazi nyuma yo gukora u rugaragaza abagize uruhare muri jenoside, bahanishwa igihano cy'igifungo gihera ku itatu (3) kugeza ku myaka itanu (5), ariko ku gihano bahawe, kimwe cya kabiri bakakimara hanze bafungishijwe ijisho, bakora imirimo ifitiye Igihugu akamaro;

2. Already appearing on the list of perpetrators of genocide established by the Gacaca Court of the Cell, have confessed, pleaded guilty, repented and apologised, after the publication of the list, incur a prison sentence ranging from three (3) to five (5) years of imprisonment, but out of the pronounced prison sentence, they serve half of the sentence in custody, and the rest is commuted into community services on probation;

2. セル・ガチャチャ裁判が作成したジェノサイドの加害者リストに既に掲載され、リ

スト公表後に自白し、罪を認め、悔い改め、赦しを求めた者は、3年から5年の懲役刑を科されるが、半分は身柄を拘束され服役し、残りは保護観察下での社会奉仕活動（公益労働）に減刑される；

---

3. bireze, bakemera icyaha, bakicuza, bagasaba imbabazi mbere y'uko Urukiko Gacaca rw'Akagari rubashyira kuri urwo rutonde, bahanishwa igihano cy'igifungo gihera ku mwaka umwe (1) kugeza ku myaka itatu (3) ariko ku gihano cy'igifungo bahawe, kimwe cya kabiri bakakimara muri gereza, ikindi bakakimara hanze bafungishijwe ijisho, bakora imirimo ifitiye Igihugu akamaro.

3. Confess, plead guilty, repent and apologise before the Gacaca Court of the Cell, draws up a list of perpetrators, incur a prison sentence ranging from one (1) to three (3) years, but out of the pronounced prison sentence, they serve half of the sentence in custody and the rest is commuted into community services on probation.

3. セル・ガチャチャ裁判が作成するジェノサイドの加害者リストに掲載される前に自白し、罪を認め、悔い改め、赦しを求めた者は、1年から3年の懲役刑を科されるが、半分は身柄を拘束され服役し、残りは保護観察下での社会奉仕活動（公益労働）に減刑される。

補足2007年法改正　第14条本論文【表4-15】にまとめて記した。

第74条

Umuntu uri mu gihano nsimburagifungo cy'imirimo ifitiye Igihugu akamaro, iyo akoze ikindi cyaha, igihe yari amaze muri iyo mirimo kiba imfabusa, agasubira muri gereza kurangiza igihe cy'igifungo yari asigaje, kandi akanakurikiranwa ku cyaha gishya yakoze.

Should a person who is serving community services sentence commit another crime, the period he or she has already served becomes void and he or she shall serve the remaining prison sentence in custody as well as be prosecuted for the new crime he or she committed.

社会奉仕活動（公益労働）の刑に服している者が新たな犯罪を犯した場合、既に服した活動期間は無効となり、残りの活動刑期は懲役刑で服するとともに、新たに犯した

犯罪で起訴される。

補足 2008 年法改正　第 18 条　執行猶予中の者も同様
追加文　ただし新たな犯罪が無罪の場合は、服した刑期が計算されて釈放されるか、残りの期間の公益労働を続けるか、または執行猶予を続ける。

第 75 条

Abashinjwa bakoze ibyaha byerekeranye n'umutungo, bategekwa kuriha ibyo bangije.

Defendants who committed offences relating to property, are only sentenced to the civil reparation for what they have damaged.

財産の損壊罪を犯した被告人は、損壊した財産の賠償支払いのみ命じられる。

第 76 条

Abantu bahamwe n'ibyaha cya jenoside cyangwa ibyaha byibasiye inyokomuntu hakurikijwe iri Tegeko Ngenga, bamburwa uburenganzira bari bafite mu buryo bukurikira:

Persons convicted of the crime of genocide or crimes against humanity in pursuance of this organic law are liable to the withdrawal of civil rights in the following manner:

本基本法に従いジェノサイド罪および人道に対する罪の有罪判決を受けた者は、以下の方法で権利を停止される法的責任を負う：

---

1. abantu bo mu rwego rwa mbere bamburwa burundu uburenganzira bwose umuntu afite mu Gihugu nk'uko biteganywa n'Igitabo cy'Amategeko ahana ibyaha mu Rwanda

1. Perpetual and total loss of civil rights, in conformity with the penal Code, for persons classified in the first category;

1. 第 1 分類の該当者は、刑法に適合する全ての権利を永久的に失う；

2. abantu bo mu rwego rwa kabiri, agace ka mbere n'aka kabiri, bavugwa mu ngingo ya 51 y'iri Tegeko Ngenga bamburwa burundu uburenganzira bwo:

2. Persons falling within the second category as prescribed in points 1° and of article 51 of this organic law, are liable to permanent deprivation of the right:

2. 第 51 条で規定された第 2 分類 1 の該当者は、永久に以下の権利を失う：

a) gutora;
b) gutorwa;
c) kuba umutangabuhamya mu by'ubuhanga, mu byemezo no mu manza, uretse kuba yasiganuzwa bamupererezaho;
d) gutunga no gutwara imbunda;
e) kuba umusirikare;
f) kuba umupolisi;
g) gukora umurimo wa Leta;
h) kuba umwigisha cyangwa umuvuzi mu mirimo ya Leta cyangwa iy'abikorera ku giti cyabo.

a) to vote;
b) to eligibility;
c) to be an expert witness in the rulings and trials, except in case of giving mere investigations;
d) to possess and carry fire arms;
e) to serve in the armed forces;
f) to serve in the police;
g) to be in the public service;
h) to be a teacher or a medical staff in public or private service.

a) 選挙権；
b) 被選挙権；
c) 調査の場合を除き判決や法廷で証言者になること；
d) 火器の所持と運搬；
e) 軍隊への入隊；
f) 警察への入庁；

g) 公職に就くこと；
h) 公立または私立の教師または医療従事者になること。

補足 2007 年法改正　第 15 条 本論文【表 4-19】にまとめて記した

---

3. abantu bo mu iwego rwa mbere n'abo mu rwego rwa kabiri bashyirwa ku rutonde rumanikwa ku biro by'Umurenge babarurirwamo.

3. Persons in the first and the second category shall be put on the list which shall be posted at the office of the Sector of their domicile.

3. 第 1 分類及び第 2 分類の該当者はリストに掲載され、居住地のセクター事務所に配布される。

第 77 条

Umuntu wakoze ibyaha bitandukanye bimushyira mu rwego rumwe, ahanishwa igihano kiri hejuru mu biteganyirijwe abari muri urwo rwego.

When there is a material combination of offences each of which classifies the defendant in the same category, the maximum sentence provided for, the said category shall be applied.

被告人が同一分類の異なる犯罪を犯した場合は、その分類に定められた最高刑を適用する。

Icyakora, uwakoze gusa ibyaha bitandukanye bimushyira mu rwego rwa kabiri, agace ka gatatu, ahanishwa igihano kiri hejuru mu biteganyirijwe abari muri urwo rwego, agace ka gatatu.

However, the defendant having committed only offences placing him or her in the second category; part 3°, incurs the maximum penalty provided for, for defendants classified in that category, part 3°.

しかし、第2分類3に該当する犯罪のみを犯した被告人は、その分類3に定められた最高刑が科される。

補足2008年法改正　第19条第2分類6に該当する犯罪に変更。

第78条

Abantu bahamwa n'ibyaha bya jenoside cyangwa ibyaha byibasiye inyokomuntu bari bafite, igihe bakoraga ibyo byaha, kuva ku myaka cumi n'ine (14) ariko batarageza ku myaka cumi n'umunani (18) yuzuye bahanishwa:

Persons convicted of the crime of genocide or crimes against humanity who, at the time of events, were fourteen (14) years or more but less than eighteen (18) years, are sentenced:

ジェノサイド罪または人道に対する罪で有罪判決を受けた者で、事件発生時に14歳以上18歳未満であった者は：

---

1. Iyo bari mu rwego rwa mbere, ariko bakaba baranze kwirega, kwemera icyaha, kwicuza no gusaba imbabazi cyangwa bireze, bakemera icyaha, bakicuza bakanasaba imbabazi ariko ntibyakirwe, igihano cy'igifungo gihera ku myaka icumi (10) kugeza ku myaka makumyabiri (20);

1. To a sentence ranging from ten (10) to twenty (20) years of imprisonment if they fall within the first category, but refused to confess, plead guilty, repent and apologise, or whose confessions, guilt plea, repentance and apologies have been rejected;

1. 第1分類に該当するが、自白し、罪を認め、悔い改め、赦しを求めることを拒否した場合、あるいは自白し、罪を認め、悔い改め、赦しを求めても受け入れられなかった場合は、10年から20年の懲役刑に処せられる；

---

2. Iyo bari mu rwego rwa mbere ariko bakaba barireze, bakemera icyaha, bakicuza bakanasaba imbabazi hakurikijwe ibiteganywa mu ngingo ya 60 y'iri Tegeko Ngenga, bikemerwa, igihano cy'igifungo gihera ku myaka umunani (8) kugeza ku myaka icumi (10);

2. To a prison sentence ranging from eight (8) to ten (10) years of imprisonment, if they are classified in the first category but have confessed, pleaded guilty, repented and apologised as prescribed by article 60 of this organic law;

2. 第1分類に該当するが、本基本法第60条に規定されているように、自白し、罪を認め、悔い改め、赦しを求めた場合は、8年から10年の懲役刑となる；

---

3. Iyo bari mu rwego rwa kabiri mu gace ka mbere n'aka kabiri tw'ingingo ya 51 y'iri Tegeko Ngenga:

3. When they fall within the second category, points 1° and 2° of article 51 of this organic law:

3. 本基本法第51条第2分類1及び2に該当する場合：

---

a) banze kwirega, kwemera icyaha, kwicuza no gusaba imbabazi, cyangwa bireze, bakemera icyaha, bakicuza, bagasaba imbabazi ariko ntibyemerwe, bahanishwa igifungo cyo kuva ku myaka umunani (8) kugeza ku myaka icumi (10);

a) defendants who refused to confess, plead guilty, repent and apologise, or whose confessions, guilt plea, repentance and apologies have been rejected, incur a prison sentence of eight (8) to ten (10) years;

a) 自白し、罪を認め、悔い改め、赦しを求めることを拒否した場合、あるいは自白し、罪を認め、悔い改め、赦しを求めても受け入れられなかった場合は、8年から10年の懲役刑を科される；

---

b) bari ku rutonde rw'abagize uruhare muri jenoside rwakozwe n'Urukiko Gacaca rw'Akagari, iyo bireze bakemera icyaha, bakicuza, bagasaba n'imbabazi nyuma yo gukora urutonde rugaragaza abagize uruhare muri jenoside; bahabwa igihano cy'igifungo gihera ku myaka itandatu (6) kugeza ku myaka irindwi (7) n'amezi atandatu (6), ariko ku gihano bahawe, kimwe cya kabiri cy'imyaka bakatiwe bakakimara muri gereza, ikindi gisigaye bakakimara hanze bafungishijwe ijisho, bakora imirimo ifitiye Igihugu akamaro;

b) already appearing on the list of perpetrators of offences of genocide established by the Gacaca Court of the Cell, have confessed, pleaded guilty, repented and apologised, after the publication of the list, incur a prison sentence ranging from six (6) to seven and half (71⁄2) years, but out of the pronounced prison sentence, they serve half in custody and the rest is commuted into community services on probation.

b) セル・ガチャチャ裁判が作成したジェノサイドの加害者リストに既に掲載され、リスト公表後に自白し、罪を認め、悔い改め、赦しを求めた者は、6 年から 7 年半の懲役刑を科されるが、半分は身柄を拘束され服役し、残りは保護観察下での社会奉仕活動（公益労働）に減刑される；

---

c) bireze, bakemera icyaha, bakicuza, bagasaba imbabazi mbere y'uko Urukiko rw'Akagari rubashyira kuri urwo rutonde, bahabwa igihano cy'igifungo gihera ku myaka itatu (3) n'amezi atandatu (6) kugeza ku myaka itandatu (6) ariko ku gihano bakatiwe, kimwe cya kabiri cy'imyaka bakatiwe bakakimara hanze bafungishijwe ijisho, bakora imirimo ifitiye Igihugu akamaro.

c) Confess, plead guilty, repent and apologise before the Gacaca Court of the Cell, draws up a list of perpetrators, incur a prison penalty ranging from three and half (3 1⁄2) to six (6) years, but out of the pronounced prison sentence, they serve half in custody and the rest is commuted into community services on probation.

c) セル・ガチャチャ裁判が作成するジェノサイドの加害者リストに掲載される前に自白し、罪を認め、悔い改め、赦しを求めた者は、3 年半から 6 年の懲役刑を科されるが、半分は身柄を拘束され服役し、残りは保護観察下での社会奉仕活動（公益労働）に減刑される。

---

4. Iyo bari mu rwego rwa kabiri, agace ka 3 k'ingingo ya 51 y'iri tegeko ngenga:

4. When they fall within the second category, point 3° of Article 51 of this organic law:

4. 本基本法第 51 条第 2 分類 3 の該当者は：

---

a) banze kwirega, kwemera icyaha no gusaba imbabazi, cyangwa bireze, bakemera icyaha, bakicuza, bagasaba imbabazi ariko ntibyakirwe, bahanishwa igihano cy'igifungo gihera ku myaka ibiri (2) n'amezi atandatu (6) kugeza ku myaka itatu (3) n'amezi atandatu (6), ariko ku gihano bahawe, bakamara kimwe cya kabiri muri gereza, ikindi bakakimara hanze bafungishijwe ijisho, bakora imirimo ifitiye Igihugu akamaro;

a) defendants who refused to confess, plead guilty, repent and apologise, or whose confessions, guilt plea, repentance and apologies have been rejected, incur a prison sentence ranging from two and half (2 1/2) to three and half (3 1/2) years, but out of the pronounced prison sentence, they serve half in custody and the rest is commuted into community services on probation;

a) 自白し、罪を認め、悔い改め、赦しを求めることを拒否した場合、あるいは自白し、罪を認め、悔い改め、赦しを求めても受け入れられなかった場合は、2年半から3年半の懲役刑を科されるが、半分は身柄を拘束され服役し、残りは保護観察下での社会奉仕活動（公益労働）に減刑される；

---

b) bari ku rutonde rw'abagize uruhare muri jenoside rwakozwe n'Urukiko Gacaca rw'Akagari, iyo bireze, bakemera icyaha, bakicuza, bagasaba imbabazi nyuma yo gukora urutonde rugaragaza abagize uruhare muri jenoside, bahanishwa igihano cy'igifungo gihera ku mwaka umwe (1) n'amezi atandatu (6) kugeza ku myaka ibiri (2) n'amezi atandatu (6), ariko ku gihano bahawe, kimwe cya kabiri bakakimara hanze bafungishijwe ijisho, bakora imirimo ifitiye Igihugu akamaro;

b) defendants already appearing on the list of perpetrators of offences of genocide established by the Gacaca Court of the Cell, have confessed, pleaded guilty, repented and apologized, after the publication of the list, incur a prison sentence ranging from one and half (1 1/2) to two and half (2 1/2) years, but out of the pronounced prison sentence, they serve only half in custody and the rest is commuted into community services on probation;

b) セル・ガチャチャ裁判が作成したジェノサイドの加害者リストに既に掲載され、リスト公表後に自白し、罪を認め、悔い改め、赦しを求めた者は、1年半から2年半の懲役刑を科されるが、半分は身柄を拘束され服役し、残りは保護観察下での社会奉仕活動（公益労働）に減刑される；

---

c)　bireze, bakemera icyaha, bakicuza, bagasaba imbabazi mbere y'uko Urukiko Gacaca rw'Akagari rubashyira kuri urwo rutonde, bahanishwa igihano cy'igifungo gihera ku mezi atandatu (6) kugeza ku mwaka umwe (1) n'amezi atandatu (6), ariko ku gihano cy'igifungo bahawe, kimwe cya kabiri bakakimara muri gereza, ikindi bakakimara hanze bafungishijwe ijisho, bakora imirimo ifitiye Igihugu akamaro.

c) confess, plead guilty, repent and apologise before the Gacaca Court of the Cell, draws up a list of perpetrators, incur a prison sentence ranging from six (6) months to one and half (1 1/2) years, but of the pronounced prison sentence, they serve half in custody and the rest is commuted into community services on probation.

c) セル・ガチャチャ裁判が作成するジェノサイドの加害者リストに掲載される前に自白し、罪を認め、悔い改め、赦しを求めた者は、6か月から1年半の懲役刑を科されるが、半分は身柄を拘束され服役し、残りは保護観察下での社会奉仕活動（公益労働）に減刑される。

補足2007年法改正　第16条　本論文【表4-16】にまとめて記した。
補足2008年法改正　第20条　本論文【表4-18】にまとめて記した。

第79条

Abantu bari bataragezа ku myaka cumi n'ine (14) igihe bakoraga ibyaha bashinjwa, ntibakurikiranwa, ahubwo bashyirwa mu ngando zihariye z'amezi atatu (3).
Iteka rya Minisitiri w'Intebe riteganya uburyo izo ngando zikorwa.

Persons who were less than fourteen (14) years old, at the time of the charges against them, cannot be prosecuted, but they can be placed in special solidarity camps.
A Prime Minister's decree determines the modalities for conducting such solidarity camps.

起訴された時点で14歳未満の者を起訴することはできないが、特別な更生施設に3か月間入れる。この更生施設の運営は首相令で決定される。

第80条

Mu gihe uri mu gihano nsimburagifungo cy'imirimo ifitiye Igihugu akamaro atayikoze nk'uko biteganyijwe, ajyanwa muri gereza kurangirizayo igihe cy'igihano cyari gisigaye.

In case of default by the convicted person to carry out community services, the concerned person is imprisoned for serving the remaining prison sentence in custody.

有罪判決を受けた者が社会奉仕活動（公益労働）を怠った場合、収容され残りの刑期は身柄を拘束され懲役刑になる。

補足 2007 年法改正　第 17 条　その場合、受刑者が活動する地域の社会奉仕活動委員会は臨時報告書を作成し、受刑者が社会奉仕活動（公益労働）を行う地域のセクター・ガチャチャ裁判に提出し、裁判所は受刑者を刑務所に戻す書類を作成する。社会奉仕活動委員会が臨時報告書をセクター・ガチャチャ裁判に提出できない場合、その報告書は受刑者を裁いたガチャチャ裁判に提出される。

補足 2008 年法改正　第 21 条　懲役刑、社会奉仕活動（公益労働）、執行猶予を科された者は、まず公益労働を行い、それを模範的に終わらすことができれば、懲役刑を公益労働に変えることができる。ただし、すぐに社会奉仕活動（公益労働）を始めることができない場合、社会奉仕活動（公益労働）を始めるまでの期間は執行猶予の期間に計算される。この規定は、本基本法の施行前にガチャチャ裁判で判決を受けた者にも適用される。

社会奉仕活動（公益労働）または執行猶予を科された者が、模範的に活動しない場合、裁判所が科した残りの懲役刑に服すために連行される。

社会奉仕活動（公益労働）中の者が模範的ではないという理由で懲役刑に服すために連行された時、受刑者が活動する地域の社会奉仕活動委員会は受刑者の行いについての報告書を作成し、受刑者を裁いたガチャチャ裁判、または受刑者が活動した地域のガチャチャ裁判、あるいはガチャチャ裁判がその活動を終えた場合には、懲役を命じた指定の裁判所に提出しなければならない。

執行猶予中の者が模範的ではないという理由で懲役刑に服すために連行された時、警察は受刑者の行いについての報告書を作成し、検察に提出する。検察は、受刑者を裁いたガチャチャ裁判、または受刑者の居住地のガチャチャ裁判、または受刑者を最終的に裁いたガチャチャ裁判と同一の管轄権を有する裁判所、またはガチャチャ裁判がその活動を終えた場合には、懲役を命じた指定の裁判所に照会しなければならない。

Iteka rya Perezida wa Repubulika ryerekana kandi rigashyiraho uburyo igihano

nsimburagifungo cy'imirimo ifitiye Igihugu akamaro gikorwa.

A presidential decree establishes and fixes modalities for carrying out community services.

大統領令は社会奉仕活動（公益労働）を実施するための方法を定める。

第81条

Mu igena ry'ibihano, ntihashobora gutangwa igihano kiri munsi y'ibiteganyijwe muri iri Tegeko Ngenga, hishingikirijwe impamvu nyoroshyacyaha. Ahubwo iyo izo mpamvu zihari hatangwa igihano gitoya cy'igifungo cyangwa igihano nsimburagifungo cy'imirimo ifitiye Igihugu akamaro biteganyijwe n'iri Tegeko Ngenga.

While determining penalties, the sentence less than that provided for in this organic law, can not be applied under the pretext of mitigating circumstances. However, in case of such mitigating circumstances, it is proceeded to the lesser sentence of imprisonment or of the community services provided for in this organic law.

刑罰を決定するとき、減刑されたことを口実に本基本法に規定されている刑期よりも短い刑期を適用することはできない。しかし、そのように減刑できる理由がある場合は、本基本法で規定されている懲役刑または社会奉仕活動（公益労働）の刑のうち、より軽い刑になる。

補足 2008年法改正　第22条　刑罰を決定するとき、減刑されたことを口実に本基本法に規定されている刑期を大幅に下回る、あるいは大幅に上回る刑期を適用することはできない。しかし、そのような理由がある場合には、軽いあるいは重い刑を言い渡す。

Uwahamwe n'icyaha cya jenoside watangiye igihano ntashobora gufungurwa by'agateganyo.

The person convicted of the crime of genocide who commenced serving the sentence, cannot be release on parole.

ジェノサイドの犯罪で有罪判決を受け、刑の執行を開始した者は仮釈放されない。

UMUTWE WA V: IBYEREKEYE IHAMAGARWA RY'USHINJWA N'IMENYESHA RY'IMANZA ZACIWE

CHAPTER V: SUMMONS OF DEFENDANTS AND NOTIFICATION OF JUDGEMENTS

第 5 章：被告人の召喚と判決の通知

第 82 条

Ihamagarwa rikorwa n'umunyamabanga w'Urukiko Gacaca, abinyujije ku nzego z'ibanze z'aho uregwa atuye cyangwa ku buyobozi bw'aho uregwa afungiye.

The summons are issued by the secretary of the Gacaca Court, through the grassroots organs of where the defendant resides or to the authority of where he or she is detained.

召喚状は、被告人が居住する事務局あるいは被告人が収容されている刑務所の当局にガチャチャ裁判の書記が発行する。

Uhamagawe akanga kwitaba azanwa ku ngufu za Leta.

The summoned person who refuses to appear is brought by means of the forces of law and order.

出頭を拒否した召喚者は政府により強制的に連行される。

第 83 条

Iyo iburanisha rirangiye, ababuranyi n'abandi bahari bamenyeshwa umunsi n'isaha urubanza ruzasomerwaho.

At the closing of the hearing, the parties to the trial and the persons present in the hearing are informed of the day and the hour for the judgement pronouncement.

審理の終了時には、裁判の当事者と審理に出席した者に、判決宣告の日と時間が通知される。

第84条

Iyo urubanza, rumaze gusomwa, ababuranyi bahari bashyira umukono cyangwa igikumwe mu gitabo cy'abasomewe imanza. Iyo batishimiye imikirize y'urubanza bavuga ko bajuriye bikandikwa.

When the judgement is pronounced, parties present in the trial affix their signatures or their fingerprints in the register of the pronounced judgement. If they are not satisfied with the Court rulings, the parties declare their intention to appeal and it is registered.

判決が宣告されると、裁判に出席していた当事者は、宣告された判決の記録簿に署名または拇印を押す。裁判所の判決に不服の場合、当事者は控訴の意思を表明し、それが記録される。

Urubanza ruciwe ushinjwa adahari kimwe n'urusomwe umuburanyi ataje, rumenyeshwa ku buryo bwemewe n'inyandiko y'imenyesharubanza yarwo umunyamabanga w'urukiko ashyikiriza ushinjwa abinyujije ku Muhuzabikorwa w'Umurenge w'aho atuye cyangwa ku buyobozi bw'aho afungiye.

Judgement passed by default, as well as that pronounced in the defendant's absence, is legally notified by a written notification of judgement, which the secretary of the Court forwards to the defendant through the Coordinator of the Sector of where he/she resides or to the authority of where he/she is detained.

被告人が不在のときに判決が宣告された場合は、判決通知書によって法的に通知される。判決通知書は、被告人が居住するセクターの事務局長または被告人が収容されている刑務所の当局に裁判所の書記が送付する。

Urubanza ruciriwe umuntu udafite aho atuye cyangwa aho aba hazwi mu Rwanda, rumenyeshwa mu buryo bumwe n'ubwo atumirwamo kuburana buvugwa mu ngingo ya 99

y'iri Tegeko Ngenga.

The judgement passed against a person who has neither known address nor residence in Rwanda, is notified in the same way as he or she was subpoenaed as it is prescribed by article 99 of this organic law.

ルワンダに居住地もなく居場所も知られていない者に宣告された判決は、本基本法第 99 条で規定されている召喚の方法と同じ方法で通知される。

UMUTWE WA VI: IBYEREKEYE INZIRA ZO KUJURIRA

CHAPTER VI: MEANS OF APPEAL

第 6 章：控訴手続き

第 85 条

Inzira zo kujurira zemewe n'iri Tegeko Ngenga ni izi zikurikira: gusubirishamo urubanza, kujurira no gusubiramo urubanza.

The means of appeal recognized by this organic law are the following: Opposition, Appeal and Review of judgement.

本基本法で認められている控訴の手続きは：異議申し立て、控訴、再審。

ICYICIRO CYA MBERE: IBYEREKEYE GUSUBIRISHAMO URUBANZA

SECTION ONE: OBJECTION

第 1 節：異議申し立て

第 86 条

Imanza zirebwa n'iri Tegeko Ngenga zaciwe ababuranyi badahari, zishobora gusubirishwamo.

The judgements passed by default under the provisions of this organic law, opposition may be made against.

本基本法の規定に基づき、当事者が不在の判決に対しては異議を申し立てることができる。

Gusubirishamo urubanza bikorerwa mu rukiko rwaruciye mbere. Ubisaba abyandikisha ku Munyamabanga w'Urukiko Gacaca.

The objection is brought before the Court which has passed the judgement at the first level. The petitioner registers it to the secretary of the Gacaca Court.

異議申し立ては、第1審で判決を下した裁判所に持ち込まれる。申し立て人は、ガチャチャ裁判の書記に申請する。

Isubirishamo ryakirwa gusa iyo umuburanyi urisaba agaragaje impamvu ikomeye kandi yemewe yamubujije kujya kuburana urubanza asubirishamo. Urukiko ni rwo ruha agaciro impamvu, rukayanga cyangwa rukayemera.

The opposition is only admissible if the defaulting party pleads a serious and legitimate reason which impeded him or her from appearing in the trial concerned. The Court shall assess the ground of admissibility, admit or reject it.

異議申し立てが認められるのは、当事者が当該裁判に出廷することを妨げられた重大かつ正当な理由を主張する場合に限られる。裁判所は、その理由の信憑性を検討し、これを認めるか否かを決定する。

第87条

Gusubirishamo urubanza bikorwa mu gihe cy'iminsi cumi n'itanu (15) ikurikirana, guhera umunsi umuburanyi usubirishamo urubanza yarumenyesherejweho.

The opposition period is fifteen (15) calendar days, starting from the day of the notification of judgement passed by default.

異議申し立て期間は、判決が通知された日から起算して15日とする。

第88条

Uwasubirishijemo urubanza ntiyitabe ntiyemererwa kongera kurusubirishamo.

The party making opposition who does not appear cannot petition for another opposition.

出頭しない異議申し立て人は、再度の異議申し立てをすることはできない。

ICYICIRO CYA II: IBYEREYE KUJURIRA

SECTION II: APPEAL

第2節：控訴

第89条

Imanza zaciwe n'Urukiko Gacaca rw'Akagari zerekeye umutungo ntizijuririrwa; naho izindi zijuririrwa mu Rukiko Gacaca rw'Umurenge ruzifataho icyemezo bwa nyuma.

Judgements relating to offences against property passed by the Gacaca Court of the Cell cannot be subject to appeal, but other cases are subject to appeal before the Gacaca Court of the Sector which gives a ruling in the last resort.

セル・ガチャチャ裁判が下した財産犯罪の判決は控訴できないが、それ以外は、最終的に判決を下すセクター・ガチャチャ裁判に控訴できる。

Imanza zaciwe n'Urukiko Gacaca rw'Umurenge mu rwego rwa mbere, zijuririrwa mu Rukiko Gacaca rw'Ubujurire ruzifataho icyemezo bwa nyuma.

Judgments passed by the Gacaca Court of the Sector at first instance, are appealed against before the Gacaca Court of appeal which gives a ruling in the last resort.

第1審のセクター・ガチャチャ裁判が下した判決は、最終的に判決を下す控訴審ガ

チャチャ裁判に控訴できる。

第90条

Uregwa cyangwa abamushinja ni bo bonyine bashobora kujuririra urubanza baburanye mu Rukiko Gacaca.

Only the defendant and parties against him or her are entitled to lodge an appeal against a judgement passed by a Gacaca Court.

被告または原告がガチャチャ裁判で下された判決に対して控訴できる。

補足2007年法改正　第19条　原告と被告に加えてその他の関係者も、正義の利益のために控訴できる。

第91条

Igihe cyo kujurira ni iminsi cumi n'itanu (15) ikurikirana, guhera ku munsi w'isomwa ry'urubanza iyo rwaciwe ababuranyi bahari, cyangwa guhera ku munsi ukurikira uw'umuburanyi waciriwe urubanza adahari yarumenyesherejweho ntarusubirishemo. Urubanza ruburanishwa kandi rugacibwa hubahirijwe imihango yari yakurikijwe na mbere.

The time of lodging an appeal is fifteen (15) calendar days, starting from the day the judgement is pronounced if it was passed by default, or starting from the day following the notification of judgement passed by default against which he or she did not make an opposition. The case is judged in the same way as before.

控訴期間は、判決が下された場合はその日から、当事者が不在で判決が下され異議申し立てをしなかった場合は判決の通知翌日から15日とする。控訴された事件は従前と同様の方法で裁かれ判決が下される。

第92条

Iyo Urukiko Gacaca rwajuririwe rusanze uregwa yarashyizwe mu rwego rutari rwo, rumushyira mu rwego ruhuje n'ibyaha akurikiranyweho, rukamuburanisha bwa mbere n'ubwa nyuma. Icyakora iyo rusanze ari mu rwego rwa mbere, rwohereza dosiye ye Ubushinjacyaha.

If the Gacaca Court to which an appeal is referred, finds that the appellant has been classified in an inaccurate category, it classifies him or her in the category corresponding to offences of which he or she is accused and tries him or her at first and last resort. However, when it finds that he or she is classified into the first category, the Gacaca Court forwards the file to the Public Prosecution.

被控訴人が起訴された時の犯罪分類と異なることが判明した場合、控訴されたガチャチャ裁判は、被控訴人が控訴した後の犯罪分類にする。ただし第1分類に該当する場合は、検察にファイルを送付する。

補足2008年法改正　第23条　誤った犯罪分類に分けられたことで控訴した場合、控訴人は正しい犯罪分類に分けられ、第1審で最終審となる。ただし控訴人が第1分類1及び2に該当する場合は、検察にファイルを送付する。

ICYICIRO CYA III: IBYEREKEYE GUSUBIRAMO URUBANZA

SECTION III: REVIEW OF JUDGEMENT

第3節：判決の再審

第93条

Urubanza rushobora gusubirwamo iyo:

The judgement can be subject to review only when:

再審対象となる判決は：

---

1. umuntu yari yagizwe umwere n'urubanza rwaciwe ku buryo budasubirwaho n'Urukiko

rusanzwe, nyuma bikaza kugaragara mu Rukiko Gacaca ko ari umunyacyaha;

2. umuntu yari yagizwe umunyacyaha n'urubanza rwaciwe ku buryo budasubirwaho n'Urukiko rusanzwe, nyuma bikaza kugaragara mu Rukiko Gacaca ko ari umwere;

3. umuntu yahawe igihano bigaragara ko kinyuranyije n'amategeko hakurikijwe ibyaha bimuhama.

1. the person was acquitted in a judgement passed in the last resort by an ordinary court, but is later found guilty by the Gacaca Court;

2. the person was convicted in a judgement passed by an ordinary court, but is later found innocent by the Gacaca Court;

3. the person was given a sentence contradictory to the legal provisions on offences of which is convicted.

1. 通常裁判の最終審で無罪判決を受けたが、後にガチャチャ裁判で有罪となった場合；

補足 2008 年法改正　第 24 条　この項目は削除される。

2. 通常裁判の最終審で有罪判決を受けたが、後にガチャチャ裁判で無罪となった場合；

補足 2008 年法改正　第 24 条　この項目は削除される。

3. 規定する法律に反する有罪判決で処罰された場合。

Uregwa cyangwa abamushinja n'ababakomokaho ni bo bonyine bashobora gusaba ko urubanza rusubirwamo.

The defendant or the parties against and their descendants can lodge a review of the judgement.

被告または原告およびその家族親類縁者は、再審を申し立てることができる。

補足 2007 年法改正　第 20 条　その他の関係者も再審を申し立てることができる。

Urukiko gacaca rw'Ubujurire ni rwo rwonyine rufite ububasha bwo gusubiramo imanza zaciwe muri ubwo buryo.

The Gacaca Court of Appeal is the only competent Court to review judgements passed under such condition.

控訴審ガチャチャ裁判はこのような状況で下された判決を再審できる唯一の管轄裁判である。

補足 2007 年法改正　第 20 条　項目追加　ガチャチャ裁判で審理された後、その審理で出された証拠とは異なる証拠が見つかった場合。
補足 2008 年法改正　第 24 条 通常裁判所または軍事裁判所で最終審理された事件も、同じ裁判所で再審できる。

UMUTWE WA VII: IBYEREKEYE KWISHYURA UMUTUNGO WONONWE N'IBINDI BIKORERWA ABAHOHOTEWE

CHAPTER VII: COMPENSATION FOR DAMAGED PROPERTY AND OTHER FORMS

第 7 章：損壊した財産の賠償など

第 94 条

Imanza zerekeye umutungo wononwe ziburanishwa n'Urukiko Gacaca rw'Akagari cyangwa izindi nkiko abaregwa baburaniramo. Icyakora, izo manza ntizijuririrwa.

Cases relating to damaged property shall be brought before the Gacaca Court of the Cell or other courts before which the defendants appear. However, such judgements shall not be appealed against.

損壊した財産に関する判決はセル・ガチャチャ裁判またはその他の裁判で下される。しかし、これらで下された判決は控訴できない。

第 95 条

Mu kwishyura hakoreshwa uburyo bukurikira:

The reparation proceeds as follows:

賠償手続きは：

1. gusubiza ibyasahuwe iyo bishoboka;
2. kuriha ibyononwe cyangwa gukora imirimo ifite agaciro gahwanye n'ibigomba kurihwa.

1. Restitution of the property looted whenever possible;
2. Repayment of the ransacked property or carrying out the work worth the property to be repaired.

1. 可能な限り、略奪した財産を返還する；
2. 破壊した財産の返済、または財産の価値に相当する労働で払う。

Urukiko rutegeka buri wese ugomba kuriha uburyo n'igihe azabikoramo.

The Court rules on the methods and period of payment to be respected by each indebted person.

裁判所は、被告人に賠償方法と賠償期間を命じなければならない。

Iyo utegetswe kwishyura atubahirije uburyo n'igihe yahawe, irangizarubanza rikorwa ku ngufu za Leta.

In case of default by the indebted person to honour his or her commitments, the execution of judgement is carried out under the forces of law and order.

賠償を命じられた者が期間内に賠償できない場合は、政府により強制的に支払わされる。

第96条

Ibindi bikorerwa abahohotewe bigenwa n'itegeko ryihariye.

Other forms of compensation the victims receive shall be determined by a particular law.

被害者が受け取るその他の賠償については、特定の法律によって定められる。

INTERURO YA IV: IBYEREKEYE INGINGO ZINYURANYE, IZ'INZIBACYUHO N'IZISOZA

TITLE IV: MISCELLANEOUS, TRANSITIONAL AND FINAL PROVISIONS

第4部：雑則、経過規定、最終規定

第97条

Ikurikiranacyaha n'ikurikiranabihano ku byaha bigize jenoside cyangwa ibyaha byibasiye inyokornuntu ntibisaza.

The public action and penalties related to offences constituting the crime of genocide or crimes against humanity are imprescriptibly.

ジェノサイド罪および人道に対する罪を構成する犯罪の訴追や刑罰は時効の制約を受けない。

補足2008年法改正　第25条　ガチャチャ裁判閉廷後にジェノサイド罪および人道に対する罪が確認された場合は、通常の訴訟規則を適用する通常裁判及び軍事裁判により裁かれるが、2004年法を適用する。

第98条

Inkiko ziburanisha imanza za jenoside n'ibindi byaha byibasiye inyokomuntu ziteganywa n'iri Tegeko Ngenga zishobora gucira imanza abantu badafite aho batuye cyangwa babarizwa hazwi mu Rwanda cyangwa abantu baba hanze y'Igihugu, iyo hari ibimenyetso byuzuzanya cyangwa impamvu zikomeye zibahamya icyaha, baba barisobanuye cyangwa batarisobanuye.

Courts dealing with cases of genocide and other crimes against humanity provided for by this organic law, can put to trial persons who have neither had address nor residence in Rwanda or who are outside Rwanda, if there are complementary evidences or serious guilt clues, whether they have previously been or not been cross- examined.

本基本法で規定されているジェノサイドやその他の人道に対する罪の事件を扱う裁判は、ルワンダに居住地もなく居場所も知られていない者や、ルワンダ国外にいる者でも、証拠または罪を裏付ける重大な理由がある場合は、彼らがそのことについて説明したかしなかったかにかかわらず、裁判にかけることができる。

第99条

Iyo ushinjwa adafite aho atuye cyangwa aho aba hazwi mu Rwanda, igihe cyo kumuhamagara kuburana ni ukwezi kumwe (1). Umunyamabanga w'Urukiko Gacaca cyangwa Gerefiye w'urukiko, we ubwe cyangwa yifashishije izindi nzego; amanikisha kopi y'inyandiko y'ihamagara aho Urukiko rugomba kuburanisha urwo rubanza rukorera no ku biro by'Uturere cyangwa Imijyi n'iby'Intara cyangwa Umujyi wa Kigali.

If the defendant has neither known address nor residence in Rwanda, the summons' period is one (1) month. The secretary of the Gacaca Court, or the court registrar in person or through other organs, displays a copy of the summon on the premises, of which must try the case and on the offices of Districts or Towns, and the Province or City of Kigali.

被告人がルワンダに居住地もなく居場所も知られていない場合、召喚の期間は1か月間とする。ガチャチャ裁判の書記または裁判の登録官が直接または他機関を通じて、召喚状のコピーを、裁判を行うべき施設、郡または州またはキガリ市の事務所に掲示する。

Kopi y'inyandiko y'ihamagara ishobora no kumanikwa gusa abantu hagenewe kumanikwa inyandiko zose zigenewe rubanda.

The copy of the summon can only be displayed in public places intended for that purpose.

召喚状のコピーは、この目的のために公共の場所でのみ掲示することができる。

Imanza z'abantu bahamagawe muri ubwo buryo ziburanishwa, mu Nkiko Gacaca, hakurikijwe ibivugwa mu ngingo ya 66 y'iri Tegeko Ngenga, naho mu nkiko zisanzwe, zikaburanishwa mu buryo bukurikizwa mu manza z'abarezwe ntibitabe.

Trials for persons so summoned, are brought before Gacaca Courts, in accordance with article 66 of this organic law, whereas before the ordinary courts, they follow the procedure provided for cases of defendants put to trial by default.

このように召喚された者の裁判は、本基本法第66条に従いガチャチャ裁判で行われ

るが、通常の裁判では、被告人の不在により裁判にかけられた場合に規定されている手順に従う。

第100条

Imanza zari zarashyikirijwe inkiko mbere y'itangazwa ry'iri Tegeko Ngenga mu Igazeti ya Leta ya Repubulika y'u Rwanda zizakomeza kuburanishwa n'inkiko zari zirimo. Zikurikiza amategeko asanzwe agenga imiburanishirize y'imanza, haseguriwe ibyihariye biteganywa n'iri Tegeko Ngenga. Naho ku byerekeye ikiburanwa izo nkiko zikurikiza ibiteganywa muri iri Tegeko Ngenga.

The cases already forwarded to the courts before the publication of this organic law in the Official Gazette of the Republic of Rwanda, shall remain handled by the same courts. Provisions provided for by the ordinary laws shall apply thereto, without prejudice to special provisions of this organic law. As for the subject of the action, those courts shall apply provisions of this organic law.

本基本法がルワンダ共和国の官報に掲載される前に既に裁判所に送られた事件は、引き続き同じ裁判所で取り扱われる。通常の法律で定められた規定は、本基本法の特別な規定を損なうことなく、これに適用される。審理については本基本法の規定を適用する。

Ariko iyo bigaragaye ko ukurikiranywe muri ubwo buryo ahuriye mu rubanza rumwe n'abantu bakurikiranywe n'Urukiko Gacaca kandi bari mu rwego rumwe hakurikizwa ibikubiye mu ngingo ya 2 y'iri Tegeko Ngenga.

However, if it appears that the person prosecuted in that manner, is charged with co- defendants who are in the same category, by the Gacaca Court, provisions. of article 2 of this organic law shall apply.

ただし、そのようにして起訴された者が、ガチャチャ裁判で同じ犯罪分類の共同被告人と共に起訴されている場合には、本基本法第2条の規定が適用される。

補足2008年法改正　第26条　本基本法がルワンダ共和国の官報に掲載される前に、起訴する通常裁判所および軍事裁判所に照会され、ガチャチャ裁判の管轄内にあるジェ

ノサイドの犯罪の事件は、以下の方法によってガチャチャ裁判で審理される。

1. 高等裁判所および軍事裁判所において、控訴されたが審理されていない事件は、犯罪が犯された場所のセクター・ガチャチャ裁判の犯罪分類第1で審理される。

2. 共和国高等裁判所および軍事最高裁判所で、控訴されたが審理されていない事件は、犯罪が行われた控訴審ガチャチャ裁判で審理される。

高等裁判所および軍事裁判所で審理された事件で、控訴するための期間がまだ満了していないものは、犯罪が行われた控訴審ガチャチャ裁判で審理される。

3. 最高裁判所において控訴されたが審理されていない事件は、犯罪が行われた控訴審ガチャチャ裁判で審理される。

共和国高等裁判所および軍事最高裁判所により審理された事件で、控訴するための期間がまだ満了していないものは、犯罪が行われた控訴審ガチャチャ裁判で審理される。

本条項3. で規定される事件は再審できない。

第101条

Urwego rw'lgihugu rushinzwe gukurikirana, kugenzura no guhuza ibikorwa by'Inkiko Gacaca rushyiraho kandi amabwiriza agena uburyo inzego z'Inkiko Gacaca zagenwaga n'Itegeko Ngenga n°40/2000 ryo kuwa 26/01/2001 ryerekeye imitunganyirize y'ikurikirana ry'ibyaha bigize ibyaha cy'itsembabwoko n'itsembatsemba çyangwa ibyaha byibasiye inyokomuntu byakozwe hagati y'itariki ya mbere Ukwakira 1990 n'iya 31 Ukuboza 1994 nk'uko ryahinduwe kandi ryujujwe kugeza ubu zisimburwa n'iziteganwa n'iri Tegeko Ngenga.

The National Service in charge of the follow up, supervision and coordination of the activities of Gacaca Courts shall establish rules and regulations on the way the organs of Gacaca Courts formerly set up by Organic Law n° 40/2000 of January 26, 2001 organizing the prosecutions for offences constituting the crime of genocide and crimes against humanity, committed between October 1, 1990 and December 31, 1994, as modified and completed to date, are replaced by those set up by this organic law.

ガチャチャ裁判の活動の追跡調査、監督、調整を担当する国家法務局は、「1990年10月1日から1994年12月31日の間に犯されたジェノサイド罪および人道に対する罪を構成する行為を訴追する基本法2001年1月26日付基本法2000年第40号」によって設立されたガチャチャ裁判の機関を、これまでに修正され補足された本基本法によって設立されたガチャチャ裁判の機関に置き換えるための規則を制定するものとする。

第102条

Amatora yo gusimbura inyangamugayo idashoboye gukomeza imirimo yayo kubera impamvu iyo ari yo yose ayoborwa n'Inama Mpuzabikorwa y'Urukiko amatora abereyemo.

Elections to replace a person of integrity who cannot continue with his or her duties, due to any reason, are conducted by the Coordination Committee of the Court which hosts those elections.

何らかの理由で職務を継続できない判事の後任を選ぶ選挙は、その選挙を主催する裁判所の調整委員会によって行われる。

Icyakora, iyo hari inyangamugayo ziri ku rutonde rw'abasimbura, abaruzaho mbere ni bo basimbura nta zindi nzitizi, hakurikijwe uko bakurikirana.

However, when there are persons of integrity of the list of deputies, they assume their duties following the order of the list, without any other restriction.

ただし補欠リストに判事がいる場合は、リストの順番に従って職務を引き受ける。

第103条

Inama ya mbere y'Inama Rusange y'Umurenge ikurikira itangazwa ry'iri Tegeko Ngenga mu Igazeti ya Leta ya Repubulika y'u Rwanda igizwe n'inyangamugayo zose zatorewe mu Murenge, zaba izisanzwe mu Rukiko Gacaca rw'Intara cyangwa urw'Umujyi wa Kigali, izisanzwe mu Rukiko Gacaca rw'Akarere cyangwa Urw'Umujyi, izisanzwe mu Rukiko Gacaca rw'Umurenge kimwe n'izigize Inkiko Gacaca z'Utugari tugize Umurenge.

The first meeting of the General Assembly for the Sector following the publication of this organic law in the Official Gazette of Rwanda is composed of all the persons of integrity elected from the Sector, either those formerly from the Gacaca Court of the Province or that of the City of Kigali, formerly from the Gacaca Court of the District or Town, formerly from the Gacaca Court of the Sector, as well as those making up Gacaca Courts of the Cells making up that Sector.

本基本法がルワンダの官報に掲載された後に開催されるセクターの総会で判事が選出される。判事が置かれるのは、州またはキガリ市のガチャチャ裁判、郡または市のガチャチャ裁判、セクター・ガチャチャ裁判、セル・ガチャチャ裁判である。

Iyo nama ifite gusa inshingano yo gutora Inyangamugayo icyenda (9) zigize Inteko y'Urukiko Gacaca rw'Ubujurire n'abasimbura batanu (5) n'izigize Inteko y'Urukiko Gacaca rw'Umurenge n'abasimbura batanu (5).

That meeting is only responsible for electing persons of integrity composing the Gacaca Court of Appeal and their deputies, as well as the Seat of the Gacaca Court of the Sector and their deputies.

この総会は、控訴審ガチャチャ裁判の判事 9 人と補欠 5 人、セクター・ガチャチャ裁判の判事 5 人を選出する役割がある。

Inyangamugayo zidatowe zisubira mu Tugari zatorewemo kugira ngo zitoremo nyangamugayo icyenda (9) zigize Inteko y'Urukiko Gacaca rw'Akagari n'abasimbura batanu (5).

Persons of integrity not elected go back to their Cells they were elected from so that, among them, are elected nine (9) persons of integrity composing the Gacaca Court of the Cell and their five (5) deputies.

選出されなかった判事は、選出されたセルに戻り、ガチャチャ裁判を構成する 9 人の判事と 5 人の補欠に含まれる。

第 104 条

Abantu bakatiwe n'Inkiko Gacaca hakurikijwe ingingo za 32 na 37 z'Itegeko Ngenga n° 40/2000 ryo ku wa 26/01/2001 ryerekeye imitunganyirize y'ikurikirana ry'ibyaha bigize icyaha cy'itsembabwoko n'itsembatsemba cyangwa ibyaha byibasiye inyokomuntu byakozwe hagati y'itariki ya mbere Ukwakira 1990 n'iya 31 Ukuboza 1994 nk'uko ryahinduwe kandi ryujujwe kugeza ubu; barangiza ibihano byabo hakurikijwe ibiteganywa n'iri Tegeko Ngenga. Abamaze nibura amezi atandatu (6) y'igifungo bazahita barekurwa iri Tegeko Ngenga rikimara

gutangazwa mu Igazeti ya Leta ya Repubulika y'u Rwanda.

Persons convicted by Gacaca Courts in conformity with articles 32 and 37 of the Organic Law n° 40/2000 of January 26, 2001 organising prosecutions for offences constituting the crime of genocide and crimes against humanity, committed between October 1, 1990 and December 31, 1994, as modified and completed to date, serve their sentences in accordance with the provisions of this organic law. Those who have already served at least six (6) months of imprisonment shall be released immediately after the publication of this organic law in the Official Gazette of the Republic of Rwanda.

「1990年10月1日から1994年12月31日の間に犯されたジェノサイド罪および人道に対する罪を構成する行為を訴追する2001年1月26日付基本法2000年第40号」の第32条及び第37条に準拠してガチャチャ裁判で有罪判決を受けた者は、これまでに修正・補足されたとおり、本基本法の規定に従って刑に服する。既に6か月以上の刑期を終えている者は、ルワンダ共和国の官報に本基本法が掲載された後、直ちに釈放される。

第105条

Itegeko Ngenga n° 08/96 ryo ku wa 30 Kanama 1996 ryerekeye imitunganyirize y'ikurikirana ry'ibyaha bigize ibyaha cy'itsembabwoko n'itsembatsemba cyangwa ibyaha byibasiye inyokomuntu byakozwe kuva ku itariki ya mbere Ukwakira 1990, n'Itegeko Ngenga n° 40/2000 ryo ku wa 26/01/2001 rishyiraho Inkiko Gacaca kandi rigena imitunganyirize y'ikurikirana ry'ibyaha igize ibyaha cy'itsembabwoko n'itsembatsemba cyangwa ibyaha byibasiye nyokomuntu byakozwe hagati y'itariki ya mbere Ukwakira 1990 n'iya 31 Ukuboza 1994 nk'uko ryahinduwe kandi ryujujwe kugeza ubu, kimwe n'ingingo zose z'andi mategeko abanziriza iri kandi zinyuranyije na ryo, bivanyweho.

Organic law n° 08/96 of August 30, 1996 organizing proceedings for offences constituting the crime of genocide and crimes against humanity committed from October1, 1990 and organic law n ° 40/2000 of January 26, 2001 setting up Gacaca Courts and organizing prosecutions of offences constituting the crime of genocide and crimes against humanity, committed between October 1, 1990 and December 31, 1994, as modified and completed to-date, and all previous legal provisions contrary to this organic law, are hereby abrogated.

「1990年10月1日以降に犯されたジェノサイド罪および人道に対する罪を構成する

法律違反行為を追訴する組織に関する基本法1996年第8号」および「1990年10月1日から1994年12月31日に犯されたジェノサイド罪および人道に対する罪を構成する行為を訴追する基本法2000年第40号」を修正・補足されたものが採用される。

第106条

Iri Tegeko Ngenga ritangira gukurikizwa umunsi ritangarijweho mu Igazeti ya Leta ya Repubulika y'u Rwanda.

This Organic Law comes into force on the date of its publication in the Official Gazette of the Republic Rwanda.

本基本法は、ルワンダ共和国の官報に掲載された日に発効する。

補足 2008年法改正 第27条

Ingingo zose z'amategeko abanziriza iri Tegeko Ngenga kandi zinyuranyije na ryo zivanyweho.

All prior provisions contrary to this OrganicLaw are hereby repealed.

本基本法に反するこれまでの規定はすべて廃止される。

補足 2008年法改正 第28条

Iri Tegeko Ngenga ritangira gukurikizwa ku munsi ritangarijweho mu Igazeti ya Leta ya Repubulika y'u Rwanda.

This Organic Law shall come into force on the date of its publication in the Official Gazette of the Republic of Rwanda.

本基本法は、ルワンダ共和国の官報に掲載された日に発効する。

Kigali, ku wa 19/06/2004
Perezida wa Repubulika KAGAME Paul (sé)
Minisitiri w'Intebe MAKUZA Bernard (sé)
Minisitiri w'Ubutabera MUKABAGWIZA Edda (sé)
Minisitiri w'Ubutegetsi bw'Igihugu, Amajyambere Rusange n'Imibereho Myiza y'AbaturageBAZIVAMO Christophe(sé)
Bibonywe kandi bishyizweho Ikirango cya Repubulika: Minisitiri w'Ubutabera MUKABAGWIZA Edda (Sé)

Kigali, on 19/6/2004
The President of the Republic KAGAME Paul(sé)
The Prime Minister MAKUZA Bernard(sé)
The Minister of Justice MUKABAGWIZA Edda(sé)
The Minister of Local Government, Community Development and Social Affairs BAZIVAMO Christophe(sé)
Seen and sealed with the Seal of the Republic: The Minister of Justice MUKABAGWIZA Edda(sé)

2004年6月19日、キガリ市
ルワンダ共和国大統領ポール・カガメ
内閣総理大臣バーナード・マクーザ
法務大臣エッダ・ムカバグウィザ
地方自治・コミュニティ開発・社会問題担当大臣クリストファー・バジバモ
ルワンダ共和国の印章：法務大臣エッダ・ムカバグウィザ

裁判のための文書フォーマット

1. ガチャチャ裁判の起訴状

ルワンダ共和国

ガチャチャ国家法務局

起訴状

(1) 裁判の名称：＿＿＿＿＿＿＿＿＿＿＿＿＿＿＿のセル・ガチャチャ裁判

(2) 裁判所の所在地

セル＿＿＿＿＿＿＿＿＿＿＿＿＿＿＿　セクター＿＿＿＿＿＿＿＿

郡＿＿＿＿＿＿＿＿＿＿＿＿　州＿＿＿＿＿＿＿＿＿＿＿＿＿＿

(3) 被告人について：

両親から授かった名前＿＿＿＿＿＿＿＿＿＿＿＿＿＿＿＿＿＿＿＿＿

他から授かった名前＿＿＿＿＿＿＿＿＿＿＿＿＿＿＿＿＿＿＿＿＿＿

当時の職業＿＿＿＿＿＿＿＿＿＿＿＿＿＿＿＿＿＿＿＿＿＿＿＿＿

父親の名前＿＿＿＿＿＿＿＿　母親の名前＿＿＿＿＿＿＿＿＿＿＿

国籍＿＿＿＿＿＿＿＿＿＿＿＿＿＿＿＿　性別　□男性　□女性

生年月日＿＿＿＿＿＿　出生地：セル＿＿＿＿セクター＿＿＿＿＿＿＿

郡＿＿＿＿＿＿＿＿＿＿＿＿　州＿＿＿＿＿＿＿＿＿＿＿＿＿＿

以下の質問に「はい」「いいえ」で答えなさい：

(4) ガチャチャ裁判の総会は被告人を知っているか？＿＿＿＿＿＿＿＿＿＿＿

(5) 被告人は犯行時に 14 歳未満であったか？

＿＿＿＿＿＿＿＿＿＿＿＿＿＿＿＿＿＿＿＿＿＿＿＿＿＿＿＿＿＿＿＿＿

(6) 被告人は他のセルで犯罪を犯したか？＿＿＿＿＿＿＿＿＿＿＿＿＿＿＿

(7) 被告人が収容されている場合、総会または検察から起訴されているか？＿＿＿＿

起訴されている場合は (12) に進む

(8) 被告人の罪状：(該当するものに「×」を付けなさい)

Ⅰ．犯罪分類 1

a. ジェノサイドを計画＿＿＿＿＿＿＿＿＿□共犯者＿＿＿＿□幇助者

b. ジェノサイドを組織＿＿＿＿＿＿＿＿＿□共犯者＿＿＿＿□幇助者

c. ジェノサイドを煽動＿＿＿＿＿＿＿＿＿□共犯者＿＿＿＿□幇助者

d. ジェノサイドのリーダーとして指揮＿＿＿＿□共犯者＿＿＿＿□幇助者

e. ジェノサイドを指導 ＿＿＿＿＿＿＿＿ □共犯者 ＿＿＿＿ □幇助者
f. 悪名高い殺人者 ＿＿＿＿＿＿＿＿ □共犯者 ＿＿＿＿ □幇助者
g. 拷問を犯した ＿＿＿＿＿＿＿＿ □共犯者 ＿＿＿＿ □幇助者
h. レイプを犯した ＿＿＿＿＿＿＿＿ □共犯者 ＿＿＿＿ □幇助者
i. 性器の拷問を犯した ＿＿＿＿＿＿＿＿ □共犯者 ＿＿＿＿ □幇助者
j. 遺体へ非人間的な行為をした ＿＿＿＿＿＿＿＿ □共犯者 ＿＿＿＿ □幇助者
k. その他 ＿＿＿＿＿＿＿＿＿＿＿＿＿＿＿＿

Ⅱ. 犯罪分類 2
a. 殺人を犯した ＿＿＿＿＿＿＿＿ □共犯者 ＿＿＿＿ □幇助者
b. 加害者集団に加わった ＿＿＿＿＿＿＿＿ □共犯者 ＿＿＿＿ □幇助者
c. バリエーリで「仕事をした」＿＿＿＿＿＿＿＿ □共犯者 ＿＿＿＿ □幇助者
d. 殺意があり犯罪を犯した ＿＿＿＿＿＿＿＿ □共犯者 ＿＿＿＿ □幇助者
e. 殺意がなく犯罪を犯した ＿＿＿＿＿＿＿＿ □共犯者 ＿＿＿＿ □幇助者
f. その他 ＿＿＿＿＿＿＿＿＿＿＿＿＿＿＿＿

Ⅲ. 犯罪分類 3
a. 被害者の財産を略奪／損壊した ＿＿＿＿＿＿＿＿ □共犯者 ＿＿＿＿ □幇助者

被告人の罪状、被害者、共犯者、犯行場所（セル、セクター、郡／市）、日付、時間を詳細に説明しなさい

＿＿＿＿＿＿＿＿＿＿＿＿＿＿＿＿＿＿＿＿＿＿＿＿
＿＿＿＿＿＿＿＿＿＿＿＿＿＿＿＿＿＿＿＿＿＿＿＿
＿＿＿＿＿＿＿＿＿＿＿＿＿＿＿＿＿＿＿＿＿＿＿＿
＿＿＿＿＿＿＿＿＿＿＿＿＿＿＿＿＿＿＿＿＿＿＿＿
＿＿＿＿＿＿＿＿＿＿＿＿＿＿＿＿＿＿＿＿＿＿＿＿

記入欄が不足する場合は、本紙の裏面に記入しなさい

(9) 判事団は被告人を以下の犯罪分類に分けることを決定した
（該当する犯罪分類に「×」を付けなさい）
1□ 2□ 3□

(10) 被告人の居住地：(「はい」「いいえ」で答えなさい)

a) 被告人は収容中か？ ____「はい」の場合、場所はどこか？（刑務所、警察またはどこかを説明しなさい）____

b) 被告人は収容中ではないか？ ____________________________

収容中ではない場合、被告人は現在どこに住んでいるか？

セル_________セクター__________________郡________________________________

州 ____________________________ 海外（国名）____________________________

c) 被告人は死亡したか？　「はい」の場合、(14) に進む

(11) 被告人は自白し、罪状を認めたか？ (「はい」、「いいえ」で答えなさい) ________

「はい」の場合、説明しなさい

a) 被告人は自白し、罪を認め、悔い改め、謝罪したことがセル・ガチャチャ裁判で認められたか？

「はい」の場合：その日付 _________/________/____________________

被告人が被疑者リストに掲載された日付 _____________/________/____________

(12) 総会後、判事団は次のように決定した：1 番上の欄に「はい」と記入し、(9) の犯罪分類を基に判決を記入しなさい

判決	はい	判事団のすべきこと
被告人が 14 歳未満であった		被告人の即時釈放を命じる 命じた日付　　/　　/
原告がいない		被告人の即時釈放を命じる 命じた日付　　/　　/
被告人は犯罪分類 1 に該当する		検察にファイルを提出する
被告人は犯罪分類 2 に該当する		セクター・ガチャチャ裁判にファイルを提出する
被告人は犯罪分類 3 に該当する		管轄する裁判：セル・ガチャチャ裁判 被告人の即時釈放を命じる 命じた日付　　/　　/

(13) 被告人が収容されていない場合：ガチャチャ裁判は被告人の収容を命じたか？ (「はい」、「いいえ」で答えなさい) 「はい」の場合：ガチャチャ裁判は被告人に対し本日（日付）_____/________/________付けで逮捕および収容を命じた

(14) 判事団の氏名及び署名：(14) 日付

1	2	3
4	5	6
7	8	9

裁判所印

この法廷の証言者リスト（15）および被害者リスト（16）を別紙として添付する

(15) 法廷の証言者

名前	性別	生年月日	職業	父親の名前	母親の名前	居住地	起訴／弁護

(16) 被告人が危害を与えた被害者が生存しているか死亡しているか

名前	両親の名前	生年月日	性別	生存しているか？(はい／いいえ)	生存している場合は記載する			死亡した被害者または被害者の代理人の氏名
					障害	身体に受けた障害	財産損壊	

(17) 共犯者／幇助者

名前	性別	生年月日	職業	父親の名前	母親の名前	居住地

2. ガチャチャ裁判の賠償の合意文書

ルワンダ共和国
政府レベルが管轄するガチャチャ裁判の
ジェノサイドによる財産の器物損壊罪または窃盗罪の合意文書

セル ____________________
セクター ____________________
郡 ____________________
州 ____________________

日付 ____________________
セル・ガチャチャ裁判 ____________________

以下の人たちの合意内容：

2. 加害者
名前 ____________________
父親の名前 ____________________
母親の名前 ____________________
居住地：セル、セクター、郡／市、州

____

3. 被害者
名前 ____________________
父親の名前 ____________________
母親の名前 ____________________
居住地：セル、セクター、郡／市、州

____

4. 加害者（名前）____________________ は
被害者（名前）____________________ に支払った

ジェノサイドで窃盗または損壊されたと認定された財産

5. 以下の財産が窃盗または損壊された

財産	詳細	場所			
		セル	セクター	郡	州
1.					
2.					
3.					
4.					
5.					

6. 加害者が以下の方法で賠償することに合意した
  1. 窃盗または損壊した財産を返還する ____________________
  2. 同価値の金銭を支払う ____________________
  3. 財産または所有物で賠償する ____________________
  4. 行った、または行う予定の労働日数 ____________________
     行った、または合意した労働時間 ____________________

両者が合意すれば署名または拇印する
加害者 ____________________
被害者 ____________________
コピーを3部作成すること

7. ガチャチャ裁判を傍聴した者の名前と署名

1.	
2.	
3.	
4.	
5.	
6.	
7.	
8.	
9.	

日付

3. ガチャチャ裁判の召喚状

ルワンダ共和国
ガチャチャ国家法務局
召喚状

(1) 召喚された人は証人または被告人か？ ________________

(2) 召喚された人の名前 ________________
父親の名前 ________________
母親の名前 ________________

(3) 召喚された人は収容されているか？ ________________
「はい」の場合、場所はどこか？ ________________
「いいえ」の場合、居住地を記載する ________________

(4) □セル・ガチャチャ裁判 □セクター・ガチャチャ裁判への出廷を命じられたセル、セクター、郡、州

____

(5) 審問の日付 ____/______/________ (6) 審問の時刻 ________________

(7) 召喚された人は被告人か？ ________________
「はい」の場合、起訴状 no. ______________犯罪分類________________
罪状 ________________

(8) 召喚された人は証人か？
「はい」の場合、この人はどこの法廷で証言しなければならないのか？

____

(9) 日付 ____/______/________

(10) 書記の名前と署名

____

(11) 日付 ____/______/________

(12) 召喚された人の名前と署名

____